法学研究
CHINESE JOURNAL OF LAW

法学研究 专题选辑　陈甦／总主编

转型政府
与行政法治

THE GOVERNMENT IN TRANSITION
AND THE ADMINISTRATIVE RULE OF LAW

郑春燕　主编

社会科学文献出版社
SOCIAL SCIENCES ACADEMIC PRESS (CHINA)

总　序

回顾与反思是使思想成熟的酵母，系统化的回顾与专业性的反思则是促进思想理性化成熟的高效酵母。成熟的过程离不开经常而真诚的回顾与反思，一个人的成长过程是如此，一个学科、一个团体、一本期刊的发展过程也是如此。我们在《法学研究》正式创刊40年之际策划《〈法学研究〉专题选辑》，既是旨在引发对有关《法学研究》发展历程及其所反映的法学发展历程的回顾与反思，也是旨在凝聚充满学术真诚的回顾与反思的思想结晶。由是，《〈法学研究〉专题选辑》是使其所刊载的学术成果提炼升华、保值增值的载体，而不只是重述过往、感叹岁月、感叹曾经的学术纪念品。

对于曾经的法学过往，哪怕是很近的法学过往，我们能够记忆的并非像我们想象的那样周全、那样清晰、那样深刻，即使我们是其中许多学术事件的亲历者甚至是一些理论成就的创造者。这是一个时空变化迅捷的时代，我们在法学研究的路上走得很匆忙，几乎无暇暂停一下看看我们曾经走过的路，回顾一下那路上曾经的艰辛与快乐、曾经的迷茫与信念、曾经的犹疑与坚定、曾经的放弃与坚持、曾经的困窘与突破，特别是无暇再感悟一下那些"曾经"中的前因后果与内功外力。法学界同仁或许有同样的经验：每每一部著述刚结句付梓，紧接着又有多个学术选题等待开篇起笔，无参考引用目的而只以提升素养为旨去系列阅读既往的法学精品力作，几为夏日里对秋风的奢望。也许这是辉煌高远却又繁重绵续的学术使命造成的，也许这是相当必要却又不尽合理的学术机制造成的，也许这是个人偏好却又是集体相似的学术习惯造成的，无论如何，大量学术作品再阅读的价值还是被淡化乃至忽略了。我们对没有被更充分传播、体现、评价及转化的学术创造与理论贡献，仅仅表达学人的敬意应该是不够的，真正的学术尊重首先在于阅读并且一再阅读映现信念、智慧和勇气的学术作品。《〈法学研究〉专题选辑》试图以学术史研究的方法和再评价的方式，向学界同行表达我们的感悟：阅读甚至反复阅读既有成果本该是学术生活的重要部分。

我曾在另外一本中国当代法学史著作的导论中描述道：中国特色社会主义法治建设之路蜿蜒前行而终至康庄辉煌，中国法学研究之囿亦蔓延蓬勃而于今卓然大观。这种描述显然旨在鼓舞而非理解。我们真正需要的是理解。理解历史才能理解现在，理解现在才能理解未来，只有建立在对历史、现在和未来的理解基础上，在面对临近的未来时，才会有更多的从容和更稳妥的应对，才会有向真理再前进一步的勇气与智慧。要深刻理解中国法学的历史、现在以及未来，有两种关系需要深刻理解与精准把握：一是法学与法治的关系，二是法学成果与其发生机制的关系。法学与法治共存并互动于同一历史过程，法学史既是法律的知识发展史，也构成法治进步史的重要组成部分。关于法、法律、法治的学术研究，既受制于各个具体历史场景中的给定条件，又反映着各个历史场景中的法律实践和法治状况，并在一定程度上启发、拨动、预示着法治的目的、路径与节奏。认真对待中国法学史，尤其是改革开放以来的法学史，梳理各个法治领域法学理论的演进状态，重估各种制度形成时期的学术供给，反思当时制度设计中背景形塑和价值预设的理论解说，可以更真实地对法治演变轨迹及其未来动向作出学术判断，从中也更有把握地绘出中国法学未来的可能图景。对于既有法学成果，人们更多的是采取应用主义的态度，对观点内容的关注甚于对观点形成机制的关注。当然，能够把既有学术观点纳入当下的理论创新论证体系中，已然是对既往学术努力的尊重与发扬，但对于学术创新的生成效益而言，一个学术观点的生成过程与形成机制的启发力远大于那个学术观点内容的启发力，我们应当在学术生产过程中，至少将两者的重要性置于等量齐观的学术坐标体系中。唯其如此，中国法学的发展与创新才会是一个生生不息又一以贯之的理性发展过程，不因己悲而滞，不因物喜而涨，长此以往，信者无疆。

作为国内法学界的重要学术期刊之一，《法学研究》是改革开放以来中国法学在争鸣中发展、中国法治在跌宕中进步的一个历史见证者，也是一个具有主体性、使命感和倡导力的学术过程参与者。《法学研究》于1978年试刊，于1979年正式创刊。在其1979年的发刊词中，向初蒙独立学科意识的法学界和再识思想解放价值的社会各界昭示，在办刊工作中秉持"解放思想、独立思考、百家争鸣、端正学风"的信念，着重于探讨中国法治建设进程中的重大理论和实践问题，致力于反映国内法学研究的最新成果和最高学术水平，热心于发现和举荐从事法学研究工作的学术人才。创刊以来，《法学研究》虽经岁月更替而初心不改，虽有队伍更新而使命不坠，前后8任主编、50名编辑均能恪守"严谨、务实、深入、学术"的办刊风格，把《法学研究》作为自己学术生命的存续载体和学术奉献的展示舞台。或许正因如此，《法学研究》常被誉为"法学界风格最稳健、质量最稳定的期刊"。质而言之，说的是刊，看的是物，而靠的是人。我们相信，《法学研究》及其所刊载的文章以及这些文章的采编过程，应该可以被视为研究中国改革开放以来法学发展、法治进步的一个较佳样本。也正因如此，我们有信心通过《〈法学研究〉专题选辑》，概括反映改革开放以来中国法学发展的思想轨迹以及法学人的心路历程。

本套丛书旨在以《法学研究》为样本，梳理和归整改革开放以来中国法学在一个个重要历史节点上的思想火花与争鸣交织，反思和提炼法学理论在一个个法治建设变奏处启发、拨动及预示的经验效果。丛书将《法学研究》自创刊以来刊发的论文分专题遴选，将有代表性的论文结集出版，故命名为"《法学研究》专题选辑"。考虑到《法学研究》刊发论文数量有限，每个专题都由编者撰写一篇2万字左右的"导论"，结合其他期刊论文和专著对该专题上的研究进展予以归纳和提炼。

丛书专题的编者，除了《法学研究》编辑部现有人员外，多是当前活跃在各个法学领域的学术骨干。他们的加入使得我们对这套丛书的编选出版更有信心。

所有专题均由编者申报，每个专题上的论文遴选工作均由编者主要负责。为了尽可能呈现专题论文的代表性和丰富性，同一作者在同一专题中入选论文不超过两篇，在不同专题中均具代表性的论文只放入其中的一个专题。在丛书编选过程中，我们对发表时作者信息不完整的，尽可能予以查询补充；对论文中极个别受时代影响的语言表达，按照出版管理部门的要求进行了细微调整。

不知是谁说的,"原先策划的事情与实际完成的事情,最初打算写成的文章与最终实际写出的文章,就跟想象的自己与实际的自己一样,永远走在平行线上"。无论"平行线"的比喻是否夸张,极尽努力的细致准备终归能助力事前的谨慎、事中的勤勉和事后的坦然。

我思故我在。愿《法学研究》与中国法学、中国法治同在。

陈　甦

2022 年 9 月 4 日

于沙滩北街 15 号

目录 Contents

导　论 …………………………………………………… 郑春燕 / 1

上编　行政法制的初构

我国行政法的概念、调整对象和法源 …………… 罗豪才　姜明安 / 31
论行政法律责任 ………………………………………… 应松年 / 42
有关行政滥用职权的内涵及其表现的学理探讨 ……… 胡建淼 / 53
国家赔偿责任的性质 …………………………………… 马怀德 / 64

中编　依法行政的深化

行政立法与当代行政法
　　——中国行政法的发展方向 ………………………… 周汉华 / 77
行政法上的假契约现象
　　——以警察法上各类责任书为考察对象 …………… 余凌云 / 108
公共行政组织建构的合法化进路 ……………………… 沈　岿 / 128
社会转型时期的法治发展规律研究 …………… 袁曙宏　韩春晖 / 148
行政裁量的治理 ………………………………………… 周佑勇 / 183
行政法关键词三十年之流变 …………………………… 王敬波 / 203
司法判决中的正当程序原则 …………………………… 何海波 / 229

信赖保护原则的行政法意义
　　——以授益行为的撤销与废止为基点的考察 …………… 刘　飞 / 266

下编　新型行政法治

法治政府建设的程序主义进路 ………………………… 王万华 / 295
严格依法办事：经由形式正义的实质法治观 …………… 江必新 / 318
我国行政审批制度的改革及其法律规制 ………………… 王克稳 / 338
基本权利的功能体系与行政法治的进路 ………………… 郑春燕 / 362
滥用知情权命题的逻辑及展开 …………………………… 王锡锌 / 378

导　论

郑春燕[*]

一　深嵌时代脉络的行政法治

人类历史发展至今，始终面临维系国家长治久安的治理难题。作为诸多选项中的共识性智慧，法治已经成为多数国家管理者在变迁社会中寻求和谐发展的最佳选择。但即便都称为法治，各国尊奉的法治理念也不尽相同，行政法治的路径亦有差异。

普通法系的法治称为 Rule of Law，重在规范统治者的行为，希冀以独立于统治者之外的法律调整国家与社会、国家与公民之间的关系。"英吉利人民受法律治理，惟独受法律治理。一人犯法，此人即被法律惩戒；但除法律之外，再无别物可将此人治罪。"[①] 以法律制约统治者的公权力，成为普通法系最为核心的法治精神，进而生发出行政法上至关重要的越权即无效原则。维系这一使命者，尤在于保持自身独立地位的司法系统，法官即法律的代言人，关于权利的宣言或定义，实则为法院判决确立的准则。具备如此特殊地位的普通法院，自当无差别地处理人民之权利诉求，不论是私人争议还是公法纠纷，无须发展单独的行政法院体系，行政法治的雏形由此得以勾勒。美国虽以成文宪法立国，但秉承了英国的法治精义，将统治者行为视作法治的重要规范对象，并在宪法中明确赋予司法独立于立

---

[*] 郑春燕，浙江大学光华法学院教授。
[①] 〔英〕戴雪：《英宪精义》，雷宾南译，中国法制出版社，2001，第244页。

法与行政的地位，统一处理包括行政争议在内的各类纠纷。

与英国基于对君权的不信任发展出法治的路径不同，大陆法系的法治精神源起于理性主义，不论是6世纪查士丁尼统治时期的罗马法，还是罗马天主教会的教会法，抑或是之后产生的商法，无不流淌着理性主义的"血液"。这一传统使大陆法系国家相信，通过理性建构的法律，可以将国家内化为人民权益的保障者。而具备这种能力的，正是经人民选举产生的议会，"当法官裁断案件而又欠缺立法条文时，他实质上是在创制法律，这就会有损分权原则"。① 两大法系的理念分野，由此可见一斑。故而大陆法系的法治常被译为 Rule through Law，强调国家"因法而治"，行政法上亦确立了法律创制、法律优先与法律保留三位一体的基本原则，突出立法对行政的绝对优势地位，行政的任务仅在于执行立法。尽管大陆法系内部，如德、法两国，在具体法律制度的设计上不尽相同，但均推崇理性之光可使法律成为国家为善的保障机制，坚信精细的类型化分工可以提升法治的专业水准，独立于普通法院的行政法院体系由此成为德、法两国的共同选择。

然而，法治模式并非变动不居的公式，科技的发展、经济的转轨、文化的交融，都会为法治注入新的内涵。行政法治更是随着国家任务的移转，呈现迎应政府职能的动态图像。"政治学已勾勒出主权民族国家的崛起，注意到民族国家功能的变迁：从补缺或'夜警'国家到司法界与全灵委员会所描述的'从摇篮到坟墓'的福利国家。"② 国家任务的重大调整，引发了英国行政法学界对传统的以控权为核心的"红灯理论"的反思，促进正当政府行为的"绿灯理论"开始登上历史舞台；相似的变化，在大洋彼岸的美国也在悄然发生。"今天，几乎所有的活动都受制于政府的规制，我们的人身与经济安全、社会福利都依赖于政府规制。"③ 政府角色的更新，导致了美国行政法学的重心从传统的在法定授权范围内控制行政权力的运作转移到承认议会对行政机关的广泛授权，并试图为此种授权寻找到

---

① 〔美〕约翰·亨利·梅利曼：《大陆法系》，顾培东、禄正平译，李浩校，法律出版社，2004，第29页。
② 〔英〕卡罗尔·哈洛、理查德·罗林斯：《法律与行政》（上卷），杨伟东、李凌波、石红心、晏坤译，商务印书馆，2004，第44页。
③ Richard B. Steward, "Administrative Law in Twenty-First Century," *New York University Law Review* 2 (2005), pp. 437–460.

新的民主根基和制约力量。福利的浪潮，同样席卷了大陆法系国家，德国、法国纷纷探讨给付行政给法律优先、法律保留原则带来的行政法学挑战，宽松法律保留、重要事项保留等学说逐一出现。"生存照顾"引发的冲击尚未平息，科技进步与全球流动合力产生的风险又为这个时代的所有国家增添了新的预防性任务。"国家通过预防来应对科技发展带来的风险，从而履行其保障安全的任务时，在很大程度上要通过限制自由和给经济生活增加负担等手段。"① 风险的不确定性，使市场与社会难以按照预先的规则提前防范，此时就需要赋权政府根据情境快速判明方向，临时作出决策，采取应急措施，政府的能动性得到了前所未有的提倡；但与给付行政的相对授益性不同，风险行政常常伴随着干预与负担。是坚守自由和权利，还是青睐秩序与安全，成为当下行政法治的价值取舍难题。

历史行进的轨迹，向我们揭示了行政法治与国家任务之间的内在回应性。借助这一线索，反观我国行政法治的变迁历程，可以更好地理解中国行政法学产生、发展、转型的内在动因。作为洞察国家任务的重要载体，历年中央文件（包括中国共产党中央委员会全体会议决定、全国人民代表大会相关文件和国务院政府工作报告）都会对特定时期的核心任务作出明确的宣告，并据此调整政府的职能定位。以政策追踪分析的方法，可以将改革开放40多年来的中国行政经历的四次改革大致分为四个阶段：第一阶段的"精兵简政"改革（20世纪70年代末到80年代末），主要解决机构臃肿、效率低下的问题；第二阶段的"职能转变"改革（1988年到20世纪90年代末），以期适应社会主义市场经济体制的需要；第三阶段的"公共服务"改革（21世纪初到2013年），努力建设服务型政府；第四阶段的"审批改革"（2013年后），出台权力清单，下放审批权限，致力于实现国家治理体系与治理能力的现代化。② 依循上述四个阶段，本文将对比剖析

---

① 刘刚编译《风险规制：德国的理论与实践》，法律出版社，2012，第154页。
② 行政改革四阶段说的划分，主要参照了周光辉教授的作品，但在各阶段特征的提炼上结合行政法学界的概念使用习惯作了调整。高小平、陈宝胜教授也曾对改革开放以来的行政改革作过阶段的划分，他们和周光辉教授的主要分歧在于1988年的行政改革属于第一阶段还是第二阶段。考虑到1988年国务院机构改革首次提出政府职能转变，更契合第二阶段的特征，本文采用周光辉教授的划分标准。详见周光辉《构建人民满意的政府：40年中国行政改革的方向》，《社会科学战线》2018年第6期；高小平、陈宝胜《改革开放以来政府改革的理性历程——基于政府机构改革阶段性特征的研究》，《学海》2018年第3期。

同一时期前后的主要行政法律制度以及行政法学理论关注的热点，尝试揭示政府职能演变与行政法治之间交互作用的机制，以期为理解中国行政法治的特色提供佐证，为预判行政法治的未来增添可能。

二 "精兵简政"与行政法制的初构

无论置身于何种体系，行政法治的生发都根植于对公权力规范运作的内在需求。高度集权的计划经济体制、认同政府"全知全能"的价值预设难以润泽行政法治的土壤，即便是党的十一届三中全会作出决定之后的第一轮机构改革，关注的也主要是精简之后的效率提升。新中国成立初期的政府定位，直接决定了彼时行政法制与行政法学研究的状态。

（一）机构改革激发行政组织立法与研究

作为社会主义国家，新中国成立初期的整体制度架构在很大程度上受到苏联的影响，法律制度亦不例外。在两大法系之外，存在以苏联为代表的社会主义法系（Rule by Law），它认为作为国家上层建筑的法律是统治者的工具，发挥着巩固无产阶级统治的重要作用。"它（法律）是工人阶级意志的体现，是实现无产阶级专政历史任务的工具，其目的在于建立巩固和发展社会主义的经济基础，促进社会主义革命和社会主义建设，以达到消灭剥削、消灭阶级，实现共产主义的目标。"[1] 社会主义法系的基本理念，深刻影响了新中国成立初期的中国法制，尤其是行政法的发展。在实行全面计划经济的年代，各级政府扮演着明确方向、确定目标、配置资源、调节生产生活的全能角色，规划和安排着人们"从出生到坟墓"的所有事务。政府既被设想为全知全能的政府，自然就不会产生以法律制约公权力的内在需求。从新中国成立到改革开放前的很长一段时间里，我国没有一部以规范公权力为宗旨的行政法律法规，也没有严格意义上的行政法学。政府的各种政策是行政活动的直接依据，公民对行政活动即使有不满，也无权向法院寻求救济。

高度集中的权力导致了政府机构不断膨胀、部门之间职责不清、办事

---

[1] 甘绩华：《对社会主义法的特征的探讨》，《法学研究》1982年第4期。

效率低下，严重制约了经济、社会的发展。1978 年，党的十一届三中全会召开，会议旗帜鲜明地指出"把全党工作的着重点和全国人民的注意力转移到社会主义现代化建设上来"，并要求"改变一切不适应的管理方式、活动方式和思想方式"。[①] 作为配套举措，1982 年，国务院开始了一轮大规模的机构改革。这次改革的主题是"精兵简政"，意在精减人员和撤并机构。尽管这次改革没有从根本上触动高度集中的计划经济管理体制，但还是较好地控制了机构规模的膨胀，加快了"四化"干部的建设步伐。"通过改革，国务院工作部门（包括部委、直属机构和办事机构）从 100 个下降到 61 个，人员编制缩减约 25%，领导职数减少 67%，取消了领导干部终身制。"[②] 此外，通过实行机关工作岗位责任制，各级机关进一步厘清了职责。

机构改革的成效，亟须通过法律制度加以巩固，行政法制迎来了第一次发展的契机。1982 年，第五届全国人民代表大会第五次会议讨论通过了全国人民代表大会组织法、国务院组织法，修改了地方各级人民代表大会和地方各级人民政府组织法；1983 年，第六届全国人民代表大会常务委员会第二次会议修正了人民法院组织法、人民检察院组织法；1987 年，第六届全国人民代表大会常务委员会第二十三次会议通过了村民委员会组织法（试行）。密集出台的组织法，涵盖了主要国家机构和自治组织，细化了 1982 年宪法确立的"人大之下，一府两院"的基本格局和广大农村的自治架构。这些法律强调并凸显了这一轮机构改革的核心思想，在机构职责、领导职数、干部任期等方面着墨甚多。尤其是地方各级人民代表大会和地方各级人民政府组织法，在 1979 年刚获通过的情况下，又针对机构改革的精神作了相应修改，其中第 37 条新增一款，明确各地方人民政府分别实行省长、自治区主席、市长、州长、县长、区长、乡长、镇长负责制。

与紧锣密鼓的组织立法相呼应的，是行政组织法学研究的勃兴。1982 年，中国法学会正式恢复。其时，《法学研究》已经创刊，《中外法学》、《中国法学》、《政法论坛》等法学期刊也随后问世。为数不多的早期行政法学作品，表现出对政府机构改革的高涨的研究热情，在央地关系、基层

---

① 《中国共产党第十一届中央委员会第三次全体会议公报》第一部分。
② 高小平、沈荣华：《推进行政管理体制改革：回顾总结与前瞻思路》，《中国行政管理》2006 年第 1 期。

政权组织、行政基本定位、首长负责制、奖惩制度等议题上均有发声。在作品中，学者们尝试描绘出一个中央向地方行政区域和民族自治区域放权、政府向企业放权，市、区、街三级分工，居民自治与村民自治齐头并进的政权格局，期待通过政党与政府之间、政府上下级之间、政府与企业之间的职权划分，明确责任，提升效率。①而避免职责不清、责任不明的最重要"抓手"，莫过于将过去的以言代法转化为依法办事。

在此背景下，1982年宪法第89条第1项首次规定，国务院有权根据宪法与法律，制定行政法规。正如第五届全国人民代表大会第四次会议的政府工作报告指出的那样："在精简机构的同时，要用行政立法明确规定国务院和地方各级政府的各部门的职责权限，以及各个行政机构内部的各个组织和工作人员的职责范围。"但什么是行政立法、行政立法是否限于行政法规，不论是宪法、法律还是文件，均未给出清晰的界定。1985年，中国法学会行政法学研究会召开成立大会，将行政立法、行政执法作为会议主题。与会学者围绕地方各级权力机关与行政机关是否享有一定范围的行政立法权、行政立法的重点在中央一级还是地方各级、审查和清理行政管理法规等议题，展开了热烈的讨论。②尽管对于哪些行政机关有权制定、何种规范性文件可以纳入行政立法的范畴未有定论，但通过加强行政立法，以促进经济、政治体制改革的初衷，赢得了与会学者的一致认同。此次会议前后，在各主要法学期刊上，陆续刊载了探索行政立法内涵、外延、效力等方面的文章，为行政法学法源的后续研究奠定了基础。

上述作品的主题，或来源于中央文件的精神与组织立法的规定，或生发于机构改革的实践，彰显了行政法学在产生之初，就与国家任务、政府职能转变密不可分的使命。而这一轮机构改革对部门权责明晰、行政效率提升的追求，也在作品的价值追求中留痕，行政管理学关于分工与效率的表述，常可见于文章的具体论证之中。

（二）行政法学初拟学科框架

在积极回应改革实践的同时，行政法学也开始了对学科独立性的探

---

① 相关论述，详见张友渔《关于中国的地方分权问题》，《中国法学》1985年第2期；高杰《论我国直辖市基层政权体制的改革》，《法学研究》1987年第5期；杨海坤《对我国基层社会生活中群众自治的理论探讨》，《政法论坛》1986年第1期；等等。
② 杜川：《中国法学会行政法研究会成立大会简介》，《中国法学》1985年第4期。

索。一门学科能否区分于其他学科而成立，有无独特的研究对象是关键。

新中国第一本行政法教材对行政法作出如下界定："行政法是规定国家行政机关的组织、职责权限、活动原则、管理制度和工作程序的，用以调整各种国家行政机关之间，以及国家行政机关同其他国家机关、企业事业单位、社会团队和公民之间行政法律关系的各种法律规范的总和。"① 根据这个定义，行政法的调整对象是以行政机关作为一方主体与其他主体之间发生的行政法律关系。这就产生了两个问题：一是没有行政机关参与的关系，是否一定不是行政关系；二是以行政机关作为一方主体产生的关系，是否都属于行政关系。对于前者，有学者指出："我们的工会、共青团、妇联等群众组织往往根据法律或国家行政机关的委托，担负某些行政职能（如社会保险工作、计划生育工作等）。我们不能认为，这些群众组织在行使有关行政职能时，可以离开行政法，行政法不能对它们行使上述职能进行调整。"② 将依据法律或接受委托行使行政职能的行为纳入行政法调整范围的思路，对行政法学后续的发展产生了深远的影响。沿用至今的授权行政与委托行政的分类、区别于行政机关的行政主体概念，都与此讨论相关。对于后者，当下学界的共识是：行政机关行使行政职权产生的关系，才属于行政关系；行政关系经过行政法的调整，方可称其为行政法律关系。故行政法的调整对象是行政关系而非行政法律关系。

尽管第一本行政法教材对行政法的定义存在一些认识上的误区，但它倡导的组织、权限、原则、制度与程序等内容，为行政法学架设起了基本的学科框架。只是，这个框架仍存在一个明显的缺漏——欠缺行政救济与责任追究。

与民法、刑法略有不同的是，行政法学从产生之初就与行政诉讼法学的探索交织在一起，学界早期译介外国行政法与行政诉讼法的作品便将两者置于一篇文章中予以介绍。不过，从文章标题以及具体论述可知，译介者更倾向于将行政法与行政诉讼作为相关但独立的系统。③ 行政法学后来

---

① 王珉灿主编《行政法概要》，法律出版社，1983，第1页。
② 罗豪才、姜明安：《我国行政法的概念、调整对象和法源》，《法学研究》1987年第4期。
③ 乃宽：《外国行政法和行政诉讼制度简介》，《西南政法学院学报》（后更名为《现代法学》）1981年第1期。这一时期，较有影响力的行政诉讼译介类著作还有龚祥瑞、罗豪才、吴撷英的《西方国家的司法制度》（北京大学出版社，1980）。

发展出涵盖行政诉讼法学的学科格局，可能与在国外留学多年的王名扬先生有关。王老曾在描述英、法、美等国的行政法学特征时总结："尽管三国研究的范围广狭不同，但有一共同点，就是行政法学中着重研究的是行政行为和行政诉讼。"① 改革开放初期的"他山之石"，本就备受"可以攻玉"的推崇，又适逢行政立法研究组遭遇起草法典式行政法"通则"的挫折，全国人大常委会法工委决定先草拟行政诉讼法。内外交互作用之下，行政法学界将研究的重心拓展到行政诉讼，行政法、行政诉讼法同属行政法学科的架构就此形成。从20世纪80年代初到行政诉讼法出台，以行政诉讼为主题的论文有近150篇。早期学界主要围绕行政诉讼的重要性、行政诉讼的广义说与狭义说、行政诉讼的特点、是否应设立行政法院等内容②展开讨论；后续更多关注行政诉讼的基本原则，行政诉讼的当事人，管辖、受案范围，举证责任，侵权责任，裁判方式，诉讼程序，附带民事审查等具体制度③环节的深化设计。在行政诉讼的广义、狭义论辩中，行政复议制度逐步获得独立地位；在侵权责任追究的探索中，国家赔偿制度开始进入学界视野。

三 "职能转变"明确依法行政的目标

具体的研究内容，只是一门学科的"形"；信奉的价值目标，方是学科得以立足的"神"。对于行政法学这门新兴学科而言，研究领域纵然包罗万象，核心目标却应贯穿全局。中国的行政法学究竟应以何种价值追求

---

① 王名扬：《比较行政法的几个问题》，《法学评论》1985年第6期。直到笔者读研时（2001年），王老的《英国行政法》、《法国行政法》、《美国行政法》仍是行政法学界重要的外国行政法学参考书目。
② 朱维究：《试论我国的行政诉讼》，《法学研究》1984年第4期；胡建淼：《谈谈我国的行政诉讼》，《政治与法律》1985年第2期；于安：《我国行政诉讼特点刍议》，《现代法学》1986年第3期；郑传坤、张明成：《我国应当设立行政法院》，《现代法学》1986年第2期；等等。
③ 应松年：《行政诉讼的基本原则》，《政法论坛》1988年第5期；韦宗、阿江：《行政诉讼立法要论》，《中国法学》1988年第6期；顾夏强：《简析行政诉讼举证责任》，《政治与法律》1988年第3期；姜明安、刘凤鸣：《行政诉讼立法的若干问题研究》，《法律学习与研究》1988年第3、4期；江必新：《论行政诉讼中的肯定裁判》，《法学杂志》1988年第6期；金俊银、邱星美：《行政诉讼附带民事审查》，《法学研究》1988年第5期。

作为安身立命之本，这成为行政法学框架初建之后，行政法学界面临的最重要的课题。

（一）效率定位影响下的行政法学

受强调"效率就是生命"的社会主义现代化建设与以"精兵简政"为主导思想的第一轮机构改革影响，行政法学在初创时期就显露出对效率价值的特殊偏好。从行政法学的基础理论到具体制度或行为的研究，无不发生着效率的"脉动"。对于当时大多数行政法学者而言，紧密结合国家机构和体制改革工作开展研究并为促进这一改革工作服务，是行政法学的根本任务。"从这方面来说，行政法学与行政学的研究对象是共同的，但行政学要侧重从这个对象中研究我国国家行政管理领导体制、管理方式、管理技术、管理效率等问题；而行政法学则要在行政学研究的基础上，再从法制的角度侧重研究我国国家行政管理的制度化、法律化问题，以及运用法制来保证实施有效的行政管理等问题。"[1] 行政学与行政法学虽然有区分，但聚焦同样的议题、坚持共同的原则、使用相近的术语。如北京大学试用教材《行政法概论》所列的行政活动基本原则，就包括"四个坚持"的原则、管理民主化的原则、管理科学化的原则、管理法制化的原则。[2] 另一本教材《行政法》概括的行政法基本原则如下："1. 在党的领导下实行党政分工的原则；2. 人民群众参加国家行政管理的原则；3. 民主集中制原则；4. 实行精简的原则；5. 坚持各民族一律平等的原则；6. 按照客观规律办事，实行有效的行政管理的原则；7. 维护社会主义法制的统一和尊严，坚持依法办事的原则。"[3] 上述基本原则中，"四个坚持"、民主集中、管理科学、党政分工、群众参与、精简、有效等原则，也是行政学倡导的基本原则。

行政法学基础理论对效率价值的推崇，预设了行政法学具体领域研究的叙事方式。行政程序是较早进入学者视野的议题之一，但有别于今天的权利保障立场，程序在当时受到青睐，"主要是我国法制不健全，尤其是缺乏行政程序方面的系统立法，这样就会在不同的地方出现因地、因时、

---

[1] 张尚鷟：《加强行政法学研究之我见》，《政治与法律丛刊》1982年第3期。
[2] 姜明安：《行政法概论》，北京大学出版社，1986，第176—192页。
[3] 吴杰、应松年：《行政法》，法律出版社，1986，第32—33页。

因人而异的形形色色的行政办事规则，正因为没有统一的规范性要求，因而也就决定了不会有较高的行政效率"。① 效率主导下的行政程序研究，虽也有关于程序类型、时间、形式等方面的讨论，但其主要目的不是通过程序的分类与制度的设计形成对公权力的制约力量，而是实现更快速的决策、采取更及时的举措，"行政机关作为一个政治有机体，社会公共权力的行使者，为保证其高效率和灵活性，也需要系统内部的结构合理，功能齐全，协调顺畅，技能良好"。② 行政程序正是行政系统内部生态的平衡器。对行政程序的设计可以使整个行政系统正常运行，这成为那个特定时期的研究目标。

相近的思路亦蕴藏在特定行政活动的探索之中。行政处罚作为行政管理的主要手段，自然成为行政法学界热耕的"土地"。面对当时行政处罚权分属不同机关、多个部门可以对同一领域的违法行为执法的现状，有学者建议设立专门的执法机构，"为了避免混淆，法律应对行政执法机构的设立、职能范围等作出明确的规定，使它既隶属于行政机关，又具有一定的独立性，能独立行使行政处罚权"。③ 如此一来，就能在保持执法的统一性的同时提高执法效率，同样，在行政强制执行领域，作为今天受到最严格法律保留原则拘束的行政活动类型，行政强制执行的列举式立法在早期却遭遇学者的质疑："现行法律对强制执行采用'列举制'，而且大多限于对行政处罚决定的执行。要提高国家行政管理的效率与权威，就应为更多的行政处理决定提供保障执行的措施。"④ 上述举措试图放宽行政机关的强制执行权范围，目的在于体现行政的高权特性；当行政相对人拒不执行行政决定确定的责任时，让更多行政机关拥有直接启动强制执行的权限，以确保执行的高效。

（二）与政府职能转变相伴生的控权理念

以效率为基调的"画风"一直延续到了20世纪80年代末，但自90

---

① 李宗兴：《加强行政程序立法刍议》，《中国法学》1985年第4期。
② 崔卓兰：《论程序化行政》，《当代法学》1989年第4期。
③ 郁忠民：《简论独立行使行政执法权》，《法学研究》1988年第4期。
④ 胡建淼：《试论行政强制执行》，《法学研究》1988年第1期。与早期的研究不同，2012年行政强制法对于行政强制执行的设定权作了最为严格的法律保留规定。

年代初期始，行政法学研究的风格悄然发生了变化。

作为行政法学最核心的概念，依法行政最早出现在 1986 年的作品之中。当时所指的依法行政，旨在运用法律手段加强管理："管理，要依法管理，即运用法律手段来进行管理。运用什么样的手段进行管理呢？主要就是运用行政法（包括经济行政法）手段。"[①] 以管理的角度审视法律的作用，与行政学的研究进路殊途同归。这也是当时与行政有关的法律法规在起草时的共同立场：行政组织法意在为行政机关厘定开展行政管理所需的职权依据；以食品卫生法（试行）、环境保护法（试行）等为代表的单行法，除了进一步明确分管部门与具体层级，还规定了行政相对人服从管理的责任以及违反责任时的惩戒举措；各种行政法规、行政规章更是以促进行政管理为己任，在细化上位职权条款方面不遗余力。

但仅仅四年之后，对依法行政的研讨便已透露出权利保障的意识："提高行政效率必须以确保行政相对人的宪法权利不受行政行为侵害为前提，而绝不能借口提高行政效率而牺牲公民的权利。"[②] 尽管效率仍被视为"依法行政"的题中应有之义，但行政效率与权利保障的内在张力已经受到学者关注，且对于两者在产生冲突时的取舍也有了倾斜：效率的提高要以权利不受侵害为前提。此后，行政效率虽仍在依法行政的研究中占有一席之地，地位却逐步被边缘化。如有学者将行政法治化概括为行政民主、行政公正、行政效率三个维度，其中行政民主体现为被管理者对管理活动的参与、行政公正要求行政机关以平等的态度对待管理受体、行政效率则是为了避免行政法治与行政的高耗低效画上等号。[③] 相较而言，这一阶段学者对于依法行政内涵的归纳，彰显了更为明显的权利保障立场，试图借行政法对公权力进行一定的制约与抗衡，"行政法即控制政府权力的法"[④]之观念逐渐深入人心。相似的变化，投射在同一时期的行政法律制度之上，最具代表性的莫过于 1996 年实施的行政处罚法。作为行政处罚的基本法，行政处罚法推崇处罚法定原则，将行政处罚的设定、实施、适用的合法性作为至高无上的要求。尤其是在简易程序和一般程序之外，首次引入

---

① 张尚鷟：《在政府工作中要实行"依法行政"》，《群言》1986 年第 10 期。
② 郭润生：《关于依法行政的理论问题》，《法学研究》1990 年第 1 期。
③ 相关论述，参见崔卓兰《依法行政与行政程序法》，《中国法学》1994 年第 4 期。
④ 龚祥瑞：《西方国家司法制度》，北京大学出版社，1993，第 173 页。

听证程序，通过类似于法庭论辩的程序设计，赋予行政相对人抗衡行政机关的法律地位，最大限度地保障相对人的合法权益。① 到了20世纪90年代后期，内嵌于依法行政的控权理念占据了主导地位，虽然在界定法律优先、法律保护等概念的内涵时，与西方国家的通说并不一致，但法律相对于行政的优越地位以及非经法律授权不得行政等基本要义，已经成为学界的主流观点，效率价值逐步淡出了核心领域。

依循依法行政内涵的变迁线索，当我们将目光移转到同一时期行政法学学科基本框架的研究作品时，控权理念下的制度设计差异便跃然纸上。一如前述，效率主导的行政程序，旨在润滑行政机关的内部流程，保障行政决定的高效作出。当时间推移到20世纪90年代，行政程序扮演的角色变化颇多："现代行政程序不再是行政管理的附庸和工具，它相对独立于行政管理之外，成为对行政权实施监控的有力武器。"② 为实现目标，对当事人公开、合理的事前告知，陈述申辩权，对陈述申辩是否采纳的说理，救济权利的告知，时效等，都成为现代行政程序的基本配置，行政相对人的参与地位与对抗权利得到了有力的保障。不仅如此，过去很少为学者讨论的行政诉讼滥用职权审查标准，开始进入热议模式。行政法学体系初建时，诸多行政诉讼研究作品未曾涉及的滥用职权标准突然受到青睐的原因，或许可从概念产生根源中探寻："考察历史不难发现，只有在法院对行政的司法控制从羁束行为扩大到自由裁量行为时，'滥用权力'这一概念才始出现。"③ 当法院对行政的监督，从立法者搭建的外在边界迈向权力行使的合理性内核之时，滥用职权的标准就有了独立的作用空间。而对合

---

① 较早对听证制度进行系统介绍的文章，可参见叶必丰《行政程序中的听证制度》，《法学研究》1989年第2期。
② 张庆福、冯军：《现代行政程序在法治行政中的作用》，《法学研究》1996年第4期。
③ 胡建淼：《有关行政滥用职权的内涵及其表现的学理探讨》，《法学研究》1992年第3期。学者朱新力也有过类似观点："它（现代行政法原则——笔者注）赋予人民法院对行政主体的具体行政行为进行深度上全面监控的权力。"见朱新力《行政滥用职权的新定义》，《法学研究》1994年第3期。在此之前，以滥用职权为篇名的文章，只有零星数篇。如皮宗泰、李庶成：《行政审判中作为撤销根据的超越职权和滥用职权》，《现代法学》1990年第6期；杨小君：《滥用行政自由裁量权的法律思考》，《法律科学》1991年第2期。此外，还有一些专著对滥用职权标准的内涵有所涉及。如江必新：《行政诉讼问题研究》，中国人民公安大学出版社，1989；罗豪才主编《行政审判问题研究》，北京大学出版社，1990；等等。

理性的追求,是民众对行政权力平等、公正运作要求的产物。控权的触角,由此可以深入执法者的主观动机、目的或者实际考虑的过程之中。

同样,对于作为行政法学学科不可或缺的体系——行政责任,过往的研究重在通过责任的设计以警戒、制裁潜在的违法者,或使违法者为已经实施的违法行为付出代价。至20世纪90年代,权利保障意识促使学者注重责任追究自身的法定原则,即没有法律规定,就不能追究责任;且责任追究,既要与违法程度相适应,又要与教育相结合。[1] 与行政相对人违法应当承担的责任相对,当国家实施违法行为导致私人利益受到损害时,则须承担赔偿责任。关于国家赔偿责任的定性,究竟要选择代替公务员承担责任的代位责任说,还是将国家视为法人的自己责任说,又或者是折中说,学界曾经众说纷纭。[2] 立法者最终选择了基于权利保障的自己责任说。如此一来,在判断国家是否应承担赔偿责任时,就不必考虑执行公务的工作人员的主观状态,从而最大限度地为受违法行为侵害的私人提供赔偿。

从依法行政内涵的变迁到行政法学学科架构的偏好调整,如此重大的转型发生在短短五六年的时间里。是什么支撑了这一改变?不可否认,自20世纪80年代中后期到90年代初,行政法学队伍迅速壮大,更多译作被国内学者了解与熟悉,行政法学研究的广度与深度由此得以拓展。然而在行政法学自身原因之外,推动这一变革发生的,还有中央自1988年始掀起的以转变政府职能为重点的行政改革。以"精兵简政"为目标的第一轮机构改革,将部门推诿责任、效率不高归结于中央与地方、部门之间的权责不清,故而将机构重组、人员裁撤等作为主要对策。但这种行政系统内部的权力再分配,未能触及改革之本质,很快就陷入了机构再膨胀、企业权力被截留的境地,甚至出现部分地方立一个法就增设一个机构、加一道审批手续、多一道收费罚款的情况。中央逐步意识到,只有厘清政府与市场的界限,明确政府的职能,才能改变现状。1988年中央明确提出了转变政府职能是机构改革的关键;1993年,为落实中国共产党第十四次全国代表大会提出的建立社会主义市场经济体制的要求,政府职能转变再次得到强调;到1998年,政府职能改革取得重大进展,几乎所有的工业专业经济部

---

[1] 应松年:《论行政法律责任》,《法学研究》1990年第3期。
[2] 马怀德:《国家赔偿责任的性质》,《法学研究》1994年第2期。

门被裁撤。①

建立社会主义市场经济体制的明确提出，围绕体制转型展开的政府职能改革，对中国的行政法学提出了新的挑战。通过行政法学的研究保障改革的顺利推进，成为新时期行政法学的历史任务。有鉴于此，有学者指出当代行政法学的发展方向："要根除各种混乱现象，唯有从明确国家权力界限，转换政府职能开始，明确哪些领域应由国家直接宏观调控，哪些领域应通过间接调控管理，哪些问题应由市场和个人决定，哪些问题应由私法规则解决。在此基础上，形成一种国家与社会分离，政治与经济二元化，小政府、大社会的良性社会结构。"② "小政府、大社会"，正是资本主义国家刚成立时理想的社会结构，也是普通法系、大陆法系各国摒弃具体差异之后的共通之处。尽管两大法系建构法治的根基有别，预期的行政法治路径亦有分野，但对于"小政府、大社会"的共同追求，使两大法系的行政法学都呈现对权力限制的推崇与偏爱。控权理念主导下的域外行政法学基础理论和制度设计，虽于20世纪80年代初已被介绍到中国，却未能与彼时"效率就是生命"的国内氛围融合。而自1988年开始的政府职能改革，将"政企分开"确立为社会主义市场经济体制必备的特征，为中国行政法学界认同控权理念创造了契机，促成了依法行政在行政法学上的主导地位。

四 "公共服务"拓展法治政府的价值

立论之处，定有反思。控权理念兴起初期，便闻平衡论的商榷之声。行政法学在控制行政权力之外，是否还肩负着保障行政权力的责任，铸就行政权力与公民权利之间相互制约、相互平衡的态势？起初行政法学界对此争论不一，然而随着服务型政府改革的深化，共识逐步达成。两种行政法学理论分野与融合的背后，是对中国政府职能定位的辨析，更是对中国行政法治路径的探明。

---

① 关于新中国成立以来前30年的政府机构改革历程，可参见朱光磊、李利平《回顾和建议：政府机构改革三十年》，《北京行政学院学报》2009年第1期。

② 周汉华：《行政立法与当代行政法——中国行政法的发展方向》，《法学研究》1997年第3期。

（一）平衡论的立意及其争鸣

当适应社会主义市场经济体制的机构改革推动中国行政法学转向经典的控权论时，两大法系的主要国家正在经历福利国家主义盛行、议会授权频繁、行政权力不断扩张的历史变革。一种推动行政机关免受强制性规范控制的"去法律化"趋势开始进入行政法学理论："长久以来，学者与实务工作者将这些控制视为传统行政法的根本目标，以维系一个公平和理性的行政国家。'去法律化'运动的核心在于，强调分散化、政治性的行政过程价值，进而从深层次挑战传统行政法模式。"[1] 行政机关的"传送带"色彩正在褪去，随之拓展的是政策形成过程中的积极角色；政府不再止步于单纯的执行，而是直接参与规则的形成。行政过程逐渐增强的政治性呼唤新的民主根基，奠立于代议制民主根基之上的传统控权行政法学理论遭遇着前所未有的冲击。德国哈贝马斯的慎议民主理论、英国的绿灯理论、美国的利益代表模式等，都是尝试回应这一变革的努力。

域外行政法实践与学理的转型，触发了部分学者对中国行政法学基础理论的反思。时值控权论刚在中国大地上扎根，管理论尚未完全退场，平衡论已然发出强势第一声："根据各国行政法制发展的状况，特别是我国行政法制建设的实践，我们认为，行政权既要受到控制，又要受到保障；公民权既要受到保护，又要受到约束；行政权与公民权之间也应既相互制约，又相互平衡。"[2] 在平衡论者看来，实现权力与权利之间的妥善协调，而不是一味地控制权力或者关注行政效率，才是行政法学的根本任务。行政法既不是管理法，也不是控权法，其应致力于实现行政权与公民权之间的平衡。尽管在特定行政法律关系中，当事人之间的权利义务关系总是显现某种不对等性，但这种不对等性发生在不同的时空当中，可以通过行政实体法、行政程序法乃至行政救济法的制度设计相互制衡、彼此抵消，最终实现总体上的平衡，行政法学的终极目标即在于此。

平衡论的提出，在中国行政法学界"一石激起千层浪"。批评者认为，平衡论强调的"总体平衡"，在行政机关与行政相对方的现实关系中，并

---

[1] Keith Werhan, "Delegalizing Administrative Law," *U. Ill. L. Rev.* (1996), pp. 423–466.
[2] 罗豪才、袁曙宏、李文栋：《现代行政法的理论基础——论行政机关与相对一方的权利义务平衡》，《中国法学》1993年第1期。

不存在；相反，现实中行政机关占有极大优势，其权力与相对方权利不对等。"因此，要达到总体平衡，平衡论就不能讲'中庸'、'调和'，而是主张控制行政权力，同时赋予并强化相对方的权利，其过程归结为'不对等—不对等倒置—总体平衡'，或者是（管理中的）非平衡—（监督中的）非平衡—平衡。"① 如此一来，行政法的核心乃是"不对等倒置"，而实现"不对等倒置"的手段，正是对行政权力的控制。可见，平衡论本质上就是控权论，两者只是从不同的角度表达同一个观点。更有学者从行政权力自身的属性出发，论证平衡论的不可能性："行政权属国家权力系统，是人民通过法律赋予行政机关并由其行使的一种国家权力，行政机关必须按人民的要求依照法律行使行政权，而不应也不能与人民抗衡，否则人民有权收回其委托的权力。"② 行政权力与公民权利分属两个完全不同的系统，不能成为一对矛盾中的两端，也就不能以是否平衡评价两者之间的法律关系。然而，这些质疑在支持者看来，并不构成威胁。权利恰恰是行政法赋予公民对抗行政权的最重要武器："行政法已逐渐授予相对人在行政管理领域内更多的参与行政决定的权利，在行政机关大量进行的利益评估、平衡活动中，越来越多的个人利益主体参与进来，利益信息可以在决策前得到更全面的传达和考虑。"③ 听证权就是这类权利的典型，它使行政相对人拥有知情、辩论的机会，以对抗看似强大的行政权。至于这些程序权利、救济权利展现的控权面向，并不能说明限制权力是行政法的价值追求；相反，"对行政权进行必要的控制，恰恰是平衡的内在要求，但这种控制本身并不是行政法的目的，而只是实现平衡的手段，其归根结底是为了促使行政权合法、高效地行使，使国家、集体、个人的利益得以协调和统一"。④

管理论、控权论与平衡论之间的论辩，引发了中国行政法学界对行政法学基础理论的第一次系统研讨。观点的交锋，促使中国行政法学界认真反思中国行政法学基础理论背后的支点究竟是什么。

---

① 曦中：《平衡论的困境》，载罗豪才主编《现代行政法的平衡理论》，北京大学出版社，1997，第356页。
② 杨解君：《关于行政法理论基础若干观点的评析》，《中国法学》1996年第2期。
③ 沈岿：《试析现代行政法的精义——平衡》，《行政法学研究》1994年第3期。
④ 王锡锌：《再论现代行政法的平衡精神》，《法商研究》1995年第2期。

(二) 公共服务改革启沃价值共识

带着这一追问，当我们回顾发生在20世纪90年代中期的这场争鸣时，学说背后的深层次脉络便显现出来。

一如前述，新中国成立后有关国外以控权为主导的行政法学理论的引介，最早可见于80年代初期，但在当时，管理论占据着中国行政法学的主导地位。这并非法律文化的传统使然，中国有迹可循的行政法学作品其实可以一直前溯至民国。当时较为普及的《行政法总论》一书，即将"行政权之作用不得与法规相抵触"、"以行政权侵害人民之自由及财产权，必须有法规之根据"等确立为行政权的原则。[①] 行政法学者放弃继承民国时期相对成熟的控权理论，既承因于1949年中共中央宣布废除国民党"六法全书"的政治决策，[②] 亦受制于80年代以"精兵简政"为主导的时代背景：管理论对行政学中科学设置机构、简化行政流程、强化管理手段等理论的借鉴，暗合了效率取向的改革宗旨。但很快实践便证明，简单地裁并机构、削减冗员，并不能从根本上克服机构膨胀、环节繁杂的弊端。要建立社会主义市场经济体制，就必须厘清政府与市场之间的界限。1988年、1993年、1998年的三轮国务院机构改革，正是朝向这一目标的努力。如1998年国务院在政府工作报告中所强调的："要按照发展社会主义市场经济的要求，根据精简、统一、效能的原则，转变政府职能，实现政企分开，建立办事高效、运转协调、行为规范的行政管理体系。"要减少政府对企业不必要的干预，就必须将政府的权力控制在必要的宏观调控职能范围内。控权论因为吻合这一时期的改革需求，从而呈现蓬勃发展的样态。

然而，学理不仅是实践的总结者，更可预判实践的发展趋势。预判的基础，既可以来源于他山之石的借鉴，也可以生发于对事物发展规律的把握。平衡论者首先通过比较，看到了世界各国行政法在近几十年里发生的变革："消极行政的萎缩和积极行政的拓展；行政合同和行政指导逐步兴起；行政程序立法不断加强；立法、法律解释及适用中更多地考虑平衡因

[①] 白鹏飞编《行政法总论》，上海商务印书馆，1927，第4—7页。
[②] 1949年2月，毛泽东同志批准发布了《中共中央关于废除国民党的六法全书与确定解放区的司法原则的指示》，正式宣布与国民党时期的法律传统割裂。

素；利益平衡逐步成为弥补制定法和判断法缺陷的重要方法等等。"① 这一观察促使部分平衡论者判定，过度控制行政权力或强调管理者的权力，都是失之偏颇的，行政权最终还是要走向消极行政与积极行政的平衡点。与基于历史脉络的纵向平衡论者不同，另一批支持平衡论的学者则立足于对同一时期我国政府职能的理解，倡导横向形式的平衡观：尽管都实行市场经济，但对于中国来说，"鉴于我国目前的国情，政府客观上需要保留强有力的行政权力，政府的行政权与计划经济时代相比诚然应当有所收缩，但决不能弱化到西方国家水平"。② 因此，我国行政法对行政机关与相对方权利义务的分配，应该是介于计划经济时期的中国与当代西方发达国家的一种中间形态。

两种平衡理论虽然切入有别，但都将行政应有的定位作为思考行政法学基础理论的背景与前提。只是前者从全球行政的变迁轨迹，预见积极行政的兴起；后者以中国自身的国情考量，主张不能过分限缩政府权力。殊途同归，两者都走向了一种多元复合行政：政府既维护秩序，又承担给付责任；既退出市场，又宏观调控。这样的一种政府形象，在2002年中国共产党第十六次全国代表大会的报告《全面建设小康社会，开创中国特色社会主义事业新局面》中得到了官方的认同："完善政府的经济调节、市场监管、社会管理和公共服务的职能，减少和规范行政审批。"中国的社会主义市场经济体制建设，呼唤一种多头并举、有进有退的政府职能。尤其是2005年国务院政府工作报告中提出的服务型政府目标，更是为之后政府创新管理方式、寓管理于服务之中奠定了主基调。由此，行政逐渐从"压制型"转向了"回应型"，"标志着政府职能全新的运作方式，它不仅尊重人的主体性，具有伦理上的正当性；而且有利于提高行政相对方的参与热情，鼓励创新，培育社会自治和催生行政民主，充分动员和整合社会力量"。③ 政府职能的改革步伐，调和了学界关于行政法学价值目标的分歧，更多作品将研究重心移转到服务行政下的新型行政活动之上。

作为服务行政的代表，行政指导与行政合同占据了这一时期行政法学

---

① 罗豪才、甘雯：《行政法的"平衡"及"平衡论"范畴》，《中国法学》1996年第4期。
② 皮纯协、冯军：《关于平衡论的几点思考》，载罗豪才主编《现代行政法的平衡理论》，北京大学出版社，1997，第356页。
③ 崔卓兰、蔡立东：《从压制型行政模式到回应型行政模式》，《法学研究》2002年第4期。

研究的较大篇幅。19世纪末20世纪初，行政指导因其灵活性与非强制性，在资本主义国家拓展政府职能的过程中独领风骚。"往昔墨守法条文字的'机械法治'渐由依照立法精神，针对社会需要的'机动法治'所取代。从原先主张'无法律即无行政'转变为'法律须配合行政'。"① 行政指导的非权力特性，缓和了行政机关与行政相对人之间的对立关系。行政机关不再坚持传统高权行政的命令者姿态，而是在给出建议、信息或者指引之后，尊重行政相对人的自主选择。相应地，行政法学也放宽了对这一类行政活动的法律保留要求，允许在无直接法律依据的情况下，行政机关仍有权实施行政指导。但为了防止行政指导可能的滥用，将行政指导纳入司法审查范围成为学界的主流声音，并建议在未来的行政程序立法中设立专门的章节，规范行政指导程序。② 如果说行政指导仍停留在行政相对人被动地采纳或接受层面，行政合同则因其赋予行政相对人形成行政法律关系的权利，对行政法学基础理论中的高权假设构成更为致命的冲击。"行政合同的契约性源自私法合同的某些本质特征，是私法合同的内在规定性在行政合同中的具体体现，也是行政合同与以'命令—服从'为特征的传统行政行为的区别所在。"③ 行政机关之所以愿意放弃更体现权威的单方行政行为，与市场经济发展过程中先后遭遇的市场失灵和政府失灵密切相关，公私合作逐渐成为全球公共行政改革的发展方向。"用市场的散在的、个别的与平等的控制来取代官僚控制，也正是在这样的行政改革背景之下，作为市场的基本观念的契约大量地渗透到公共领域中来，并与行政管理的需要'嫁接'。"④ 越来越多的行政机关，愿意以协商的方式，借助相对人的力量营造内在的竞争压力，在提升公共服务水平的同时，赢得相对人对行政行为的更大认同与接受。

---

① 陈泉生：《行政指导刍议》，《法学研究》1991年第4期。
② 莫于川：《论行政指导的立法约束》，《中国法学》2004年第2期。司法实践也在力推仅具指导之名却行强制之实的行政指导，进入行政诉讼的受案范围。如"点头隆胜石材厂不服福鼎市人民政府行政扶优扶强措施案"（具体参见《最高人民法院公报》2001年第6期）。
③ 邢鸿飞：《行政合同性质论》，《南京大学法律评论》1996年第2期。当时不少行政法学者主张将行政合同纳入正在制定的合同法之中，却终因与民法学者的意见分歧未能实现。参见刘莘《行政合同刍议》，《中国法学》1995年第5期。
④ 余凌云：《行政法上的假契约现象——以警察法上各类责任书为考察对象》，《法学研究》2001年第5期。

行政指导、行政合同在行政法学中地位的确立，预示了在新一轮以强化公共服务为重心的行政改革中，政府与民众法律地位的悄然变化。蓬勃发展的行政实践，又反向推动了行政法学基础理论对价值目标的探明：一种既控制权力又注重效能提升的新行政法学，开始在学界孕育、生长。

五　国家治理形塑新型行政法治

在双重价值驱动之下，行政法学理论与制度的革新正在发生，并在国家治理体系建设的时代脉络中不断强化：拓展依法行政的法源，确立行政规定、行政法原则、行政惯例的法源地位；反思代议制民主下的法律实效性，丰富公共行政组织的建构模式，观照行政裁量的二元属性；吸收合法性审查以外的目标，构建开放合作型行政救济模式。这些局部的、具体的努力，最终都化约为对"什么才是适合中国的行政法治路径"的终极追问。

（一）"审批改革"引发的治理变革与行政法学震动

自 1993 年国务院将适应社会主义市场经济体制作为政府职能转变的首要目标以来，我国广泛存在的审批制度，因与市场配置资源的基础作用不符，成为重要的掣肘力量。2001 年 9 月，国务院办公厅下发《关于成立国务院行政审批制度改革工作领导小组的通知》（国办发〔2001〕71 号），全国范围的行政审批制度改革正式拉开序幕。前期的准备，为 2002 年国务院政府工作报告将"进一步改革和减少行政审批"列为政府职能改革的重点内容奠定了基础，也为 2003 年行政许可法的出台创造了条件。但行政审批制度改革试图厘清的政府与市场的界限，因牵涉的利益过于庞杂、政府传统管理思维的根深蒂固，远未实现预期目标。党的第十八次全国代表大会之后，新一届政府将深化行政审批制度改革作为推进政府职能转型的突破口。2013 年，国务院发布机构改革和职能转变方案，明确要求"深化行政审批制度改革，减少微观事务管理，该取消的取消、该下放的下放、该整合的整合"，充分发挥市场与社会的作用，全面打造服务型政府。[①] "审

---

① 对我国行政审批制度改革历程的描述及评论，可参见王克稳《我国行政审批制度的改革及其法律规制》，《法学研究》2014 年第 2 期。

批改革"成为推动国家治理,实现政府、市场与社会良性互动的着力点。

伴随着改革的深入,一系列现实问题浮出水面。行政法学初创时期,受控权理论影响,行政法的法源被严格控制在法律、法规层面,即便是行政规章,在1989年的行政诉讼法中也仅有参照地位。但在中国政府的各项改革和决策推进中,以"红头文件"形式出现的行政规定扮演了重要角色,如审批制度改革中的"权力清单"。简单地否定行政规定的规范属性,看似维护了依法行政的权威,实则漠视了内外区别型国家与社会关系基础上的复杂现实样态。对于"具有影响权利义务内容"或"审判基准效力"的行政规定,应该承认其法律规范属性。[①] 不仅如此,在特定条件下即便没有成文规则的约束,仍要遵循行政法原则的指引。比例原则[②]、信赖利益保护原则[③]、正当程序原则[④],在我国行政法学发展史上都是先于行政法律制度的规定而见诸学界研究与司法实践的。行政机关长期针对某类事务反复进行相同或相似处理形成的惯例,因"得到了一定范围内行政相对人的确信",[⑤] 在学说与司法实践中也被赋予法源地位。这些拓展的法源,在促使行政机关保障行政相对人合法权益的同时,亦赋予行政机关在无传统法源的前提下开展特定行政活动的权力。它们虽不以国家强制力为后盾,却是拥有事实约束力的"软法",与传统的"硬法"一起,构成了中国公域之治中"软硬兼施的混合法模式"。[⑥]

[①] 朱芒:《论行政规定的性质——从行政规范体系角度的定位》,《中国法学》2003年第1期。

[②] 1999年,最高人民法院终审判决,维持黑龙江省高级人民法院运用比例原则部分撤销了哈尔滨市规划局行政处罚一案(最高人民法院〔1999〕行终字第20字)。该案中,北京大学法学院湛中乐教授担任了被上诉人(原审原告)的代理律师。具体分析请参见湛中乐《行政法上的比例原则及其司法运用——汇丰实业发展有限公司诉哈尔滨市规划局案的法律分析》,《行政法学研究》2003年第1期。

[③] 信赖利益保护原则在引介至我国的初期,与正当期待原则甚至诚信原则并不作严格的区分。近年来多有作品对此进行反思与澄清。请参见余凌云《行政法上合法预期之保护》,《中国社会科学》2003年第3期;刘飞《信赖保护原则的行政法意义——以授益行为的撤销与废止为基点的考察》,《法学研究》2010年第6期。

[④] 正当程序在我国从理念走向实践的诸多案例,很好地诠释了学界与法院良性互动发展法律的过程。请参见何海波《司法判决中的正当程序原则》,《法学研究》2009年第1期。

[⑤] 章剑生:《现代行政法基本理论》(第二版),法律出版社,2014,第149页。吴小琴等诉山西省吕梁市工伤保险管理服务中心履行法定职责案(最高人民法院行政审判庭第135号行政审判案例),是承认行政惯例拘束作用的典型案例。

[⑥] 罗豪才、宋功德:《认真对待软法——公域软法的一般理论及其中国实践》,《中国法学》2006年第2期。

在这样一种共治格局中，奠基于传统代议制民主之上的法律实效性、公共行政组织建构的合法化模式以及内在于法律的裁量规制，都受到了重新的检讨。按照生发于德国的形式法治思路，经由人民选举的代表制定的法律，具有至高的权威，应该得到全面的贯彻。事实却是，不少经过立法程序的法律规范在实践中受到漠视、规避甚至拒斥，导致执法处于一种牺牲法律权威或者承受过高成本的两难境地。"走出执法困境要求在规则制定过程中，政府立场与民间态度通过制度化机制进行有效的、富有意义的交涉，在执法过程中应采取务实的态度，注重博弈过程中的学习、反思和策略调整。"[1] 一种更为开放的、注重经验与私方参与的正当性根基正在形成，并在公共行政组织建构领域得到了相似的彰显。以学界最初的构思，行政组织法的完善应该奉行法典化的进路，尝试建构一套完整的、包含三级立法层次的组织法体系。[2] 但实践却揭示，依据法律设立的公共行政组织，未必就能得到民众的拥护；也不是所有的关于组织权限的争议，都适合通过经久冗长的立法程序解决。"厘定行政组织实质合法性边界的努力，并非完全发生在民主代议过程或司法过程之中，更不是诉诸行政组织法典化的建构，而是借助一种非正式的、自下而上的民众行动的方式。"[3] 这样一种经验的实质规范主义思路，必然要求法律预留行政机关回应社会需求的裁量空间。行政裁量虽是法治要防范与控制的对象，但也是促进积极行政的重要规范载体。裁量的二元属性，决定了无论何种对行政裁量的规范手段，"都不应当是扼杀行政裁量权，而应当是以肯定行政裁量权服务并促进社会发展的积极作用为前提，以有利于行政裁量权功能的充分发挥、有利于行政裁量权在法治原则之下的正常运作为目标"。[4] 由此，对于行政裁量的规范，需要在传统的立法、行政与司法之外，探寻个案中的私人力量，以期以协商实现裁量的个案正义目标，以协商防范裁量滥用。

---

[1] 王锡锌：《中国行政执法困境的个案解读》，《法学研究》2005 年第 3 期。
[2] 应松年、薛刚凌：《行政组织法与依法行政》，《行政法学研究》1998 年第 1 期。
[3] 沈岿：《公共行政组织建构的合法化进路》，《法学研究》2005 年第 4 期。
[4] 周佑勇：《行政裁量的治理》，《法学研究》2007 年第 2 期。学者杨建顺也曾有类似的论述，但对于裁量的立法、行政、司法和社会统制形式扮演的具体角色，两位学者的侧重有所不同。杨建顺：《行政裁量的运作及其监督》，《法学研究》2004 年第 1 期。拙作对行政裁量的二元性亦作过系统分析，并认为基于此二元性，应该形成三足鼎立的裁量规制模式。参见郑春燕《现代行政中的裁量及其规制》，法律出版社，2015。

既然法律的制定与实施、公共行政组织的建构、行政裁量的规范都需要借力私人参与,寻求最适合个案诉求的解决方案,实现理性主义与经验主义的调和,那么传统行政法学以封闭、对抗为要义的行政救济路径也应加以修正。"一种新的以促进行政纠纷实质性化解、实现司法与行政良性互动、程序运作主体多中心主义为特征的开放合作型行政审判模式已经初现。"① 2014 年,第十二届全国人大常委会第十一次会议通过了行政诉讼法的修改稿,在第 1 条立法目的中新增了"解决行政争议",同时允许部分条件下调解的发生(第 60 条)。条文修改的背后,是"现代公共行政从权力中心走向服务中心"的时代背景,更是法院通过协商妥协、处分权利以达成合意的方式,实现"由规则的统治转向基于合意的治理"② 的努力。与此相应,各地开展的行政复议制度改革,也显现与早期司法化不一样的方向:由复议过滤和消解大多相对次要、琐碎的争议和不满,减轻法院的压力,反映了让行政复议成为我国行政争议解决主渠道的主要诉求。③ 围绕着实质性地化解纠纷,正在进行的行政复议法修改,可能会呈现更多促成公私合作的功能主义设计。

(二) 迈向实质法治的新行政法学

随着审批制度改革向纵深推进,国家治理体系与治理能力现代化建设成效逐步显现,行政法学继行政活动形式创新之后,迎来了更为根本的对行政法治路径的探索。如果说服务理念初推之际,学界更多关注的是新型行政活动如行政指导、行政合同相较于传统行为类型的不同合法要件,那么随着审批制度改革逐渐深化的国家治理体系建设,带来的却是对公共行政过程的民主性呼吁和公共行政主体的社会化延伸。作为控权论基石的代议制民主,难以为新的公共行政提供正当性根基,不少行政法学者就尝试透过具体理论与制度的讨论,开启新的正当性论证。综观世界各主要发达国家的法治变迁历程,"其法治建设和法治实践都有一个以实质法治精神弥补和丰富形式法治内涵,以实现两者真正融合的发展过程"。④ 中国的法

---

① 章志远:《开放合作型行政审判模式之建构》,《法学研究》2013 年第 1 期。
② 李广宇:《新行政诉讼法逐条注释》,法律出版社,2015,第 465—466 页。
③ 杨伟东:《行政复议与行政诉讼的协调发展》,《国家行政学院学报》2017 年第 6 期。
④ 袁曙宏、韩春晖:《社会转型时期的法治发展规律研究》,《法学研究》2006 年第 4 期。

治建设虽历时不够久远，却在全球化浪潮与国内审批制度改革的助推之下，面临同样的趋势。越来越多的行政法学作品，表达了对纯粹形式法治能否担当起"改革护航者"重任的担忧，并在不同程度上寻求实质法治的补强与接续。

一种通约的共识受到了部分学者的青睐，被他们视为支撑合法性的根基，尤其表现在对司法判决的支撑作用上："司法审查受到法律共同体普遍共识的支持和限制，反过来也推动共识的形成；法官可以运用既有的共识去发展法律，同时也应尽量与法律共同体的普遍共识保持一致。"① 在这些学者看来，作为实质法治精髓的共同体共识，可以弥补形式法治的不足，成为推动法律发展的内生力量。共同体共识，就是外在于法律的道德。但也有学者并不相信存在可以化约的道德，在他们看来，多元化的社会中，法律之外的共识难以达成，如果形式的正义存在缺漏，就应该通过程序正义修正。"当政府从过去无私的国家利益、公共利益代表者的道德制高点上退下来之后，政府决策正当性的道德预设已不复存在，需要从政府决策形成方式的转型获取新的正当性基础。在利益多元化的社会条件下，政策决策形成方式的转型，关键在于为政策决策注入建立在说服基础上的权威。"② 过程透明、充分参与的公共意志形成程序，由此获得特殊权重，具有补强程序传统控权功能的新生价值。

从行政组织的更新，到行政活动形式的拓展，再到程序功能的延伸，行政实践与行政法学理论正在经历一场前所未有的变革。2008年4月12日，北大的英杰交流中心首次举行以"新概念行政法"为主题的学术研讨会，来自学界与实务界的近30位资深专家就革新行政法整体的指导理念进行了深入探讨。③ 这场研讨会直面中国公共组织兴起、审批制度改革深化、行政举措更迭、行政过程政治化的社会现实，呼吁行政法学研究应该回应合法性解释的危机。一种在法律体系之外、以程序建构开放反思的合法性机制的尝试激起了涟漪："当实践中出现对实在法本身或其执行结果的异议时，创制或运用实在法的政府行为就面临可接受性的考验。而富有意义

---

① 何海波：《实质法治：寻求行政判决的合法性》，法律出版社，2009，第268页。
② 王万华：《法治政府建设的程序主义进路》，《法学研究》2013年第4期。
③ 罗豪才、王锡锌等：《"新概念行政法"研讨》，《行政法论丛》第11卷，法律出版社，2008，第14—53页。

的反思过程，可以使这样的考验和针对政府行为可接受性的辩论充分展开，可以让实在法建制或执行过程中未被注意或重视的事实和价值，再次引起必要的关注。"① 译介国外新行政法学研究动态的作品，也如雨后春笋般出版，展现了美国、英国、德国、日本、新西兰等国家正在进行的行政法实践与行政法学基础理论变革。② 探索开放、反思的程序机制，不仅是中国也是其他主要法治国家应对公共行政改革浪潮的发展趋势。对于这种动态，也有学者表达了担忧："虽然今天的法治行政不能像传统的依法律行政那样简单地以法律为根据，而应在宪法规范和价值指导下强调法律的合宪性、人权保障的目的性，甚至还要将程序的要求囊括在法律之中，但依法律行政的基本原理还是应当重新重视起来，这样才能与宪法对国务院的定位以及与人民代表大会制度相吻合。"③

但在实践中，党中央和国务院一系列重要文件的部署，更多呈现了对实质法治的倚重，允许行政的依据扩展到法律、法规、规章甚至是行政规定——只要这些规范性文件是经过法定程序起草并通过的文本。2004年，国务院意识到行政决策需要奠立在更为坚实的科学、民主根基之上，于《全面推进依法行政实施纲要》第五部分明确提出："建立健全科学民主决策机制"，将"公众参与、专家论证和政府决定相结合"作为行政决策机制的必要内涵。此后，中央并没有停下健全依法决策的步伐。2014年10月，党的十八届四中全会《中共中央关于全面推进依法治国若干重大问题的决定》第三部分之（二）再一次强调："把公众参与、专家论证、风险评估、合法性审查、集体讨论决定确定为重大行政决策法定程序，确保决策制度科学、程序正当、过程公开、责任明确。"在上述文件的推动之下，全国各省、自治区、直辖市纷纷探索重大行政决策的程序立法，不少地方推出了相应的政府规章，如浙江、四川、云南等。2019年，国务院《重大

---

① 沈岿：《公法变迁与合法性》，法律出版社，2010，第22—23页。
② 〔美〕理查德·B.斯图尔特：《美国行政法的重构》，沈岿译，商务印书馆，2002；〔英〕卡罗尔·哈洛、理查德·罗林斯：《法律与行政》，杨伟东、李凌波、石红心、晏坤译，商务印书馆，2004；〔新西兰〕迈克尔·塔格特编《行政法的范围》，金自宁译，中国人民大学出版社，2006；〔日〕大桥洋一：《行政法学的结构性变革》，吕艳滨译，中国人民大学出版社，2008；〔美〕朱迪·弗里曼：《合作治理与新行政法》，毕洪海、陈标冲译，商务印书馆，2010；〔德〕施密特·阿斯曼：《秩序理念下的行政法体系建构》，林明锵等译，北京大学出版社，2012；等等。
③ 王贵松：《依法律行政原理的移植与嬗变》，《法学研究》2015年第2期。

行政决策程序暂行条例》正式通过，以程序正当化调整重大利益的行政决策，成为法定要求。

不论是寻找一种实体的共识，还是通过程序正当化权威，都是在形式法治之外探寻实质法治的努力。鉴于达成一劳永逸的新共识如此困难，理论界与实务界都倾向于将重心置于程序主义的进路。只是，开放、参与、论辩的程序，虽能为规则的形成、决策的作出甚至是执行的调整提供新的正当性根基，却也因在行政过程中复制代议民主模式，承受效率低下、决定不及时甚至利益代表不均衡的质疑。尤其是受传统文化和政治体制安排的影响，我国政府从一开始便扮演统领者的角色，并被赋予广泛的裁量权限。市场经济的发展虽促使国务院一再进行审批制度改革，但在全球化浪潮和风险社会的双重作用力下，政府形塑社会的整体任务丝毫未见懈怠。为保留转型时期各级政府的能动性，中国的行政法治虽可以向程序主义借力，却不能走向正式程序主义的极端，而应以非正式程序实现灵活性与正当性的完美融合，保障我国行政机关全力投入以制度设计促进公共福祉的建设之中。① 依此，中国的重大行政决策程序虽包含五种法定程序，却不意味着每项重大行政决策必须经历五大步骤，而是允许决策机关根据决策性质选择适用程序，并对裁量决定承担相应法律责任。

六　结语：政府定位与行政法治的良性互动

从否定行政法学科的独立性到以行政行为为核心构筑行政法学理论体系，再到以行政过程或行政法律关系重构行政法学理论支点，从效率价值到权利保障，再到综合调控功能，从无法治到形式法治，再到实质法治，改革开放40多年来的行政法学发展史，不仅是中国行政法学人形塑行政法学基础理论与学科体系的奋斗史，更是行政法学回应、诠释、助推行政改革的互动史。几乎每一次重大的行政法学基础理论变革，都能追溯到国家

---

① 详细论述，请参见郑春燕《基本权利的功能体系与行政法治的进路》，《法学研究》2015年第5期。2017年6月，国务院公布《重大行政决策程序暂行条例（征求意见稿）》时，笔者曾带领研究团队，根据拙文中的非正式程序主义行政法治思路提出15条建议，包括允许决策机关裁量适用五项程序的意见。2019年，在国务院正式通过的《重大行政决策程序暂行条例》中，未将五项程序列为必经程序。

行政改革的重大调整，这些变化又凝结成相应行政法律、法规的制定或修订，再一次推动围绕新法实施的行政法释义学的发展。

这样的周而复始，是在以史实宣告：对于像行政法学、宪法学等这样具有高度政治性、社会性的公法学科，不能简单地移植域外的制度或学说，而应深入被移植国的政治、经济、文化背景，爬梳引发制度或学说的问题意识与制衡体系。全球化时代的公法价值虽具通约性，但价值内在的排序，实现价值的权力架构、组织形式、救济途径等，却因国家的政治体制、发展水平、风土习俗而有差异。公共行政改革的浪潮，虽然带来各国政府的再造运动进而引发新行政法学的勃兴，但新行政法学的使命与内涵，却因社会对政府功能的预期以及市场与政府的角力，呈现差异化的样态。正因如此，在行政法学研究的诸多方法中，虽应警示释义学方法的根本地位，却不能忘记"释义学的功能，不仅在于拴紧规范间的螺丝，使其更能顺畅地配套运作，更重要的是适度调整规范与所规范事实的距离，借由解释把新的社会事实吸纳入规范的内涵，其目的不在合理化违法的事实，而在依循法律的真正规范意图，缩短单纯因社会发展而产生的规范距离"。① 唯有时时回溯行政的发展历程，从中理解并预判政府当下与未来的定位，才能经由法释义学方法，发展出契合国情的行政法治。

---

① 苏永钦：《部门宪法——宪法释义学的新路径?》，载苏永钦主编《部门宪法》，元照出版有限公司，2006，第10页。

上编　行政法制的初构

我国行政法的概念、调整对象和法源[*]

罗豪才　姜明安[**]

摘　要：行政法是调整国家行政机关在行使国家行政管理职能过程中发生的各种社会关系的法律规范的总和。其调整对象是国家行政机关之间，国家行政机关及其工作人员之间，国家行政机关和其他国家机关、企事业单位、社会组织、团体和公民个人以及外国人、无国籍人之间，在行政管理活动中发生的社会关系。从调整对象出发，行政法包括三类规范：行政组织规范、行政管理活动规范和行政法制保障规范。这些规范存在于宪法、法律、行政法规、行政规章、地方性法规、自治条例和单行条例之中。

关键词：行政法　行政法的调整对象　行政法规范

什么是行政法？我国行政法的调整对象是什么？有哪些法源？

1980年上海辞书出版社出版的《法学词典》和1984年中国大百科全书出版社出版的《中国大百科全书·法学》中都有行政法的词条，这些词条对于行政法的概念、对象和法源都有明确的表述。1983年法律出版社出版的《行政法概要》也对行政法的基本理论进行了全面探讨和阐述。上述辞书中关于行政法的词条和《行政法概要》中阐述的行政法理论对教学和

---

[*] 本文原载于《法学研究》1987年第4期。
[**] 罗豪才（1934—2018），中国现代行政法学的开拓者、奠基人，曾任第九届、第十届全国政协副主席，致公党中央主席，中国和平统一促进会会长，中国人权研究会会长；姜明安，北京大学法学院教授。

科研起了有益的指导作用，但是关于行政法定义的表述似乎也有某些不完善。本文提出一些粗浅的看法供商榷。

《法学词典》上说："有关国家行政管理活动的各种法规，在法学上总称之为行政法。散见于宪法、法律、法令、决议、命令和其他各种规范文件中。内容包括国家行政机关活动的一切方面，例如，关于国家行政管理体制，国家行政机关工作人员的选拔和使用，国家行政管理活动的基本原则，以及国家在各行政管理方面的权限和活动的方式、方法等。主要是调整国家行政机关之间及其在行政管理活动中同其他国家机关、社会团体和公民间发生的社会关系。"[1]

高等学校法学试用教材《行政法概要》中有这样的表述："行政法是一切行政管理法规的总称。国家有关行政管理方面的法规种类繁多，具体名称不一，但就其内容来说，凡属于国家行政管理范畴的，在部门法的分类上统称为行政法。行政法是规定国家行政机关的组织、职责权限、活动原则、管理制度和工作程序的，用以调整各种国家行政机关之间，以及国家行政机关同其他国家机关、企业事业单位、社会团体和公民之间行政法律关系的各种法律规范的总和。行政法是一个独立的法律部门，是国家法律体系中的重要组成部分。"[2]

《中国大百科全书·法学》中说，行政法是规定国家各个方面行政管理的行政法规的总称，是国家行政机关工作的法律依据，也是人们在有关活动中所必须遵循的准则。它不像宪法、民法、刑法那样有一部独立完整自成体系的法典，而是散见于各种形式的法律和法规中。行政法规范调整国家行政机关实现国家行政管理活动中所发生的社会关系，即行政法律关系。[3]

上述定义涉及我国行政法的基本概念，而明确概念是科学研究的起码要求和前提条件。当然，对于社会科学中的某些概念，学者间存在分歧意见是正常的、不可避免的。问题在于，明确概念的内涵和外延，并在自己的思维中始终保持一致，遵守思维的逻辑规律。至于对概念的意见分歧，可以通过学术讨论，在讨论的基础上求得一致。

---

[1] 《法学词典》，上海辞书出版社，1980，第272—273页。
[2] 王珉灿主编《行政法概要》，法律出版社，1983，第1页。
[3] 《中国大百科全书·法学》，中国大百科全书出版社，1984，第672页。

一 关于行政法的调整对象

关于行政法的调整对象，三个定义都强调行政法调整的对象是国家行政机关参与（必须有国家行政机关作为当事人之一）的社会关系或法律关系。第一个定义把这种关系分成两种情况：第一种情况是国家行政机关之间发生的关系，这种关系不论在什么场合都为行政法所调整；第二种情况是国家行政机关同其他国家机关、社会团体和公民发生的关系，这种关系只有发生在"行政管理活动中"才被行政法所调整。另外，该定义明确提出行政法调整的对象是社会关系而不是法律关系。第二个定义把行政法调整的关系也分成两种情况：国家行政机关之间的关系；国家行政机关同其他国家机关、企事业单位、社会团体和公民之间的关系。但第二个定义没有指出这些关系作为行政法调整对象必须具备何种条件，没有说这些关系必须发生在行政管理活动中，从而可以理解为这些关系不论发生在什么场合都为行政法所调整。另外，该定义明确提出行政法调整的对象是法律关系。第三个定义把行政法调整的关系分成三种情况：国家行政机关之间发生的关系；国家行政机关和企业事业单位、社会团体之间发生的关系；国家行政机关和个别公民之间发生的关系。[①] 第三个定义指出这些关系均只有在国家行政机关实现国家行政管理活动中发生才被行政法调整。另外，该定义提出行政法调整的对象是社会关系，即法律关系，认为社会关系等于法律关系。

这样就产生了四个问题：第一，行政法调整的关系是否必须有国家行政机关参加；第二，行政机关能和哪些对象发生为行政法所调整的关系（行政法律关系的主体范围）；第三，行政法调整的关系是否必须在行政管理活动中发生（行政法调整行政机关对内、对外发生的关系有无条件）；第四，行政法调整的对象究竟是社会关系还是法律关系，社会关系是否等于法律关系。

对于第一个问题，我们认为，在一般情况下，行政法调整的关系应该是有国家行政机关参与其间并起主导作用的关系。但是，例外的情况也是

---

① 《中国大百科全书·法学》，中国大百科全书出版社，1984，第672页。

存在的，例如根据宪法，中国共产党是我们国家的领导力量。中国共产党在对国家行政机关及其活动实施领导时，必须适用行政法的有关原则，党不能离开宪法和法律实施领导。又如，我们的立法机关和司法机关在其内部管理中也存在大量的人事、财务等行政工作。我们不能认为，这些国家机关在开展这些工作时可以离开行政法，行政法不能对这些机关的上述行政工作进行调整。再如，我们的工会、共青团、妇联等群众组织往往根据法律或国家行政机关的委托，担负某些行政职能（如社会保险工作、计划生育工作等），我们不能认为，这些群众组织在行使有关行政职能时可以离开行政法，行政法不能对它们行使上述职能进行调整。

对于第二个问题，我们认为，国家行政机关之间、国家行政机关和它们的工作人员之间，以及国家行政机关和其他国家机关、企事业单位、社会组织、团体和公民个人以及外国人和无国籍人之间发生的关系都可被行政法调整。就是说，行政法律关系的主体包括国家行政机关、国家工作人员、其他国家机关、企事业单位、社会组织、团体、公民个人以及外国人和无国籍人。

对于第三个问题，我们认为，行政法调整的关系必须是在行政管理活动中发生的，即必须是在国家行政机关和国家工作人员（在法律规定的场合，也可以是其他国家机关和社会组织，下同）行使行政管理职能的过程中发生的。国家行政机关和国家工作人员在非行使行政管理职能、非进行行政管理活动时与各个方面发生的关系自然不应属行政法调整范畴。

对于第四个问题，我们认为，法律调整的是社会关系，而不是法律关系，社会关系被法律调整时才叫作法律关系。法律关系可以被认为是一种特殊的社会关系，但社会关系并不等于法律关系。只有社会关系被赋予了法律规定的权利和义务的内容时，它们才转化为法律关系。我们说行政法调整社会关系，当然不是说行政法调整所有的社会关系。行政法只调整行政领域的社会关系，即国家行政机关在行使行政管理职能过程中对内、对外发生的各种社会关系，这种社会关系可以简称为行政关系。

二 关于行政法的内容

关于行政法的内容，三个定义都认为行政法以规定行政机关的活动为内容。但第一个定义认为行政法规定行政机关活动的一切方面；第二个定义认为行政法只规定行政机关的组织、职责权限、活动原则、管理制度和工作程序,而没有提到一切方面;第三个定义认为行政法不仅规定行政机关的活动(非一切方面),而且规定人们在有关活动中应遵守的规则。

这里实际上提出了一个行政法规范的范围问题(法的内容即表现为法的规范),即行政法究竟包括哪些规范。这个问题实际上与行政法调整的对象联系紧密。行政法调整的对象决定行政法的内容,即决定行政法规范的范围。我们认为,根据行政法的调整对象,行政法包括以下三类规范。第一类规范是行政组织规范。这类规范主要包括:(1)有关国家行政机关的建立、变更、撤销程序的规范;(2)有关国家行政机关的组织结构和编制的规范;(3)有关国家行政机关的地位、任务、权限、责任的规范;(4)有关国家工作人员录用、培训、考核、奖惩、晋升、调动及权利、义务的规范。第二类规范是行政管理活动规范。这类规范既包括国家行政机关应遵守的行为规则,又包括作为行政机关管理对象的企事业单位、社会组织、团体和公民个人应遵守的行为规则。前者的规范如:(1)有关行政管理活动基本原则的规范;(2)有关行政法规、行政规章和其他行政管理文件制定的标准、程序的规范;(3)有关行政命令、行政措施实施规则、实施程序的规范;(4)有关行政监督的方法、措施、程序的规范;(5)有关行政奖励和行政处罚的条件、形式、程序的规范。后者的规范如:(1)有关公民及社会组织参与国家行政管理的权利、义务、形式、方法的规范;(2)有关进行生产、经济活动的规则、权利、义务的规范,如有关企业开办的申请、批准、登记的规范;(3)有关维护社会治安、遵守社会秩序的规范,如有关交通规则、消防规则等的规范。第三类规范是行政法制保障规范。这类规范主要包括:(1)有关国家行政机关外部监督(包括党的监督、权力机关的监督、检察机关的监督、社会组织的监督、人民群众的监督)的形式、方法的规范;(2)有关国家行政机关内部监督(包括上级机关的监督、职能机关的监督、专门监督机关的监督)的形式、方法的规范;(3)有关行政申诉、控告处理的规则、程序的规范;(4)有关行政诉讼形式、程序的规范。

行政法规范按其调整对象的性质可以分为总则和分则两大类规范。行政法总则规范是调整行政管理过程中一般问题的规范,如关于国家行政机关、国家工作人员、行政立法、行政命令、行政措施、行政监督、行政奖励、行政处罚、行政诉讼、行政法制保障等的规范。行政法分则规范是调整行政管理过程中特殊问题（专门问题）的规范，如关于国民经济管理的规范，关于教育、科技、文化、卫生管理的规范，关于民政管理的规范，关于社会治安管理的规范，关于司法管理的规范，关于外交管理的规范，关于国防管理的规范，等等。

行政法还规定了国家行政机关活动的原则，规定了国家行政机关的组织和职权，规定了公民的权利和义务；而宪法也规定了国家行政机关活动的原则，规定了国家行政机关的组织和职权，规定了公民的权利和义务。但是行政法并不等同于宪法（有人认为行政法是宪法的一部分，这说明行政法和宪法有着极密切的关系，但不能否认行政法是一个独立的法律部门）。宪法是国家的根本法，它主要规定国家的基本政治制度和经济制度、规定整个国家机构的组织、规定国家机关活动的基本原则、规定公民的基本权利和义务。宪法的规定是总的规定，其基本原则不仅适用于行政机关，也适用于立法机关、审判机关和检察机关，其调整范围不仅涉及行政活动，也涉及立法活动、审判活动和检察活动。例如，其一，它不仅规定行政机关的基本组织和职权，也规定立法机关、审判机关、检察机关的基本组织和职权；不仅规定行政机关活动的基本原则，也规定其他国家机关活动的基本原则；不仅规定公民在行政领域的基本权利和义务，也规定公民在其他领域的权利和义务。其二，宪法的规定是原则性规定，需要行政法和其他部门法加以具体化。例如，宪法关于行政机关组织和职权的规定，需要各种行政组织法（如国务院组织法、地方人民政府组织法、国务院各部委组织条例、自治地区自治条例等）加以具体化；宪法关于公民基本权利和义务的规定，需要各种专门行政法（如申诉控告检举法、国家赔偿法、结社法、集会游行法、兵役法等）加以具体化。由此可见，宪法和行政法是根本法和部门法的关系，也可以说是母法和子法的关系。

行政法调整国民经济管理活动，经济法也调整国民经济管理活动，但经济法并不等同于行政法。国家对经济的管理，就像国家对教育、文化、科技、卫生、治安、民政等的管理一样，是国家行政机关的职能，属于行政活动的范畴。调整国家管理经济的规范自然属于行政法的组成部分，这类规范传统上归为行政法分则规范的一类。但是这种情况自20世纪70年代末期开始有了变化：党的十一届三中全会以后，党和国家的工作重点转移到经济建设上来,国家管理经济的任务日益繁重;与此相适应,有关经济管理的法律法规大量增加。这些法律法规又由于社会主义公有制条件下经济关系纵横交错,其中很大一部分与有关民法规范交织在一起,它们相互结合在一起,既调整国家行政机关对经济的管理活动,又调整经济组织内部和经济组织相互之间的关系。由于这种情况,这些法律法规就逐渐从行政法中分离出来而构成一个新的法律部门——经济法。因此,经济法并不等同于行政法,但是经济法确实和行政法有着血缘亲属关系。经济法在调整国民经济管理活动时,仍然要接受行政法总则规范的指导,经济管理机关的设置、变更、撤销,经济管理机关工作人员的任用、考核、培训、奖惩、升降,经济管理法规的制定,经济管理活动的控制、监督,对经济组织违法行为的制裁,对经济纠纷的处理,对经济管理机关及其工作人员的法制监督等,仍然要受行政法总则规范的调整。经济法在调整国民经济管理活动即纵向经济关系时,仍然可以被视为行政法的一部分,近年来,国内很多学者把这部分行政法规范称为"经济行政法"。

行政法除在内容上与宪法、经济法有密切联系外,在调整对于违法行为的处罚方面还与刑法有相邻关系(违法行为与犯罪行为的区分只是相对的),在调整财政拨款、财产征收、财产资金罚没、国家赔偿等方面与民法有相邻关系,在调整国家工作人员的工资、福利、社会保险等方面与劳动法有相邻关系。各法律部门的区分只是相对的,而不是绝对的,它们之间不存在不可逾越的鸿沟,因此,各法律部门的法律规范相互邻接、相互重合的现象是常见的。

三 行政法的法源

关于行政法的法源,三个定义都提出行政法不存在一部统一的法典,其法源包括各种法律规范文件,但是对于各种法律规范文件的含义和范围的认识却不一致。第一个定义指"宪法、法律、法令、决议、命令和其他各种规范文件",第二个定义指"一切行政管理法规",第三个定义指"国家各个方面行政管理的行政法规"。

第一种意见将宪法和法律作为行政法法源似乎无甚争议。至于"法令",其作为一种法律文件形式,原指全国人大常委会制定的规范性文件,现在宪法已规定全国人大常委会享有立法权，和全国人大一道可以制定法律（宪法第58条），法令这种形式即不再存在，行政法亦即不再有此法源。至于决议、命令和其他各种规范文件是否都能成为行政法的法源，则是有争议的。

第二种意见把作为行政法法源的各种法律规范文件统称为"行政管理法规"似乎不是不可以的，问题在于如何确定"行政管理法规"这个概念，如何规定它的内涵和外延。现行宪法和法律并没有规定"行政管理法规"这个概念，《行政法概要》一书给这个概念下的定义是"国家机关在实行行政管理时合法制定的普遍性的规则"。"国家机关"应该说包括权力机关、司法机关和行政机关，但是该书在确定"行政管理法规"概念的外延时排除了最高国家权力机关全国人大和全国人大常委会制定的法律（概念的外延与内涵不一致），从而否定了法律是行政法的法源。把法律排除在行政法法源之外，这等于说国务院组织法、地方人民政府组织法、身份证条例、消防条例等都不是行政法。

第三种意见把作为行政法法源的各种法律规范文件统称为"行政法规"，这也是不甚妥当的。因为现行宪法规定，只有国务院有权制定行政法规（宪法第89条）。《中国大百科全书·法学》把行政法规定义为"国家行政机关制定的规范性文件的总称"，这是与现行宪法的规定相抵触的。另外，该书在列举行政法规的外延时，又提出了广义、狭义两种情况，在列举行政法的法源时，更把宪法、法律、法规、条约等包括进去。[①] 这些表达使人难以明确其所阐述的概念。

我们认为，行政法是调整国家行政机关在行使国家行政管理职能的过程中发生的各种社会关系（行政关系）的法律规范的总和。这些法律规范存在于宪法、法律、行政法规、行政规章、地方性法规、自治条例和单行条例之中。

宪法作为行政法的渊源，它包含的行政法规范主要有：（1）有关国家行政管理活动基本原则的规范（如关于民主集中制原则、人民群众参加国家管理的原则、民族平等的原则、责任制原则、法治原则的规范等）；（2）关于国家行政机关基本组织和职权的规范（如关于国务院组织和职权

---

① 《中国大百科全书·法学》，中国大百科全书出版社，1984，第673页。

的规范、关于地方人民政府组织和职权的规范）；（3）关于公民在行政领域中基本权利和义务的规范（如关于对国家机关及其工作人员违法失职行为进行申诉、控告、检举权利的规范，关于公民依法服兵役和纳税义务的规范等）。

法律作为行政法的渊源，包括由全国人民代表大会制定的基本法律，如《中华人民共和国国务院组织法》、《中华人民共和国地方各级人民代表大会和地方各级人民政府组织法》等，也包括由全国人民代表大会常务委员会制定的非基本法，如《中华人民共和国公民出境入境管理法》、《中华人民共和国外国人入境出境管理法》、《中华人民共和国居民身份证条例》、《中华人民共和国消防条例》等。

行政法规是国务院制定的规范性法律文件，它作为行政法的渊源，调整着国家的经济、社会、文化等各方面的广泛的行政管理关系，其数量是庞大的。如《国务院关于行政区划管理的规定》、《国务院关于严禁淫秽物品的规定》、《征兵工作条例》、《风景名胜区管理暂行条例》、《国务院关于审计工作的暂行规定》、《国务院关于农村个体工商业的若干规定》等。

行政规章是国务院各部委和省、自治区、直辖市的人民政府与省、自治区的人民政府所在地的市以及国务院批准的较大的市的人民政府制定的规范性法律文件。行政规章作为行政法的渊源，如1985年10月12日财政部发布的《事业单位工资制度改革后财务管理的若干规定》，1984年12月11日文化部发布的《关于使用文物古迹拍摄电影电视故事片的暂行规定》，同月20日对外经济贸易部发布的《边境小额贸易暂行管理办法》等。

应该指出，行政法规和行政规章是行政法的渊源，并不是说行政法是行政法规和行政规章的总称，因为行政法的规范不仅存在于行政法规和行政规章之中，也存在于法律和其他形式的法律文件之中；也不是说所有的行政法规和行政规章都是行政法，因为行政法规和行政规章不仅可以载有行政法律规范，而且同时可以载有经济法、劳动法、婚姻法，甚至刑法的规范。

地方性法规以及自治条例和单行条例也是行政法的渊源。现行宪法公布以后，各地陆续制定了一大批调整行政关系的地方性法规以及自治条例和单行条例，这些法规和条例中包含的法律规范主要是行政法律规范，如河北省人大常委会制定的《河北省城市规划条例》、《河北省集市贸易管理暂行条例》，天津市人大常委会制定的《天津市城乡集市贸易市场食品卫生管理办法（试行）》，北京市人大常委会制定的《北京市农村林木资源保护管理暂行办法》等。

上述规范性法律文件应该说是行政法最主要的渊源，行政法规范主要存在于这些规范性法律文件之中。但是除了上述规范文件以外，下述文件亦可成为行政法的渊源。

（1）中共中央和国务院联合发布的文件。在社会主义国家，为了动员广大党员和人民群众完成国家的某项重大任务，或者为了对某些重大问题作出规定，党和政府往往联合发布文件。这些文件凡是有关行政管理和调整行政关系的，应被视为行政法的渊源。如1985年11月5日中共中央和国务院联合转发的《关于向全体公民基本普及法律常识的五年规划》，1985年10月31日中共中央和国务院联合发布的《关于制止向农民乱派款、乱收费的通知》等。

（2）国务院和社会组织联合发布的文件。如国务院和中华全国总工会就劳动保护、社会保险、劳动纪律等问题联合发布的文件，国务院和全国妇联就妇女儿童权益保护、计划生育等问题联合发布的文件等。这些文件涉及行政管理的，也应被纳入行政法渊源的范围。

（3）条约。国际条约有涉及国内行政管理的，也应被视为行政法的渊源。

关于行政法的法源，目前学术界争论较大的问题是：中小城市和县、乡人民政府发布的规范性文件是否属于行政法渊源的范围；省、自治区、大城市以上人民政府发布的非规范性文件（以决定、命令、指示、通知等形式发布）是否属于行政法渊源的范围。有人认为，凡是国家行政机关发布的行政管理文件，不论是规范性的还是非规范性的，都是行政法的渊源；有人认为，只有国家行政机关发布的规范性文件，才是行政法的渊源；还有人认为，只有法律授权的一定国家行政机关（不是所有国家行政机关）发布的规范性文件，才是行政法的渊源。

我们同意第三种意见。第一，法必须具有规范性，无规范性则不能叫作法。行政法作为法（广义的法），当然不能不具有法必备的特性。国家行政机关就个别事件、针对个别人发布的非规范性文件（通常以决定、命令、指示、通知等形式发布）不具有规范性，自然不能构成行政法的渊源。第二，法必须具有一定的普遍性和统一性。行政法作为法，当然也不能没有相对的普遍性和统一性。如果每个行政机关，以至于乡镇一级政府都能制定行政法，那就无普遍性和统一性可言，国家法制的统一就无法保障。第三，法在内容、形式、制定程序上必须有标准，符合标准才能称为法。目前我国尚未颁布行政法制定标准法，因此还难以从内容实质上确定哪些行政管理文件能构成行政法的渊源。但是宪法和组织法已经明确规定只有国务院能够制定行政法规，只有国务院批准的较大城市人民政府级别以上的行政机关才能制定行政规章，这样，在形式上区分行政法和一般行政管理规范文件还是可能的。因此，我们没有理由说，行政法的法源包括所有国家行政机关制定的所有行政管理文件。

论行政法律责任[*]

应松年[**]

摘 要：行政法律责任是法律责任的一种，指由于不履行行政法律规范所规定的义务而必须承担的法律后果。行政法律责任包括制裁性法律责任、强制性法律责任和补救性法律责任，三者相互补充，联系紧密。追究行政法律责任应当依法进行，遵循违法者本人承担责任、法律责任与违法程度相适应、惩戒与教育相结合的原则。完善我国行政法律责任制度，要明确规定行政主体、行政工作人员及相对人的行政法律责任，明确规定并设置追究行政法律责任的行政机构，建立必要的申诉和诉讼制度，完善相应的法律程序。

关键词：行政法律责任 追责原则 行政法律责任制度的完善

近年来，随着我国法制建设的加强，立法机关注意加强和完善有关法律责任的立法。除了传统的刑事法律责任和民事法律责任以外，还有关于行政法律责任的规定。这是我国行政管理法制化的体现。在行政法律责任的立法和实践中理论界应予以关注和研究。

一 行政法律责任的含义

"责任"一词，是指分内应做之事，它同"义务"一词本是同义。由

---

[*] 本文原载于《法学研究》1990年第3期。
[**] 应松年，中国政法大学终身教授。

于社会实践的需要，在法律责任中，"责任"一词转化为由于没有履行某种义务而必须承担的一定的法律后果。法律责任就是指由于不履行法律所规定的义务（违法行为，包括作为的和不作为的违法行为）所应当承担的法律后果。法律责任以违法行为的存在为前提。

法律责任因违法行为的性质不同可以分为刑事法律责任、民事法律责任和行政法律责任。行政法律责任是法律责任的一种，即指因违反行政法律规范所要承担的法律后果。因此，行政法律责任可以表述为：由于不履行行政法律规范所规定的义务而必须承担的法律后果。

行政法律责任的主体也就是行政违法行为的主体。由于行政法律关系主体的特殊性，行政法律责任的主体也有其特殊性。

行政法律关系主体的双方当事人，一方必须是作为管理者的行政机关，我们称为行政主体；另一方是作为被管理者的公民或各种组织，我们称为相对人。行政主体同相对人之间的关系构成了行政法律关系，双方是管理和被管理的关系，这同民事法律关系主体双方法律地位平等的情况也不相同。另外，在行政主体这一方，又有代表行政机关进行管理活动的行政工作人员。行政工作人员与行政主体之间不能画等号，行政工作人员的行为不等于行政机关的行为。

这样，在行政管理活动中，就有行政机关、行政工作人员和相对人三个方面，这三个方面都有可能违反行政法律规范，成为行政违法行为的主体，从而成为行政法律责任的承担者。但是，由于三者的法律地位不同，各自所承担的法律责任也是不同的。因此，我们在论述行政法律责任的特点和形式等问题时，不能不从三个方面分别说明。

二　行政法律责任的结构

行政法律责任的结构，是指行政法律责任由哪些部分组成。行政法律责任一般由三大部分组成，这就是制裁性法律责任、强制性法律责任和补救性法律责任。

制裁性法律责任。行政机关、行政工作人员和相对人在行政违法时，都将依法受到行政制裁。制裁就是惩戒、处罚，是各种违法行为所共有的法律责任。不同性质的违法行为的制裁形式是各不相同的，行政违法的制裁有其特有的形式；同时，行政法律关系不同主体在行政违法后承担的制裁后果的形式也不相同。但是，在社会主义国家里，任何人在行政违法时都必将受到惩戒。这一点又是相同的。它是法律面前人人平等原则的具体表现。

强制性法律责任。强制是指迫使违法者履行原有的法定义务或新追加的作为惩戒的义务。这与制裁不同。从法律的权利义务角度说，惩戒实际上是一种对违法者的权利的损害（合法的损害），或者是使违法者承担一项新的义务。目的是使违法者引以为戒，今后不再犯。强制却不是如此。一般来说，强制是强迫违法者履行法定义务，包括因惩戒而引起的新的义务在内。从这一点说，强制又是使违法者承担责任的最后手段。

由于法律责任的实施和制裁的实现都以强制为后盾，因而常常使人们感到法律规定的义务和法律制裁似乎与强制已融为一体，尤其是制裁，似乎制裁本身就带有强制的因素，以致很少有人把强制作为法律责任加以探讨。细加分析，制裁与强制确实在很多情况下密切结合而难以区分，使人误以为并无加以区分的必要，但实际上二者显然是可分的。就行政法律关系的三类主体说，对行政机关和行政工作人员的制裁措施，一般都无须特别强调强制性法律责任——强制性法律责任通常只有在追究相对人的法律责任时才需要强调。毫无疑问，从实践出发，这样做并无不妥。因为实际上不履行作为制裁的义务的，主要是行政相对人，但这样说并不排除行政机关或行政工作人员违法时承担强制性法律后果的可能性与现实性。即将生效的行政诉讼法第 65 条规定，在行政机关拒绝履行判决、裁定时，一审人民法院就可以强制执行。第 65 条第 1 项为强制划拨，第 2 项为执行罚，都是典型的强制执行措施。当然，这里所说的是人民法院的强制执行，而不是行政机关对违法的行政机关或行政工作人员的强制执行。但这毕竟说明了，对行政机关或行政工作人员说，制裁与强制也是完全可以分离的。

补救性法律责任。行政法律关系的三类主体，在行政违法造成损害时，要承担补救性法律责任。补救，在外国也称救济，一般是指行政机关对侵犯相对人合法权益即行政侵权行为的一种补救措施，可以分为行政补救与司法补救。行政补救是通过行政机关的内部监督，即行政复议，使相对人在合法权益受到损害时得到补救。司法补救则是通过法院对行政案件的审理，使相对人的合法权益在受到损害时得到补救。一般很少对相对人在行政违法造成国家利益受到损害时的补救性法律责任进行研究。这主要是因为相对人的补救性责任主要限于赔偿，而且这种责任在很多情况下都与制裁性法律责任融合在一起。对违法当事人的制裁同时也就是他所承担的补救性法律责任。

三类法律责任之间不是互不相关、没有联系的。它们实际上是一个完整的结构。首先，这三类法律责任是互为补充的。法律责任是因违反法定义务而引起的法律后果，一般来说，法定义务可分为两种，一种是禁止性义务，一种是履行性义务。违反法定义务引起制裁性法律后果还是强制性法律后果，要看所违反的法定义务的性质。当法定义务人不履行该项义务时，执法者就需要使之承担强制性法律责任，强迫其履行义务，这属于禁止性义务，属于必须履行、非履行不能终结的义务，即履行性义务，如纳税、服兵役、拆除违章建筑等。当事人实施法律法规所禁止的行为，对社会和公共利益带来危害时，如违反交通规则，执法者就需要使之承担制裁性法律责任，用惩戒的办法使违法者今后不再重犯。违反法定义务，给国家、集体和公民造成实际损害时，尚需承担补救性法律责任。三类不同的行政法律责任，将使各种行政违法行为都不能逃避承担法律后果。

其次，这三类法律责任的内部关系是紧密联系的。强制性法律责任一般是制裁性和补救性法律责任的后盾。因为制裁与补救实际上是使违法者因违法而承担一项新的履行性义务。如果违法者不接受或逃避制裁性和补救性法律责任，也就是不履行一项新的义务时，执法者同样可以用强制的办法强制其履行义务。正因如此，人们把法律规范的基本特点归结为法律的强制性，不是没有道理的。实际上，人们大都知道如不履行法定义务就可能引起强制性法律后果，因而会主动履行法定义务。所以，虽然强制性法律责任并不到处可见，但加强对这一法律责任的研究却是十分重要的。

三 行政法律责任的形式

行政法律责任的形式要从行政机关、行政工作人员、相对人三类主体以及制裁性、强制性和补救性三个组成部分分别加以研究。

行政机关的制裁性法律责任的形式，尚无专门法律法规规定。目前个别法律法规的规定与实际做法有：通报、改组、撤销和经济制裁等。对行政机关一般不需要强调强制性法律责任问题。

行政机关所承担法律责任主要是补救性法律责任。我国的实际做法有以下几种：承认错误、赔礼道歉、恢复名誉、消除影响、履行职务、撤销违法决定、纠正不当行为、返还权益、赔偿等。

从国内外的法律实践看，赔偿是行政法律责任中最主要的形式之一，是一种非常重要的补救措施。

行政工作人员的制裁性法律责任有专用术语，就是"行政处分"。其具体形式有：警告、记过、记大过、降级、降职、撤职、开除公职等。在一般情况下，这种制裁又与强制融为一体，无须再单独强调强制性法律责任。

行政工作人员补救方面的法律责任形式主要是赔偿。与行政机关的赔偿责任不同，第一，在某些国家的法律实践中，有行政工作人员直接向相对人赔偿的做法。但现在的一般做法是，即使在行政机关无过错，而行政工作人员存在故意或重大过失的情况下，也是先由行政机关向相对人赔偿，再由行政机关向行政工作人员追偿。行政工作人员的赔偿实际上是向行政机关的赔偿。第二，行政工作人员的赔偿。根据法律规定，视其过错程度和经济状况，可以全额赔偿，也可以部分赔偿。我国行政诉讼法对此已有明确规定。

相对人在制裁方面的行政法律责任通常称为行政处罚，其形式有很多，大致可分为四类。

（1）申诫罚，指行政机关对违反行政法律规范的相对人的谴责和警戒，如警告、训诫、通报、具结悔过等。

（2）财产罚，指剥夺违法者的财产权的处罚，如罚款、没收违法工具及非法所得、停止财产拨款、冻结银行存款、销毁违禁物品、拆除违章建筑等。

（3）行为罚，又称能力罚，即剥夺或限制相对人原有的实施某种行为的能力，如吊销驾驶执照、吊销许可证、责令停业停产、驱逐出境等。

（4）人身罚，即短期内限制或剥夺人身自由，如行政拘留。

相对人强制性法律责任，根据我国法律法规的规定，大致有下列几类。

1. 间接强制

（1）代履行，即相对人本人不履行法定义务，可以由第三人代为履行并达到同一执行目的的，由行政机关委托他人代为履行，然后由相对人承担一切费用。如拆除违章建筑、拆除障碍物等，可以采取这种方式。代履行是强制性法律责任中最常用的形式之一。

（2）执行罚，即对不履行法定义务的相对人采取逐日处罚的方式以促使相对人履行法定义务。例如对不履行纳税义务的，给予每天5‰的滞纳金的处罚，直至缴纳税款为止。

2. 直接强制

在用代履行或执行罚都不能达到使相对人履行义务的目的，或由于情况紧急，行政机关无法采用代履行、执行罚等强制措施时，行政机关也可以依据法律规定，对相对人采用直接强制的办法。直接强制可分为人身强制与财产强制两大类。

人身方面的直接强制的形式有：强制拘留、强制履行、强制传唤、强制治疗、强制戒毒等。

财产方面的直接强制的形式有：强制划拨、强制拆除、强制许可、强制扣缴、强制清除、强制退还、强制收兑、强制检定、强制销毁、强制铲除、强制变卖财产、强制扣除工资或扣押财物折抵、强制收购、强制出售等。

在强制方面，有一类方式叫"即时强制"，与上述强制方式不同。即时强制是由于发生自然灾害或重大事故，公共安全、交通、卫生等处于紧急状态，或遇有可能影响国家、公民、法人或其他组织重大利益的紧急事件，行政机关来不及按法定程序作出行政强制决定，或依情况的性质作出决定也难以达到目的时，行政机关可以依照法律、法规的规定，立即对人身、财产等采取即时强制措施。

相对人的补救性法律责任，是指相对人的违法行为损害国家利益时应承担的补救性义务，多数以赔偿形式出现，且常与制裁性法律责任相融合。

四 追究行政法律责任的原则

(一) 依法追究行政法律责任的原则

这一原则简称为"责任法定原则"。它的中心意思是违法者承担的法律责任要有法律上的明文规定；法律没有规定的就不能或无法追究责任。这是社会主义法制的重要原则。从我国目前的实际情况看，由于我国法律没有对行政法律责任的设定权作出明确的划分，而法律或行政法规在法律责任方面的规定又不全不细，以致各级政府，包括某些县、乡政府也都作了许多法律责任的规定，特别是对相对人的制裁性法律责任的设立，严重影响了我国法制的统一和对相对人合法权益的保护，这是我国目前在行政法律责任方面存在的最大问题之一。

依法追究法律责任还包括这样的意思。第一，只有法定的国家机关才能追究违法者的责任。非法定的国家机关或非依法律授权与有权机关委托的任何机关或组织，无权追究法定义务人的行政法律责任。第二，法律规定的行政法律责任，当然同样也要约束执法人员。执法人员在追究义务人的法律责任时，要严格依法办事；超出法律规定的执法，同样构成违法。

(二) 法律责任由违法者本人承担的原则

法律责任由违法者本人承担的原则在现代社会不但应当是追究刑事责任的一项原则，还应当是追究行政法律责任的原则。所谓法律责任由违法者本人承担，就是不能用其他人来替代违法者承担行政法律责任，也不能株连违法者以外的其他人。

(三) 法律责任与违法程度相适应的原则

违法者承担法律责任的轻重，应与其违法程度，即过错的严重程度与社会危害的轻重相适应。追究法律责任无论是偏重还是偏轻，都会带来不良的社会后果。承担法律责任偏重，将会损害违法人的合法权益；承担法律责任过轻，将损害国家的利益。但要做到"适应"，有赖于执法者的法律意识和政策水平。因为确定行政法律责任时一般在种类、幅度等方面都给予执法者以自由裁量权,由执法者根据违法者过错的严重程度和社会危害的轻重,以及当时的客观形势和具体情况,作出适当的选择。

毫无疑问,法律责任与违法程度相适应的原则也包含了公正的要求。公正是追究违法者责任时最基本的原则之一,它要求对任何违反行政法律的行为,不管它是何人和何种组织所为,都应同等地、无偏私地承担相应的法律责任。衡量行政法律责任的唯一标准只能是违法的程度。任何不公正处理,都将给社会带来不安定。

(四) 惩戒与教育相结合的原则

这是社会主义国家追究行政法律责任的一项重要原则。惩戒是在充分地进行教育仍然无效的情况下采取的措施,惩戒的目的是教育。"不教而诛"、"惩罚主义"是与社会主义法制格格不入的。当然,一味强调教育,对违法者不追究法律责任,不利于正常的社会秩序和经济秩序的建立,同样是不可取的。

五 完善我国行政法律责任制度的几个问题

法律责任是法律的核心和灵魂。如果说,法制建设也应遵循一定规律的话,其最主要的规律就是要建立内部结构完善、协调的法律制度,对于行政法制来说就更是如此。从我国法制建设的实践看,要完善我国的行政法律制度,需要注意下列问题。

(一) 要对三方主体的行政法律责任都作出明确具体的规定,特别是对行政机关和行政工作人员的行政违法责任作出明确具体的规定

任何要付诸实施的法律规范,都应该有明确的法律责任的规定。法律责任是完善的法律制度不可缺少的组成部分。第一,法律如果只讲规范,只提供行为规则,不规定违反行为规则以后的法律责任,那么这一法律就将是毫无意义和作用的,因为它对人们不产生强制性的拘束力。法律的执行力是以强制性的拘束力为基础的。第二,法律责任不是一般道义上、政治上的责任,而是法律上的责任。行政机关不能超越法律行使权力。法律不作规定,行政机关就会因没有法律根据,无法对违法者追究责任而使执

法活动变得软弱无力。

需要指出的是，在立法上，对法律责任的规定必须明确具体。属于自由裁量的，也必须有明确具体的范围、种类、幅度和方式的规定。法律的基本特点是具体性。

我国实行多级立法体制，各个层次制定的法律规范的效力等级不同，因此，在规定法律责任时，应该有不同的权限划分。法律责任通常都由最高国家权力机关通过法律来设定。行政机关是权力机关的执行机关，在涉及公民重大权益方面，执行机关以执行权力机关的决定为宜。具体来说，三类法律责任中，强制性法律责任、补救性法律责任通常都应由法律规定，并指定特定的行政机关执行；制裁性法律责任中关于行政机关或行政工作人员的制裁性法律责任，实质上是国家对行政机关或行政工作人员的管理的一部分，当然也应由法律规定。只有相对人的制裁性法律责任，因为种类很多，而且责任的轻重也不同，需要在法律以外，或经法律授权的其他法律性规范中作某些规定。这一问题比较复杂，需要探讨。

(二) 要明确规定并设置追究法律责任的特定的行政机构

从立法的角度说，这就要求在规定法律责任的同时，必须明确规定设置何种机构来监督法律的执行和对违法者追究责任。只有这样，才有可能使法律法规的切实落实成为可能。

在设置特定的国家机构方面，我国目前在立法方面比较明显的问题是：或者是没有规定特定的行政机构，以致无人监督或执行；或者是指定了两个以上的行政机关都有监督和执行的权力，以致两个以上的行政机关同时行使权力，由此产生混乱或冲突。因此，所谓必须有特定的行政机构，也就是要有法律明确授权的"这一个"行政机构。

有机构还必须有人，没有足够的执法人员，要使一切违法者的法律责任都得到追究是不可能的。

(三) 要建立必要的申诉和诉讼制度

承担法律责任实质上就是要使违法者已有的权利受到影响。毫无疑问，这就可能引起承担者的不满或不服，从而产生各种纠纷和争议；因此，建立申诉和诉讼制度就是完全必要的。解决纠纷和争议的过程，也就是使对承担行政法律责任不满或不服的情绪得到宣泄的过程,这对于保持社会安定是一项重要的措施。执法机关,一方面,要严格执法,使一切违法者都无例外地承担法律责任;另一方面,又要注意正确地、没有偏差地行使行政权力,保护没有违法的人的合法权益,不致错误地使之承担法律责任。使没有违法的人承担法律责任,其后果与没有使违法者承担法律责任一样严重,甚至有过之而无不及。申诉和诉讼制度正是为了实现明辨是非、真正做到"不枉不纵"的一项重要制度。

1990年10月1日生效的行政诉讼法,建立了相对人在不服行政法律责任的追究时可以向人民法院提起诉讼的制度,这将是在对相对人正确实施行政法律责任制度方面的重要制度。相比之下,虽然我国在建立申诉制度方面已有数十年的经验,但至今尚未形成规定明确、程序严格的申诉制度。申诉的范围很广,形式也多,其中之一就是行政复议制度。复议是相对人(既包括行政工作人员又包括管理相对人)在不服追究法律责任的行政处理决定时在行政系统内要求复查和重议的制度。这是一项复杂程度并不低于诉讼的制度,需要制定专门的复议法律或行政法规,将复议纳入法制轨道,使之成为一项严密的法律制度。

(四) 要有对追究法律责任的机构进行法律监督的机关或组织

不仅要有执法者,还要有执法的监督者,这也可以说是我国几十年执法经验的总结。在追究法律责任的过程中,绝大部分行为都是正确、合法的,但这也绝对不能排除执法者失职或滥用职权的可能性。失职将使违法者逃脱法律责任的追究,滥用职权则将使国家、集体或公民个人的权利/力受到损害,二者都对正确追究行政法律责任不利。我国法制建设的实践已经证明,不建立和完善对执行者进行监督的制度,就难以使追究法律责任的工作真正做到有法必依、执法必严和违法必究。近几年,我们正在不断加强审计、监察以及执法检查等,就是这一法制任务的必然要求。

(五) 完善追究行政法律责任的程序

程序是保障实体法正确落实的基本条件之一。同样,在对违法者追究行政法律责任时,也需要严格地按程序办事。以最常见的行政处罚为例,有些执法者常常不遵守"要式"程序，处罚前不制作处罚决定书，处罚后不开收据，以致被处罚者无法申诉或起诉，罚款是否上缴也难以说清，等等。目前我国在追究行政法律责任方面的程序立法还很不完善。追究行政法律责任的步骤、顺序、时限以及必要的形式等程序要素，一般很少有明确或完整的规定，应该说，这也是当前难以正确和严格执法的原因之一。即将生效的行政诉讼法第54条规定，"符合法定程序"是法院对具体行政行为作出维持判决的三大条件之一。对于"违反法定程序"的具体行政行为，人民法院就可能予以撤销或部分撤销，并判决重新作出具体行政行为。行政诉讼法对行政程序问题提出这样严格的要求，应该引起我们在规定行政法律责任时的充分重视。

随着我国法制建设的加强和发展，行政法律责任问题日益得到重视。但从立法和实践两方面都可以明显地看出，人们的注意力大多集中在相对人的制裁性法律责任，尤其是行政罚款方面。三类主体的三类行政法律责任不协调、不配套，个别责任形式畸形发展，这是造成我国执法困难和疲软的原因之一。加强对行政法律责任的研究，对我国行政法制建设将有重大的现实意义。

有关行政滥用职权的内涵及其表现的学理探讨[*]

胡建淼[**]

摘　要：行政滥用职权，即滥用行政自由裁量权，是指行政主体在自由裁量权限范围内不正当行使行政权力导致显失公正的行政违法行为。行政滥用职权是不正当行使权力造成了显失公正的后果，对于不正当行使权力尚未达到显失公正后果的，不作行政滥用职权论。它在实践中主要表现为：受不正当动机和目的支配致使行为背离法定目的和利益，因不合法考虑致使行为结果失去准确性，任意无常从而违反同一性和平等性，强人所难从而违背客观性，不正当的迟延或不作为，不正当的步骤和方式，等等。

关键词：行政滥用职权　滥用行政自由裁量权　显失公正

行政主体的具体行政行为滥用职权，即行政滥用职权[①]，已被我国的立法和行政法理确定为行政违法行为之一，从而构成行政审判机关和行政复议机关分别依据《中华人民共和国行政诉讼法》（以下简称《行政诉讼法》）和《行政复议条例》予以撤销的对象。但我国的立法迄今没有对

---

[*] 本文原载于《法学研究》1992年第3期。
[**] 胡建淼，中央党校（国家行政学院）一级教授。
[①] 行政滥用职权并不只发生于具体行政行为之中，在抽象行政行为中亦可存在。但鉴于构成人民法院或行政复议机关撤销对象的滥用职权仅限于具体行政行为范围，本文亦在该范围内探讨。

"行政滥用职权"的内涵作出解释，亦未对其表现作出列举，我国目前的行政法理因尚不成熟而不能弥补前者的不足，致使行政审判人员和行政复议人员难以认定行政滥用职权行为，从而影响我国行政审判权和行政复议权的准确行使。为此，本文对行政滥用职权作学理上的探讨，以讨教同仁。

一　行政滥用职权内涵的界定

行政滥用职权（Abuse of power）在国外的行政法（学）中是一个颇受青睐的问题。英国、美国、法国、德国和日本等不少国家，无不把它列为行政救济和司法控制的对象。然而，各国行政法对于行政滥用职权，不仅在表述上不甚统一，[1] 而且在认定标准上亦有差异。英国行政法拥有两大基本原则，即越权无效和自然公正，违反它们，分别构成越权和违反自然公正这两类行政违法，而权力滥用是越权的一种形式。[2] 美国行政法把滥用职权限定为滥用自由裁量权，[3] 而滥用自由裁量权是指"不合理地行使"该权力。[4] 在法国，权力滥用是指行政主体行使权力违反法律规定的目的。[5] 德国行政法亦持同样的主张。[6] 联合国行政法庭在沙贝尔一案中把权力的滥用表述为"武断、歧视或带有不当动机"。[7] 国外权威性法学词典《布莱克法律词典》对"权力的滥用"下定义如下："以违反法律为目的而行使自己拥有的权力。权力的不适当行使。它区别于越权行使法律并没有赋予他的权力。"[8]

综合国外立法、判例和学理对行政滥用职权内涵的认定，透过其差异的表象，不难发现其相对的同一性：行政滥用职权是指在权限范围内不适

---

[1] 如英国和法国称"权力滥用"，美国称"滥用自由裁量权"，日本则提"滥用裁量"。
[2] 参见 H. Wade, *Administrative Law*（New York: Oxford University Press, 1982）; De Smith, *Judicial Review of Administrative Action*（London: Sweet & Maxwell, 1984）。
[3] 见《美国法典》第五编第七章，第 706 条。
[4] 〔美〕伯纳德·施瓦茨：《行政法》，徐炳译，群众出版社，1986，第 571 页。
[5] 参见王名扬《法国行政法》，中国政法大学出版社，1989，第 664—671 页。
[6] 依据 1960 年 1 月 21 日公布的德国行政法院法第 114 条。
[7] 江必新：《行政诉讼问题研究》，中国人民公安大学出版社，1989，第 271 页。
[8] Henry Campbell Black, *Black's Law Dictionary 5th*（Minn.: West Publishing Co., 1979）, p. 11.

当行使权力而违反法律所设定目的的行为。

在国内，国家的立法虽确定了行政滥用职权的存在，但尚未对其内涵作出解释。在实际生活中，人们常常把行政机关及其工作人员违法行使职权指控为"滥用职权"，这显然把"滥用职权"的范围错误地扩大至"行政违法"。在中国的理论界，学者们并没有犯上述错误，而且在初涉行政滥用职权这一理论问题时就基本上达成对其内涵确定上的共识，即认为，行政滥用职权是指行政主体在权限范围内，不正当行使行政权力而违反法定目的的具体行政行为。如胡康生主编的《行政诉讼法释义》写道："行政机关滥用职权，是指行政机关作出的具体行政行为虽然在其权限范围以内，但行政机关不正当地行使职权，不符合法律授予这种权力的目的。"[①]这种目前具有代表性的观点所揭示的行政滥用职权的内涵包含了三项内容：（1）行政滥用职权以遵守法定权限为前提；（2）行政滥用职权以不正当行使权力为特征；（3）行政滥用职权以违背法定目的为结果。

可是，当我们循此观点和思路继续探微时，不免遇到一种理论上的困惑。对于以上含义的第一点无异议之处，但第二点，即行政滥用职权以"不正当行使权力"为特征的理解和解释，就让人颇感棘手了。如果"不正当行使权力"是指"不合法行使权力"，那么势必导致行政滥用职权同超越职权以外的任何一种行政违法（如主要证据不足、适用法律法规错误、违反法定程序等）相混同。如果把"不正当行使权力"理解为"不合理行使权力"，那又造成了三个方面的困难：（1）行政滥用职权的性质由此而被列为行政不当，而不是行政违法，这违背了行政法理；（2）人民法院在行政诉讼中对行政滥用职权的控制体现的是合理性审查，从而与行政诉讼合法性审查原则相抵触；（3）行政滥用职权只能发生在行政自由裁量权范围之内，这便与《行政诉讼法》和《行政复议条例》所确定的"滥用职权"的字面范围不相一致。对于行政滥用职权内涵的第三点可作这样理解：在羁束行政行为中，行为人不会发生是否正当的问题；只有在自由裁量行为中，由于行为人在法律许可范围内作行为选择时，有责任考虑哪

---

① 胡康生主编《行政诉讼法释义》，北京师范学院出版社，1989，第92页。此外，持同类观点的有黄杰主编的《行政诉讼法释论》，中国人民公安大学出版社，1989；黄曙海主编的《行政复议条例讲座》，中国人民公安大学出版社，1991；马原主编的《行政诉讼知识文库》，北京师范学院出版社，1991；等等。

一种选择更符合立法者的意图和法律目的，才会发生行使职权是否正当的问题。

到此，我们朦胧地觉得：行政滥用职权似乎与行政自由裁量权有着一种内在的联系，如果不解开这个"斯芬克斯之谜"，就无法准确地认识行政滥用职权的内涵与特征，从而也无法把握行政滥用职权的各种表现。

二 行政滥用职权与行政自由裁量权

行政自由裁量权伴随着行政职权而存在，同时构成行政职权的组成部分。自由裁量权与行政职权之间有着高度联系，以至于国外有学者说："自由裁量权是行政权的核心。"[1]

对于作为行政权核心的自由裁量权，国外代表性的解释是："指行政官员和行政机关拥有的从可能的作为和不作为中做选择的自由权。"[2] 我国第一次对这一概念作专门解释的是1983年高等学校法学试用教材《行政法概要》。它把自由裁量权作为一种采取行政措施行为的分类并作此解释："凡法律没有详细规定，行政机关在处理具体事件时，可以依照自己的判断采取适当的方法的，是自由裁量的行政措施。"尔后的众多解释基本没有超越以上解释范围。[3] 可见，国内外的学理观点，对行政自由裁量权的含义作了相同的归纳：行政自由裁量权，是行政职权的一种，指在法律无详细规定的条件下，行政主体可以依据事实，凭自己的判断，在职权范围内，作出适当行为的权力。

那么，行政滥用职权只存在于自由裁量权的滥用上，还是应包括自由裁量权以外行政职权的滥用上？这是本文要探讨的问题。

在国外，英国和法国虽至今还没有明显地在滥用权力和滥用自由裁量权之间画上等号，但其所列滥用权力的具体表现几乎全是滥用自由裁量权

---

[1] 〔美〕伯纳德·施瓦茨:《行政法》，徐炳译，群众出版社，1986，第566页。
[2] 〔美〕伯纳德·施瓦茨:《行政法》，徐炳译，群众出版社，1986，第567页。美国《布莱克法律词典》、英国《牛津法律大辞典》和日本杉村章三郎和山内一夫主编的《行政法辞典》等的解释与其相同。
[3] 如魏海波、史宇航主编的《行政管理学简明辞典》（江苏人民出版社，1986）等。

的表现。此外，许多国家已明确认为滥用权力就是指滥用自由裁量权。①而这种观点正与20世纪以后形成的"新滥用权力理论"相吻合。② 我国学者对滥用权力和滥用自由裁量权之间的关系，主要有两种观点：一是认为，行政滥用职权并不限于滥用自由裁量权，因此不能在两者之间画等号；③ 二是认为，行政滥用职权就是滥用自由裁量权。④ 持后一观点者占绝对多数。⑤

从语义逻辑上讲，第一种观点是站得住脚的：既然行政职权不限于自由裁量权，那么滥用职权也就不限于滥用自由裁量权了。况且我国《行政诉讼法》和《行政复议条例》的提法亦是"滥用职权"，而非"滥用自由裁量权"。但是，世界上大多数国家，以及国内越来越多的学者，把行政滥用职权限定为滥用自由裁量权，绝不是一种无理性的巧合。因为这是消除在理解行政滥用职权时遇到的种种困惑的唯一出路。

考察历史不难发现，只有在法院对行政的司法控制从羁束行为扩大到自由裁量行为时，"滥用权力"这一概念才始出现。在20世纪50年代以前，司法监督的原则是：行政机关的一切行政行为都受司法审查，除非是行使自由裁量权。⑥ 当时的理论基础是：违法只能存在于其他行政行为中，自由裁量权的行使不会发生违法问题。到了20世纪后半期，司法监督的原则则改为：行政机关的自由裁量权不得干涉，但滥用职权的除外。⑦ 原因

---

① 美国1946年的联邦行政程序法第706条把"滥用自由裁量权"同"其他不合法行为"相提并论，而在"其他不合法行为"中没有"滥用权力"的席位。日本1962年的行政案件诉讼法第30条也表明了这种立场，裁量权的违法限于裁量权的超越和滥用：滥用权力实质上是滥用裁量权。德国1960年的行政法院法第114条和1978年的行政程序法第40条以及行政法院判例亦持同样的主张。
② 见刘明波主编《国外行政监察理论与实践》，山东人民出版社，1990，第74—79页。
③ 罗豪才主编的《行政法学》（中国政法大学出版社，1989）一书认为："滥用权力的范围比较广，包括滥用自由裁量权等行为。"
④ 如《中华人民共和国行政诉讼法讲话》（中国财政经济出版社，1989）一书指出："所谓滥用职权是指行政机关滥用自由裁量权的行为。"
⑤ 持这种观点的还有：黄杰、李道民主编《行政审判实践与研究》，中国法制出版社，1991；罗豪才主编《行政审判问题研究》，北京大学出版社，1990；江必新：《行政诉讼问题研究》，中国人民公安大学出版社，1989；等等。
⑥ 如美国1946年的联邦行政程序法第701条第1款第2项规定，司法复审不适用于"法律授权行政机关自行决定的行政行为"。20世纪后半期，出于需要，美国法官对此作了扩大性解释：国会的这一规定并不意味着法院对行政机关滥用权力也无权控制。
⑦ 如德国1960年的行政法院法第114条、日本1962年的行政案件诉讼法第30条等。

在于这时的基本观念业已改变，人们认为自由裁量权的滥用也是一种违法行为。这两个"但书"的转换标志了当代司法控制范围的扩大，同时导致了"滥用权力"这一违法行为的被确认。因此，割断滥用权力同滥用自由裁量权之间的天然联系，行政滥用职权将成为无本之木。

对于行政主体的行政行为固然可作多种分类，但羁束行为与自由裁量行为的分类是最基本的一种，因为人们习惯于把行政法的两大基本原则即合法性原则和合理性原则分别与这两种行为相对应。其实，这样做只对了一半。羁束行为由于法律规定详细明确，行为人实施该行为只得严格依法办事，不存在自由选择的幅度，因而只发生是否合法的问题，无是否合理正当之说。因此，羁束行为不会导致滥用职权，除非改变滥用职权的内涵。对于另一半，即认为对于自由裁量权只适用合理性审查，这种观念在20世纪后半期业已被抛弃。人们已认识到：行政自由裁量权的行使，不仅可能导致行政不当，而且可能导致行政违法。行使自由裁量权违法包括两种情况：自由裁量权的超越和自由裁量权的滥用。对于前者，中外法律都为其安排了滥用权力以外的某种违法的"归宿"。① 由此看来，行政滥用职权不仅与自由裁量权以外的其他行政职权违法无缘，而且并不包括与自由裁量权本身有关的所有违法行为。行政滥用职权实质上是一种行政自由裁量权的滥用，而且是自由裁量权限范围内的一种行使裁量权的违法行为。笔者进一步认为：通常用来限定滥用职权的一个前提性条件即"权限范围内"是人们长期以来的误会，实质上应指"自由裁量权限范围内"。

至此，我们可以把"行政滥用职权"的内涵确定为：行政滥用职权，即滥用行政自由裁量权，系指行政主体在自由裁量权限范围内不正当行使行政权力的违法行为。这一定义主要反映了以下三个特征。

第一，行政滥用职权发生在自由裁量权限范围之内。超越这一权限，便构成其他违法行为。这不仅同行政越权相区别，而且划清了行政滥用职权同"适用法律、法规错误"、"违反法定程序"等其他行政违法行为之间的界限。

第二，行政滥用职权表现为不正当地行使权力（如不正当的迟延）。

---

① 如法国将此归为"无权限"的违法，中国的行政审判实践依据《行政诉讼法》第64条并针对具体情况将其并于"适用法律、法规错误"或"超越职权"的其他类违法行为之中。

顺便指出，笔者不认为背离法定目的是行政滥用职权的一个特征，而认为这只是滥用职权的一种表现。

第三，行政滥用职权是一种行政违法行为，而不是行政不当行为。把自由裁量权的滥用看成是违法，这是世界各国的通行做法。我国《行政诉讼法》和《行政复议条例》也表明了这种立场。因此，人民法院通过行政诉讼控制行政滥用职权与行政诉讼合法性审查原则并不矛盾。

三 行政滥用职权的表现

国外对行政滥用职权表现的讨论远早于中国。在英国，权力滥用被归纳为三种情况：（1）不符合法律规定的目的；（2）不相关的考虑；（3）不合理的决定。[①] 美国学者认为滥用自由裁量权有六种情形：（1）不正当的目的；（2）错误的和不相干的原因；（3）错误的法律或事实依据；（4）遗忘了其他有关事项；（5）不作为或迟延；（6）背离了既定的判例或习惯。[②] 法国行政法把权力滥用归结为三种现象，即：（1）行政主体行使权力的目的不是保护公共利益，而是出于私人利益或所属团体的利益考虑；（2）行政主体的行为虽然符合公共利益，但不符合法律授予这种权力的特别目的；（3）不按法律要求适用程序，如用司法程序代替行政程序。[③] 德国行政法认为有下列情形之一的，构成滥用自由裁量权：（1）违反合理性原则；（2）不正确的目的；（3）不相关的因素；（4）违反客观性；（5）违反平等对待原则。[④] 日本行政法认为自由裁量权的滥用主要表现有三：（1）事实的误认；（2）目的的违反和动机不正；（3）违反比例原则和平等原则。[⑤]

世界各国行政法对于行政滥用职权表现的揭示，不少已被中国学者接

[①] 参见王名扬《英国行政法》，中国政法大学出版社，1987，第171—172页。
[②] 参见〔美〕伯纳德·施瓦茨《行政法》，徐炳译，群众出版社，1986，第571页。
[③] 参见王名扬《法国行政法》，中国政法大学出版社，1989，第664—665页。
[④] 参见〔印度〕M.P.赛夫《德国行政法——普通法的分析》，周伟译，五云图书出版公司，1991，第211—232页。
[⑤] 参见〔日〕南博方等《行政法》（日文版），1981；南博方《日本行政法》，杨建顺、周作彩译，中国人民大学出版社，1988，第37—38页。

受，但也有不少现象不适用于中国的法和理。①

近几年，国内学者所归纳的行政滥用职权种类繁多。主要有：（1）出于不正当的目的；（2）出于不善良的动机；（3）行为客观上与法定目的不一致；（4）考虑了不应考虑的因素；（5）没有考虑应该考虑的因素；（6）不应有的疏忽；（7）不正确的认定；（8）违反客观规律性；（9）不适当的迟延；（10）故意不作为；（11）不寻常的背离；（12）违反公平对待原则；（13）不一致的解释；（14）反复无常；（15）不合理的决定；（16）违反一般公正观念；（17）不得体的方式；（18）显失公正的行政处罚；（19）根据不充分、不客观；（20）与自由裁量权行使无内在必然联系；（21）不当授权；（22）程序滥用。②

依笔者之见，在我国，作为行政复议和行政诉讼撤销对象之一的行政滥用职权的表现，主要有下列六种。

第一，受不正当动机和目的支配致使行为背离法定目的和利益。这种行为有两个构成条件：（1）主观上有不正当的动机和目的，如出于个人恶意、偏见、歧视、报复，为个人或小集团谋私利等；（2）客观上行为造成了背离法定目的和利益的结果。如果行为人只存在不正当的动机和目的，但行为的结果恰好符合法定目的和理由，便不属于行政滥用职权。法国的行政法院也作同样处理。③

第二，因不合法考虑致使行为结果失去准确性。这种表现同样须具备两个条件。（1）行为人有不合法考虑的事实。这既表现为没有考虑法律规定应该考虑的因素，如情节和态度，也表现为考虑了法律不要求考虑的因

---

① 例如，日本行政法所认定的"事实的误认"，在中国是作为"主要证据不足"，而不是作为"滥用职权"对待的；美国行政法所揭示的"错误的法律或事实依据"，在中国是归类于"适用法律、法规错误"，而不是"滥用职权"。

② 主要涉及资料有朱维究等：《中华人民共和国行政诉讼法讲话》，中国财政经济出版社，1989；柴发邦主编《行政诉讼法教程》，中国人民公安大学出版社，1990；黄杰主编《行政诉讼法释论》，中国人民公安大学出版社，1989；马原主编《行政诉讼知识文库》，北京师范学院出版社，1991；张焕光、胡建淼：《行政法学原理》，劳动人事出版社，1989；罗豪才主编《行政审判问题研究》，北京大学出版社，1990；胡建淼主编《行政复议知识手册》，人民出版社，1991；黄杰、李道民主编《行政审判实践与研究》，中国法制出版社，1991；江必新：《行政诉讼问题研究》，中国人民公安大学出版社，1989；陈国光、夏桂英：《略论行政自由裁量权的滥用及其控制》，《中国监察》1990年第4期。

③ G. Peiser, *Contentieux Administratif*, 1979.

素，如处罚时考虑家庭出身等。（2）行为的结果失去了准确性，如处罚结果畸重畸轻。

第三，任意无常从而违反同一性和平等性。国外将其叫作"不遵循既成的先例和惯例的行为"。行政机关的行政行为具有公共行政性，因而必须是可预见的、连续的和平等对待的，否则亦是对自由裁量权的滥用。

第四，强人所难从而违背客观性。这里是指行政主体所作出的行政行为要求相对人履行一种客观上无法履行的义务。

第五，不正当的迟延或不作为。如果法律明文规定了行政行为的期限，但行政主体在法定期限内拒不作出行为或延至法定期限以外作出行为，这应区别不同情况，依《行政诉讼法》的规定划归于"违反法定程序"或"不履行法定职责"的违法类别之中。但如果法律没有明文规定行政行为期限，或规定了一定的行为幅度，致使行政主体享有自由裁量权，而且在自由裁量权限范围内，行政主体有不正当的迟延或不作为，这便属于行政滥用职权。

第六，不正当的步骤和方式。这是一种程序上的滥用职权。它同滥用职权以外的"违反法定程序"这类违法行为的区别正在于它发生在自由裁量权限范围之内，即在行为的步骤和方式可选择的条件下，行政主体实施行政行为采用了不适当的步骤和方式，致使相对人的合法权益被损害，这便是程序上的滥用职权。

以上所列表现，尚未穷尽所有行政滥用职权的现象。已被国内学者提出，但还未最终解决的理论问题，即《行政诉讼法》第一次提到的"显失公正"是否属于行政滥用职权的一种表现。如果回答是否定的，那么它们之间又是一种什么关系？

四　行政滥用职权与显失公正

"显失公正"是我国《行政诉讼法》首次提出的，但《行政诉讼法》本身及尔后的法律解释都没有对其含义作出说明。我国学理上的解释不多，且不统一。各种语义词典的解释又把它局限于"明显偏私"的含义之中。但从《行政诉讼法》的立法精神和条文含义上分析，把"显失公正"解释为"明显不适当、不合理"或许更接近事物的本质。

近年来，国内学者在对行政滥用职权和显失公正的分别研究中，已初步分析出它们之间的联系。但遗憾的是，目前对这种"联系"的认识尚停留在把显失公正看成行政滥用职权的一种表现上。① 当我们在接受这种观念时，马上又陷入以下的困难之中。

首先，显失公正的表现与行政滥用职权的表现部分重合，"反复无常"② 就是一例。如果显失公正本身就是行政滥用职权的一种表现，那么它就不应同行政滥用职权的其他表现重合。

其次，从行政法理上说，受行政法控制的行政瑕疵包括行政违法和行政不当，而行政不当是指自由裁量范围内的不适当行为。但行政滥用职权和显失公正亦都是指自由裁量范围内的不正当（不适当）行为，这实际上囊括了所有的行政不当行为。而行政滥用职权（包括显失公正）又属于违法行为，不是不当。这样，与行政违法相并列的行政不当就没有存在的余地了，作为行政法基本原则之一的合理性原则也必失去存在的意义。

或许可以这样解释：行政滥用职权虽表现为对自由裁量权的不公正行使，但只有到了"明显"的程度才属于"显失公正"的行为。这种解释亦难以成立。按《行政诉讼法》规定，人民法院对于滥用职权的行政行为撤销后，对于显失公正的处罚才可以变更。如果对于一般性不公正的行政滥用职权行为适用撤销判决，而对于明显不公正的处罚却适用变更判决，这显然是司法控制上的轻重颠倒，与《行政诉讼法》的立法精神相悖。

如何才能使理论自圆其说？唯一的出路在于：证实显失公正与行政滥用职权之间的等同关系。

笔者认为，行政滥用职权与显失公正是同一问题的两个方面，或者说是对同一事物的不同角度的表述。行政滥用职权是从主体和行为着眼，显失公正则是从行为结果着眼。行政滥用职权实际上是行政主体不正当行使权力而造成显失公正之结果的行为。如果行政主体行为虽有不当，但尚未达到显失公正之结果，那么便不属行政滥用职权违法，而是行政不当。只

---

① 如黄杰、李道民主编的《行政审判实践与研究》（中国法制出版社，1991，第226页），把"显失公正的处罚"列为滥用职权的表现之一；江必新在《行政诉讼问题研究》（中国人民公安大学出版社，1989，第272页）中认为，滥用职权的范围远远大于"显失公正"的范围。

② 罗豪才、应松年主编的《行政诉讼法学》（中国政法大学出版社，1990）把"反复无常"既作为行政滥用职权的表现，也作为显失公正的表现。

有这样理解，才能摆脱以上的理论困境。

由是，本文在上文所揭示的行政滥用职权的六大表现，也是显失公正的表现。按理说，由于《行政诉讼法》第54条第2项规定对于行政滥用职权应判决撤销，而行政滥用职权实质上就是不正当行使自由裁量权而造成显失公正的违法行为，所以显失公正的违法亦应一律判决撤销。但问题在于，有的行政滥用职权行为不宜或无法撤销，需要适用司法变更，同时应考虑司法权和行政权的分工，禁止以司法权代替行政权。所以《行政诉讼法》第54条第4项又规定："行政处罚显失公正的，可以判决变更。"这矛盾吗？笔者以为不然。理由有二：（1）第54条第4项规定的判决变更所适用的范围并不包括所有行政滥用职权行为，它只限于显失公正的处罚，即滥用处罚裁量权；（2）第54条第2项规定"判决撤销"属于义务，第4项规定"可以判决变更"则属于权力。"可以"两字意味着法院可以判决变更，也可以不判决变更而判决撤销。

至此，对"行政滥用职权"的定义需要再次修正。行政滥用职权，即滥用行政自由裁量权，是指行政主体在自由裁量权限范围内不正当行使权力导致显失公正的行政违法行为。随之，对其原有的三大特征也必须增补如下：行政滥用职权是指不正当行使权力造成了显失公正的后果；对于不正当行使权力但尚未造成显失公正后果的，不作行政滥用职权论。这一特征，使行政滥用职权违法同行政不当相区别。

国家赔偿责任的性质

马怀德

摘 要：国家赔偿责任的性质是指国家赔偿与其他形式的赔偿责任相区别的根本特性。关于国家赔偿责任的性质有自己责任说和代位责任说以及在此基础上形成的合并责任说、中间责任说与折中说。代位责任说认为，国家承担的责任并非自己本身的责任，而是代公务员承担的责任。自己责任说认为，国家赔偿是国家为公务员的行为承担直接的赔偿责任。正在起草的我国国家赔偿法草案基本上采用了自己责任说。

关键词：国家赔偿　代位责任说　自己责任说

国家赔偿责任的性质是指国家赔偿与其他形式的赔偿责任相区别的根本特性。在国家赔偿中，由于侵权行为的实施主体与责任主体往往不一致，而且国家与机关公务人员的联系程度有所区别，加之各国立法及判例制度的差异，学者们对各国国家赔偿责任性质的认识大相径庭。有的认为国家赔偿责任是国家自己的直接责任，有的则认为是国家代替公务员承担的间接责任，也有人折中两种意见，认为国家在一般情况下承担自己的直接责任，只有在公务员有重大过失或故意的情况下才承担代位责任。此外还有合并责任说、中间责任说等观点。各种见解虽然有较大分歧，但主要争论的焦点不外乎两种：自己责任说和代位责任说。

---

* 本文原载于《法学研究》1994 年第 2 期。
** 马怀德，中国政法大学校长、教授。

一　代位责任说

代位责任实际上是从民法上"雇佣人责任"而来的。英美法称之为"Vicarious Liability"。法理论认为，雇佣人就其受雇人因执行职务所加于他人的损害，应负赔偿责任。受雇人何以对自己执行职务中的侵权行为不承担责任而要由雇佣人承担呢？通常的理由是："纯从理论言，损害的发生，系基于受雇人的行为，则被害人只能对受雇人请求赔偿，惟受雇人资力通常较为薄弱，向其请求，恐将有名无实。再者，雇用人因雇用他人扩张其活动，其责任范围亦应随之而扩大。基于此理由，现代国家莫不规定雇用人就其受雇人，因执行职务所加于他人的损害，应负赔偿责任。"[①] 对他人行为负责的思想，古已有之，随着封建制度的崩溃，这种思想日渐式微，雇佣人仅于命令或同意受雇人从事不法行为时，始负责任。17世纪以后，由于此理论显得日渐狭隘，英国法院于1697年首创了雇佣人代负责任理论，认为雇主对于受雇人为一般授权时，即可推知他有默示的命令而负责。后来"默示命令说"终为"职务范围理论"取代，雇佣人就其受雇人在职务范围内所为的一切不法行为都应负责。有关这一理论的依据不一，但最重要的是"归责于上"（respondent superior）的原则。1887年的德国民法在第711条及第712条中，也规定了雇佣人的责任，但采用了过失主义，即雇佣人仅在选任或监督受雇人未尽相当注意义务的情况下，始负责任，雇佣人提出反证才能推翻法律推定而负责。此项规定的目的在于防止雇佣人假借使用无责任能力的人以逃避责任。

在国家侵权行为中，主张"代位责任"的学者认为，国家承担的责任并非自己本身的责任，而是代公务员承担的责任。从纯理论上说，公务员就其不法侵权行为承担的赔偿责任应由自己承担。由于公务员财力不足，为确保被害人均能获得实际赔偿，改由国家代替公务员对被害人负赔偿责任。以日本行政法学家田中二郎为代表的保守学者认为，国家赔偿责任实际上是代位责任，因为从形式上看，国家承担了侵权赔偿责任后，对实施了具体加害行为的公务员保有求偿权；另外，该责任与民法上雇佣人责任

[①] 王泽鉴：《民法学说与判例研究》第一册，三民书局，1979，第1页。

还有区别，因国家并没有民法上雇佣人的免责事由，所以也没有对公务员的选任与监督的责任。① 以日本国家赔偿法为例，该法第 1 条第 2 款规定，如果官员的行为是故意的或存在严重过失，国家有权向该官员追偿赔偿费，这就能证明国家赔偿责任为代位责任，因为如果国家承担的是直接赔偿责任，则不能行使追偿权。当然该法创立的国家赔偿责任与民法上的雇佣人责任有一定区别，即国家承担责任时并不能以选任或监督公务员尽到注意义务为免责事由，所以说它是一种"严格责任"而非"过失责任"。在德国、美国立法及司法判例中也可以看到，代位责任说是基础性理论。

二 自己责任说

自己责任说的早期理论由于受到国家豁免原则的限制，仅被理解为公务员个人对其侵权行为负赔偿责任。随着豁免理论的式微，越来越多的人倾向于把国家视为法人，国家公务员自然为法定代表人或雇员，在此种情况下，作为法人的国家应当对其所属人员即公务员的侵权行为负责。国家意志是靠机关和公务员贯彻实施的，国家本身并不直接实施具体行为。履行国家职权的机关和公务员是代表国家的，因此，可以将其行为视为国家行为。"国家授予公务员的权限本身，会有两种结果，即合法行使的可能性和因违法行使导致损害的危险性。国家既然将这种含有违法行使的危险性的权限授予公务员，便应该为此承担赔偿责任。"② 在日本，直接赔偿责任的倡导者是今村成和，他认为日本国家赔偿法第 1 条所确立的国家赔偿责任与日本民法典第 715 条所规定的雇主赔偿责任是根本不同的。国家赔偿法的目的是取消国家的豁免，强制国家为其公务官员的违法行为负担绝对的赔偿责任。从这个意义上讲，国家并不是为公务员的违法行为负担代位赔偿责任，而是国家为公务员的行为承担直接的赔偿责任。③ 特别在公务员履行那些传统上被称为统治职能的公共义务时，国家承担自己责任的

---

① 〔日〕田中二郎：《新版行政法》（上），弘文堂，1973，第 190 页；〔日〕古崎庆长：《国家赔偿法》，有斐阁，1973，第 191 页。
② 〔日〕南博方：《日本行政法》，杨建顺、周作彩译，中国人民大学出版社，1988，第 102 页。
③ 〔日〕今村成和：《国家补偿法》，第 93 页；〔日〕乾昭三：《国家赔偿法》，第 394 页。

特征尤其明显，因为这些职能与官员的个人责任没有联系，它们直接表达的是国家意志，当国家行使权力使他人处于危险之中时，自然要由国家对这些职能所造成的损害负责。这种责任不以公务员有无过错为成立条件，换言之，"损害之发生如为违法执行公务之结果，纵令公务员并无故意或过失，国家亦应负赔偿责任"。所以这种学说又被称为国家赔偿之"危险责任论"或"无过失责任论"。

自己责任说的理论渊源可以追溯至罗马法时代，法人应当对其不当任用或者监督的雇员的侵权行为负责。在苏联及大陆法系的许多国家，由于国家被视为法人中的一类，因而有人提出了国家应对公务员侵权行为负赔偿责任的说法，即使公务员的个人过错与执行职务无关。如苏联在20世纪30年代就有判例表明："银行作为雇主必须对它挑选出纳员和对出纳员缺少适当的监督所造成的损害负赔偿责任。银行出纳员被法院判定犯有贪污罪，亦不能免除银行本身的赔偿责任。"在一起司法赔偿案件中，法院执行员没有将法院拍卖的一所房屋收入交给合法当事人，法院认为"合适的被告"必须是监督执行员行为的人民法院。[1] 法国的行政法院直到19世纪末才开始受理对国家提出的赔偿诉讼，但不在民法典调整范围之内，因此行政法院可以自由地创立国家赔偿责任原则。公务员过错是赔偿的主要依据，只要证明损害因公务员过错引起，就不必证明官员的过错，行政诉讼中被告就是政府，通过这种诉讼确立的任何责任当然是国家的责任。自己责任说还认为，作为法律上的人格实体，国家与个人一样，也难免发生过错，公务员履行职权是实现国家意志必要途径，因此公务员在执行公务过程中的某些过错即应拟制为国家过错，由国家自己负担责任。除此以外，还有人从国家与公务员的雇佣关系角度论证道：既然国家对公务员有"从善而择和严格管理的义务，那么一旦公务员侵权，即足以证明国家未尽到应有义务，自应负责赔偿"。当然，在普通法系国家，自己责任范围要广，英国、新西兰等国的制定法把国家承担的自己责任分为三类：雇主的责任与义务、财产所有人的义务、法律规定的义务。违反三种义务均视为国家自己的直接责任。[2]

---

[1] 周汉华、何峻：《外国国家赔偿制度比较》，警官教育出版社，1992，第233页。
[2] 《国际比较法百科全书》第11卷，第86页。

值得玩味的是，日本学者针对同一部日本国家赔偿法从不同角度论证了国家赔偿的"代位责任"和"自己责任"，这说明国家赔偿责任的性质是十分复杂的，很难将它划定在一个特殊范围内。但是，对两种性质的责任进行简单的历史评价，很容易得出代位责任落后于自己责任的结论。因为前者把国家置于一个十分特殊的法律地位，变相地承认了国家豁免理论，可以说它是"落后于时代的"；[1] 而后者虽有一定的"虚拟色彩"，但毕竟承认了国家作为单独人格实体的法律责任，从而在过错标准上减轻了受害人的举证义务，使国家责任抛弃了落后的"过错理论"，即可以在不问公务员主观有无过错的前提下向受害人承担赔偿责任。这显然是一种进步的体现。

三 合并责任说、中间责任说与折中说

合并责任说主张国家赔偿责任的性质不能一概而论，应视侵权公务员是否具备公务机关的身份而定。如果该公务员具有公务机关的身份，则因他的不法行为造成的损害，国家应负赔偿责任；若公务员不具有公务机关身份，仅仅具备受雇人身份，则因其不法行为造成的损害，国家所应负的赔偿责任是代位责任。也就是说，国家对具备公务机关身份的公务员侵权行为所负的责任是"自己责任"；相反，对不具备公务机关身份的公务员所实施的侵权行为，国家虽负赔偿责任，但不是承担自己的，而是国家代公务员承担的。两种情形不同，可以选择适用。[2] 因此，国家赔偿责任的性质也是两种责任的合并而已。

中间责任说的主张者认为，公务员的不法行为被认定为公务机关的不法行为时，国家就此所负的责任是自己责任，如公务员的不法行为具有故意或重大过失时，该行为便失去公务机关行为的性质，仅为该公务员个人责任。国家对此原本可以不负责任，只是为了保护被害人的权益而承担赔偿责任，此种情形下的责任就是代位责任。而且负这种责任，一般均须法

---

[1] 杨泽延、姚辉：《美国国家赔偿制度纵横》，《比较法研究》1988年第3期。
[2] 〔日〕新井隆一：《国家的不法行为责任的本质》，《早稻田法学会杂志》第十号，第75页。

律作特别例外规定。①

折中说主张国家赔偿的性质应依下列情形确定：如果公务员执行职务时的不法行为造成侵害他人权益，那么这种责任属于国家自己的责任；但如果国家赔偿责任的构成要件中要求有公务员"故意或过失"才能成立的，则该项责任具有代位性质。

四　简单的分析及我国立法取向

对国家赔偿责任性质的讨论至少有两个方面的意义：一是便于分析确定国家赔偿责任的构成要件；二是区分国家赔偿与公务员个人赔偿的责任范围。

（一）自己责任与代位责任的区别

国家赔偿责任的性质究竟是自己责任还是代位责任？回答这一问题必须对两种主张加以分析比较，从两种观点的具体解释来发现它们的合理性。

国家代位责任以公务员个人责任为前提和基础，因此必须确定特定的加害公务员。在代位责任说看来，特定的公务员有无故意或重大过失具有重要意义；而自己责任说主张者认为，公务员的过失只是一种客观状态，表现为执行公务的缺陷。代位责任说认为，国家代替公务员承担了责任，除非公务员有故意或重大过失，一般个人便没有责任了。因此，受害人在请求国家赔偿之外，不得对公务员个人请求损害赔偿。自己责任说认为，国家承担责任的根据在于危险责任，与公务员个人责任无关，因此对公务员个人也可以根据民法规定提出赔偿请求。

在这里最重要的区别在于：如果将国家赔偿视为代位责任，那么就有必要证明特定公务员的主观过错，于是，特定公务员的知识和主观状态则成为是否赔偿的主要考量因素。② 如果将国家赔偿视为国家自己的责任，那么就不要求公务员存在主观过错，行为者的主观状态没有什么意义，所

---

① 〔日〕渡边宗太郎：《日本国行政法要论》（上），吉林人民出版社，1986，第450页。
② 周汉华、何峻：《外国国家赔偿制度比较》，警官教育出版社，1992，第203页。

需要证明的只是国家公务运作中的客观过错。从这个意义上来说，自己责任说便于受害人取得国家赔偿。因为受害人不必指认行使公权力的公务员，也无须证明公务员在执行职务中的过错，只要符合法定的客观过错标准，如违反法定义务或符合国家决定赔偿的其他法定条件，受害人就可以获得赔偿。

（二）法人直接责任及其影响

在许多国家的法律中，近年来最明显的一个趋势就是"扩大雇主责任，同时缩小雇员责任"，这种趋向也反映在国家责任中。其原因在于现代科技的发展改变了社会结构，日益增多的国家职能导致损害和事故急剧增多。主要表现在：（1）损害的潜在根源明显增多，这就要求提供新的保护手段；（2）相当轻微的疏忽可能造成巨大的损害结果，一般个人是难以赔偿的；（3）社会压力要求扩大国家赔偿责任范围；（4）各种类型法人的不断涌现不仅影响着个人活动，而且对政府活动也产生影响。总之，雇主对雇员的代位责任正转变为法人直接责任。

法人直接责任改变了原来雇佣人责任的理论基础。首先，雇主与雇员的个人从属关系逐渐被抛弃了。其次，过错内涵发生变化，对外人来说，通过调查一个庞大法人组织的机构组成和具体职能来证明法人的过错几乎不太可能了，越来越多的人认识到，即使特定个人无过错，法人也可能因组织管理发生侵权现象。为此，法国行政法院把"过错"看作一个组织职能和结构中存在的固有因素而非个人的主观心理状态。[①] 最后，法人活动成为绝大多数事故的根源，因此，迫切需要采取统一的保护手段。

法人的增多导致了范围更广的赔偿责任，作为最大法人的国家在侵权现象中更具有危险性，这成为许多人主张扩大国家赔偿责任的理由之一。同时，人们普遍要求放弃原有的雇佣人责任理论，用法人直接责任取代之。在奥地利，因行政或司法职能产生的损害赔偿责任适用法人直接责任，而不适用代位责任，因为奥地利对私人采用的代位责任的构成要件很宽泛，而对法人直接责任采用严格责任，从这个意义上说，国家特殊的直接责任

---

① 《国际比较法百科全书》第4卷，第142、109页。

更有利于受害人。① 由此观之，把国家赔偿责任解释为"自己责任"比解释为"代位责任"更符合实际，也更符合该项制度建立的初衷。特别是随着国家职能的不断扩展、管理范围的逐渐扩大，解决受害人的损害赔偿问题更显重要，如能采用最为直接和简便的"自己责任说"概括国家赔偿责任，无疑具有重要意义。

（三）国家赔偿责任与民事代位责任的关系

我们将国家赔偿责任视为法人责任而非民事代位责任，还有一个重要理由就是：在许多相同条件下，国家比民事主体或多或少地承担了一定的风险责任，主要表现为两个方面。一方面，在某些情况下，如果制定法或判例法有规定，国家可能要对一些合法行为引起的损害进行赔偿，而这在私人企业看来是不可能的。如瑞士联邦法律规定，国家对一些无过错行为负责，但私人企业却对此类行为不负责。在奥地利，国家依照代位责任承担比私人企业更广的侵权责任。在法国，有时国家还要对执行职务过程中的"非个人过错"（公务瑕疵）承担责任，但要确定私人企业的这类责任，则要证明雇员的过错。当然，国家责任与民事代位责任之间的某些差别正在逐渐消失，例如，无名过错和推定过错也越来越为民事代位责任所吸收。所谓无名过错，是指受害人在赔偿请求中没有必要具体指出侵权的公务员和机关，它可以使国家赔偿责任建立在行政管理过错而非个人过错的基础上。② 推定过错是指法律推定加害人对损害负有过错责任，加害人只能通过反证才能免责。另一方面，国家赔偿责任比民事代位责任的范围要小。政府对许多履行公共职能的行为基于自由裁量权而负责，如美国。有时，只有达到某种过错程度国家才免于赔偿责任，如只对重过错负责；有时，即使对私人行为采用的严格责任，也不适用于国家。奥地利和意大利法律把公务员个人视作机关从而排除了适用代位责任，其结果是奥地利因此扩大了国家赔偿责任，而意大利则相反，因此缩小了国家赔偿责任。

（四）我国现行立法的特点及取向

对国家赔偿责任性质的不同认识，直接影响到国家赔偿的范围大小及

---

① 《国际比较法百科全书》第4卷，第142、109页。
② 《国际比较法百科全书》第11卷，第96页。

程序设置。

我国行政诉讼法第68条第1款规定："行政机关或者行政机关工作人员作出的具体行政行为侵犯公民、法人或者其他组织的合法权益造成损害的，由该行政机关或者该行政机关工作人员所在的行政机关负责赔偿。"第2款规定："行政机关赔偿损失后，应当责令有故意或者重大过失的行政机关工作人员承担部分或者全部赔偿费用。"从此条规定可以看出，我国国家赔偿中的重要组成部分即行政赔偿采用的原则并不是"代位责任"。尽管该条第2款规定了行政机关对有故意或重大过失的公务员保有求偿权，但这并不是国家承担代位责任的依据。首先，求偿只意味着行政机关为了惩戒有责任的公务员而使其支付部分赔偿费用，支付赔偿费用与承担赔偿责任并不能画等号，也就是说，行政诉讼法第68条并没有使公务员直接地承担恒定的法律义务（责任）。其次，依此条规定公务员支付赔偿费用是有特定条件的，即有故意和重大过失，而这种条件又不是赔偿责任构成的要件。实际上真正承担赔偿责任的是国家，国家赔偿责任是否成立并不以公务员主观状态为转移。可见，我国现行国家赔偿责任从性质上来说是一种国家直接责任，而且是一种不以违法与否为条件的无过错责任。公务员的过错程度只在赔偿后的追偿程序中才有意义，并不影响国家赔偿的"直接自己责任"性质。

民法通则第121条规定的国家赔偿责任具有两重性。该条规定"国家机关或者国家机关工作人员在执行职务中，侵犯公民、法人的合法权益造成损害的，应当承担民事责任"。但这条规定并没有明确指出承担民事责任的主体是国家还是国家机关，抑或是国家机关工作人员。从立法宗旨上看，这条规定属于特殊民事侵权责任，应有特别的侵权主体。国家作为抽象的实体，其意志必须通过机关及工作人员实施，机关及工作人员只是国家代表人而已，本身不具备侵权责任主体资格，加之机关和工作人员的支付赔偿能力有限，由其承担责任也有失公平，对受害者也不利。因此，将国家视为侵权民事责任主体是适当的，从这点上来看，民法通则第121条的规定更类似于"直接自己责任"。从另一方面来说，第121条对国家承担赔偿责任附加了一定条件，即必须是国家机关及工作人员"执行职务中"的行为侵犯他人权益的才构成国家侵权行为。对于"非执行职务"时侵犯他人权益的，视为机关和公务员个人的一般民事侵权责任，如机关违反民事合同、公务员个人殴人致伤等，不产生国家赔偿问题。

正在起草的我国国家赔偿法草案基本上采取了"自己责任说"。该草案第 2 条、第 3 条规定，国家机关和国家机关工作人员违法行使职权侵犯公民、法人和其他组织的合法权益造成损害的，受害人有依照本法取得国家赔偿的权利。国家机关应当依照本法承担赔偿责任。很明显，这里明确了承担赔偿责任的主体是国家机关，而非公务员个人；承担责任的性质是直接自己责任，而非代位责任。理由有二，一是国家负责赔偿的条件中并没有对公务员的主观动机作出任何要求，而采用了客观结果责任原则。如果受害人的合法权益遭到国家机关和公务员执行职务时的侵害，只要法律有规定国家就必须予以赔偿，即使在公务员个人主观无过错的情况下国家也负同样责任。公务员存有故意或重大过失，只要是在执行职务中的，国家仍须承担赔偿责任。也就是说，公务员的过错程度并不影响国家赔偿责任的成立，国家不能以"选择和监督公务员已尽到相当注意义务"为由免除自己的责任。二是有关追偿的内容列入"赔偿程序"一章中，从另一方面证明国家的赔偿责任是国家自己的责任，并不是公务员的责任。因为公务员并不直接与受害人发生赔偿关系，只是国家支付赔偿费用后，采用国家机关责令有故意或重大过失公务员承担部分或全部赔偿费用的方法，实现国家机关内部的纪律惩戒。

此外，我们还应当看到，不管是在大陆法系国家，还是英美法系国家，无论适用民法原则还是公法原则，国家赔偿责任都经历了较为曲折的发展过程，这一过程基本上可以概括为：从过错责任到无过错责任；从代位责任到自己责任；从个人责任到法人责任。虽然其中"代位责任"与"自己责任"时而也呈现此消彼长的态势，但总体上看，仍以自己责任为发展主线，并且与国家民主化大趋势相呼应，形成了与民法等规范相区别的特殊法律规范。

中编　依法行政的深化

行政立法与当代行政法[*]

——中国行政法的发展方向

周汉华[**]

摘　要：行政立法的大规模出现是现代国家加强对市场干预的结果。从立法原则来说，行政立法经历了从控权论到利益平衡论再到以利益平衡论为主、多种行政法原则并存的发展过程。我国要真正遏制行政立法过滥的现象，就应该加深对行政立法的理论认识，培育当代行政法观念；明确国家权力界限，转换政府职能；制定行政程序法，保证公众的了解权和参与权；发挥司法能动性，维护法制统一。

关键词：行政立法　行政立法的原则　当代行政法

党的十一届三中全会以来，行政立法在推进改革开放、建设社会主义法治国家等方面的作用日益凸显，但是在理论上，人们对行政立法的性质、立法权限、处罚设定权、法律效力及监督等问题尚缺少系统的界说，往往各执一词、众说纷纭。这不但阻碍了行政法学的进一步繁荣与发展，并且在立法、执法、司法实践中有时可能会因为认识上的模糊而给法治建设带来与愿望相反的结果。从人类法律文明演进的规律之中明确行政立法的地位，从我国特有国情之中寻找答案，已是法律理论工作者义不容辞的责任。笔者此文，意在抛砖引玉，以期唤起人们对行政法基本理论问题的

---

[*] 本文原载于《法学研究》1997年第3期。
[**] 周汉华，中国社会科学院法学研究所研究员。

理性思考。

一

近代资产阶级革命确立了人民主权原则，议会作为行使人民主权的唯一机关独享立法权。行政机关的职能在于执行法律，没有立法权。在欧洲大陆，未经人民或其选举的代表同意，国家不得干预生命、自由或财产，这是坚持法治原则的前提之一。因此，任何实质意义上的法律必须是一种议会的行为，或者至少立基于议会的行为之上。[1] 法国《人权宣言》确认"法律是公共意志的表现。全体公民都有权亲自或经由其代表去参与法律的制定"（第6条），"除非根据在犯法前已经制定和公布的且系依法施行的法律以外，不得处罚任何人"（第8条）。法国1791年宪法明确规定立法权专属国民议会（第3篇第3章第1条），行政机关不能制定法律甚至临时性的法律，只能为了保障法律的实施，出台与法律一致的决定（第3篇第4章第6条）。其他早期法国宪法也都未规定行政立法权。[2] 同样，普鲁士1850年宪法、德意志帝国1871年宪法及魏玛宪法也都确立了议会的专属立法权。[3]

在美国，宪法的制定者在霍布斯、洛克、卢梭等理论家的社会契约论思想鼓舞之下，坚信国家权力来源于人民的同意。作为接受人民委托的机关，只有国会才有立法权，可以对人身和财产施加限制。如同亚历山大·汉密尔顿所云："没有人民的同意和认可，任何法律都无效或没有约束力。"[4] 对于许多人来讲，只有国会可以修改错误的法律，这是再简单不过的道理。[5]

---

[1] Max Weber, *On Law in Economy and Sosiety*, trans. by Max Rheinstein (Cambridge: Havard University Press, 1954), p. 14.

[2] 参见 John Bell, *French Constitutional Law* (Clarendon, 1992), p. 8。

[3] 参见 David P. Currie, *The Constitution of the Federal Republic of Germany* (Chicago: University of Chicago Press, 1994), pp. 2–6。

[4] Gordon S. Wood, *The Creation of the American Republic 1776–1787* (Published for the Institute of Early American History and Culture at Williamsburg, Va. by the University of North Carolina Press, 1969), p. 162.

[5] Gordon S. Wood, *The Creation of the American Republic 1776–1787* (Published for the Institute of Early American History and Culture at Williamsburg, Va. by the University of North Carolina Press, 1969), p. 304.

美国宪法第 1 条规定，"本宪法所授予的各项立法权，均属于由参议院与众议院所组成的合众国国会"。宪法第 5 条修正案则规定"非经正当法律程序，不得剥夺任何人的生命、自由或财产"。在契约论思想的影响下，美国曾长期坚持不授权原则，禁止国会将立法权授予行政部门行使，直到这一局面演变成"新政"期间变革的总统与坚持传统原则的联邦最高法院之间的尖锐冲突与对立。英国历经数个世纪的妥协与斗争，最后通过 1688 年的"光荣革命"，终于确立了议会至上的宪法原则。议会专司立法，没有议会的同意，国王不能停止法律的一般实施，不能在具体的案件中无视法律的规定，不能征税，不能维持常备军。[1] 在边沁看来，由人民代表以外的任何其他人制定法律的观念，简直就是异端邪说。[2]

然而，自 19 世纪末 20 世纪初开始，由于从自由资本主义转变为国家垄断资本主义所必然引起的国家权力的大幅度扩张，产生于资产阶级革命时期的立法权原则及理论受到了全面的挑战。自由资本主义时期，国家职能非常有限，仅限于维护秩序、开展国防与外交事务等。随着资本主义的发展、生产规模的扩大，完全靠市场自发作用进行调节的自由资本主义日益暴露其难以解决根本的社会、经济问题的弊端，必须依靠国家干预来解决市场本身不能解决的问题。因此，从 19 世纪末 20 世纪初开始，早期工业化国家政府对市场的干预力度越来越大，并开始在政府的推动和参与下，进行大规模的社会与经济改革。国家职能的加强与社会生活的复杂化，对立法数量、立法技术及立法时限的要求越来越高，仅靠议会立法显然已经适应不了工业化时代的需要，必须赋予行政机关以行政立法权。在英国，成立于 1929 年的部长权力委员会经过数年研究，发表了其研究报告，对行政立法提出了如下几点有力的支持理由：（1）议会受时间的限制，必须将具体的法律细节交由行政机关加以规范；（2）立法事项的专业化特点使拥有大量专家的行政立法更为适宜；（3）议会对难以预见的情况很难制定有效的规范；（4）立法需要一定程度的灵活性；（5）行政立法灵活且容易修改，适宜于进行社会改革实验；（6）紧急状态下行政立法更加

---

[1] S. B. Chrimes, *English Constitutional History* (Oxford: Oxford University Press, 1967), pp. 118 – 120.

[2] 引自 Bernard Schwartz, "Administrative Law: A Casebook," *Hospitals* (1977), p. 75。

不可或缺。①

同时，伴随自由资本主义向国家垄断资本主义的转变，人类认识历程也发生了一次革命性的飞跃，从 17、18 世纪的理性思维时代跨过了实证思维时代的门槛。自 19 世纪末 20 世纪初开始，哲学、经济学、政治学、心理学、社会学、人类学、法学等都经历了一次全面的洗礼。② 建立在观察、实验基础上的现代社会科学理论，对传统的绝对真理观念发起了全面的挑战，对人性理性化与民有政府的可能性产生了怀疑，对议会立法过程的公正性提出了尖锐的批判。③ 所有这一切，都客观地要求从理论上和实践上为政府权力合法性提供新的理论依据。20 世纪初，尤其是第二次世界大战以来，与多数民主论相对的当代宪制理论的勃兴④及其广泛实践，⑤ 无疑为行政立法清除了观念上的障碍。

二

在制度构造上，行政立法主要有自主立法与授权立法两种模式。前者由宪法明确规定行政立法的法律地位，行政立法不需要议会的特别授权；后者由议会通过授权法将立法权授予行政机关行使，没有议会的专门授权，行政机关制定的规范性文件没有法律效力。一个国家采取何种立法模式，与其历史传统、法律推理方式及宪法修改的难易程度等密切相关。法国的行政立法主要属于自主立法，其他国家的行政立法大多建立在授权立

---

① 参见 Report of the Committee On Minister's Powers Cmd 4060 (1932), pp. 51 – 53；该报告通常被称为 Donoughmore Report。
② 笔者将在有关现实主义法律运动与现代行政法的产生的文章中，对这一过程进行较为系统的论述。
③ 例如，公共选择理论用经济学原理分析议会立法过程，将它看作利益集团与政治家之间互有需求的一个市场，并最后推理得出了民主的不可能性定律。有关著述可参见 A. Bentley, *The Process of Government* (1908); D. Truman, *The Governmental Process* (1951); 〔美〕肯尼思·阿罗《社会选择与个人价值》，陈志武、崔之元译，四川人民出版社，1987；Robert E. Mccormick & Robert D. Tollison, *Politicians, Legislation and the Economy* (1981)。
④ 参见 John Hart Ely, *Democracy and Distrust: A Theory of Judicial Review* (1980); Cass R. Sunstein, "Constitutions and Democracies: An Epilogue," in *Constitutionalism and Democracy* 327 (Jon Elster & Rune Slagstad ed., 1988)。
⑤ 这种实践以议会至上原则的式微与宪法至上原则的确立为典型特征。参见 Mauro Cappelletti, *Judicial Process in Comparative Perspective* (1989)。

法模式的基础之上。

　　法国宪法几经修改，1799 年宪法第 44 条开始明确政府可以"制定实施法律必需的规章和命令"，承认行政机关某种独立的附属立法权。自此以后，尽管在行政立法权的范围上有较大的差别，历部法国宪法都沿袭了 1799 年宪法的做法。1958 年第五共和国宪法更进一步，除宪法第 34 条所列举的议会专属立法事项以外，对于其他所有事项，都由行政机关根据宪法第 37 条的规定享有立法权，议会不得干预。对此，一位著名法国公法教授评论道："第 34 条和第 37 条宣示了行政规章优于或至少平等于法律这一新的原则。"[1] 在法国，刑法典将犯罪区分为三类：重罪、轻罪与违警罪。宪法第 34 条只明确对前两种罪的犯罪构成及刑罚由法律规定，因此，对于违警罪的构成及其处罚都由行政立法规定。在司法实践中，最高行政法院甚至允许行政立法对行政违法行为设定限制人身自由的行政处罚。[2]

　　行政机关根据议会授权制定具有法律效力的规章实际上始于现代民主政府创立之初，但是大规模的授权立法的出现则是 19 世纪末以来的现象。[3] 由于议会大规模地将立法权授予行政部门，传统的宪法原则——人身、财产与自由只能由法律加以限制——失去了任何实际意义。[4] 通常，授权立法的范围因授权法的规定而异，有的授权法包含所谓的"亨利第八条款"，允许授权立法修改议会的法律；有的授权法实际上等于一张空白支票，行政机关可以规定任何内容。美国的一位著名行政法学者明确提出，"授权立法意味着实际运作规则将存在于国会法律汇编之外"。[5] 当然，个别国家（如德国）由于特殊的历史原因，对授权立法控制得较严，授权法必须严格限制授权的内容、目的与范围。[6] 同时，对于传统意义上的自由权与财产权的限制，各国仍坚持由议会立法的原则，没有议会明确无误

---

[1] John Bell, *French Constitutional Law* (Clarendon, 1992), p. 78.
[2] John Bell, *French Constitutional Law* (Clarendon, 1992), pp. 99 – 102.
[3] S. P. B., "Administrative Procedure in Government Agencies: Report of the Committee on Administrative Procedure," *Social Service Review* (1941), pp. 97 – 101; 亦可参见 P. P. Craig, *Administrative Law* (London: Sweet & Maxwell, 1983), p. 195。
[4] Richard B. Steward, "The Reformation of American Administrative Law," *Harvard L. Rev.* 88 (1975), pp. 1672 – 1673.
[5] James M. Landis, *The Administrative Process* (1938), pp. 68 – 69.
[6] David P. Currie, *The Constitution of the Federal Republic of Germany* (Chicago: University of Chicago Press, 1994), pp. 125 – 134.

的授权，行政立法不得介入。[①] 对于新兴的社会、经济权利的赋予或限制（如接受福利、获得与中止特许等），则由行政立法规范。[②] 在授权立法模式下，行政机关根据授权法制定的实质性规章一经实施即具有完全的法律效力。除此以外，行政机关还可以自主地制定解释性规章（内部文件），这种解释性规章主要适用于行政机关内部，不对外发生法律效力。但是，在实际生活中，除非有特别重要的其他考虑，法院往往尊重行政机关的解释意见。因此，这种解释性规章实际上也起着界定合法与非法的作用。

虽然行政立法顺应时代需要，解决了传统立法原则无法解决的问题，但它的大量运用很快便产生了许多新的问题。

与议会立法相比，行政立法不但数量庞大、技术性强，而且它们往往不太容易引起人们的关注，加上行政立法的修改和废止频率远远超过议会立法，因此，即使对于许多专家来说，要全面掌握行政立法的内容也是非常困难的。尤其对于形式上不具有法律效力而实际上起着重要作用的内部文件而言，一般公众甚至无法知悉其存在。行政立法的这种复杂性、多变性、不公开性，为公众了解法律、遵守法律，并最终认同法律权威增加了困难。

就行政立法程序而言，立法准备工作完全操之于行政机关，对于是否以及何时进行行政立法这样的动议问题，公众无法表达其意志，因此，容易造成行政立法的不当延误。当行政立法进入正式制定程序以后，尽管行政机关往往通过咨询、协商、征求意见等形式收集民意，进行利益协调，但是，真正有财力和人力参与行政立法过程，并影响行政立法结果的往往是实力雄厚的企业和财团，一般公众无法反映自己的利益。结果，行政立法必然会更多地保护企业和财团的经济利益，牺牲无组织的、分散的一般公众的利益。[③]

[①] 可参见 Z. M. Nedjati and J E. Trice, *English and Continental Systems of Administrative Law* (1978), p. 70。

[②] 我国法律所指的行政处罚，实际上同时包括对传统意义上的权利与对新兴社会、经济权利的限制，它们在范围上大于外国法律所指的罚则，因此，不宜简单地在行政处罚与罚则之间画等号。

[③] 参见 A. Kahn, *The Economics of Regulation: Principles and Institutions* (Hoboken: Wiley, 1970), pp. 11 – 14; Louis L. Jaffe, "The Effective Limits of the Administrative Process: A Re-evaluation," *Harvard L. Rev.* 67 (1954), pp. 1113 – 1119。

人们曾经认为，行政立法的大规模运用，不应以完全推翻传统的立法原则为前提。因为就法律效力而言，议会立法仍高于行政立法，并且在授权立法模式下，行政机关只是接受议会的委托行使立法权，这是一种从属性的权力。作为委托人，议会可以通过授权法对行政立法进行广泛的监督。如果行政立法超出授权范围，法院也可以以越权为由，判定行政立法无效。然而，随着行政立法实践的发展，上述推理在现实生活中越来越难实现。由于议会日益习惯于用含义非常广泛的条款授出立法权，因此，指望议会通过授权法对行政立法进行监督几乎是一种奢望；同样，面对着含义模糊的授权法，法院要审查行政立法是否与之相符也成为一种难事，因而不得不对行政立法保持高度的克制，任由行政机关进行政策选择。这样，面对毫不受制约的行政立法权，人们不得不提出：非经选举产生的官员行使如此巨大的权力，其合法性究竟何在？

行政立法的大规模出现，是现代国家加强对市场干预的结果。然而，随着国家职能的膨胀，人们也开始重新反思以行政立法为代表的政府干预的合理性与有效性。面对无所不在的国家权力，人们似乎意识到，市场本身不能解决的问题，国家干预也未必能够奏效。市场并非万能的，国家干预同样也非万能的，这是福利国家存在近一个世纪以后人们对它理性思考的结论。[1] 在这种认识下分析行政立法，人们才发现它并非总是那么有效。对工作环境安全标准的立法并未带来事故发生率的降低，[2] 对汽车安全标准的规定带来的却是汽车交通事故总量和损失额的提高。[3]

随着人们对国家作用的再认识的加深，包括行政立法在内的政府干预所付出的巨额代价也日益成为人们关注的焦点。美国的一项研究表明，1977年，48家公司仅为遵守联邦政府的规章（主要是环境方面的规定）就花费了26亿美元。1994年，美国国会选举期间，共和党宣称美国企业当年为遵守各项政府规定而支出的费用达5000亿美元。[4] 除此以外，人们的研究发现，某些领域政府干预得越多，企业发展越缓慢，由此而造成社

---

[1] Posner明确提出，"市场失败需要辅之以政府干预失败"。参见 Richard A. Posner, *Economic Analysis of Law* (2d ed., 1977), p. 271。
[2] 参见 Stephen Breyer, *Regulation and Its Reform* (Harvard University Press, 1982), p. 2。
[3] Richard A. Posner, *Economic Analysis of Law* (2d ed., 1977), p. 278。
[4] 引自 *USA Today*, Feb. 8 (1995)。

会供给减少，商品服务价格上升，损害普通消费者的利益。行政立法的成本在许多情况下远远大于其收益，迫使人们重新思考其作用和必要性。①

三

尽管各国行政法在产生条件和制度构造上各具特点，但传统行政法无一例外地根植于传统立法权原则之上，以控权为其核心价值。传统立法权以议会为唯一立法机关，行政机关只起传送带作用，负责忠实地履行议会的决定。为此目的，行政法以控制行政权力滥用为核心，保证行政机关的权力不超出议会所界定的权限范围。概而言之，各国传统行政法运行大致围绕以下四项法律原则而展开：（1）行政机关只能根据议会制定的明确规定对个人权利施加限制；（2）行政程序必须保证行政机关遵守议会的明确法律授权；（3）必须以司法审查来保证行政机关的权力不超越法律规定的权限范围；（4）行政程序设置必须有利于司法审查权的行使。②

仔细推敲，以控权为核心而构筑的传统行政法仅以对行政权力的消极防范为目的，保证行政机关不以超越职权或滥用职权的方式侵犯个人权利。然而，就公共利益与社会发展的层面而言，行政机关不仅必须做到不非法地侵犯个人权利，而且必须有效地履行其法律义务。传统行政法的致命缺陷，就在于它无法保证行政机关积极有效地履行法律义务。③ 随着福利国家的发展，议会以越来越模糊的规定对行政机关授权，传统行政法开始崩溃，根本无法回答日益膨胀的行政立法所带来的种种问题。这样，各国不得不超越传统行政法找寻答案，由此而刺激了当代行政法的产生，并使当代行政法在原则、内容、范围和体例等方面均大大不同于传统行政

---

① 参见 Stephen Breyer, *Regulation and Its Reform* (Harvard University Press, 1982)。
② Stephen Breyer, *Regulation and Its Reform* (Harvard University Press, 1982), pp. 350–351. 这种理论实际上也是当前我国学者普遍信奉的，我国学者提出，"现代法治思想认为，行政机关的一切行为都应当有明确的法律依据或者有法律明确的授权并遵守法律规定的程序，也就是说，只有法律明确规定政府做的事政府才能够做"。陈延庆、张世诚：《行政处罚法的意义及其基本原则》，《中国法学》1996 年第 2 期。
③ S. P. B., "Administrative Procedure in Government Agencies: Report of the Committee on Administrative Procedure," *Social Service Review* (1941), p.76；也可参见罗豪才、沈岿《平衡论：对现代行政法的一种本质思考——再谈现代行政法的理论基础》，《中国法学》1996 年第 4 期。

法。当然，当代行政法理论及实践在不同国家的发展是不平衡的。

针对当代行政法的基本问题——行政机关行使广泛的立法权所带来的问题，近30年来，利益平衡论在各国异军突起，成为取代传统行政法的一种最普遍、最系统的当代行政法原则。利益平衡论的主要目的不在于防止行政立法未经法律授权限制个人权益，而在于保证所有受到行政立法影响的利益都能在行政立法权的行使过程中得到充分的反映和平衡。① 利益平衡论认为，立法是在相互竞争的利益之间寻求某种妥协，② 因此，在行政立法过程中如果所有受到影响的利益都能得到反映，就有可能形成所有人都能接受的妥协。这样，行政立法实际上复制了议会立法过程，并获得了与议会立法同样的合法性根据，议会授权法能不能控制行政立法因而也就显得无关宏旨。③ 利益平衡论在各国行政法理论及实践中，主要表现在以下四个方面。

（一）放宽对行政诉讼前置问题的要求，由法院督促行政机关进行利益平衡

当代行政法的产生，最初源自各国法院创造性的工作，尤其源自在行政诉讼前置问题处理上的革命性变革。在司法实践中，法院扩大"合法权益"的范围，允许更多的人具有原告资格，实际上是在告诉行政机关：在行政（立法）决策过程中，必须对所有利益给予考虑，包括对那些原来不被认为非常重要的利益进行考虑；否则，法院将允许有关利益享有者在法院提起诉讼，对行政（立法）决策进行挑战。④ 同样，各国法院在"法律问题"与"成熟性"要求上的自由化倾向，也给行政机关传达了一个明确

---

① 我国已有学者意识到新一代行政法与程序、传统行政法与控权的关系，并将这种模式转换与法律模式的转换相连，确为真知灼见。参见笑侠《论新一代行政法治》，《外国法译评》1996年第2期。

② 这是当代多元民主理论的必然引申结果。可参见 A. Bentley, *The Process of Government* (1908); D. Truman, *The Governmental Process* (1951);〔美〕肯尼思·阿罗《社会选择与个人价值》，陈志武、崔之元译，四川人民出版社，1987；Robert E. Mccormick & Robert D. Tollison, *Politicians, Legislation and the Economy* (1981)。

③ Richard B. Steward, "The Reformation of American Administrative Law," *Harvard L. Rev.* 88 (1975), p. 1712.

④ 各国在原告资格上的革命性变化，可参见周汉华《行政诉讼原告资格研究》，载《行政程序法研究》，中国政法大学出版社，1992，第39页以下。

无误的信号：在传统上不受司法审查控制的领域，行政机关也有义务进行利益平衡，否则，法院将允许对这些行为提出挑战。[1]

(二) 以听证权为核心，构筑民众参与行政立法过程的规范与制度

不论是议会立法还是行政立法，只要立法者不是恣意妄为，就必须通过各种途径，使法律规范真正反映社会的现实需要，并得以有效实施。因此，在行政立法过程中，行政机关往往会进行大量的调查、研究，并通过咨询、协商等形式，广泛收集各方面的意见和建议。然而，在绝大多数国家，行政机关对于咨询、协商的所有问题（如是否进行、何时进行、在什么范围内进行、对什么问题进行等）都不负有法律义务，自然公正原则所要求的听证权在行政立法过程中并不适用，公众是否能参与行政立法过程完全取决于行政机关的单方面意愿。首先改变这一状况的是美国联邦行政程序法，它将行政行为一分为二，行政裁决被拟制为司法过程，规章制定则被拟制为立法过程，而以听证权贯穿其中。[2] 这一制度对各国行政法产生了广泛的影响，[3] 正如加拿大法律改革委员会在其工作报告中所阐明的："在规章制定过程中，所有利益受到影响者都应有参与的机会。"[4]

(三) 实行行政机关情报公开，为公众参与行政（立法）决策过程提供条件

鉴于当代政府的复杂性给民众参与行政（立法）决策过程所造成的实际困难，各国纷纷通过立法，实行行政机关情报公开。一般地，行政机关除必须公开已制定的行政立法文件和对这些文件的内部指示、解释以及典型的行政执法案例等以外，还必须公开其内部机构设置，决策过程，民众获知信息的地点、方法，正在制定、修改或废止的行政立法的内容，公开听证时间，公众反映意见的方式等信息。1966 年，美国制定情报自由法，

---

[1] 各国学者普遍认为，不受司法审查控制的行政（立法）行为，最容易出现权力滥用或为少数人利益服务的情况。因而，司法审查范围的扩大，也就意味着利益平衡原则的延伸。
[2] Robert Rabin, "Federal Regulation in Historical Perspective," *Foundations of Administrative Law* (1994), p. 43.
[3] 美国行政法教授 Davis 非常自豪地宣称，各国政府都将会采用美国式的行政立法程序。Kenneth Culp Davis, *Administrative Law Treatise* 1 (1978), pp. 448 – 449.
[4] Independent Administrative Agencies (Working Paper 25, 1980).

对其他各国产生极大影响。① 1978 年，法国议会通过法律，承认公民有权了解行政机关文件。② 1982 年，加拿大和澳大利亚分别实施政府情报公开的法律。1977 年和 1980 年，欧共体部长理事会在一项决议和一项建议中，两次将政府情报公开作为一项重要的法律原则向成员国政府推荐。③

（四）要求行政（立法）决策附有充分的理由或说明，以反映多种利益的实际平衡过程

在行政立法过程中，行政机关如果对公众的意见仅仅是听听而已，可以自由地决定哪些利益应该纳入考虑的范围，那么民众反映自己要求的听证权就没有多大的实际意义，它不可能对行政立法的结果产生任何影响。正因为如此，各国纷纷通过成文法或判例法，要求行政（立法）决策须附有充分的理由或说明，以反映多种利益的实际平衡过程。如果行政机关不提供这种理由或说明，或者这种理由或说明表明某些利益没有被考虑到，法院可能会推翻行政（立法）决策。④ 例如，美国全国环境政策法要求行政机关在制定相应政策（包括行政立法）时，必须提供详细的说明，对所有利益进行平衡。《欧洲经济共同体条约》第 190 条明确规定委员会和理事会的所有决定（包括法规、法令）都应陈述其理由。法国 1979 年制定的一项法律要求行政（立法）决策必须附有理由。⑤

以公众参与为特征的利益平衡论在当代各国行政法的发展中受到了普遍的关注与回应，代表着当代行政法的最主要发展方向。然而，另一方面，利益平衡论本身并非尽善尽美，更非万能的，其缺陷主要表现在如下几个方面。（1）由谁来代表公众利益难以确定。在行政立法过程中，公众以个人身份直接参与的情况极为少见，大多由公益律师服务机构、消费者组织或环保组织，少数情况下由政府部门来代表公众利益。然而，这些公众利益的代表者是否能真正代表公众利益并不确定。而且，在有些行政立

---

① Kenneth Culp Davis, *Administrative Law Treatise* 1 (1978), ch5.
② 参见 L. Neville Brown and John S. Bell, *French Administrative Law* (1993), p. 28。
③ 参见 *Administrative Justice: Some Necessary Reforms*, Report of the Committee of the Justice-All Souls (1988), ch2.
④ 各国的实际变革措施参见 *Administrative Justice: Some Necessary Reforms*, Report of the Committee of the Justice-All Souls (1988), ch3。
⑤ L. Neville Brown and John S. Bell, *French Administrative Law* (1993), p. 218.

法实践中，由于公众利益本身呈多样性特点，行政立法机关无法确定由谁来代表公众利益。（2）受资源限制，公众利益难以得到充分的表达。与实力雄厚的企业或财团相比，公众利益代表者在人力、组织、时间、财力等方面均远远不及，因而无法反映所有与公众有关的利益，只能选择实现最重要的利益。这种选择过程不但有违利益平衡论的初衷，而且由于公众利益代表者可以不受公众的任何限制进行选择，容易造成公众利益代表者与公众之间的疏离，公众个人可能会根本意识不到自己的"参与"成分。（3）正式参与程序有时会造成行政立法过程旷日持久、久拖不决，浪费行政机关和公众利益代表者的有限资源。在行政立法过程中，公平与效率的矛盾往往表现得特别突出，规范化的程度越高，公众参与越多，公平的价值就实现得越多，然而，这常常必须以牺牲行政效率和灵活性为代价。参与的机会实际上也就是拖延的机会。（4）增加公众参与是否能对行政立法结果产生实质性的影响并不确定。行政立法机关完全有可能先做决定，后找根据，并且许多复杂的技术、经济问题并不适宜于通过公开听证的方式解决。（5）参与程序可能瓦解对最后行政立法决定的支持。在行政立法过程中，意见未受到采纳的一方会认为结果对自己不公正，是对方经济实力雄厚所造成的，并因而难以接受行政立法。这样，参与越多，尤其是对抗制参与越多，就越难形成对最后结果的认同。

四

利益平衡论的缺陷表明，对于当代行政法的基本问题，很难由一条无所不包的原则全部加以解决。包括利益平衡论在内的当代行政法原则或理论，都有合理的作用范围，也有其固有的缺陷，这是每一原则的相对性特征。对于某一原则不能解决的问题，只有尝试其他的原则或理论，由此而形成了当代行政法以利益平衡论为主、多种行政法原则并存的格局，这是当代行政法原则的多样性特征。除利益平衡论以外，较为有影响的行政法原则还有以下几条。

（一）私法优位论

利益平衡论的理论前提是国家干预的合理性与公法手段的有效性。然而，数十年来，伴随凯恩斯主义的破产与古典自由主义思想的重新抬头，人们对国家权力的迅速膨胀提出了各种疑问与挑战。市场本身可能会有许多缺陷与不足，但国家干预往往会使结果更糟，行政机关常常用行政立法来限制竞争、限制消费者的选择，造成社会资源的大量浪费，使法律效益大大低于其成本。在这种情况下，与其由行政机关通过公法手段来对市场进行规制，不如限制甚至废除行政（立法）权力，由个人通过私法手段实现其权利，实现资源的有效配置，这是私法优位论的基本理论主张。[1] 西方发达国家近年普遍出现的"不规制"运动，可以说是对私法优位论的最好注解。[2]

私法优位论虽然对各国的行政立法产生了一定的影响，并在观点上极具感召力，但它有两个难以克服的缺陷。（1）私法优位论忽略了行政管理领域的多样性与复杂性。减少国家干预、限制行政立法权力的主张虽然在某些领域取得了巨大的成功，但能否将这一原则推广到其他的行政管理领域则不能一概而论。对于环境污染这样的问题，理论上虽可完全通过私法（赔偿）规则解决，但要真正防止环境恶化，必须依靠完善的公法措施。另外，垄断、劳资关系、大众传媒等众多的领域，也需要强有力的行政立法权。[3]（2）私法优位论极易导致财富决定论。私法优位论的目的是以私法规范代替公法规范，以社会自治代替国家干预，以市场规则代替行政权力。然而，现实生活中社会与经济权利的不平等极有可能使缺少行政权力的私法优位论演变成为以富压贫、以强凌弱的财富决定论，造成事实上的不公平。正因为私法优位论的上述缺陷，有学者指出它"虽然是一项重要的原则，但不是包治百病的药方"。[4]

（二）议会监督论

议会监督论源自传统立法权理论，其基本观念在于，即使议会不能亲

---

[1] Richard A. Posner, *Economic Analysis of Law* 271 (2d ed., 1977).

[2] 参见 Anonymous, "Introduction: Privatization—The Global Scale-back of Government Involvement in National Economics," *Administrative Law Review* 48, 4 (1996), p. 435。

[3] 例如，自由市场的买卖关系本应完全由私法调整，但长期困扰我国百姓生活的短斤少两问题，只有采取立法措施，取消所有杆秤以后，才有根本性的好转。类似的事例举不胜举。

[4] Richard B. Steward, "The Reformation of American Administrative Law," *Harvard L. Rev.* 88 (1975), p. 1693.

自立法，其成员也至少应有机会对授权立法进行监督。在英国，部长权力委员会于20世纪30年代即建议下院设立一个监督委员会，对授权立法的合法性进行监督。[①] 1944年，英国下院设立监督委员会，1973年，它与上院的一个委员会合并，构成立法性文件联合委员会，对所有提交给议会的立法性文件、规则、命令或计划进行审议，并确定议会是否应该进行干预。议会可以通过肯定与否定两种方式对授权立法进行监督，前者要求授权立法得到议会肯定性的决议，否则不得生效；后者要求授权立法在提交给议会后须等待一定的期限，若在此期限内议会不作出否定性决议，则授权立法可以生效。[②]

鉴于议会民主对于政治合法性的巨大象征作用，议会监督论在各国都受到了广泛的重视。[③] 然而，它在实践中也遇到了许多困难：(1) 议会受时间、议程的限制，不可能对所有的行政立法都进行严格的监督，因此，主要通过议会监督来制约行政立法实际上很难行得通；(2) 实际生活中，议会监督往往会演变成议会工作人员监督，难以真正反映代表机关的意愿；(3) 议会监督的存在，使得利益受到行政立法影响的利益团体可以通过议会牵制行政机关，并且行政立法涉及的利益越大，特别利益集团游说议会的诱因和能力也就越大，结果是议会往往会在行政立法对利益格局进行根本变革的地方进行掣肘，这无疑会影响行政立法的社会作用并妨碍全面性的行政立法改革措施出台。一位英国著名学者评论："指望议会对授权立法进行任何真正的控制，简直就是一种宪法幻想。"[④]

(三) 司法能动论

在缺少违宪审查制度的国家，普通法院不得宣布法律违宪；只有在实施违宪审查制度的国家，议会立法才可以在法院受到挑战。行政立法，情况则截然不同。尽管行政立法具有完全的法律效力，但几乎所有国家都将行政立法视为一种行政行为，如果它们与法律相悖或超越法律授权，则可

[①] Report of the Committee on Minister's Powers Cmd 4060 (1932), pp. 67–69.
[②] P. P. Craig, *Administrative Law* 4 (1983), pp. 201–205.
[③] Independent Administrative Agencies (Working Paper 25, 1980), pp. 61–72; Richard A. Posner, *Economic Analysis of Law* (2d ed., 1977), pp. 201–205.
[④] P. P. Craig, *Administrative Law* 4 (1983), p. 203.

以由法院加以撤销。① 司法能动论正是在继承传统立法权理论合理因素的基础上,希望通过法院的创造性工作来维护议会的法律地位,并加强对行政立法的监督。针对宽泛无边的议会授权,司法能动论主张法院恢复传统的不授权原则,要求议会授权须辅之以明确的标准、范围和条件,否则即由法院宣布授权无效;② 针对广泛授权所必然导致的不易认定行政立法是否与授权法相符问题,司法能动论主张法院减少对行政立法的过度尊重,通过运用法律原则和法律推理,能动地对行政立法进行严格的监督。③

客观地评价,司法能动论在各国制约行政立法权的努力中,起着不可替代的重要作用,并使法律原则和法律解释等在当代行政法中的地位日益提升,然而,这一原则也有它自身无法克服的问题。(1)许多情况下,行政立法带有开创性和试验性等特点,议会无法在授权法中对授权标准和范围等问题作出明确的规定。如果不顾条件地要求所有的授权法都须有明确的标准,理论上不可能,实践中则有可能阻碍社会发展。④ (2)在议会授权不明确的情况下,主张法院减少对行政立法的尊重,实际上是让法院承担政策选择的责任。由于法院在人力、物力、时间、专业知识等方面均不及行政机关,由法院进行政策选择未必比行政机关的选择更明智。并且,从国家机关职能分工的角度而言,由法院进行这样的政策选择也不合适。正因为司法能动论的这种不足,它并不能解决所有的行政立法问题,而只能对特定的行政立法进行制约。

(四) 效益优先论

当代社会以多元利益并存与冲突为突出特征,因此,行政立法在进行利益综合与平衡时,往往难以找到合适的平衡点,难以在不同的价值之间进行选择。效益优先论对于利益平衡的标准提出了其基本主张——以实现资源的有效配置与效益最大化为评判标准。在很大程度上讲,效益优先论是将法律经济学用于分析政府行为的必然结论。它要求行政立法时进行成

---

① Z. M. Nedjati and J E. Trice, *English and Continental Systems of Administrative Law* (1978), pp. 60–71, 95.
② T. Lowi, *The End of Liberalism* (1969), pp. 297–298.
③ Stephen Breyer, *Regulation and Its Reform* (Harvard University Press, 1982), p. 2.
④ 美国"新政"时期的联邦最高法院是一个很好的例证。

本效益分析，并尽量采用低成本的行政立法。在美国，福特总统于20世纪70年代中期首先通过行政命令，要求行政立法进行"通货膨胀影响评价"，弄清行政立法将要对成本增长产生多大影响，以及是否有更有效的行政立法方法。自此以后，从卡特总统到克林顿总统，历届美国政府均将成本效益分析作为对行政立法的一项基本要求，并在实践中不断加以完善。

尽管效益优先论在某些领域对提高行政立法的质量和立法效益起到了十分明显的作用，并日益受到各国的关注，但它本身的缺陷使它难以成为全盘性地解决行政立法问题的方法。这些缺陷包括以下几点。(1) 虽然效益是行政立法的一项价值追求，但它不是唯一的价值追求，平等、自由、社会安全等也都是行政立法的追求目标。由于不同价值之间的不可通约性，以效益为唯一评判尺度的成本效益分析方法有时并不能准确反映社会的真正需要。例如，环保立法为公众健康带来的好处就很难用金钱衡量。(2) 经济分析理论认为，选择建立在人们对商品和服务的既存偏好之上，并且假定这些偏好是确定的。然而，与个人选择截然不同，政府的（立法）选择由于涉及巨大的资源，无疑会对未来的偏好产生重大影响。效益优先论本身无法回答究竟应该以现在的偏好还是以未来的偏好作为行政立法的选择依据。[①] (3) 效益优先论之下，最后决定权操之于行政立法机关，决策过程是一个单方面的合理性选择过程，并不强调公众的参与。因此，行政立法机关完全可以先做任何决定，然后再为其决定找根据。结果，效益优先论虽增加了行政立法机关的工作量，但对实质结果并不会有大的影响。

综上所述，当代行政法原则的多样性和相对性表明，对于行政立法所涉及的问题，很难用一条不变的标准加以规范，很难用一种方法解决所有的问题，只能具体问题具体分析，视时间、地点、条件、问题的性质等多种因素，逐个加以解决。覆盖一切的宏大行政法原则既没有出现，也不太可能产生。面对公平与效率、平等与自由、形式法治与实质法治等多种矛盾，行政立法只能在高度复杂的条件下进行艰难的选择。

[①] Richard B. Steward, "The Reformation of American Administrative Law," *Harvard L. Rev.* 88 (1975), pp. 1704–1706.

五

改革开放以来，随着法制建设的逐步深入，行政立法开始在我国社会生活中发挥越来越大的作用，同时引发了各种各样的问题。如何构筑当代行政法以有效地监督日益膨胀的行政立法权，成为当代中国行政法理论和实务工作者不得不思考的重大现实问题。近年来，行政法制建设中集中涉及对行政立法（尤其是规章）进行制约和价值评判的机会有两次，一次是行政诉讼法关于规章法律效力的处理，一次是行政处罚法关于规章处罚设定权的处理。这两次制度创新，为我们归纳当今中国行政法的走向提供了难得的素材，也为我们构筑当代行政法提供了有益的启示与教训。

从立法目的分析，行政诉讼法中出现"依据"法律、法规，"参照"规章，是为了凸显法律、法规与规章之间的质的区别，表明法院对规章必须进行审查，只选择适用合法的规章，并由此而加强对泛滥的规章的制约。然而，深入分析，不难发现这种制度构造本身存在非常严重的缺陷。

第一，法院审理案件，最重要的是事实问题与法律问题。法院在初步查明案件事实以后，如果是疑难案件，可能必须对法律适用作出决定。如果几部法律都可以适用于同一案件，法院可能必须决定适用哪部法律；如果一部法律的不同条款都可以适用于同一案件，法院可能必须决定适用哪一条；如果法律、行政立法都可以适用于同一案件，法院可能必须决定是适用法律还是适用行政立法。有时，选择适用不同的规律规范，会直接决定案件事实的性质和全案的处理结果。这表明，法律选择是所有司法活动的一个必经程序，尤其在疑难案件中，具体的法律规范是否对具体案件起作用，必须首先经过法院的"识别"或"选择"。只有经过法院选择适用的法律规范才对具体的案件有法律效力，未被法院选择的法律规范（不论是法律还是行政立法），对具体的案件则无法律效力可言。

法院通常依据两种标准进行法律选择。（1）在少部分案件中，如果法院确认不同的法律规范之间存在"抵触"，会选择适用上一位阶的法律规范，并可以宣布有关的法律或法规无效（视是否存在违宪审查制度或对行政立法的司法审查制度）；如果"抵触"的是同一层级的法律规范，法院则会依据法律规范制定时间的先后或普通法与特别法的关系等标准进行选择。然而，不论是哪种情况，作为"依据"的法律、法规与作为"参照"的规章之间的界限应该是相对的、可变的。相对于规章而言，法规是依据，在两者之间出现抵触时，法院应选择适用法规；而相对于法律和其他法规而言，某一法规可能只是一种参照。同理，相对于法规、规章而言，法律是依据；而相对于宪法、法律的一般原则与其他法律而言，某一法律规则可能只是一种参照，不会在具体案件中为法院所选择。一个国家没有违宪审查制度或对行政立法的司法审查制度，只意味着法院不能宣布有关的法律、法规无效，并不影响法院对法律、法规、规章的选择适用。只要有司法活动，就必然存在对不同法律规范的选择。（2）在绝大多数案件中，并不存在"抵触"问题，法院的法律问题决定过程实际上只是在众多的法律规定之中"选择"最适合于本案事实的规范。因此，一般的法律选择过程并不以法律规范的层级或制定先后为依据，而是以有关规范与本案事实的联系程度为依据，选择适用与本案事实联系最紧密的法律规范。大量的案件中，法院根据事实与法律的联系程度，选择适用层级低的法规而不是层级高的法律是常有的事。[①] 也就是说，只要不存在抵触，层级不同的法律规范的地位是完全一样的，都具有完全的法律效力，都是法院选择的对象。

由此可见，法院不论依据哪种标准决定法律问题，法律、法规与规章都必须同样经过"选择"以后才具有法律效力。在此意义上，应该说它们都处于"参照"的地位。行政诉讼法独将规章列为"参照"，并未客观地反映司法活动的本质特征，[②] 而是将违宪审查制度与法院选择适用法律制度混淆的结果。

第二，由于所有的法律规范在适用于具体的事实之前都必须经过法院

[①] 假设对破坏公路林木的行为既有林业法律调整，又有公路管理法规或工商管理规章调整，法院根据具体案件的事实，完全可以认定某一规章与案件联系更大，并因此选择适用该规章而不是法律。同理，法院一般不会直接引用宪法规定审判案件。

[②] 例如，浦城县交通工程队诉县水利局案（最高人民法院中国应用法学研究所编《人民法院案例选》总第2辑，第190页）中，需要对水法与矿产资源法进行选择；黎德胜诉土管局案（最高人民法院中国应用法学研究所编《人民法院案例选》总第4辑，第196页）中，需要对行政法规与法律进行选择；陈乃信等诉渔政管理站案（最高人民法院中国应用法学研究所编《人民法院案例选》总第11辑，第184页）中，需要对地方性法规与法律进行选择；倪金峰诉县公路运输管理所案（最高人民法院中国应用法学研究所编《人民法院案例选》总第6辑，第192页）中，需要对行政法规与规章进行选择。

的选择，因此，即使行政诉讼法不规定"参照"，法院也会对规章进行审查，并只选择适用合法的规章。行政诉讼法对法律、法规与规章进行毫无必要的硬性划分，实际上是在结果不变的情况下，白白增加整个制度的成本。"依据"与"参照"的对比，一方面极易使人对规章的法的属性产生疑问，并使其在行政与审判工作中的地位处于一种不确定状态，难以发挥法律规范应有的指引作用。另一方面，过于强调对规章必须进行选择，必然会在人们心理上产生一种对规章以上的法律规范不必进行选择的反作用，这既不利于司法活动的正常进行，也不利于法制统一原则的实现。[①]

第三，从更深层次分析，"参照"的出现反映了传统行政法对我国理论及实务界的潜在巨大影响。对于行政立法所存在的种种问题，当代各国行政法都试图以多样化的原则，将每一项具体的行政立法当作单个的存在，对症下药，实行全方位的监督与控制。对于同样的问题，传统行政法则更多地从传统立法权原则出发，完全根据议会立法与行政立法的性质差异，将所有的行政立法当作一个整体进行否定或限制。根据传统行政法构筑的制度，可以说是"只见森林，不见树木"，具体行政立法部门、种类、调整对象、权限依据、制定程序、监督机制等的特殊性都不见了，剩下的只是一个极其抽象的行政立法概念。"参照"正是这样一种典型的处理方法，它以法律渊源作唯一划分标准，并稍作妥协（将行政法规、地方性法规纳入法律之列），试图从整体上确立规章的地位和效力。然而，传统行政法的失败已经证明，一般性地否定或限制行政立法权的时代已经一去不复返，对行政立法进行类型化的处理很难迎接多种冲突与价值追求并存的时代挑战。

同样，尽管行政处罚法的制定目的之一是遏制乱设处罚的混乱现象，但有关规章处罚设定权的规定却存在与行政诉讼法类似的致命缺陷。

一方面，行政处罚法虽再一次肯定了规章属于自主立法，可以自主规定违法行为的范围及其处罚，但这种自主立法权是非常有限的，受到两方面的限制：（1）规章只能创制设定警告和一定数量的罚款处罚；（2）如果已经制定法律、法规，规章只能在法律、法规规定的行政处罚的行为、种

[①] 有鉴于此，笔者认为司法实践中应从法律问题审查原则、力度与方式上的差别来解释"参照"与"依据"的不同。

类和幅度的范围内作出具体规定。显然，行政处罚法对规章的这种处理，使其有自主立法之名而无自主立法之实，较真正的自主立法模式还差得很远。仅仅以警告和一定数量罚款为制裁手段，不可能保证自主立法的有效实施。①

另一方面，就行政处罚法制定过程中的讨论情况来看，立法者实际上接受了传统的立法权原则，认为处罚只能出自代表机关，只是由于我国法律还不很完备，才规定规章可以设定某些处罚。② 然而，从前文对行政立法的历史沿革的探讨中可以发现，尽管传统立法权原则在当代仍坚持议会是唯一的（处罚）立法机关并坚决反对行政机关的自主（处罚）立法权，但授权立法观念的引入是传统立法权原则在当代得以延续的必要前提。也就是说，尽管一般意义上的自主行政（处罚）立法仍不为传统立法权原则所接受，但基于具体法律授权而存在的行政（处罚）立法则为应付现实所必需。反观我国行政处罚法，不但未能明确作出授权行政（处罚）立法的制度安排，反而试图以有限的自主行政（处罚）立法权来弥补传统立法权原则的不足。根据人们现在对行政处罚法与有关法律关系的看法，行政处罚法完全堵死了规章根据有关具体法律的授权（明示的或默示的）设定某些种类的处罚或对法律、法规已作规定的情形予以补充的可能。③

不言而喻，行政处罚法虽然是在传统立法权原则指导下制定的，却缺少授权（处罚）立法这一核心制度安排，在应该设置授权立法的环节上设置了有限自主行政（处罚）立法，这就使整个制度设置处于一种非常矛盾的立场，将完全不同的自主立法与授权立法两种立法模式硬性地嫁接到了一起。④

制裁是所有法律规范的有机组成部分，是法律规定得以实现的基本保

---

① 罚款处罚的无效性，可参见汪永清主编《行政处罚运作原理》，中国政法大学出版社，1994，第45页以下；马怀德《行政处罚现状与立法建议》，《中国法学》1992年第5期。
② 参见《法规可否增加规定行政处罚》，《法制日报》1996年5月31日，第3版。
③ "行政处罚法是我国关于行政处罚方面的基本法，除行政处罚法明确规定可以适用其他有关法律的规定外，其他有关法律关于行政处罚的规定与行政处罚法的规定不一致的，应当按照行政处罚法的规定执行。"《行政处罚法与有关法律的关系》，《法制日报》1996年6月4日，第3版。
④ 有鉴于此，笔者认为应将行政处罚法与其他有关法律的关系解释为一般法与特别法的关系，并在现有的实施设立与创制设立之外，引入授权设立概念，允许特别法授权规章对法律、法规已有规定的行为予以补充，或设立警告与罚款以外的处罚。

证。在自主立法模式下，行政机关享有固有的行政立法权，可以自主规定哪些行为构成行政违法，并可以规定对这些行为的相应制裁。在授权立法模式下，行政立法权来源于代议机关授权，不是一种固有的权力，违法行为的范围及制裁措施只能由法律规定或由法律授权行政立法规定。然而，不论哪种模式，行政立法都可以对违法行为施以有效的制裁。我国行政处罚法对规章处罚设定权的规定，既未反映自主立法的需要，又未能吸收授权立法的优点，制裁手段严重不足，难以保证规章的有效实施。为避免出现这种结果，各地方、部门肯定会争相将规章升格，将规章"改头换面"变为法规。在利益结构与其他制度均未发生变化的情况下，大量的升格要求势必冲击法规制定机关的工作，导致法规质量与法规制定机关的信誉下降。目前存在于规章领域的混乱有可能会"搭车"至法规领域。

六

通过以上两个个案分析可以看出，尽管行政诉讼法与行政处罚法分别进行的制度设计看上去没有什么内在联系，但这两次制度构造深刻地反映了传统行政法观念对当代中国行政法走向的巨大影响。试图从总体上确立所有规章的"参照"地位与所有规章能够创设的处罚种类，反映的都是建立在法律渊源划分基础上的传统行政法观念。同样类型化的处理方式，不但已经反映在拟议的立法法之中，也已经出现在许可法、收费法等立法倡议之中。在此意义上，可以说我国行政法已经呈现一种对行政立法权进行"类型化"处理的发展方向。然而，当代社会的复杂性、行政管理的多样性、行政法价值的多元化与发达国家的经验等都表明，在概念基础上进行制度构造，不加区别地否定或限制行政立法权根本不能解决问题。前文对我国两项制度的分析也得出了同样的结论。这就表明，当代中国行政法在进行制度创新时，必须首先从传统行政法的影响中走出来，从"一刀切"式的简单分类中吸取教训，深入具体的行政管理领域之中，对具体的行政立法进行实证研究，多层次、全方位进行行政法制构造。如果说在传统行政法观念支配下的制度构造是以"分类化"处理的立法为主要推进方式，从整体上对行政立法进行限制，在当代行政法原则指引下的制度构造则以整个制度的协调发展作为实现对行政立法权有效制约的前提，其涉及面远远超出单纯的立法活动，包括国家职能的界定，市民社会的形成，法治目标模式的确定，立法、执法、司法关系的完善与观念的更新等多个方面，是一项宏大的系统工程。[①] 在我国，要真正遏制行政立法过滥的现象，笔者认为当前可以从如下几个方面进行努力。

（一）加深对行政立法的理论认识，培育当代行政法观念

行政立法被各国普遍接受，并不是一蹴而就的事，而是深刻的社会变革与观念更新的结果，其间发生过无数次的制度碰撞与激烈的理论争论。资产阶级革命与自由资本主义时期，立法权只能由议会行使，是资产阶级的基本法治原则之一。到了国家垄断资本主义时期，为了解决经济危机和其他各种复杂的社会矛盾，人民迫切要求赋予行政机关行政立法权。这样，在传统立法权原则与新的变革要求之间就产生了尖锐的对立与冲突。围绕这一社会变革与制度变革，各主要资本主义国家对行政立法的认识经历了从敌视、排斥、拒绝到宽容接纳、吸收的漫长发展过程，新旧制度之间的冲突与新旧观念之间的争论一直未曾平息。然而，正是这种对基本原则问题的长期关注与理论上的对峙，加深了人们对行政立法各个方面的认识，刺激了各项制度的全面建立。所谓来之不易，弃之不易。由于行政立法是经过长期痛苦斗争的选择，当面临它所引发的各种问题时，各国从未简单地走回头路，而是围绕它进行全面的行政法制变革，促进了以利益平衡论为主、多种行政法原则并存格局的形成。

与发达资本主义国家从自由资本主义过渡到国家垄断资本主义的历史发展轨迹不同，我国目前的改革方向是从高度集权的计划经济体制向社会主义市场经济体制转变，争取根本改变国家管得过多、统得过死的状况。同时，与资产阶级国家三权分立制度不同，我国实行的是人民代表大会制度，人民代表大会是国家的权力机关，行政机关只是国家权力机关的执行机关，对国家权力机关负责。这两点主要差异决定了我们不可简单地照搬资产阶级国家的行政立法理论，而只能根据我国的国情，对行政立法的必要性、性质、权力来源范围、监督等基本理论问题作出自己的回答。然

[①] 一位著名学者指出，行政法的渐进演变而非立法创新的发展方式，使其非常类似于宪法。参见 Christopher F. Edley, *Administrative Law: Rethink Judicial Control of Bureaucracy* 4 (1990), p.2。

而，回顾新中国成立以来的行政法发展历史不难发现，我们在享受行政立法所带来的便利的同时，并未对行政立法基本理论问题给予足够的关注，诸如人民代表大会制度与行政立法的关系、行政立法与现代行政法的关系、行政立法权的范围、自主行政立法与授权立法的联系与区别、行政立法的内部程序与参与程序、行政立法的司法监督、行政立法的监督体系等重大理论和现实问题，我们并没有进行严肃的独立探讨。理论界只是将行政立法权的演变消长当作一种现实加以接受，并没有形成能对现实进行描述并进而引导现实发展的独立的行政立法基本理论和与之相应的现代行政法制度。结果，每当现实生活中出现某些问题，如"三乱"现象等，我们无法在理论的指引下通过制度的协调发展加以解决，而只能求助于刺激—反应式的机械运动，头痛医头、脚痛医脚，不断通过单个立法来解决问题。在这种治标不治本的零散式立法运动中，虽然新的制度被不断创造，但它们的成本异常高昂，并且每一项新的制度互不关联，甚至相互冲突，难以形成有序的现代行政法制度。在此意义上，我国行政法发展中所呈现的"类型化"处理方式实际上是行政法理论贫乏的直接表现和结果。因此，要从传统行政法的影响中走出来，真正有效地遏制行政立法权的滥用。构筑当代行政法制度，唯有从理论的突破和观念的更新开始，"观念是所有制度的唯一基础"。[1] 没有现代行政法观念，不可能产生现代行政法。

当然，当代行政法理论的产生并不是一个孤立的现象，它几乎完全与资本主义社会结构发生巨变、法治模式发生转化、思维方式从理性到实证、法哲学从机械到现实、议会从神圣到世俗等过程同步，是多元民主、行为科学、公共选择、专家行政、政治分层、利益集团等理论的自然延伸。[2] 在我国，完全不同的历史阶段与国情，决定了我国现有的政治学、法哲学、宪法学理论很难直接为我国现代行政法理论的产生提供现成的帮助，而现代行政法理论的建立又必须以相关理论的突破和发展为前提。因此，当代中国行政法理论的贫乏应该说是相关社会科学理论和法学理论落

---

[1] 引自 Gordon S. Wood, *The Creation of the American Republic 1776 – 1787* (Published for the Institute of Early American History and Culture at Williamsburg, Va. by the University of North Carolina Press, 1969), VII。

[2] 参见 Morton J. Horwitz, *The Transformation of American Law: 1870 – 1960* (1992), ch8。

后的一个缩影。要构筑现代行政法理论，根本上必须从繁荣整个社会科学理论开始。在中国，没有宏大的理论支撑，没有相关制度与观念的变革，没有对超出操作层面的价值问题的关怀，不可能产生现代行政法理论。对于行政法学来讲，可以做的事情是在对行政法具体问题的研究中，有意识地超越行政法，以对宏大的理论问题的关注和对社会变革的投入为出发点，在构筑行政法理论的同时，努力推动相关理论和制度的变革，这显然是一项双重任务。在相关社会科学理论取得重大突破以前，行政法学唯有同时承担双重任务才有发展的可能。前一阶段，中国行政法理论远远落后于现实需要，行政法理论研究无法深入的症结，在于行政法学界故步自封、画地为牢，拘泥于陈旧的行政法体系而无法超越。要构筑现代行政法理论，首先必须更新观念、扩大视野，从行政法的具体问题中，对当代政治发展与政治现代化理论、法学一般理论等作出行政法学者的回答。

（二）明确国家权力界限，转换政府职能

我国是一个有两千多年封建专制主义历史的东方大国，国家权力在社会生活中一直起着决定一切的作用。新中国成立后，改革开放以前，受高度集权的计划经济体制影响，社会与个人的积极性无法发挥，政府"管了很多不该管、管不好、管不了的事"。[①] 十一届三中全会以来，中央对其他各级主体放权让利，产生了积极的效果，但也出现了一些新的矛盾。由于急功近利的思想影响，人们忽视甚至否定集中的必要性，追求权力的绝对分散化，中央与地方、地方与部门之间也过分引入商品关系，超出了合理的界限，呈现"诸侯经济"和"部门经济"的局面，统一的国家政策往往被分割为各行其是的地方政策和部门政策。同时，由于我国政治与经济二元化的过程只是处于初始阶段，政府部门除直接经营着庞大的公共服务行业以外，还各自从其管理的经济活动中抽取着实实在在的利益，而一个部门、地区的经济发展好坏更直接关系到主要领导人的政绩。所有这些，无形之中将政府与企业的利益紧紧地捆在了一起。政治与经济的结盟、政府行为尤其是地方政府行为的过分商业化、社会组织的"官本位"化以及法治结构与功能的被分割，使国家权力继续在社会生活的主要方面起着决定

---

① 《邓小平文选》第 2 卷，人民出版社，1994，第 328 页。

一切的作用。而行政立法就常被拿来为部门利益、地方利益服务，负责起草的机关往往把起草法规、规章草案看作争权夺利的好机会，乘立法之机维护和扩大本位利益。现实生活中，过滥的行政许可、收费、处罚、评比、检查、认证、奖励、集资、摊派、垄断性经营、利益保护、不当干预等常常以行政立法的方式出现，许多地方"立一个法，就增设一个机构，加一层审批手续，多一道收费、罚款"，① 由此而使行政立法在许多方面成为过大的行政权力的代名词。② 因此，要真正根除行政立法所呈现的各种混乱现象，唯有从明确国家权力界限、转换政府职能开始，明确哪些领域应由国家直接宏观调控，哪些领域应通过间接调控管理，哪些问题应由市场和个人决定，哪些问题应由私法规则解决。在此基础上，形成一种国家与社会分离、政治与经济二元化、"小政府、大社会"的良性社会结构。

转换政府职能并不只是一个抽象的概念，它要求具体分解每一项具体的行政权力，并对其存在的理由、国家宏观调控的方式以及这种行政权力会给社会带来的成本与收益等进行全面的考察。因此，在转换政府职能原则之下对行政立法的控制是一种个别化与实质性的控制。从表现形式上看，法律并不必然对行政立法的设定权进行一般性的限制，而是通过对具体行政立法所设定的行政权力的个别化考察来实现对行政立法的监督。如果具体行政立法所设定的行政权力与社会主义市场经济体制不符，与转换政府职能的要求不符，或者与相应政府职能所要求的调控力度不符，监督机关应该否定该具体行政立法；如果具体行政立法所设定的行政权力符合社会主义市场经济的要求，而因为种种原因法律一时无法直接加以规定，该具体行政立法应该得到监督机关的支持。例如，对于"持证上岗"的要求。在关系人们生命健康和社会公共利益的领域，如医生职业、制药行业、建筑设计业、美容业等，国家必须直接进行强有力的调控，要求有关人员须取得行政部门的许可方能从业，以维护社会稳定与公共利益。然而，高速变化的当代社会使许多新的事物（如人工授精、安乐死等）不断出现，并使法律一时无法直接对相关的领域作出判断。在这种情况下，只

---

① 高帆：《市场经济与行政权力》，《中国法学》1993年第2期。
② 《北京晚报》一篇记者专论以整版探讨了京城因为有"法"而无法办私人收藏馆的现状，多角度地折射了当今的社会现实，读来饶有余味。参见刘一达《沉甸甸的"办馆梦"——再说京城没有私人收藏馆》，《北京晚报》1996年4月20日，第4版。

能先由行政立法作出规定，积累经验，在社会关系成熟，人们的认识水平提高以后，再将行政立法上升为法律。因此，在有关法律制定以前，有关的行政立法对"持证上岗"的要求只要符合社会主义市场经济体制的要求、符合成本效益原则、符合法制统一原则，监督机关就应该维护它们的权威，以保证政府部门有效地进行社会管理，维护公民权益与社会公共利益。反之，对于许多不需要由国家直接调控的领域，如心理咨询、家庭教育、社会服务、科学研究、发明创造等，应该更多地由行业自律或根本不加规制。对于这些领域的"持证上岗"要求，理论上只能由法律设定，① 如果行政立法在无法律授权的情况下设定许可要求，监督机关应该加以撤销，因为它们不符合转换政府职能的要求。

当然，由于政府职能会随时间、地点、条件的改变而发生变化，理论上不必由国家直接调控的领域在特定的时空可能需要加强政府的直接干预（如当前社会服务业中的律师业），原先政府直接调控的领域也可能在社会关系发生变化以后不再需要直接调控（如国家粮食政策从统购统销到放开经营的转变），因此，转换政府职能原则之下对行政立法权的制约是一种动态的、变化的制约，它必须与社会生活同步发展。

以上述分析观照我国行政法发展中所表现出来的"类型化"处理方式，不难发现，它并不涉及转换政府职能这一核心问题，并不涉及对具体行政立法的个别化分析，并不涉及社会生活变化对政府职能的影响，它只是在法律和行政立法之间划分立法权限，并对行政立法的设定权进行一般性的限制。这种处理方式的缺陷在于：（1）由于没有触及转换政府职能这一核心问题，没有区分哪些权力必要、哪些权力不必要，有可能使某些不应由国家直接调控的领域在法律的名义下得以延续，并固化传统的行政管理方式；（2）对于行政立法设定权的一般性限制必然使某些应该加强国家宏观调控的领域因为法律制定不及时而无法实施有效的管理；（3）基于法律与行政立法的区别，仅仅从法律渊源上赋予行政权力以合法性，并不能必然证明该种权力的合理性，也不能必然证明该种权力符合政府职能转换的要求，这种处理方式必然使法制建设游离于经济建设的主旋律之外，造成法律生活与经济生活的"两张皮"现象；（4）法对社会生活的作用，必

---

① 只有法律才可以对个人自治领域加以限制。

须以健全的社会结构和协调发展的法律制度的存在为前提,"类型化"的处理方式过于简单地在法律规则和社会生活之间建立一一对应的关系,以为通过具体的单项立法可以解决特定的问题,实际上这是对法的作用的一种误解,是一种非常机械的法治观,不可能真正解决社会矛盾;(5)从世界各国的立法例来看,类似我国目前的立法思路,也是分别制定处罚法、立法法、许可法、收费法等大量的单行法律,对行政立法权进行"类型化"处理的做法,基本上无成例可循。

应该承认,社会关系的普遍联系与多元利益的相互冲突使得在国家应该调控的领域与国家不应该调控的领域之间画一条明显的界限几乎不可能。在地球日益"变小"、人们相互之间的依存度越来越高、公法与私法的界限逐渐模糊的今天,要为个人自治留下一块不受政府干预的空间确实不太容易。政府职能在任何领域似乎都有其存在的合理性,如果是这样,显然不可能通过转换政府职能原则来实现对行政立法权的制约。然而,当代行政法发展的最大贡献就在于它能够通过对具体行政立法的成本效益分析,反推政府职能的合理性。如果某一行政立法所产生的社会成本大于其收益,则在该领域的政府调控缺乏合理的依据;如果某一具体行政立法所获得的社会收益大于其成本,则政府调控的合理性不容置疑。这就是说,尽管我们很难一般性地谈论对哪些领域政府应该加强宏观调控,对哪些领域政府应该减少干预,但通过对(拟议的)具体行政立法的成本效益分析,我们大致可以判断政府的哪些干预手段是合理的,并据此调整相应的政策。

显然,转换政府职能原则之下对行政立法的制约是一种具体的、实证的制约。只有对具体的行政立法进行实证性分析,才有可能实现对行政立法权的有力制约。当前,我国行政法理论和实践过分偏重行政法总论和一般原则与制度,忽视部门行政法和具体的权力运作,幻想通过一纸立法改变社会生活,这是造成"类型化"处理方式出现并使行政法制建设有时远离经济建设中心的根本原因。因此,在转换政府职能原则的指导下,对行政立法进行具体化和实证化的制度设计,是中国行政法理论和实践的唯一出路,也是制约行政立法权的必由之路。[1] 当然,这需要观念、方法与手

---

[1] 国外学者将行政法的具体化和实证化归纳为当代行政法的"分散化"(disintegration)。Richard B. Steward, "The Reformation of American Administrative Law," *Harvard L. Rev.* 88 (1975), pp. 1805 – 1813.

段的全面更新。

(三) 制定行政程序法,保证公众的了解权和参与权

行政程序法之于现代社会的重要性,在于行政机关集行政与立法职能于一身之事实无可避免,而议会和法院对于行政立法的监督受到相当的限制,无法完全保证行政立法充分反映社会的公共利益。在此情况下,只能通过加诸行政机关的程序要求,保证结果的公正性。公开是腐败的天敌,参与是最有效的监督。公开与参与原则的制度化与法律化,遂成为当代各国制约行政立法权的一种不可缺少的重要手段。因此,尽管在表现形式上并不是每一个国家都有一部统一的行政程序法,但对于行政立法过程的公开、参与要求,却是现代各国的一项基本行政法原则。

我国对于行政立法合法性监督的权力,主要由最高国家权力机关、最高国家行政机关、地方国家权力机关及地方国家行政机关行使,但实际效果并不理想,现有的备案、审查制度极易流于形式。在司法实践中,行政诉讼法只适用于具体行政行为,而不适用于抽象行政行为,因此对行政立法的监督就受到限制。加之我国至今仍无一部统一的关于行政程序方面的法律或行政法规,已有的一些行政立法程序性规定"基本上属于行政机关的内部工作程序,程序的'公开'、'民主'程度远未达到现代'行政法治'的要求",①造成行政立法缺少公众参与,缺少不同部门之间的利益协调,有的规章甚至处于内部掌握状态。现实生活中行政立法所存在的许多问题,实际上是长官意志、地方利益、部门利益等的直接反映。如果对行政立法程序有实质性的要求,本可以在行政立法环节中加以贯彻,然而由于我们缺少对行政立法过程的任何实质性要求,行政立法权毫不受约束地膨胀,成为行政机关追求本位利益的最好工具,并造成行政立法处于泛滥状态。在此意义上,"类型化"处理方式的出现,对所有的行政立法进行限制,确实有其产生的客观背景和情感依据。

完善的利益表达渠道与利益综合机制的存在是政治现代化的必要前提和标志,也是新中国成立数十年来我们获得的一条宝贵经验与教训。行政立法作为一种资源配置的手段与利益分配的杠杆,涉及巨大的经济、社会

---

① 湛中乐:《论完善我国的行政立法程序》,《中国法学》1994年第3期。

利益,在一定程度上甚至决定着整个社会的发展方向。因此,在行政立法过程中,必须让各种利益主体都有表达的机会,必须使行政立法过程处于公众的监督之下。改革开放以来,我国多元利益格局的出现与社会结构的变化,客观上已经对行政立法的公开性、参与性提出了要求,"两公开、一监督"、"社会服务承诺制"、办事制度"公示制"等的出现与非规范化、非公开化影响行政立法渠道的产生,实际上预示着强烈的制度改革信息。只有顺应时代发展的需要,因势利导,将对行政立法的公开性、参与性要求制度化、规范化,方能充分发挥行政立法的作用,并将其负面效应减到最小。如果没有程序上的制度变革,我们将不得不一次又一次求助于"类型化"的单项立法,进行"一刀切"式的痛苦选择。

当然,就法律技术而言,制定一部统一的行政程序法是一项异常艰巨的工作。鉴于拟制该法的艰巨性、复杂性及其将会对我国法律制度产生的深远影响,最好由最高国家权力机关牵头,吸收各界人士组成开放的行政程序法起草委员会,并在该委员会的统一部署下,广泛发挥社会各界的力量,首先对现有行政程序的实际运作进行全面的调查、分析、研究、归类,找出问题与相应的对策。其次,组织专门力量进行理论研究和制度设计,在充分吸收各国已有经验的基础上,根据中国的国情,提出详细的行政程序法研究报告和草案,对行政程序法的立法宗旨、立法模式、立法根据、分类方法、范围、体例、重要制度设计、操作中可能出现的问题、与其他国家的比较、与现有制度的对接等作出详细的解释和说明。最后,动员社会各界参与对行政程序法研究报告和草案的讨论,形成一个能为各方所接受的文本。根据中外各国的经验,行政程序法在进行制度设计时,应尽量利用现有的制度资源,减少不必要的"类型化"处理,避免因为追求制度创新而影响行政效率。[1]

(四) 发挥司法能动性,维护法制统一

传统行政法的破产意味着法院再也不能指望从议会那里得到事无巨细的规则。对于无所不在的行政立法权,法院更多地只能依靠公平、正义、平等、自由、效益、社会进步、国家利益等宪法和法律的一般原则加以监

---

[1] Stephen Breyer, *Regulation and Its Reform* (Harvard University Press, 1982), pp. 254–258.

督，以维护国家的法制统一，而这必须以发挥法院和法官的司法能动性为前提。当代法治的发展过程，实际上与司法权在社会生活中的作用逐步增大的过程同步，尤其在行政法（也许还有侵权法）领域。大陆法系与普通法系严格规则主义与法官自由裁量权的界分完全消失，行政法带上了鲜明的司法色彩。①

在我国，尽管理论界对司法权和司法能动性问题给予了高度的重视，②但在具体的法律规定、制度设计以及理论解释中，并未为司法能动性的发挥留下足够的空间，③加之受目前的社会环境、法官素质、人员选拔以及法院内部的工作制度、考核制度、监督制度等的影响，相当数量的法院和法官习惯于坐等"红头文件"，不敢创造性地开展工作，不敢越雷池一步。与之形成鲜明对照的是，面对审判实践中的众多问题和大量的疑问，最高人民法院忙于制定各种解释和批复，实际上承担了大量的立法职能。将最高人民法院所承担的大量工作放在下面处理，由受案人民法院决定效果会更好。它不但可以保持司法审判的性质，并且可以积累经验，加强监督，锻炼队伍，逐步提高审判水平。事无巨细，一切都由最高人民法院决定，虽在特定的历史时期有其必要性，但随着社会的进步与法制的逐步健全，其缺陷已开始显露无遗。"红头文件"制定得越多，受案人民法院的依赖性也就越大，结果必然出现恶性循环，不利于司法队伍建设。并且，随着法制进程的深入，继续由司法机关大量制定立法性文件已不适应时代发展的需要。要纠正法院内部这种一端"过"、一端"不及"的现状，只有从司法能动性入手，重新确立司法权在社会生活中的地位并明确其合理的作用范围。

实际上，司法能动性的发挥与转换政府职能原则是有效制约行政立法权互为依存的两个方面。在"类型化"的处理方式之下，法律规则已为行政立法权的范围划定了硬性界限，法院只是进行"对号入座"式的例行检查，看行政立法是否在法律所规定的范围之内，因此这种过程只要求法律

---

① "In This Field There Is No Movement in Favour of Codification," in L. Neville Brown and John S. Bell, *French Administrative Law* (1993), p. 3.
② 尤以罗豪才教授首倡以司法审查为核心构造我国行政法学体系为代表。参见罗豪才主编《中国司法审查制度》，北京大学出版社，1993，第4页。
③ 参见周汉华《论行政诉讼中的司法能动性——完善我国行政诉讼制度的理论思考》，《法学研究》1993年第2期。

规定的周延性，并不需要法院发挥司法能动性。相反，在转换政府职能原则之下，行政立法权的合理性并不唯一地决定于其法律渊源，而是主要取决于其是否符合转换政府职能的要求，是否有利于经济建设这个中心。因此，法院在判断法律问题时，并不仅仅进行形式上的审查，还要对行政立法的内容进行实质性的判断，根据"三个有利于"的标准，判定具体的行政立法是否符合法制统一的原则。可以讲，转换政府职能原则是司法能动性的根据，是判断法院是否正确行使职权的标准；司法能动性是转换政府职能原则得以实现的保障，没有法院和其他监督机关的工作，转换政府职能原则就只是一句空话。在此意义上，司法能动性的发挥，直接关系到审判工作和整个法制建设为经济建设中心服务这一时代要求。维持现状、等待观望、延续"类型化"的处理方式，只会拉大法制建设与经济建设的距离。

对于后进工业化国家而言，法治的实现过程始终摆脱不了形式法治与实质法治的矛盾与冲突。在缺少法治传统的国度里追求实质法治，得到的可能是一种非法之治；在渴望腾飞的环境中谋求形式法治，可能永远也找不到权威的根基。这是一种两难，也平添了些许悲壮。对于行政立法权的"类型化"制约与实质性监督，分别代表的是两种不同的法治观与两种不同的思维方式。这一问题的解决无疑会为中国的整个法治建设提供重要的信息。

行政法上的假契约现象[*]
——以警察法上各类责任书为考察对象

余凌云[**]

摘　要： 行政契约是游离在行政行为与民事契约之间的一种特殊形态，它包含着两个变量，一是合意的程度，二是存在类似于行政行为的权力因素。基于此，应将行政契约定义为"以行政主体为一方当事人的发生、变更或消灭行政法律关系的合意"。在同时兼有这两个变量中的因素时，行政契约才能成立。

关键词： 假契约　责任书　行政契约

一　引言

早在我国计划经济体制之下，以合同为执行国家计划的工具的实践就已蕴含了行政契约制度的某些基本因素与特征。这种实践可以说是行政契约在我国之滥觞。但是，行政契约真正得到迅猛发展，并被推广到几乎所有的行政领域，甚至包括传统上被认为行政权的"自留地"的内部管理领域，与在全国范围掀起学习与推广安徽凤阳农村的承包制经验的热潮有着密切的关系。

就行政法制度与结构的变革而言，并且从更加开阔的视野去分析公法

---

[*] 本文原载于《法学研究》2001年第5期。
[**] 余凌云，清华大学法学院教授。

上的契约现象，行政契约实际上是19世纪以来，特别是20世纪行政法制度与功能发生结构性变化的产物，正像英国学者哈罗和劳伦斯所观察到的那样，是市场经济理念特别是契约理念向公共管理领域渗透的结果。"私法的契约观念被融入公共行政，比如市场的规则或者模拟市场的规则，选择自由的个人主义观。契约作为法律概念成为行政法的利刃，一方面，展现了能动和实验的强烈意味，另一方面，给人以某种紧张和不安的强烈感觉。"[1] 这里的"实验"与"紧张"所表达的意味是深远的、耐人寻味的。因为契约观念向公共领域渗透，甚至已经完全超越了契约法上那种能够通过法院强制执行的完全法律意义上的契约，出现了既要实现对双方的约束，但又不具有上述完全法律意义的协议形式。[2]

总体来讲，当前我国行政契约理论研究主要存在两个相互矛盾的倾向。一方面，感觉完全适用民事法律与原理来解决行政契约问题是不行的，要发展出行政契约所特有的理论体系。比如，我们对《全民所有制工业企业承包经营责任制暂行条例》中关于政府对税种、税率作重大调整时，还必须与相对人协商变更企业承包经营合同的规定（第19条第1款）所进行的批判，就是基于这样的见解。另一方面，也有人认为没有必要顽强地在公法与私法的二元论上发展出与普通民事契约完全不同的行政契约理论，特别是就法律规范的意义上说，应当基本相同，即使可能存在不同，那么也是极少的、个别规则上的差异。正因为有着这样的看法，也就有了合同法上对公共工程合同的立法规范。其实，上述所讨论问题的范围，始终没有离开与民事契约非常近似，甚至可以说是与民法始终纠缠不清的行政契约领域，在契约形态上不存在任何疑问，依然属于完全法律意义上的契约。

其实，如果我们循着在行政管理中运用契约观念的实践，特别是认真地、实事求是地调查和研究我国由责任制的推广而演绎出的各种契约实践，我们就会发现，在行政法上的契约实践实际上远远超出了上述的范围。就拿警察行政领域推行责任制来说，近年来公安机关对签订责任书的偏好是非常明显的，基层相当一部分工作是找相对人签订各式各样的责任

---

[1] Cf. Carol Harlow & Rechard Rawlings, *Law and Administration* (Butterworths, 1997), p. 7.
[2] Cf. Carol Harlow & Rechard Rawlings, *Law and Administration* (Butterworths, 1997), p. 139.

书,像夜间摊点治安责任书、消防安全责任书、娱乐场所管理责任书等,不一而足;而在公安机关内部则是层层签订执法目标责任书,推行执法责任制。所有这些活动都借助了合同的外在形式,但又与一般的契约不同,甚至与我们上面所说的行政契约也不太一样。这一块内容至今未被我国学者系统地阐述和作制度性分析,甚或被不加分析地断然否定其契约性与合法性。

有意思的是,像这样的契约实践不但在我国有,在西方国家也存在。英国学者哈罗与劳伦斯在总结本国近年来行政改革中出现的类似契约现象时指出,这类契约的特点是包含了、模仿了契约的安排,但从契约在法院可以强制执行的法律意义上说,它们又是不具有这样特点的契约,因而不是真正的契约。因此,他们把这类契约叫作假契约(pseudo-contract),也有学者称之为近似或准契约。①

在本文中,笔者也借用了哈罗与劳伦斯的假契约的概念,来描述我国这样的契约实践。这有与国际接轨、便于学术交流与对话的考虑,更主要的是因为从我国假契约的实践看,大致是和上述概念描述的状况相同的。但是,需要补充强调的是假契约的另一个显著特点,也是哈罗与劳伦斯在书中没有说到的,或没有明确说出来的,那就是在契约的形成过程中合意不"显然",甚至可以具有事实上的强制效果。而且,在笔者看来,尽管迄今为止假契约鲜有诉诸法院的,甚至在签订之初就压根没想让法院插手,但是从应然层面讲,从制度的发展与完善上讲,假契约并不是"不可以申请法院强制执行或救济"的,有的的确如此,但有些不尽然。

笔者在《行政契约论》一书中曾仅是总结性地给出了"假契约是行政契约的一种特殊形态"的看法。在本文中,笔者将详细论证和分析这样的观点是成立的。基本的思路是,考虑到行政契约是介于行政行为和民事契约之间的形态,那么就应该把这个范围之内的所有借用契约观念来完成行政法上任务的行为都归拢到行政契约范畴之下来研究,进而论证假契约应当属于行政契约的范畴。接下来,笔者将解决有关假契约的两个基本问题,一是从理论上回答我们何以需要签订这样的假契约。目的不仅在于进一步寻找这种契约实践的合法性与正当性之理由(指应当被方方面面所接

---

① Cf. Carol Harlow & Rechard Rawlings, *Law and Administration* (Butterworths, 1997), p. 210.

受），更重要的是，寻求制度发展与完善的努力方向，也为规范与控制这种契约实践提供救济上的审查标准。二是考虑到假契约毕竟是一种特殊的行政契约形态，研究在救济上会不会有自身的特点，有什么样的不同。对这个问题的研究，可以加深我们对行政契约救济结构的多样性（指并存正式的与非正式的解决纠纷的制度）和特殊性（指必须在现行行政救济制度结构之外另行构筑救济的规则）的理解。在本文中，笔者将主要以警察行政中的各类责任书为考察与分析的对象，进行个案的研究，但是，分析的方法以及得出的结论可以推广运用到其他行政部门同样的契约实践，比如计划生育合同。

二 假契约是行政契约的一种特殊形态

行政契约的范畴究竟有多大？特别是在现实生活中的表现形态如何？衡量与判断行政契约的标准有哪些？这是行政契约理论的基本问题，也是本文研究的切入点。

在笔者看来，行政契约是游离在行政行为与民事契约之间的一种特殊形态，对于这样的命题，估计不会有什么人反对。这个命题之中实际上包含着两个变量，一是合意的程度，二是存在类似于行政行为的权力因素。因为存在合意，通过合意来形成一定的社会秩序，所以我们称这样的形态为契约。也正因为在如此形成的形态之中存在类似于行政行为的权力因素，具有某种行政性，进而会形成一定的行政法上的关系，所以我们才不把这样的形态完全归类到民事契约当中，而是另外称之为"行政"契约。正是基于这样的认识，我们将行政契约定义为"以行政主体为一方当事人的发生、变更或消灭行政法律关系的合意"。[①] 也就是说，在同时具有上述两个变量中的因素之时，就可以而且能够成就行政契约。

从动态的角度讲，如果合意的变量逐渐递减为零，那么该形态就会发生质变，变成纯粹的行政行为；如果类似于行政行为的权力因素递减为零，那么就变成了纯粹的民事契约（见图1）。紧接的问题是，要成就行政契

[①] 关于行政契约的概念分析，可以进一步参见余凌云《行政契约论》，中国人民大学出版社，2000，第27页以下。

约,那么其中的合意程度与权力因素的成分要达到多少量呢?在笔者看来,只要不变为零,只要两个要素兼而有之,那么就应当仍然属于行政契约的范畴。

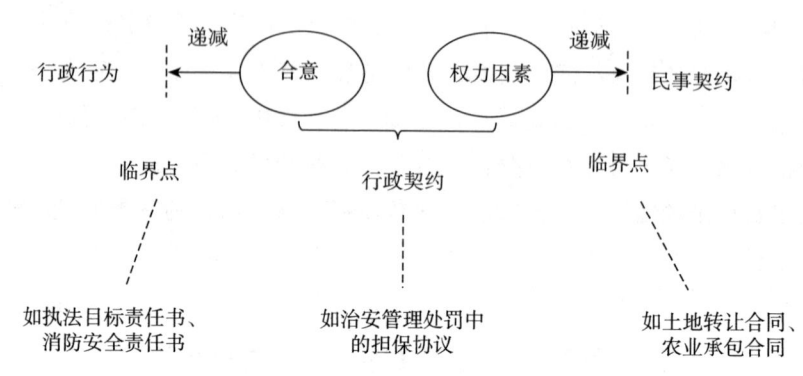

```
                 递减                      递减
行政行为  ←—————  合意   权力因素  —————→  民事契约
         ┊                              ┊
       临界点          行政契约          临界点
         ┊                              ┊
    如执法目标责任书、   如治安管理处罚中    如土地转让合同、
    消防安全责任书      的担保协议         农业承包合同
```

图 1　行政契约与其两个变量的关系

图 1 从契约的内容和形成的过程来分析何为行政契约,将行政契约的范畴界定在民事契约与行政行为两端之间。如果我们再进一步,由上述的内容进入形式,结合实践中的个案形态分析和说明哪些是行政契约时,我们会发现,位于中间的形态,比如治安管理处罚中的担保协议,一般不会有人质疑其应为行政契约,但是对于接近两个端点之处的形态属不属于行政契约,恐怕就会产生很大的争议。

比如,像土地转让合同、农业承包合同、公共工程合同这样的合同,合意程度比较高,相对人具有较大的参加契约与否的自由选择空间;与此同时,契约中又具有一定的类似行政行为的权力因素。换句话说,就是图 1 靠近右端的契约形态,极容易而且事实上也在应由公法还是私法来调整的问题上引发争执。这类契约究竟应属于民事契约还是行政契约,实际上也是有争议的。行政法教科书一般认为它们是行政契约的实例,但是民法对其中有些合同也在研究,而且统一的合同法中还专门规定了公共工程合同。

对这类契约,笔者的基本观点是,这是在公法与私法交叉的领域出现的行政契约形态。在法律规范的调整上,基本上适用私法的规则;但是对于类似行政行为的权力因素的运用,适用特别规则,后者应属于行政法范畴,由此产生的纠纷应依行政救济途径解决。而且笔者赞成目前行政救济实践的做法,把这类契约产生的所有争议都放到法院的行政审判庭来解决，这在理论上没有障碍，在行政诉讼上有行政附带民事诉讼（反过来，就不存在民事附带行政诉讼），这说明用行政诉讼程序可以解决与权力因素有内在关联的民事上的纠纷，而且统筹解决更利于节约诉讼资源，符合诉讼经济原则。

但是，对于接近于图1左端的形态，像执法目标责任书、夜间摊点治安责任书、消防安全责任书、娱乐场所管理责任书这样的权力因素较大而合意的因素又不"显然"，却又偏偏采取协议的方式出现的假契约，算不算得上行政契约，甚至能不能称得上契约，却一直是有争议的。笔者就听到有不少人说"它们根本就不是一种契约，这种做法是非法的"。那么，它们是不是行政契约呢？对这个问题的回答，实际上是对本标题问题的回答，其意义也十分重大。因为如果我们认定假契约是行政契约的一种特殊形态，那么实践里一直在争论的这种实践的法律依据何在、如何进行理论建构、制度发展的方向等问题都会迎刃而解，至少会有思考问题的进路与明确的努力方向。[①]

其实，在笔者上面的纯理性的分析中，已经把假契约的形态认同为行政契约，而且仔细想来，既然在图1的另一边的情形可以确认为行政契约，那么反过来说，又有什么理由可以拒绝将这一边的情形纳入行政契约的范畴之内呢？当然，这么简单地进行纯理论的分析与类比，说服力仍然不强。因为右边的形态之所以被认定为行政契约，是因为双方的合意是很明显的，至少从民事契约的通常标准去衡量与判断，是不会有异议的，而且形成的契约内容之中又有着或多或少的权力因素。但是，对于左边的情形，我们一般不会质疑其中的权力因素，甚至还会因为权力因素过分强烈而冲淡或否定了其契约性。之所以有人断然否定其为契约，最重要的原因为其合意不"显然"，或者说缺少订立一般契约所经过的讨价还价的过程。那么，对此怎么从理论上去解释呢？

1. 合意尽管不"显然"，但是依然存在

如果我们不是主观臆断，而是认真地考察行政机关内部的执法目标责任书的形成过程的每一个细节，就会发现其中仍然有着某种正式的或非正

[①] 依法行政理念在行政契约的实践上有所通融，对法律依据的要求并不十分严格。可以进一步参见余凌云《行政契约论》（中国人民大学出版社，2000），特别是"行政契约与依法行政"部分。

式的意见交流。据来自湖北省松滋市公安局的介绍，执法目标责任书是在"据客观需要，考虑主观可能，既要合理又要合法"的总原则下，博采众长，根据民警的期望和可行性，选择集目标、责任、权力、利益于一体的合同式目标责任制模式，由法制科起草，然后召开所长以上干部大会，举行"执法责任书"签订仪式。① 在这里，要想真正做到"根据民警的期望和可行性"，恐怕没有与民警之间的事先的磋商与交换意见，是很难凭主观预测做到的，而且也很难取得下面的认同。事实上，该公安局也认识到，"执法目标责任书好比合同，上下层次都有应达到的目标和应履行的职务责任，尤其是责任界限的划分和客观因素影响的'修正'等内容，（应）是在广泛征求意见的基础上确定的，使执行者感到客观、公正、合理"。② 这样的交换意见过程实际上有着某种合意的因素在里面。

至于像夜间摊点治安责任书、消防安全责任书、娱乐场所管理责任书这样的对外部签订的责任书的形成过程，据笔者在济南观察到的情况，这些责任书一般是派出所根据有关法律的规定以及当前行政任务的需要自行拟订，然后由责任区民警拿着一摞印好的责任书，挨家挨户地去找有关相对人签字盖章。在上述的过程中，一般相对人不参与责任书内容的制作，也很少有人拒绝在上面签字盖章。

但是，即便相对人没有参与责任书内容的形成，在签订过程中又缺少明显的讨价还价，我们也不能断然得出上述责任书缺少合意的环节，因而不是行政契约的结论。因为从公共选择理论上讲，国家（在具体行政中表现为一个个的行政机关，甚至行政执法人员）就是公共服务的提供者，相对人是消费者，二者之间的交易类似于市场上私人之间的交易。在私人交易的市场上，谁也不会因为到商场看了商品价格的标签，没有砍价（也不存在砍价的可能，因为不准砍价）就付款买下该商品，就否定这种活动是在缔结契约。那么，面对公共领域与公共服务，我们有什么理由因为相对人没参加责任书的拟订，就否认这样的订立是契约活动呢？像这样在契约内容的确定上具有"一边倒"性质的假契约，即便在现代行政法理论已经

---

① 湖北省松滋市公安局：《积极实行执法责任制度切实加强公安执法管理》，《公安法制建设》1998 年第 5 期。
② 湖北省松滋市公安局：《积极实行执法责任制度切实加强公安执法管理》，《公安法制建设》1998 年第 5 期。

较为发达的英国，也不否认其是合意的结果。①

在这里，问题的关键不在于责任书（商品的价格、品质）是谁制定的，而在于接受它是不是出自内心的自愿，是不是自由选择的结果。在笔者的调查中，派出所民警也承认，上述责任书尽管是派出所拟订的，但是从法律上讲，相对人对于接受或不接受该责任书，完全有选择的自由，派出所也不具有法律上强制对方必须接受的手段，如果相对人"硬要是不签字，我们（民警）也没有（合法的）办法"。因此，双方在签与不签上并没有形成所谓的权力性支配关系，也就是行政法上的命令与服从关系，而是与上述到商场买东西一样，签订责任书的活动实际上很大程度上是一种"要么接受、要么放弃"的实践活动，相对人在其中享有最终的决定权。因此，这样的活动的确有着合意的过程。

2. 对"很少拒绝"和事实上的强制力的另一种思考

笔者也承认，在现实生活中，相对一方很少拒绝责任书，有时甚至会在有些条款内容明显对自己很不利的责任书上签字。从实证调查获得的具体解释来看，这一情况因内外责任书的不同而不同。民警和基层单位之所以对最终形成的执法目标责任书必须接受，并不是出自法律上的要求（目前还找不出一部法律，规定可以对拒绝接受责任书的执法人员或部门采取法律制裁或强制手段），而是由于事实上不存在选择签字或不签字的自由。因为责任书实际上是向他们布置行政任务，他们又要受到内部规则与纪律的约束，比如末位淘汰、不称职的要下岗等，如果拒绝，就很可能失去警察这份还算稳定的职业，在目前较为严峻的经济环境与就业压力下，这是他们极不愿意看到的后果。而相对人之所以接受各类责任书，民警的解释比较直截了当：可能是因为他们的法律意识、权利意识不强，不知道他们有权拒绝，更主要是怕"得罪派出所，以后日子不好过"。在与个别的相对人的访谈中笔者了解到，其实他们还有另外一种心态："签了，一般也

---

① 比如在英国，失业者要想获得失业救济金，就必须接受就业官员事先拟好的"找工作协议"。英国学者福尔布路克对"找工作协议"的评论是，这里似乎少有意思交流的余地，更多的是"要么接受、要么放弃"的观念，而且，又不像消费者法律里面那样，消费者可以到别处购买，或者甚至可以拒绝货物，"找工作假契约"是获得维持申请者及其家人生计的救济金的唯一途径。J. Fullbrook, "The Job Seekers'Act 1995: Consolidation with a Sting of Contractual Compliance," *Industrial Law J.* (1995) 395 at 400, 转引自 Carol Harlow & Rechard Rawlings, *Law and Administration* (Butterworths, 1997), p. 213。

不会有什么事（发生）。"①

笔者不否认，上述的解释确实反映了责任书相对一方的某些心态与感受，是有一定道理的；但是，把相对一方完全摆在被动、消极、不得不接受的位置上来考察，这样的视角与解释却是有问题的。一方面，与现代行政法强调的双方或多方互动、参与行政的理念不符；另一方面，对所谓的不利条款不加任何分析的态度，不能给以后的制度构建提供更加有益的经验。当然，更为重要的是，上述解释都或多或少地揭示了签订过程对相对一方可能存在某种事实上的强制，这也正是很多人对责任书实践有所诟病的地方，进而对其契约性与合法性提出疑问。如果我们不否认，甚至积极肯定在特定情境下可以产生上述事实上的强制效果，那么我们就必须从理论上回答：这会不会对合意的形成产生抑制的效果？怎么解释责任书的签订是双方合意的结果？

其实，从公共服务换取相对人的责任或义务的理论来解释，有些看似增加了相对人的义务和负担，但如果从公安机关与相对人之间为维护社会治安和社会秩序而建立的互动互助的共栖关系来理解，却是合理的。比如，为强化单位内部防范，综合整治盗抢汽车、摩托车、自行车犯罪活动责任书，夜间摊点治安责任书，娱乐场所管理责任书中要求有关单位或个人在发现可疑情况或问题时"应向派出所报告或拨打110"。因为派出所的警力有限，根本不可能及时发现辖区内发生的所有的治安案件，而相对人的上述义务，能够有效地弥补派出所的视野不足和触觉的不敏锐，助其及时出警，处置案件，维持治安秩序。这恰恰是符合双方愿望的、互利双赢的。在这个意义上，我们可以把上述责任书理解成为实现良好的社会治安秩序这一共同目标而在公安机关与相对人之间进行的权利、义务、责任的分配。也正是为了这样的共同目标，甚至可以容许派出所要求相对人必须签订责任书。因为这从根本上说，并不违背相对人的意思，有哪个商家或个体户愿意社会治安是混乱的，或不乐意接受自己应尽的而且是力所能及

---

① 实践中有这一种说法，责任书上有些内容实际上是对已有法律规定的重申。作为法定义务，这些内容是相对人必须履行的，所以"签也得签，不签也得签"。但是，在笔者看来，不能因为这些法定义务搭附在责任书中，就得出相对人必须接受责任书的结论，因为在行为上遵守法律义务，与接受责任书是两个不同的概念，更何况在责任书中还有为数不少的根据当前行政任务由派出所自行拟订的并非法律规定的内容。因此，上述说法不成立。

的责任呢?①

在这个意义上，的确可能会出现与契约理念的某种紧张或不一致，主要是合意的因素彻底隐匿，只留下契约的外形。但是，正像英国学者在解释本国存在的同样现象时说的，把契约术语严格限定在自治个体基于平等地位讨价还价而成的协议这样的意义上，可能是不现实的。② 因此，要将假契约作为一种特殊形态的契约来理解，因而其有着一般契约所不具有的特征，反过来说，就是不能用一般的契约特征来衡量。具体回到我们上面的问题，我们甚至可以推定在上述的情形之下存在合意，也就是说，考虑到公安机关不具有法律上的强制手段，考虑到相对一方与公安机关之间的互助互动关系，可以认定合意是存在的，不需要实实在在的外在表现的过程。由此，我们获得了对假契约可以具有事实上的强制效果的另一种解说，也是寻求这种实践正当化的解说。

尽管这样的解说，与笔者在别的地方曾经表达的"由于（事实上地位）不对等状态存在着压制相对一方的意思的自由表达，使行政契约滑向行政命令的危险，因此，需要进行程序上的保护，来克制或排除上述危险"③ 的观点有冲突，但是这并不意味着笔者已经完全放弃了原来的观点。相反，笔者仍然坚持原来的观点具有普遍的意义，④ 只是说，在责任书这样的特定情境之中，特别是把这样的契约形态嵌入行政机关与相对一方之间的互动互助关系中来考虑，可以作为一个例外、一种特殊案件来承认，

---

① 其实在英国，很多假契约是必须签订的，比如，"找工作假契约"，由于获得救济金是维持申请者及其家人生计的唯一途径，所以事实上具有强制的效果。因为对于贫困潦倒的申请者来说，无法拒绝，别无选择。再比如，作为学生入学的先决条件，家长必须在校方起草的"家庭与学校协议"上签字。对于这种"必须"的合理性，英国人的解释是，由于父母是支持他们的孩子和学校的，因此，要求他们在这种协议上签字，实际上是一种屈尊俯就。如果父母不支持学校，不希望自己的子女行为举止端正，那么也不可能硬把他们拉进来。因此，必须把这种协议放在家庭与学校之间的关系、父母对子女教育的权力与介入等更为广泛的意义上去理解。有关协议的讨论，实际上主要是在讨论教育的权力、义务和权利的分配问题。这种解说 [Carol Harlow & Rechard Rawlings, *Law and Administration* (Butterworths, 1997), p. 213] 非常具有启发性，因此在本文中，笔者借鉴了这种分析问题的思路。
② Carol Harlow & Rechard Rawlings, *Law and Administration* (Butterworths, 1997), p. 213.
③ 参见余凌云《行政契约论》，中国人民大学出版社，2000，第17页。
④ 像农业承包合同、土地转让合同这样的行政契约，相对人参加契约具有其自身的、有别于行政机关的利益与目的，因而有适用上述观点的必要。

甚至积极肯定事实上的强制效果。

当然，如果承认事实强制效果，就责任书的条款来说，难免会"鱼目混珠"，掺杂一些实质上不正当、不合理的条款。比如，某派出所在夜间摊点治安责任书中规定，"在摊点发生打架斗殴，业户不制止，放走肇事者，业户应负担受害者的药费等损失"。试想，如果业户是年过半百的老人或者妇女的话，对于两三个年轻力壮的小伙子在摊点打架斗殴，他们制止得了吗？又怎么可能暂时性约束住他们，不让他们走，一直等到警察前来处置？如果硬要把含有这样条款的责任书塞给相对人怎么办？解决的办法就是，允许相对人提起确认契约（部分或全部）无效之诉。在诉讼中，对于责任书中是否存在不正当条款，或者在权利义务的分配上是否有不正当的连接或搭附，因其是"法律问题"，所以法院可以径行作出判断，与相对一方的举证没有很大的关系。

3. 另外一个理由

除此之外，我们还可以找到另外一个支持责任书是一种行政契约的很重要的理由，即上述责任书都是采取签订合同或协议的方式，也就是把双方的约定制作成书面的契约条款，由双方在上面签字盖章。这样的外观或形式，也是法院在行政审判中判断一种形态是行政契约抑或行政行为的一个很重要的标准，[①] 当然，不是唯一的标准。

三　对假契约实践的合理性与正当性之追问

其实，像假契约这样的行政实践不仅出现在警察法领域，而且存在于其他部门行政法领域，不但中国有之，西方也不乏其例。以英国为例，假契约作为行政手段已经"殖民"了主要的新出现的领域。举两个可以与我国上述契约实践相类比的例子。一个例子是，英国在 1980 年就广泛运用一种作为社会工作手段的假契约，即社会工作契约，它是在社会工作机构与酗酒者或瘾君子之间签订的，主要内容是对酗酒者或瘾君子进行行为纠正

[①] 法国行政法上，向来以形式上有无契约条款作为判别行政契约与行政行为的一项标准。吴庚：《行政法之理论与实用》，三民书局，1996，第 372 页，特别是 Carol Harlow & Rechard Rawlings, *Law and Administration* (Butterworths, 1997), p. 210。

的计划安排以及计划实施各阶段的奖惩规定等。[1] 这样的结构与旨趣和我们在实践中与相对人签订的某些责任书何其相似。另外一个例子是,形式上由行政机关分离出去但实质上并没分离的执行机构,其与母体机关之间的关系由一个所谓的组织文件来调整,该文件被认为不是严格意义上的契约,也就是假契约,内容涉及该机构的职能、目标,以及母体机关控制该机构执行任务的程序。[2] 就内容与作用来看,这与我国行政机关内部的执法目标责任书有点近似。这些带有共性的现象存在的本身就说明,假契约在公共领域的广泛运用绝不是心血来潮,其与现代行政的运作与发展规律肯定有着内在的契合性。因此,我们决不能固守传统契约的观念来扼杀新生事物的发展。

当然,仅以客观存在来证明上述实践的合理性是不够的,容易陷入"存在即合理"的谬误之中。我们也不能像当前不少地方与单位写经验总结那样,简单地将执法责任制认为是为了"抓严格执法、抓公安工作与队伍建设而积极探索出的一种科学的管理方式"。这样的解释缺少逻辑分析与理论支持,而且会因为缺乏对这种实践的内在合理性的深刻认识,无法从制度上自觉地去发展完善。因此,我们必须从理论上去分析和说明上述实践的合理性与正当性。

有关研究表明,我国的执法责任制的形成,与改善行政执法状况、建立制约机制有关。[3] 也就是说,执法责任制产生的背景是事实上存在公共服务质量不高而又亟待提高的问题。随着公众对改善公安机关办事的作风、依法行政的需求日益迫切,同时全国上下处于一片推行责任制的呼声之下,公安机关在解决问题的对策上很自然地会想到通过落实责任制、通过签订责任书来实施改革。经济上的、市场上的观念也就很自然地乘着责任制的"东风"渗透到公共领域中来,并成为推进公共领域改革的一剂"良方"。

广而论之,运用市场的理念来解决公共领域的问题,恐怕也是当代行政改革的一个显著的趋势。比如在英国,契约文化在公共领域的盛行,与

---

[1] J. Corden, "Contracts in Social Work Practice," *British Journal of Social Work* 10 (1980), p. 143; B. Sheldon, "The Use of Contract in Social Work," Practice Note Series 1, BASW (1980). 亦可参见 Carol Harlow & Rechard Rawlings, *Law and Administration* (Butterworths, 1997), p. 211.

[2] Carol Harlow & Rechard Rawlings, *Law and Administration* (Butterworths, 1997), pp. 139 – 140.

[3] 青锋:《行政执法责任制若干问题探讨》,《现代法学》1998 年第 5 期。

近年来开展旨在关注个人权利和选择自由的新公共管理实践有着内在的关系。而引入新公共管理理念的实际效果恰恰就是，用市场的散在的、个别的与平行的控制来取代官僚控制。也正是在这样的行政改革背景之下，作为市场的基本观念的契约大量地渗透到公共领域中来，并与行政管理的需要"嫁接"，甚或出现了借用契约的理念与形式，但又与传统的契约意义很不一样的假契约形态。①

就我国警务机制中的契约文化而言，蕴含在责任书这种假契约实践里面的合理性与正当性，大致可以从以下两个方面来理解。一方面，作为相对人纳税的回报，公安机关要为纳税人提供公共服务，而且必须不断提高公共服务的品质。而上下层层签订责任书的方式，能够有效地营造出内在的类似市场的竞争压力，促使上述目标的实现。另一方面，契约作为规制的手段，可以通过在公安机关与社区、相对人之间权利义务的分配，用公共服务换取相对人的责任或义务，让各自在行政管理中都恰如其分地扮演好各自的角色，从而形成公安机关与社区、相对人之间良好的互动互助关系。

1. 营造内在的类似市场的竞争压力，提高公共服务的质量

众所周知，在公共领域，公共服务通常是在垄断或者近似垄断的状况下运作的。在排斥竞争的同时，也意味着丧失了进取的动力，再加上由于我国长期以来组织法的不健全，以及监督机制的不完善，行政机关内"职责权限不明、目标标准不清、干好干坏一个样"，公共服务的质量在有些场合中也就难免会表现得不尽如人意，其表现就是我们常说的"门难进，脸难看，事难办，话难听"。要想提高公共服务的质量，按照公共选择理论，就必须在公共领域之中模拟出类似市场"竞争"的压力，激发政府提高效率和服务质量的内在动力。

上文说的公安机关内部层层签订执法目标责任书，就是想通过明确各自责任、考核方式，再辅以群众对公安创满意工作的测评、对警察执法过错责任的追究等措施，来自我营造竞争的压力，将所有潜藏在民警之中的工作热情和干劲充分地激发出来，让公安工作机制最大限度地发挥制度效应，使蕴藏在公安行政管理中的公共资源得到充分利用。同样的道理，公安机关在与相对人签订的责任书中所作的承诺，也是想通过相对人的压力

---

① Carol Harlow & Rechard Rawlings, *Law and Administration* (Butterworths, 1997), p.139.

来提高公共服务的质量。

从应然的与经验的制度构建来看,要想上述原理的作用得到很好的发挥,"明晰责任是基础,内外监督是关键"。然而,在笔者所收集到的责任书中,除了湖北省鄂州市杨叶派出所搞的治安承诺责任协议中有对外承诺之外,① 其他的责任书基本上都是规定相对人应当干什么,或不应当干什么,而派出所的责任却几乎没有。像这样的契约安排,实际上无法对派出所产生外在的压力。这是问题的一方面。另一方面,在实践中还发现,责任书表面规定了要如何如何,但没有考核机制,签了等于没签,预期的压力也不可能真正形成,进而不能对个体产生作用。因为缺乏平时的监督,完不成责任时,就互相扯皮,或者互相包庇、容忍。② 更加引起我们关注的是,近年来作为监督、考核具体制度推出的一些新的改革措施,像执法过错责任制、错案追究制、末位淘汰制等,其原本的设想是好的,想增强执法者的责任心、上进心,但是实际运行的结果却导致了很多的问题,与我们对该制度的预期相去甚远,甚至还对行政法治的实现造成了一定的负面影响。③ 所有这些问题,都需要我们认真地去思考与总结,并在今后的制度构建中加以克服。

2. 用公共服务换取相对人的责任或义务,形成公安机关和社区、相对人之间良好的互动互助关系

尽管为完成警察的任务法律赋予了警察一定的权利与义务,但是,单靠这样的权利行使与义务履行,是无法完满地完成警察任务的,否则,我们就不能解释为什么社会生活中还有很多的违法犯罪行为得不到应有的制裁,为什么我们还必须调动各方面的力量来搞综合治理。因此,在现代社

---

① 关于治安承诺责任协议的分析与介绍,参见余凌云《行政契约论》(中国人民大学出版社,2000)书中《治安承诺责任协议——从行政契约视角对"杨叶模式"的个案研究》一义。
② 吴允波、孟维芳:《签订责任书不要流于形式》,《大众日报》2000年1月12日。
③ 比如,笔者在济南下派期间参与一起复议案件的审理时发现,因为交警部门把有没有行政复议或诉讼案件,特别是败诉案件作为年度考核的一项指标,来衡量执法质量的高低,事实上很容易造成交警部门调动各种社会关系或经济手段来压制相对人行使救济权,或者相反,无原则地向相对人妥协,出卖"公权力"的情况(余凌云:《复议,不必大惊小怪》,《道路交通管理》2000年第5期)。另外,在别的部门,比如法院,也发现了类似的现象,即错案追究制的运转与事先的预期有相当的距离(苏力:《送法下乡——中国基层司法制度研究》,中国政法大学出版社,2000,第126页)。

会中，社会秩序和社会治安的维持，是靠警察与社区、相对人之间的互动互助关系的逻辑发展来实现的，而不是或不完全是警察单方面的事。正是因为社区和相对人对良好治安环境的期望与警察的任务是一致的，为实现共同目标，无论是从民主宪制角度，还是从现实中利用相对人力量弥补警力不足的需要来看，都有必要让社区与公众最大限度地参与进来，在其中扮演对他们来说恰当的角色。

契约的规制恰好满足了这种需求。因为契约具有为形成契约双方所预期的一定社会秩序而在他们之间进行权利、义务分配的可能，换句话说，就是通过各类责任书，我们可以根据为完成治安目标所划定的任务量，以及谁最有条件和可能完成其中的哪些部分，在派出所与社区、相对人之间进行合理的分配，并表现为双方各自的权利、义务的形式，从而在他们之间形成良好的互动互助关系。

拿某派出所实施成效比较明显的综合整治盗抢汽车、摩托车、自行车犯罪活动责任书作为一个例子来分析，除了法律规定的维持治安秩序、打击违法犯罪的职责必须由派出所履行之外，单位在责任书中被分配了一定的义务和权利，比如单位被要求"建立门卫、值班、登记、巡逻等制度"、"发现可疑情况向单位保卫部门汇报的同时应向派出所报告或拨打110"、"内部车辆要严加管理，要建好看车棚，专人管理，不准乱停乱放，外来车辆不准夜间在单位院内停放，严防车辆被盗，白天不准闲散人员和小商小贩进入宿舍"等。所有这些约定，从表面上看给单位增加了不少的负担，但实际上是督促与要求单位建立与完善加强安全防范规章制度，而且即使没有上述约定，单位很可能出于本单位与职工的安全考虑也会建立规章制度。并且，责任书在一个个单位的落实，可以由点及面，形成整个社区的安全防范网络，与派出所遥相呼应、紧密配合，从而大幅度降低发案率（事实也的确如此）。

由于上述权利、义务的分配是通过签订责任书的方式实现的，进一步的、更加精细入微的好处，就像英国学者莱肯在《利用契约作为社会工作的方法》一文中分析的那样：第一，相对人感觉得到了尊重，使其对自己的选择更加有责任感；第二，激发了动力，即相对人会因为参与了契约的起草，或者会因为契约内容是经其同意的，或者会因为能获得与其所承担的契约责任相称的对价，以及出于对违约制裁的恐惧等，形成积极履行契约的动力;第三,契约有助于使行政机关和相对人之间的互动关系得到更好的控制,更加完满地实现契约所蕴含的行政法上的目的。①

但是,必须指出的是,我们所说的通过责任书来再分配权利、义务,是指在保持法律规定的公安机关角色的前提下,因为社会的复杂性以及公安机关能力的有限性,需要社区、相对人的协力来弥补公安机关因上述情况造成的控制与维护治安秩序的射程不足。因此,对社区、相对人权利、义务的安排与分配,只是要发挥其弥补不足的效用,而绝对不是想通过契约的方式,把行政机关的角色部分地或者全部地转嫁到社区、相对人身上,否则,就构成不正当条款,成为契约部分或全部无效的原因。

四 有关法院介入的问题

在行政契约的救济问题上,笔者仍然坚持应当在现有的行政复议与行政诉讼结构之外构筑适合于解决行政契约纠纷的特别规则。② 我们不能像现在这样仅仅考虑把行政契约中有点近似于行政行为的行政机关行使主导性权利的行为单独划出来,放到现有的行政复议与行政诉讼制度之下考量,而不考虑全面地解决所有行政契约纠纷问题。③

接下来对假契约救济问题的分析与探讨,将进一步重申和强化上述观点,并且我们还会看到,行政机关内部责任书主体的非法律人格性、营造"内在市场"的意图以及内容属于行政权所辐射的范围,决定了在纠纷解决上的非正式制度模式,这可以进一步补充我们原先对行政契约救济结构的考虑。

1. 非正式制度的解决模式

在哈罗与劳伦斯看来,假契约与法院无关,不会也不需要进入法院去解决纠纷,强制执行。他们认为假契约不具有在法院强制执行的法律意义,主要是以英国出现的有关执行机构的组织文件为分析素材,并主要从

---

① D. Nelken, "The Use of 'Contracts' as a Soaal Work Technique," *Current Legal Problems* 40 (1984), pp. 215 – 217, 转引自 Carol Harlow&Rechard Rawlings, *Law and Administration* (Butterworths, 1997), p. 212。
② 对该观点的展开论证,参见余凌云《论行政契约的救济制度》,《法学研究》1998 年第 2 期。
③ 参见余凌云《行政契约论》,中国人民大学出版社,2000,特别是第一编"行政契约的救济制度"部分以及"行政契约的含义"部分对行政契约与具体行政行为的区别的分析。

契约的主体资格分析入手的。因为从严格的意义上说,契约是在至少两个具有契约能力的当事人之间缔结的,而契约能力又与"法律人格"观念联系在一起。但是,执行机构实际上并没有真正与产生它的行政机关相分离,相对于其附属的机关来讲,该机构不具有独立的法律人格,因此,该机构与其母体机关之间缔结的组织文件不是真正意义上的契约。① 也正是在这个意义上,英国学者弗里德兰指出,这里实际上有着双重的法律幻觉,是(非独立人格的)部门被认定签订了"非契约的契约",② 那么,非独立人格的部门无法指望,实际上也不可能到法院去起诉,要求法院去强制执行这种"非契约的契约"。这样的分析与结论,应该说有一定的道理,在特定的情景中与对象上是成立的。比如,我国公安机关与内设的各处、科之间签订的执法目标责任书,显然就是在这样的意义上操作的,也不可设想它们之间的纷争会诉诸法院。

其实,在笔者看来,不仅仅一个机关与其内部不具有法律人格的机构或部门之间签订的假契约不能诉诸法院,就是具有法律人格的机关之间签订的假契约也不会诉诸法院,比如,市局、分局、派出所之间签订的执法目标责任书就不可能诉诸法院。这主要是因为,签订这类执法目标责任书的目的在于用市场机制而不是官僚体制来解决公共服务的质量问题,是想通过契约方式来明确契约当事人彼此的权利和义务,让双方都受契约的约束和必须履行各自的契约责任,而不是为了要到法院去强制执行它。

那么,出现纷争怎么办?英国在国家健康服务契约上的解决思路是,交给首相来裁决。③ 有意思的是,在我国行政机关实施的执法责任制中,

---

① Carol Harlow & Rechard Rawlings, *Law and Administration* (Butterworths, 1997), p. 210.
② M. Freedland, "Government by Contract and Public Law," (1994) PL 86. 89, 转引自 Carol Harlow & Rechard Rawlings, *Law and Administration* (Butterworths, 1997), p. 210。
③ 英国社会关照法第 4 节规定:"除本小节,无论国家健康契约的构成条款是否为法律上的契约,都不认为是为了发生契约上的权利或责任,而当有关这些条款发生争议时,任何一方当事人都可以要求首相裁决。"首相的解释是:"我们所说的这些契约,不是诉诸法院的,我相信,没有人会较劲要国家健康服务的一个部门对其他部门提起法律诉讼,要求执行契约条款。这只是律师的章程与乐园,但对病人毫无益处。这些契约只是为了在国家健康服务机构内部起到约束作用,并被当事人一体遵守。" Kenneth Clark, H. C. Standing Committee E. Session 1989 – 1990, Vol. 3, Col. 349, 参见 P. Alien, "Contracts in the National Health Service Internal Market," (1995) 58 MLR 321, 转引自 Carol Harlow & Rechard Rawlings, op. cit., p. 211。

却不见提出这样的问题。估计是因为执法责任制的推行，在很大程度上是由于长期以来组织法不健全，造成上下级机关之间、各个部门之间职责、权限、法律责任不够清晰，因此，执法目标责任书实际上旨在落实行政分工、明确岗位职责、布置行政任务、提出目标要求、制定监督检查和考核办法，进而要求必须一体遵守，即便有不同意见，也会在上下级之间的领导与被领导关系之中磨合、消化掉。这很可能就是在目前有关行政机关执法责任制的文章当中都不谈有关救济问题，更没有人建议设立正式的救济途径的原因。① 笔者也赞成用目前这样的非正式制度来化解上述纷争，当然，也可以考虑将现实中的这种非正式制度成文化，变成正式的在行政机关内部调处与化解纠纷的制度，但是，原则上不考虑法院的介入，理由是上述执法目标责任书的内容与功能，属于行政权的固有范围，基于分权的要求，司法权不宜干预。更为重要的是，在这里出现的部门、机构之间的冲突，实际上是实现公共利益过程中权利、义务分配上的争执，归根到底，是公共利益问题，不直接涉及私人利益。

2. 诉诸法院

但是，哈罗与劳伦斯的上述分析主要取材于执行机构的组织文件这样一种假契约，没有考虑到所有的假契约形态，其结论必然犯了以偏概全的错误。其实在英国，并不是所有的假契约都不能诉诸法院，一个明显的反例就是，社会工作契约就可以接受法院的审查。② 其中缘由，虽然哈罗与劳伦斯在书中没有明说，但是笔者的体会是因为这里直接涉及了相对人的利益得失。

其实，从我国基层派出所与相对人签订的责任书看，有些条款对相对人权益的影响是很大的，甚至是极不正当的。比如，一份强化单位内部防范的综合整治盗抢汽车、摩托车、自行车犯罪活动责任书中规定："……对工作不到位，措施不落实，发生'三车'被盗的（单位），派出所接受分局按被盗车辆价值处罚10％，单位将受到相应的处罚……"通过这个条款，派出所实际上把分局意图通过经济上的制裁来营造出类似市场的内在的"竞争"压力，至少从经济责任的实际承担上完全卸到了相对人的身

---

① 这方面的文章如青锋：《行政执法责任制若干问题探讨》，《现代法学》1998年第5期；辛广平：《对消防执法责任制的思考》，《人民公安报》1999年12月1日。
② Carol Harlow & Rechard Rawlings, *Law and Administration* (Butterworths, 1997), p.212.

上。在不发生事情的情况下，大家相安无事，但是一旦出事并要执行责任书、动真格的，就会直接对相对人利益造成威胁，进而难免会发生这样或那样的争议，这就有提供正当的法律救济的必要，有法院介入的必要。因为从根本上说，行政诉讼制度实际上是用来缓解行政法上公共利益与私人利益之间的某种紧张，具体落实宪法中设计好的国家与个人之间的权力与权利分配关系。

又由于这样的责任书毕竟是一种行政契约，尽管其中的权力性因素较强，但是仍然还没有强到无视其契约性的程度，因而也不会质变为行政行为。因此，在救济问题上，仍然需要在原来专门针对行政行为设计的行政救济结构之外另外建立适合于解决行政契约纠纷的双向性结构，关于这方面的观点，笔者已经在其他论文中表述过了。[1]

而且，即便是公务员与其隶属的行政机关之间签订的执法目标责任书，也并不必然地完全要由上述非正式制度来消化他对执法目标责任书的不满，特别是当执法目标责任书对公务员作为公民而享有的宪法上的基本权利，而不是因为担任公职而具有的职务上的权力产生实质影响时，更有着寻求行政诉讼上救济的必要。比如，有的派出所为遏止"三车"被盗案件数量的攀升，与责任区民警约定，如果在该民警的管片发案，比如被盗一辆汽车，就罚该民警100元。个别民警被罚得到月底只领回基本工资。又比如，在执法责任制的考评中，对不合格单位的执法责任人，一次性扣发全年的岗位津贴。这样的执法目标责任书的执行实际上侵犯的是宪法上规定的公民要求报酬的权利，进而可能对该民警及其家人的生存权都造成影响，从权利与利益的重要性上讲，丝毫不比作为行政处罚的罚款给公民利益造成的损害小，因而有着寻求诉讼上救济的现实需要。

我们必须对行政诉讼上用内、外部行政行为的学理分类来划分司法审查范围的做法进行深刻的反思与批判。一方面，这不仅是因为从学术的发展史看，行政行为原本是而且迄今都是，也应该是出于诉讼的需要而构筑起来的法概念，是能够据以提出无效或强制禁止之诉讼的行为，因此，将其作内部与外部的学理分类，并赋予不同救济效果缺乏实质基础，是不成

---

[1] 对该观点的展开论证，参见余凌云《论行政契约的救济制度》，《法学研究》1998年第2期。

立的。另一方面，汲取二战以来对特别权力关系理论的批判成果，迎合要求以人权保障为核心进行行政救济制度重构的发展趋势，[1] 用全面落实宪法上公民基本权利之保障的观点，改造行政诉讼制度，将涉及公务员基本权利的行政机关内部处理行为纳入行政诉讼，势在必行。

五　结束语

如果我们同意"行政契约是游离在行政行为与民事契约之间的一种特殊的形态"的结论，同意行政契约是市场经济理念特别是私法上的契约观念向行政管理领域渗透的结果的话，那么，我们就应当把研究的视角从上述与民事契约相近的行政契约形态进一步延伸，更加关注那些接近行政行为的契约形态，关注那些我们在行政法上称为假契约的现象。因为这是一片可供那些支持特殊的公法契约论者开发的肥沃的土壤，[2] 更为重要的是，这种契约实践作为基本的改革举措已经载入党的十五大报告之中，已经成为公安法制建设，乃至整个行政体制改革的重要内容之一，并正在积极推行之中。[3] 与其像现在这样的理论对其采取漠然的态度，还不如积极地去思考与规范这种契约实践。

但是，我们也应当看到，这种新生成的行政形式的确颇不符合传统的法律结构。一方面，它借助契约的外形，重塑行政关系，但又不是纯粹的契约；另一方面，它与公共行政的传统技术相比，又是对正式的法律程式的否定。[4] 但不管怎么说，这的确是现代行政中运用丰富想象力创造出来的一种行政契约，尽管它的一些特性与效能还有待于我们进一步去研究。

---

[1] 翁岳生：《论特别权力关系之新趋势》，载《行政法与现代法治国家》，台湾大学法学丛书编辑委员会，1979。
[2] Carol Harlow & Rechard Rawlings, *Law and Administration* (Butterworths, 1997), p. 210.
[3] 党的十五大报告指出："一切政府机关都必须依法行政，切实保障公民权利，实行执法责任制和评议考核制。"
[4] Carol Harlow & Rechard Rawlings, *Law and Administration* (Butterworths, 1997), p. 210.

公共行政组织建构的合法化进路[*]

沈 岿[**]

摘 要：对待现代国家公共行政组织建构的合法化问题，有一种形式法治主义的主张，即通过民主代议机关的合法化模式。这种模式在方法论上有单一原因论、理想的形式规范主义和绝对的建构理性主义之倾向，它在解决当下中国行政组织无序的诸多问题方面力有未逮。而在实践中，另外一种可以称为开放反思的合法化模式的进路，以其多向原因论、经验的实质规范主义和复合理性主义之方法论倾向，在相当程度上发挥着重要功能。它并非彻底否定民主代议模式，而是传统主张之外的一条比较贴近中国现实的合法化进路。

关键词：行政组织 合法化 民主代议模式 开放反思模式

一 引论

现代国家的公共行政已愈来愈趋于庞大、复杂和体系化。无论在什么国度，始终令人疑惑且看上去历久弥新的一个问题是：以怎样的方式和形

---

[*] 本文原载于《法学研究》2005 年第 4 期。本文写作得到北京大学法学院姜明安教授主持的教育部哲学社会科学研究重大项目"对公权力的规范与控制——公法基础理论研究"的资助，特此感谢。初稿完成之后，得蒙中国社会科学院法学所范亚峰博士的批评和指点，在一些观点上发生重大改变，深表谢意。当然，文中观点皆由作者自负。

[**] 沈岿，北京大学法学院教授。

式来设计各种类型的行政组织体,配以多少公务人员和哪些权力手段,以及如何在组织体内部与组织体之间确立合理的结构关系,才能符合当时当地具体情境中人们对公共行政的期待(包括需求与戒备),从而获得较为普遍的认同和接受并在此意义上具有合法性?[1]

针对公共行政组织建构的合法性问题,存在一种传统的行政组织法治主义模式。该模式的要义是,公共行政组织的建构,原则上应当依照民主代议机关制定的法律或者明确授权来进行。[2] 笔者在此将其称为"通过民主代议机关的合法化模式"(以下简称"民主代议模式")。就其本质而言,它是一种程序论的或形式法治主义的,即把行政组织的合法性奠基于民主代议机关的立法或者授权过程,而不论依照法律或授权所形成的具体建构方案是否与人们对特定组织体的实质合法性要求相适应。这种模式的一个典型表现,[3] 就是信奉一整套全面的、系统的、自治的组织法则以及极力推崇此类法典化体系解决行政组织合法性问题的功效。

这一程序论的或形式法治主义的传统,真的可以满足我们对公共行政组织建构的合法性关怀吗?面对当前的行政组织诸多问题,我们真的可以在"民主代议模式"之上高枕无忧了?近十年来,行政法学者(包括笔者在内)普遍倡导这种模式,并以此为基点就组织法典体系提供了许多修订与完善的建议,这种学术风潮迄今仍未停歇。可是,与行政法学者的一腔热情恰恰相反的是,组织法典基本上以一种冰冷、漠然的姿态,保持着其固有的面目而无动于衷。[4] 这种"剃头挑子一头热"现象的原因为何?面

---

[1] 关于在"可认同性"、"可接受性"意义上的合法性(legitimacy),笔者曾经撰文予以一定的讨论。沈岿:《因开放、反思而合法——探索中国公法变迁的规范性基础》,《中国社会科学》2004 年第 4 期。本文也将在此意义上使用"合法性"一词。

[2] 应松年、薛刚凌:《行政组织法与依法行政》,《行政法学研究》1998 年第 1 期;姜明安、沈岿:《法治原则与公共行政组织——论加强和完善我国行政组织法的意义和途径》,《行政法学研究》1998 年第 4 期;应松年、薛刚凌:《行政组织法基本原则之探讨》,《行政法学研究》2001 年第 2 期;〔日〕室井力主编《日本现代行政法》,吴微译,中国政法大学出版社,1995,第 270 页;翁岳生编《行政法》(上册),中国法制出版社,2002,第 323 页。

[3] "民主代议的合法化模式"有多种表现。此处所谓典型表现,主要指极力推崇行政组织法典化的主张。

[4] 在中央立法的层面上,专门的行政组织法典主要有《中华人民共和国地方各级人民代表大会和地方各级人民政府组织法》(1979 年制定,1982 年、1986 年、1995 年和 2004 年四次修改,且修改的内容多半与地方人民代表大会制度有关,甚少涉及行政组织)、《中华人民共和国国务院组织法》(1982 年制定,仅 11 条,未作修改)。

对较为流行的所谓"理论与实务'两张皮'"的批评,传统的形式法治主义是否需要反省自我、重新检讨自身,以便填补可能在理论与实务中间存在的沟壑,拉近二者的距离,寻找一种更为契合中国当下实际甚或未来的公共行政组织建构的合法化进路?

这些问题意识是促成本文的基本动因。笔者将在本文第二部分,尝试概括行政组织法治主义传统提供的问题清单以及解决方案,意在展示这一传统的大致面相,以此作为后文分析与论述的铺垫。在第三部分,笔者无意从纯粹理论的层面去点评该传统,而是基于现实主义的立场,希望通过案例的描述,就传统主张的有效性和其他进路的可能性,提出更多值得思考的问题。第四部分则是在个案启发的基础上,借鉴既有的西方理论,对传统的行政组织法治主义在方法论上的特点及其缺失,进行一番评价。这一传统内含三种相互关联的倾向:单一原因论、理想的形式规范主义以及绝对的建构理性主义。单一原因论是指其把行政组织领域诸多问题的产生简单地归因于行政组织法体系的缺漏;理想的形式规范主义是指其过分乐观地强调民主代议过程及其立法产品——尤其是法典化的产品——在普遍解决行政组织合法化问题上的功效;绝对的建构理性主义则意指该学术传统潜在地崇尚理性进行周密规划和设计的作用,并对这种作用有着一种单纯的依赖。

此外,笔者想阐明的是,中国制度变迁的经验表明,实践中存在行政组织合法化的另一种进路。相对于上述传统,首先这一进路是多向原因论的,即自觉或不自觉地承认行政组织无序问题产生于多样的、复杂互动的法律和社会原因,而不是试图建立或同意一种关于线性因果关系的想象;其次,它是经验的实质规范主义的,即基本上立足于现实经验,在各种相关动因的刺激或制约之下,在理性比较容易认知和检验的范围内,规范性地设计或改良不同特定行政组织的实质合法化方案,而不是诉诸构造规则体系的一揽子工程;最后,它是融合建构、试验、知识积累、反思、再建构等循环往复过程的复合理性主义的,即在中国法律现代化的一贯路径和当下行政体制下,它不是单纯仰仗渐进理性和自生秩序去解决行政组织合法性问题,而是回应一定的社会现实,通过立法或政策的制定提供可试验的合法化方案,并在实施过程中借助制度化和非制度化的机制进行知识积累与反思,进而可能形成合法化方案的再次建构。笔者愿意将这一进路称为"开放反思的合法化模式"。当然,该模式与前述传统并非绝对对立,本文也无意彻底否定民主代议模式的自有价值。

二 问题与方案:法典化的理想国设计

传统的行政组织法治主义并不是"两耳不闻窗外事"地闭门打造行政组织合法化的方案,相反,在行政组织领域中滋生的现实问题,始终是其主张的依据所在。由于秉持该传统的不同学者对现实问题的描述不尽一致,而囊括和穷尽所有的描述也对本文宗旨的实现甚少助益,所以,笔者在此择要列举三个方面的问题。

首先,行政组织设置混乱,忽略或漠视政府管理的规律,行政职权界定不清、职能交叉、扯皮推诿现象比比皆是,行政机构林立、规模失控,难以走出"精简—膨胀—再精简—再膨胀"的怪圈等。[①] 有学者称此现象为"行政组织结果的非理性"。[②]

其次,与上述行政组织结果非理性相关的是"行政组织过程的无序"。其主要表现为:行政组织权在立法机关或行政机关上的归属不明确;组织的程序规范匮乏;公开、公正不足。有关行政组织的决定,甚至是重大的行政组织制度,如中央与地方财权的划分、行政机构改革等,在多数情况下都是由行政机关自行作出的,立法机关缺少严格控制,民众也无法参与其中。[③]

最后,传统的行政组织法治主义的拥趸普遍主张,行政组织法的缺漏和不合理是当前行政组织领域杂乱无章的根由所在。无论是对行政组织法进行全方位研究的,[④] 还是就单独的或某个方面的组织法提供评价与改革

[①] 应松年、薛刚凌:《行政机关编制法论纲》,《法学研究》1993年第3期;姜明安、沈岿:《法治原则与公共行政组织——论加强和完善我国组织法的意义和途径》,《行政法学研究》1998年第4期;杨文忠:《机构编制管理法制建设中的若干问题》,《河北法学》1995年第3期;石佑启:《政府机构改革的行政法治保障》,《行政与法》2000年第1期。
[②] 应松年、薛刚凌:《行政组织法研究》,法律出版社,2002,第2页。
[③] 应松年、薛刚凌:《行政组织法研究》,法律出版社,2002,第2页。
[④] 应松年、薛刚凌:《行政组织法研究》,法律出版社,2002,第2页;姜明安、沈岿:《法治原则与公共行政组织——论加强和完善我国组织法的意义和途径》,《行政法学研究》1998年第4期。

主张的，①都程度不同地信奉这一点。较为系统的阐述者认为，行政组织法的问题主要在于：第一，遗漏了许多重大问题，包括行政组织法基本原则、行政组织形态（行政主体制度）、行政权（包括行政组织权）范围、中央与地方关系、行政组织规模以及行政组织程序等；第二，欠缺民主精神，包括行政组织权由行政机关行使、行政组织过程缺乏民众的参与以及现有的行政组织法缺乏保障公民权利的条款等；第三，科学精神不足，包括行政组织的整体设计没有建立在合理的基础上、行政组织的规定原则性过强、有关行政组织的规定有法律条文相互冲突且条文内容缺乏明确性等不合理之处。②

显然，"行政组织结果的非理性"是学界普遍关注的问题，也是传统的行政组织法治主义关怀现实并提出其主张的逻辑起点。不过，由于在以上三个方面之间拉起了一条线性的因果链，这个传统最终基本上把解决问题的落脚点放在了组织法的完善之上。其中，较为典型的代表该传统的一种方案，对行政组织法的内容与形式提出了一个系统化的设想。就内容而言，其认为行政组织法体系应无所不包地涵盖以下内容：基本概念、基本原则、行政主体制度亦即行政组织形态、行政权的内容与形式、中央行政组织法、地方组织法、社会中介组织的形式与职权、行政授权与行政委托、行政代理与行政协助、行政组织程序制度等。而在形式上，则是希望建构一个完整的、自中央至地方共四个层次的专门的行政组织法规体系，使得上述内容皆被纳入其中。③

这种体系化的立法设想，不仅在对行政组织法进行如此全方位改革的

---

① 应松年、薛刚凌：《行政机关编制法论纲》，《法学研究》1993年第3期；杨文忠：《机构编制管理法制建设中的若干问题》，《河北法学》1995年第3期；张越：《修正〈国务院组织法〉片论》，《行政法学研究》1999年第1期。

② 应松年、薛刚凌：《行政组织法研究》，法律出版社，2002，第81页以下。

③ 应松年、薛刚凌：《行政组织法研究》，法律出版社，2002，第81页以下、第270页以下。其中，行政组织法的形式体系被设计为：第一层次是行政组织基本法；第二层次涉及国务院组织法、中央行政机关设置标准法、地方基本法与社会中介组织法；第三层次是在第二层次的法律之下进一步立法，如在中央行政机关设置标准法下制定各中央行政机关设置法，在地方基本法之下制定省组织法、市组织法、县组织法、乡镇组织法以及地方财政法等，在社会中介组织法之下制定行业组织法、社会团体法等；第四层次则是在第三层次下，由国务院以及地方根据具体情况作出规定，如国务院制定各行政机关的设置法规，省、市等地方制定省、市或县组织条例等。

计划之中得到展示，也往往成为完善某一方面组织法制度的基本主张。例如，有学者针对机构编制管理中的精简—膨胀—再精简—再膨胀之恶性循环问题，提出应制定机构设置法、员额编制标准法等，而员额编制标准法又应由机关总定员法、中央机关定员法、地方机关总定员法、机关编制审批法、机关员额比例法等法律组成。[1] 有学者在评析现行国务院组织法的不足之后，提出修正该法的若干建议，其中不可或缺的一项是应当把国务院各部门的组织通则融入该法的结构之中。[2]

行政组织法治主义传统的详尽主张，无法在此一一列出。以上的大致勾勒，已经足够显露这一传统的特征：在认定组织法的欠缺是公共行政组织领域无序的祸根之基础上，希冀建构一种金字塔形的、滴水不漏的组织法典体系，以解决所有的或某一个方面的公共行政组织问题。这样的一种被寄予厚望的行政组织法典体系，真的是可以从设计转化为现实呢，还是可能仅仅成为逻辑上的理想国？

三 困境与可能的出路：个案窥视

或许，对以往经验的直觉感受和对相关理论的汲取，可以帮助我们从民主代议机关在立法认知和能力上的局限、徒法不能自行的原理、行政机关自我组织在效率维度上的可接受性一面、制度激烈变迁与规则体系之间的矛盾、当前政治结构对行政机关滥用组织权力缺乏基于民主选举或违宪违法审查的有效控制机制等视角，得出上述传统很难实现其规制行政组织的美好预期之结论。然而，一方面，这些直接从理论层面进入的论述尽管具有相当的说服力，但仍然难脱老调重弹的窠臼；另一方面，它们似乎只能成为批判的利器，而无法形成摆脱暗淡困境的引路火把。因此，笔者首先将目光投向具体的个案，希冀从中获得对行政组织法治主义传统进行反思的鲜活事实和可能引领我们走出迷途的火种。

由于职能交叉、争权夺利是传统的行政组织法治主义所关切的行政组织领域常见问题之一，因此，首先讨论的是一起以此问题为核心的案件。

---

[1] 杨文忠：《机构编制管理法制建设中的若干问题》，《河北法学》1995年第3期。
[2] 张越：《修正〈国务院组织法〉片论》，《行政法学研究》1999年第1期。

1997年1月，安徽省淮北市中级人民法院根据淮北市城市水资源管理办公室（以下简称"水资源办"）的申请，对皖北矿务局前岭煤矿等作出强制执行水资源办《关于限期缴纳水资源费的决定》的裁定。裁定执行完毕以后，前岭煤矿提出申诉，认为水资源办无权征收水资源费，淮北市中级人民法院受理并执行是错误的。在安徽省人大常委会提起法律监督的情况下，安徽省高级人民法院依照审判监督程序提审此案，并最终在同年10月31日，以水资源费的征收主体是县级以上人民政府的水行政主管部门而水资源办并非水行政主管部门为由，裁定撤销了淮北市中级人民法院的裁定。①

颇为耐人寻味的是，在该裁定书作出之前，安徽省高级人民法院曾经于同年4月2日，给皖北矿务局发了一封函。其主要观点与裁定书一致，且明确指出："你局向淮北市水利局缴纳水资源费是正确的。淮北市建委城市水资源办征收水资源费并申请人民法院强制执行，缺乏法律法规依据。"② 由于"水利部门到处散发省高院关于'淮北市建委城市水资源办征收水资源费缺乏法律法规依据的函'"，安徽省建设厅在同年6月11日发布了《关于城市地下水资源费征收问题的紧急通知》，并附上建设部在同年6月2日印发的《对安徽省〈关于城市地下水资源费征收问题的请示〉的复函》。安徽省建设厅和建设部两份文件的要义是相同的，即根据《中华人民共和国水法》（以下简称《水法》），地下水资源费的征收办法由国务院规定，在国务院办法没有颁布之前，各地应"暂时维持现状不变"。③

以上信息足以昭示，该案真正的焦点并非行政相对人（皖北矿务局下属煤矿）与行政机关（水资源办）之间的冲突，而是建设行政部门与水行政部门的权限争执。那么，这个问题是否可以在"民主代议模式"以及该模式的典型表现——金字塔形法典化体系——中得到解决呢？

综观案件的整个过程乃至最近的一次与之相关的立法修订，答案是复杂的。首先，1988年制定的《水法》只是规定了水资源费的征收，但对哪个部门负责征收的问题保持了沉默。④ 而时隔14年之后，修订以后的《水法》

---

① 安徽省高级人民法院行政裁定书（1997）皖行监字第12号。
② 安徽省高级人民法院（函）（1997）皖行字第04号。
③ 安徽省建设厅建城字〔1997〕337号文、建设部建城函〔1997〕179号文。
④ 《水法》（1988年）第34条第2款、第3款规定："对城市中直接从地下取水的单位，征收水资源费；其他直接从地下或者江河、湖泊取水的，可以由省、自治区、直辖市人民政府决定征收水资源费。水费和水资源费的征收办法，由国务院规定。"

终于明确水资源费需向水行政主管部门或流域管理机构缴纳。① 仅就此而言，建设行政部门和水行政部门在征收水资源费上的权限纠葛，最终的确是由民主代议机关通过立法方式解决的。当然，这也可以说明，并非所有的行政组织问题皆需在上文所介绍的组织法典化思路中予以处理。② 然而，一个看似简单的职权划分问题，在全国性立法层面上经历了如此长的时间跨度，很容易令我们感觉到"民主代议模式"的内在局限，尤其当需要受到规范的领域处于待变未变、相关部门的权限边界尚未厘清的状态之时。③

有学者曾经考虑到这种制度变迁与规则之间的矛盾，并赞同由民主代议机关通过立法授权的方式来照顾行政效率的观点。这本身也可以理解为"民主代议模式"的应有之义。④ 不过，1988 年的最高立法机关不仅对水资源费征收主体缄默不语，而且没有非常明白地授权由哪一级行政机关对这一组织问题作出决策。这就显露了"民主代议模式"所主张的立法授权方案也是不足的，并且成为安徽省水资源费征收案发生的另一根由。

---

① 《水法》（2002 年）第 48 条规定："直接从江河、湖泊或者地下取用水资源的单位和个人，应当按照国家取水许可制度和水资源有偿使用制度的规定，向水行政主管部门或者流域管理机构申请领取取水许可证，并缴纳水资源费，取得取水权。但是，家庭生活和零星散养、圈养畜禽饮用等少量取水的除外。实施取水许可制度和征收管理水资源费的具体办法，由国务院规定。"

② 这涉及行政法学界传统上对行政组织法的两种分类：一是狭义的界定，即指向专门的行政组织法典；二是广义的界定，即凡是规范行政组织的设置、职权划分、编制等问题的规则，皆为行政组织法。行政组织法典化的思路在某种程度上忽视了广义行政组织法的意义，这在下文亦将提及。

③ 一个值得关注的现象是：水资源费的征收主体在 2002 年《水法》修订之前，各地是不同的。例如，陕西省政府 1992 年制定的《陕西省水资源费征收、管理和使用暂行办法》（2004 年 4 月 1 日起被《陕西省水资源费征收办法》废止）明确规定："县级以上各级水行政主管部门是征收水资源费的主管机关，负责水资源费的征收与管理工作。"然而，黑龙江省在 1995 年、江西省在 1997 年依然保持征收主体的双重体制。黑龙江省财政厅、物价局、计划委员会、水利厅 1995 年 1 月 1 日联合发布的《黑龙江省水资源费征收管理使用规定》第 3 条规定："水资源费由各级水行政主管部门负责征收。哈尔滨、齐齐哈尔、牡丹江、佳木斯、大庆、鸡西、鹤岗、双鸭山、七台河、伊春市城区地下水资源费，在国务院没有规定之前，也可由水行政主管部门委托建设部门按现行征收范围征收。"江西省政府 1997 年 12 月 31 日发布的《江西省水资源费征收管理办法》第 6 条规定："水资源费由县级以上水行政主管部门负责征收。"第 7 条规定："在本办法施行前城镇地下水资源费已由建设行政主管部门负责征收的，暂由水行政主管部门委托建设行政主管部门按本办法的规定代为征收。具体委托办法由省水行政主管部门会同省建设行政主管部门商定。"

④ 姜明安、沈岿：《法治原则与公共行政组织——论加强和完善我国组织法的意义和途径》，《行政法学研究》1998 年第 4 期。

对《水法》（1988 年）相关规则的解释表明，有权确定水资源费征收主体的决策机关，有两种可能：一是县级以上地方人民政府和国务院；[①]二是国务院。[②] 无论是哪种可能，只要国务院有了明确的规则，在中国现行行政体制之下，中央和地方的建设行政部门与水行政部门自然会唯国务院马首是瞻。但是，直到本案发生之时，国务院仍没有依据《水法》制定水资源费征收办法，相反，却是暂时承认了省、自治区、直辖市规定的合法性。[③] 而在安徽省，省人大常委会和省政府在对待水资源费的征收主体问题上，却出现了明显的分歧。前者规定水资源费由水行政主管部门负责征收，[④] 后者则是在前者已经立法的情况下仍然强调在国务院未作确切指示之前维持现状。[⑤] 尽管从法律规范的效力等级着眼，省政府的规章和其他规范性文件应当与省人大常委会的地方性法规一致，[⑥] 尽管安徽省高级人民法院依据地方性法规裁定水资源费由水行政主管部门征收符合此效力等级，但是两个部门之间由来已久的权能争夺，恐怕不是简单地诉诸这一形

[①] 《水法》（1988 年）第 9 条规定："国务院水行政主管部门负责全国水资源的统一管理工作。国务院其他有关部门按照国务院规定的职责分工，协同国务院水行政主管部门，负责有关的水资源管理工作。县级以上地方人民政府水行政主管部门和其他有关部门，按照同级人民政府规定的职责分工，负责有关的水资源管理工作。"若水资源费的征收可以解释为水资源管理工作的一部分，那么，中央和地方政府的水行政部门和其他有关部门的职责分工（包括水资源费的征收），似乎应该由同级人民政府予以规定。

[②] 《水法》（1988 年）第 34 条第 3 款规定："水费和水资源费的征收办法，由国务院规定。"如果水资源费的征收主体问题，可以解释为属于水资源费征收办法应当规定的内容，那么，对这个问题的决策机关又似乎仅限于国务院。

[③] "在国务院发布水资源费征收和使用办法前，水资源费的征收工作暂按省、自治区、直辖市的规定执行。"摘自《国务院办公厅关于征收水资源费有关问题的通知》（国办发〔1995〕27 号）。

[④] 《安徽省实施〈中华人民共和国水法〉办法》（1992 年）第 22 条第 1 款规定："直接从地下、江河、湖泊（含塌陷区，下同）取水的，必须向水行政主管部门申领取水许可证，缴纳水资源费。"

[⑤] 1993 年 4 月 16 日，《安徽省人民政府批转省水利厅、财政厅、物价局关于水资源费征收管理使用意见的通知》（皖政〔1993〕24 号）中规定："关于城市地下水资源费的征收和管理暂维持现状，待国务院规定下达后，按国务院规定办理。"1996 年 8 月 21 日由安徽省人民政府发布施行的《安徽省城市节约用水管理办法》第 21 条规定："对城市中直接从地下取水的单位，应当按照国家现行的有关规定缴纳城市地下水资源费；城市地下水资源费的征收与管理暂维持现状，国务院有新的规定按国务院规定执行。"

[⑥] 《中华人民共和国地方各级人民代表大会和地方各级人民政府组织法》（1995 年）第 60 条规定："省、自治区、直辖市的人民政府可以根据法律、行政法规和本省、自治区、直辖市的地方性法规，制定规章……"

式法治的原理就可以有效解决的。①

由此管窥，行政组织争抢"势力范围"之现象，多半出于组织体的部门主义考虑。而民主代议机关和可能获得民主代议机关授权或者基于宪法上肯认的固有职权进行行政组织的一级政府，在立法和决策的时候又往往受制于部门主义。② 这就是"民主代议模式"失灵的重要原因之一。本文并非断言，民主代议机关或者政府欠缺足够的权威和能力来厘定行政部门之间的权限。相反，在绝大多数时候，行政部门职责分工的问题都是通过它们得到了较好的解决。否则，"各管一摊"的部门管理不可能像现在这样相对有序。然而，恰恰是在广受关切的行政组织权限边界不明、冲突时发的地带，尤其在像本案那样需要从旧职能格局向新职能格局变革的地带，即便是冀望民主代议机关或政府立时出台或修改单行法律或决策来解决冲突，也是相当困难的，遑论奢望毕其功于一役的行政组织法典化的建构。

由于其他信息的匮乏，本文对建设行政部门和水行政部门如何走出争执局面并最终以2002年《水法》修订的形式解决纠纷，不作进一步的判断。本案中，建设行政部门和水行政部门各自在中央和地方的"条块"结构中寻求纵向与横向的权威或法律支持，立法、行政、司法以及水资源费缴纳者都牵涉其中，也只是折射出一个多方主体在司法程序和司法之外的

---

① 上文提及的安徽省建设厅、建设部在安徽省高级人民法院给皖北矿务局发函之后的激烈抵触，已为明证。即便是在安徽省高级人民法院作出正式的裁定文书之后，纷争依然没有平息。例如，安徽省阜阳市水利局于同年12月22日向各县、市（区）水利局，市直有关单位，城区各取水户发出《关于依法加强水资源统一管理的通知》（阜水政〔1997〕391号文），强调要"按照水法规的有关规定和省高院裁定书的精神，……积极支持水行政主管部门……做好取水许可工作和征收水资源费工作"。而阜阳市节约用水办公室和水资源管理处随后于1998年1月3日又联名向建设部递交了《关于安徽省阜阳市城市地下水资源管理有关问题的情况反映》，指出"阜阳市水利局以此为依据，转发了省高院的裁定书，并借此强调实行水资源统一管理，给我市的城市水资源工作造成了严重混乱"。

② 关于人民代表大会立法受到政府及其部门影响的论述，参见蔡定剑《20年人大立法的发展及历史性转变》，载蔡定剑、王晨光主编《人民代表大会二十年发展与改革》，中国检察出版社，2001，第71页以下。国务院或地方政府立法或决策可能受到部门掣肘，也在安徽省水资源费征收案中有所反映。《国务院办公厅关于征收水资源费有关问题的通知》指出，"水资源费征收和使用办法已经列入国务院的立法工作计划，水利部和建设部应当抓紧起草，尽快报国务院审批"。安徽省人民政府法制局《关于〈安徽省城市节约用水管理办法〉有关情况的说明》道出，"城市地下水资源费的征收与管理体制问题，是建设厅、水利厅两部门对本《办法》存在的主要分歧意见。我局在进行多次协调未果后报请诸宗智副秘书长协调，后经省政府常务会议审议，确定城市地下水资源费的征收与管理体制仍按皖政〔1993〕24号文件的规定执行"。

政治程序中进行复杂博弈的过程。这似乎并不能为我们寻找有别于"民主代议模式"的其他合法化途径提供富有意义的启示。但是，它至少可以告诫我们，目光不要紧盯住自身发育尚未成熟的民主代议机关，赋予其过多的期待，而是应该将视野拓宽，在民主代议过程之外觅得解决行政组织领域诸多问题、确保行政组织建构合法性的其他途径。

2003 年的孙志刚案件和 2001 年的郑州市"馒头办"事件，或许可以为我们认知新的途径提供有价值的思路。孙志刚案件虽然起因于一个普通个体的惨痛悲剧，但是它引发了举国上下对实施已久的收容遣送制度的声讨，并最终导致该项制度的终结，取而代之的是流浪乞讨人员救助管理制度。① 由此，以前的收容遣送机构也纷纷转型为救助机构。1998 年，郑州市"为加强对馒头市场的管理，取缔不卫生的馒头小作坊"而成立了市、区两级馒头生产销售管理办公室。2001 年初，市级"馒头办"决定将审批、发放馒头生产许可证的权力从区级上收到市级，于是，两级机构之间开始出现冲突，并引发执法人员在郑州市白庙市场的公开对垒。在媒体普遍报道并激起对"馒头办"合法性的质问浪潮之后，2001 年 3 月 24 日，郑州市政府召开新闻发布会，正式宣布撤销市、区两级"馒头办"，对馒头生产和销售的管理回归至工商、卫生、质量监督等职能部门。②

无疑，这两个实例是行政组织合法性问题得到解决的另一个侧影。个中透露出公众正试图从个人自由、尊严以及市场自主、社会自治等实质规范基点出发，去提出并解决行政组织权力手段应该有哪些，哪些权能是行政组织应该享有的、哪些是应该摒弃的，以及哪些行政组织应该继续存在等问题。这种厘定行政组织实质合法性边界的努力，并非完全发生在民主代议过程或司法过程之中，更不是诉诸行政组织法典化的建构，而是借助一种非正式的、自下而上的民众行动的方式。它们的共性之处有：其一，偶发事件的刺激和促动；其二，相对开放的环境中公共舆论的形成和迅速增长；其三，政府无论出于何种动机而表现出来的对民意的回应。据此，我们或许可以想

---

① 2003 年 6 月 20 日，国务院颁布《城市生活无着的流浪乞讨人员救助管理办法》（2003 年 8 月 1 日起施行），同时废止 1982 年开始实施的《城市流浪乞讨人员收容遣送办法》。

② 《郑州馒头大战纪实》，湖北省中小学教师继续教育网，http://www.hubce.edu.cn/jwc/jwc5/messages/8750.html；《接受舆论批评，规范政府职能》，《法制日报》，http://www.legaldaily.com.cn/gb/content/2001—04/05/content-15872.htm，最后访问日期：2005 年 4 月 3 日。

象，除了在实践中难掩其局限的"民主代议模式"之外，是否存在其他的公共行政组织合法化建构的可能进路？如果存在，那是一种什么样的进路？与民主代议的合法化进路相比它有哪些特性并在怎样的条件下和范围内是可行的？

四 传统模式的方法论反思

个案透析的确可以揭开传统模式局限性之冰山一角，开启对可能的其他进路之思考，但是个别事件毕竟有其特别性，从中并不见得一定能够导出具有普遍意义的结论。为了发现、认知与定位一种可供选择的合法化进路，有必要在个案的基础上，对传统模式进行全面的反思。行政组织法治主义传统的基本思路与主张，已于前文述及，在笔者看来，其在方法论上隐含有三个相互关联的观念：其一，单一原因论；其二，理想的形式规范主义；其三，绝对的建构理性主义。

首先，传统模式的预设是，当前行政组织方面存在的诸多问题甚或一切问题，都可归结于行政组织法的自身不足。然而，这种单一原因论的倾向，轻易地在行政组织无序现象与法律体系的弊病之间搭起一条直接的因果链条，而有意无意地忽略或放弃了对其中多种动因的关注。行政组织体的自利动机[1]、市场或社会不成熟对政府提出的挑战[2]、政府职能与市场或

---

[1] 当前在行政组织领域发生的许多故事昭示，但凡有兴趣并有机会参与组织问题的讨论与决策的主体，都不同程度地基于自利的考虑。例如，在安徽省水资源费征收案和郑州市"馒头办"的事例中，建设行政部门和水行政部门、市和区"馒头办"之间的利益争夺，反映了"块块"与"条条"在职权分工问题上都有各自的利益驱动。不同机关或部门会极力为本机关或部门的利益，设计行政组织或提供行政组织的设计方案。这也印证了公共选择理论关于公共的或集体的选择同样会追求自我效用最大化而并不一定是寻求公共利益的假设。参见〔美〕詹姆斯·M. 布坎南、戈登·塔洛克《同意的计算》，陈光金译，中国社会科学出版社，2000，第17页以下。

[2] 郑州市两级"馒头办"的职权相争，主要是"自利"的因素在作祟。但是，在成立"馒头办"的问题上，郑州市政府对外宣称的理由是要消除不卫生的馒头小作坊；在制定《郑州市馒头生产销售管理暂行办法》时，目的明确是"为加强馒头生产和销售管理，促进馒头生产的机械化、规模化，保障人民身体健康，方便人民生活"。没有直接的证据表明，郑州市政府在考虑是否对馒头生产、销售进行专门管理，是否成立"馒头办"的时候，完全出于自利的动机。市场中出现的"失灵"现象，似乎是郑州市政府初始决策时非常重要的一个考量因素，尽管基于这种考量所形成的"馒头办"管理体制并不具有实质的合法性（可接受性）。

社会的互动关系处于激烈变迁的状态①、中央与地方的关系也在探索调适阶段②、民主代议机关在权威机构之中处于相对弱势、行政机关甚至党委机关在组织决策上的主导权③以及维系地方财政的考虑④等，诸如此类的现实因素，都直接或间接地导致行政组织的无序。

而且，这些原因并非独立发生作用的，它们之间存在错综复杂的关联。例如，行政机构的不断改革和演变，往往使得其间涉及的职权重新配置、人员编制和内部结构等问题，很难通过简单地诉诸立法过程的努力予以解决。而当代对"法治"的宣传与呼吁，又会促动利益相关的机构把法律作为其地位合法化（更大意义上是一种形式合法性）的工具，尽其所能地"俘虏"立法者，甚至会由此形成不同立法主体制定的规范之间的冲突与矛盾。结果，在表面上，争权夺利者似乎皆有权威机构和依据的支持。这一点可在安徽省水资源费征收案中获得明证。

与单一原因论倾向密切相关，传统模式认为唯有通过并且完全能够通过法律的建构与完善，使混乱的行政组织领域重获一种秩序。笔者在此将

---

① 历时 20 多年的收容遣送机构及其职能的合法性，之所以在当今受到普遍质疑，除了收容遣送制度运作中出现的许多问题之外也与越来越频繁的人口流动、人权保护意识日盛等社会变迁有关。

② 中央和地方的事权划分，也是行政组织法治主义者相当关切的问题。而这个问题又与分税制改革有着紧密的联系。1994 年分税制改革，曾被认为发挥了中央和地方两个积极性。参见朱光磊《当代中国政府过程》，天津人民出版社，1997，第 169 页以下。但是，分税制改革实际上使得"地方税收收入占地方财政收入的比重呈下降态势，行政性收费、罚没收入和其他非税收入成为拉动财政收入增长的主体"；"分税制以后中央和地方之间的职能划分并没有真正做到明晰、合理，地方政府事实上承担着许多本该中央政府承担的职能"；"中国财政体制虽经过多次改革与调整而不断完善，但始终没有根本解决好各级政府之间事权划分以及完善的政府间转移支付等问题"。参见陈锡文、韩俊《五大因素导致县乡财政危机》，国务院发展研究中心网站，http//www.drcnet.com.cn/New-Product/expert/showdoc.asp? doc-id =147312，最后访问日期：2005 年 3 月 26 日。

③ 关于党委机关对行政组织的权力，参见周庆智《中国县级行政结构及其运行——对 W 县的社会学考察》，贵州人民出版社，2004。

④ "至于根据'上级业务部门要求'涉及的新设的或恢复的机构亦不在少数，如计委、经贸委、教育局、科技局等部门，一个重要的原因是，上级'条条'部门在物资、资金、项目等方面都掌握着很大一部分权力，使县政府部门必须保持与上级部门的联系渠道畅通，如此，才不会使上级主管部门切断与其财、物方面的联系。尤其对 W 县这个国家级贫困县来讲这太重要了。"周庆智：《中国县级行政结构及其运行——对 W 县的社会学考察》，贵州人民出版社，2004，第 89 页。

这种对行政组织法（尤其是专门法典）寄予厚望的方法称为"理想的形式规范主义"。其特征是相信立法的规制功能、相信民主代议的形式合法化功能、相信一个健全的行政组织法系统能够解决行政组织无序问题。① 在相当程度上，它并不明显地关心行政组织的实质合法性问题；或者，更为准确地说，它或许认为形式化的立法过程及其产品可以有效地解决实质合法性问题。然而，这种方法对民主代议过程和行政组织法典化的功能过于乐观了，而对其局限性缺乏必要的警觉。

首先，民主代议和立法过程有着内在的痼疾，它既不可能对所有的行政组织问题及其多样化的、复杂的原因先知先觉，并提供完美的整饬方案，也不可能及时、高效地使规则体系与情势的变迁实现恰当的契合。这一点已是毋庸置疑的知识。其次，民主代议和立法过程的"民意代表性"有相当的想象和虚假的成分，在民选制度发达程度不同的国度，都存在这个问题，只是具体表现形式和缘由不完全一致而已。这个特点注定对行政组织的建构最多只能完成形式上的合法化，而有可能掩盖个中存在的立法受行政"俘虏"的真相，也有可能无法真正回应民众对行政组织实质合法性的关切。再次，行政组织法律规范或法典体系即便实现了形式上的合法化功能，其现实的有效性仍然会受制于别的制度因素而无法达到预期的状态，甚至会与别的制度因素结合，形成一种异化的功能。1949 年至 20 世纪 50 年代中期，中国曾经有一套看似极其完整的组织法体系，可在相当长的时期内被实际地"打入冷宫"。② 安徽省水资源费征收案也表明，关于行政组织的立法授权（给国务院制定征收办法的权力）虽然已经作出，但征收主体这一重大问题的解决并非仅靠授权性规范。更令人咋舌的是，涉及行政组织内容的法律规范，可能成为机构增设的"正

---

① 此处所用"理想的形式规范主义"一词与英国公法传统中的"规范主义"所指并非一致。根据马丁·洛克林的介绍，英国公法传统中的"规范主义"是一种与"功能主义"相对立的思想风格。它强调更少控制的自由、权利先于国家、传统的重要性、有限政府的理念、原子个人主义以及社会的自生秩序等。与之对立的"功能主义"，强调做某事的自由、权利源于国家、进步论、积极政府的理念、集体主义以及社会工程理论等。参见〔英〕马丁·洛克林《公法与政治理论》，郑戈译，商务印书馆，2002。
② 姜明安、沈岿：《法治原则与公共行政组织——论加强和完善我国组织法的意义和途径》，《行政法学研究》1998 年第 4 期。

当由头"。① 最后，在立法能够发挥作用的有限范围之内，单纯的专门组织法典也不可能取代零星的、散见于规范特定行政管理领域或特定行政职能的立法中的行政组织规则。在传统模式的计划中，行政组织法体系的完善更多地集中于那些专门的组织法典，而单行的、主要规范特定管理领域或职能的法律法规，被认为不能从根本上解决行政组织的无序问题。② 但是，实际上，这些特定法律法规有其不可替代的功效，尤其是在解决职权交叉、职权设置不合市场或社会发展需求的问题上。这些问题是不可能通过或单纯依靠"组织法"或"组织条例"给予解决的。

单一原因论和理想的形式规范主义，又可引出传统模式内含的绝对的建构理性主义倾向。在哈耶克的术语中，建构理性主义与进化理性主义（渐进理性主义）是相对立的两种自由理论传统。③ 尽管本文所论的行政组织法治主义，还谈不上属于建构理性主义的自由理论传统，但其对建立完整的行政组织法体系以及该体系可以解决行政组织无序问题的确信，在一定程度上暗合了这种倾向。因为，它们都自觉地或在潜意识中认可甚至崇尚理性的至上作用，认为"我们运用自己的理性，通过对我们的任务进行更为理智的思考，甚至是更为恰当的设计和'理性的协调'，就能消灭一

---

① "从县政府不断增设的机构来分析，大致有两类：一类是根据上级的文件或指示所设置或恢复的；另一类是自行新设或恢复的。前一种情况涉及县级机构与法律法规衔接或条条的需要（这也成为县政府不断增设机构所援引的理由），如根据国家土地法、环境保护法而由原来的一个局（城乡建设、环境保护与土地局）分设为三个局：土地局、环保局、城乡建设局。其实，涉及地方政府机构设置的法律法规还有很多，这意味着，地方政府只要不失时机地强调'依法行政'，那么增设机构的空间将一直会存在下去。如国务院《公证暂行条例》规定公证处的领导机关是司法行政机关，县政府就设司法局。其实，县级司法局的实际行政职能并不多，加上县委政法委'包办代替'，司法局的行政事务更是所剩无几。"周庆智：《中国县级行政结构及其运行——对 W 县的社会学考察》，贵州人民出版社，2004，第 89 页。

② "由于行政权设定不清，管理主体不明，因而不得不在一些单行的法律中对有关行政组织法的问题作出规定。如行政处罚法对处罚权设定和处罚主体的规定。但这仅是治标不治本，仍然无法克服因行政组织无序而导致的管理上的混乱。"应松年、薛刚凌：《行政组织法研究》，法律出版社，2002，第 3 页。

③ 哈耶克援引 J. L. Talmon 的论述指出两种传统的对立，"一方认为自生自发及强制的不存在乃是自由的本质，而另一方则认为自由只有在追求和获致一绝对的集体目的的过程中方能实现"；"一派主张有机的、缓进的和并不完全意识的发展，而另一派则主张教条式的周全规划"；"前者主张试错程序，后者则主张一种只有经强制方能有效的模式"。〔英〕哈耶克：《自由秩序原理》（上），邓正来译，三联书店，1997，第 64 页。

切依然存在的不可取现象"。①

绝对的建构理性主义倾向无疑忽视了理性的盲区和有效度，对事物在理性思维中的可确定性有着过度的信念。而中国行政组织制度的变迁实例，从正反两个方面都可印证，行政组织的合法化不是完全依赖于事先的预见、设计和规划可以实现的。历时3年的郑州市"馒头办"突然撤除、历时21年的收容遣送站转眼之间改头换面，不是任何人（包括立法者）理性计划好的。而机构改革中据称可以转变政府职能、精简机构的行政机构向事业单位转化的举措，却导致出现了事业单位膨胀的现象。②

五　合法化的另一种进路

前文有关制度变迁的个案透析，以及对传统模式方法论的反思和检视，已经隐约地崭露现实中公共行政组织建构的另一种合法化进路。这一进路与学理上的"民主代议模式"不同，它也没有完全接受学理上的主张，去缔造一个无所不包、无所不能的法律体系。行政组织法典化的设想，在20世纪的八九十年代就已提出，但迄今为止都未纳入立法日程之中，这足以佐证学理主张遭遇现实的冷漠和拒绝。相反，实践中对行政组织问题的解决，似乎是一种融合建构、试验、知识积累、反思和再建构等的循环往复过程。郑州市"馒头办"的设立和撤除、收容遣送站的建设和转型、水资源费征收主体的纷争和最后确定，甚至可能更多的本文未予描述的事例，都显示出问题解决是多种力量共同推动的复杂过程，是看似混沌但又有内在运作逻辑的过程，尽管参与这些过程的人或组织可能事先并未明确意识到确定的结果，尽管由于信息的不完全、研究力度的欠缺以及

---

① 〔英〕哈耶克：《致命的自负》，冯克利、胡晋华等译，中国社会科学出版社，2000，第58页。
② "这些单位具有某种专业性或行业特点，惟其如此，它可以不靠财政而去从事营利活动，或者说，它既能放手使用它具有的那部分行政职能去收各种管理费或事业费，又能直接去经营实体。这类单位一般实行行政事业混编制：或给编不给钱或差额补贴。把那些超编人员供养起来，而财政又不必负担，县政府就不必担心机构多人多了。"周庆智：《中国县级行政结构及其运行——对W县的社会学考察》，贵州人民出版社，2004，第90页。

认知能力的有限，我们还无法清楚地揭示或解释其内在的运作逻辑。①

这一循环往复过程并不排斥建构理性。一方面，中国法律现代化在很大程度上是一个与古老中国礼法断裂的进程，它始终在法律移植的倾向之中，通过规则的制定，以建构适应社会现代化的各种条件和环境。在此意义上，它不是完全奉行哈耶克在普通法经验基础上归结出的渐进理性主义，不是在传统秩序的基础上自发地完成的。另一方面，当下中国处在市场培育与发展、政府职能转变和国家干预主义并举的行政国家状态，在整体上，法律规则多是由立法者决定强制施加于社会秩序的，而不是"自然而然"逐渐演进的。② 立法者在相当程度上运用建构理性，以期高效率地实现秩序的重新塑造。行政组织的合法化问题，既是中国法律现代化进程之内生问题，也是当今中国行政国家状态下秩序转型问题，其自然不例外地需要某种形式的建构主义方案。

但是，某种形式的建构主义方案并不意味着行政组织合法化的进路是绝对的建构理性主义，即完全服从于来自周全规划的命令和控制的。在20多年的改革进程中，许多涉及行政组织的建构式立法或政策，不再被认为是绝对正确的周密理智的设计，而是一系列试错的方案（包括屡受行政组织法治主义诟病的行政机关"三定"方案③）。它们的实施往往是试验、知识积累和不断反思的过程。在这个过程中，源于立法者或政策制定者建构理性的产物，受到众多社会行动者（包括规则执行者）基于其个体理性的检验，渐进地得到认同或抵制。建构理性所设想的秩序，在经验的渐进理性和反思理性的严格拷问之中，或者逐步地形成和稳定，或者因为"错置具体性的谬误"而难产，进而引发重新的设计。在此意义上，当下中国行

---

① "一系列具有明确目的的制度的生成，是极其复杂但却条理井然的，然而这既不是设计的结果，也不是发明的结果，而是产生于诸多并未明确意识到其所作所为会有如此结果的人的各自行动。"〔英〕哈耶克：《自由秩序原理》（上），邓正来译，三联书店，1997，第67页。

② 行政国家状态下的西方法律，也有相当一部分来自国家干预主义的选择，并强制施加于社会秩序。因此，在德国学者托依布纳看来，哈耶克的理论过高估计了传统习惯法和自生的秩序，而把基于干涉主义、通过政治过程（立法过程）形成的法律视为建构理性主义的法律，贬低其价值。〔德〕托依布纳：《法律：一个自创生系统》，张骐译，北京大学出版社，2004，第69页。

③ 即"定职能、定机构、定编制"方案，其通常是以行政机构内部规范性文件形式存在的，原理上不属于"法"的范畴，但对机构的组成、权限、人员设置等具有重要的指导作用。

政组织合法化实践进路隐含的方法论倾向，或许可以称为"复合理性主义"的。

由此观之，这一实践进路，并不是完全听命于或屈从于现实的安排，从而落入抱残守缺的陷阱。它从现实经验出发，关注具体的、个别的行政组织法治问题，关注单行法律、法规、规章以及其他规范性文件的实质合法性设计。它有意让有限的理性在具体的行政组织问题上更好地发挥其作用，在有限理性比较容易认知和检验的范围内去思考具体的行政组织问题是如何形成的、什么样的解决方案比较合理等，并充分调动多数个人或个体组织的力量去提出供选择的可试验方案。它不排除规范主义，而是通过知识的积累性发展，去切实地、恰当地提供规范性设计。[1] 它不仅仅考虑形式的合法性，更考虑具体的行政组织应当如何设置、应当享有哪些权力等实质合法性问题。所以，笔者愿意将与上述复合理性主义关联的规范主义倾向，同传统模式中理想的形式规范主义相对，称为"经验的实质规范主义"。也正是因为需要从个人自由与尊严、市场自主、社会自治、行政效率等各种价值出发，去关注行政组织建构的实质合法性问题，有关行政组织的、具有目的导向的立法或政策设计，就必须借助反思的理性及过程，以便不断地回应社会需求，厘定不时发生位移的行政组织实质合法化的边界。

诚然，在这种复合理性主义、经验的实质规范主义进路引导的实践中，行政组织混乱无序的现象仍然是大量存在的，而且很有可能还会在一段时间内长期存在，但是，我们不能因为有如此多的问题，就寄希望于"一种更高级的、超自然的智能的设计"，[2] 以图一揽子地、快捷地、较为省事地解决。这样一个不可能完成的使命，在某种程度上犯了知识上的狂妄之病。本文所列举现象的存在恰好折射出实践中所采取的进路，承认当前中国行政组织制度变迁的剧烈，承认它处于多种动因所致的一个混沌状态。行政组织的混乱无序，在相当程度上只是在多种推力影响下的行政组织决策过程、结论及其效力之不可确定性的反映。就此而言，这种进路自

---

[1] "我们所主张的，并不是要废弃理性，而是要对理性得到确当控制的领域进行理性的考察。"〔英〕哈耶克：《自由秩序原理》（上），邓正来译，三联书店，1997，第81页。
[2] 借用哈耶克的话语，见〔英〕哈耶克《自由秩序原理》（上），邓正来译，三联书店，1997，第67页。

觉或不自觉地接受了"多向原因论"。

行文至此，公共行政组织建构的另一种合法化进路，在方法论和表现形式或载体上已经渐趋明晰。为了简约起见，笔者姑且将其称为"开放反思的合法化模式"。与传统模式仅仅流于学理的探讨不同，它是实际存在的。它诉诸的是更为广泛的公众参与过程，利用当下方兴未艾的诸如公民建议、媒体讨论、课题研究、民间座谈、专家论证、听证会等民意聚成机制以及与之结合的立法过程、行政决策过程乃至诉讼过程等民意回应机制，去揭露、反省和解决各式各样的行政组织问题。这样的公众参与网络目前还未成熟，也只是"小荷才露尖尖角"，但它在中国漫长的政治历史上是崭新的，且有突破各种观念和技术阻力日益成长的趋势。由于其尚欠成熟，它在多大程度上能够收获可接受（合法）的行政组织建构方案，的确是一个难决的问题。然而，如果我们不是迷恋于自己所受的教育带来的理性和知识，而去切实地关怀受制于复杂利益格局的人们（包括我们自己），就可以至少是理解某种看起来并不合理的组织方案之所以被接受背后的理性和知识。更何况，通过公众参与网络的合法化进路，并不冀望"一锤子买卖"，具有"一时可接受性"的方案仍然有进一步接受理性反思和检验的可能。①

或许，中国在未来的某个时段，终将实现传统模式构想的美好蓝图，像西方有些国家那样拥有相对完整的行政组织法典体系。② 然而，这应该

---

① 2004 年施行的行政许可法就确立了此种性质的开放和反思机制。关于行政许可的设定，该法提供了一些实质性的允许和限制标准（第 12 条、第 13 条）。但是，显然立法者意识到这些标准是相对抽象的、模糊的，也意识到需要设定或不需设定行政许可的理由，可能会随着时代的变化而有所不同。因此，该法不仅要求起草拟设定行政许可的立法草案的机关必须采取听证会、论证会等形式听取意见（第 19 条），而且要求行政许可设定机关必须对已经存在的行政许可进行评价，授权实施机关以及普通个人或组织可以提出评价性意见（第 20 条）。尽管这种机制的实际运行状况尚不得而知，制度本身也有些欠缺（如该法未规定行政许可设定机关如何应对来自普通个人或组织的评价性意见的程序），但是，相信这个正式机制与非正式的公众参与网络结合，仍然会发生一定作用。如果考虑到具体行政职权的有无是行政组织范畴内的一个重要问题，就可以承认这种机制在行政组织建构合法化方面的意义。

② 如英国的《英王大臣法》、《市自治组织法》、《地方政府法》、《伦敦政府法》、《苏格兰地方政府法》、《北爱尔兰地方政府法》、《区和教区议会法》等，日本的《内阁法》、《国家行政组织法》、《法务省设置法》、《公安调查厅设置法》、《法务省组织令》、《法务省组织规程》等。

不是纯粹设计的成就，而是渐进发展过程中逐步选择和调适的结果。即便在那些具备行政组织法典体系并因此被引为学习楷模的国家，也不断地面临行政改革的挑战，需要适时地提出制度选择和调适的方案。只不过，由于其较为注重民主代议过程的形式合法化功能，也有着相对完备、成熟的民主代议机关，所以，更多的是通过民主代议机关，将方案承载于立法或立法修改（包括法典）的形式之中。① 在中国当下，行政组织法典化的建议尚未进入立法日程，亦即尚未进入制度选择和调适的视野，而民主代议机制乃至理念又不像有些国家那样强大。因此，开放反思模式可以让我们更为实际地、富有意义地去解决具体的合法化问题。我们不一定非常清楚地意识到这种努力的结果会对未来的法典建设产生怎样的影响，因为这不是现在能够明确作出判断的。可以确信的唯有一点，它肯定会和其他的制度动因（包括民主代议机制本身的改革）结合起来生成而不是设计出法典化的结果。

在此意义上，开放反思模式并不排斥民主代议过程具有形式合法化功能的观念，并不完全否认传统模式的自有价值。一方面，在关注具体行政组织问题的时候，经常会提出交由民主代议机关或民主代议机关授权的机构进行讨论的立法或政策建议。很多时候，这一进路中产生的实质合法化方案会转化为立法的形式，完成实质合法与形式合法的结合。只是，这种结合通常表现在各种单行法之中，而不是结晶为组织法典。另一方面，传统模式完善行政组织法典体系之主张，依然有可能在不断的开放反思进程中，通过其他配套机制的改革，而逐渐地得到实现。不过，传统模式也应该承认其主张的有效限度。法典化的努力不可能像其所设计的那样，一劳永逸地解决所有行政组织的实质合法性问题。它的价值更多在于为行政组织实质合法化提供一种制度性的、程序性的框架，在于使目前尚未成熟的开放反思模式更趋制度化、定型化。即便法典化的框架在未来终于形成，传统模式所揭露的行政组织领域诸多问题之解决，仍然需要诉诸持续的开放反思过程。

---

① 例如，1997年的日本行政改革报告提出的改革建议，被认为是在二战之后一次较为彻底的行政改革，其力图解决的行政体系弊病则是在50多年的发展中日益显露出来的。报告的具体内容都要法案化并经国会审议批准，其中也包括修改《内阁法》，然后才能成立新的组织机构。张国成：《日本行政改革悄然开始》，《政府法制》1998年第2期。

社会转型时期的法治发展规律研究[*]

袁曙宏　韩春晖[**]

摘　要：社会转型是一个价值更替、秩序重构和文明再生的过程，社会转型时期是一个国家和民族承继以往优秀传统、解决当前现实问题、规划未来发展方向的关键时期。西方国家在社会转型过程中法治的发展既呈现鲜明的个性色彩，又包含基本的共性特征；既植根于各国的传统和国情，又遵循了基本的法治规律。我国当前正处于急剧的社会转型过程中。西方国家社会转型时期法治建设的共性特征、基本经验和一般规律给我们以诸多启迪，也有助于我们预测和把握我国法治的未来发展趋势。

关键词：社会转型　法治建设　法治道路

社会转型是一个价值更替、秩序重构和文明再生的过程。我国的社会转型，"主要是指经济体制从计划经济向市场经济的转轨，所有制结构由单一的公有制向以公有制为主体的多种所有制转变，治国方略从人治向法治的转变，社会环境由封闭型逐步向开放型发展，以及国家社会高度统一的一元结构向国家和社会二元结构过渡"。[①] 这是当前我国法治建设无法回避的现实问题、无法脱离的时代背景，它深刻地注解着我国经济增长持续、社会观念激变、各项改革迭出和民主化进程发展迅速等所有社会现

---

[*]　本文原载于《法学研究》2006年第4期。
[**]　袁曙宏，第十三届全国政协教科卫体委员会副主任；韩春晖，国家行政学院法学教研部教授。
[①]　罗豪才：《社会转型中的我国行政法制》，《国家行政学院学报》2003年第1期。

象,也从根本上决定了我国法治建设中必然面临一系列冲突和难题。

西方国家也曾先后经历了社会转型的过程,它们的法治建设同样经历了深刻的历史变革。西方国家的法制变革一般开始于19世纪末期,急剧发展于20世纪前期和中期,特别是二战以后,最晚完成于20世纪90年代。这种变革主要为两种因素所推动:一是工业化的发展和完成;二是福利国家的兴起和发展。社会转型中的西方各国,也都曾面临如何协调自由与秩序、公正与效率这两组价值矛盾的历史性课题。就法治建设而言,其中蕴含着价值取向的整合与更替、法治主题的转换与深化、法治道路的取舍与抉择、治理模式的融合与重构、权力监督的失灵与再造、权利救济的探索与完善以及私法精神的张扬与微调等一系列重大问题。它们的解决思路,既呈现鲜明的个性色彩,又包含基本的共性特征;既植根于各国的传统和国情,又遵循了一般的法治规律。本文拟通过对西方国家在社会转型过程中特别是二战后法治建设共性特征的研究,[①] 来探求各国现代法治建设的基本经验,以期对我国社会转型中的法治建设有所启迪,并对我国21世纪法治建设的发展趋势进行理性预测。

一 社会转型时期西方国家法治建设的共性特征

大凡社会转型比较成功的国家,其法治建设的价值取向总是集中地反映了特定国家特定时期的社会情况和基本矛盾。与此同时,法治建设的价值取向又会对社会发展起巨大的推动作用。总之,法治建设的价值取向与社会发展两者之间呈现一种互促互动的良好态势。受这种价值更替所主导,它们的法治建设呈现一些共性的特征,主要表现在以下四个方面。

[①] 从法制的角度而言,英、美是普通法系的代表性国家,法、德是大陆法系的代表性国家。日本则比较特殊,自明治维新以后,日本开始向西方学习,其法律制度开始"脱亚入欧"。在二战以前,日本的法律制度属于大陆法系;在二战以后,日本的法律制度又转向英美法系。不论是形式上还是精神上,日本的法制都体现出非常明显的西方特征,所以我们也把它放在西方国家中来考察。俄罗斯是中国周边国家中正在转型的国家,对我国有很大的借鉴意义。因此,本文主要以英、美、法、德、日、俄六个国家的经验作为考察对象。

(一) 法治建设重心从私法向公法转移

法治社会的生成在一定意义上标志着社会转型的完成和法制现代化的实现。它是一个不断削弱政治专权、捍卫个体尊严、保障个人权利的过程。相对而言，这些基本理念与私法的平等、自由、开放、私权神圣以及意思自治的核心精神具有一贯的一致性，更易于在私法中得到贯彻和实现。另外，私法与公民的经济生活息息相关，无法分开；社会法与公民的社会福利紧紧相连，不可分离；公法与公民的政治权利相互交融，难以割断。而社会转型主要是从不完善的市场化到完善的市场化，并走向福利国家的过程。在这一过程中，对私法的需求先于对社会法的需求，而对社会法的需求又先于对公法的强烈渴望。因此，从各国社会转型时期法治建设的过程来看，它们的法治建设普遍经历了"先私法后公法"的发展道路。具体来看，大致体现为私法的完善、社会法的出现和公法的崛起三个阶段。当然，这三个阶段并非泾渭分明，在某些时期三个阶段或者相互融合，或者交互发展。

（1）私法的完善。美国最剧烈的社会转型主要发生于19世纪末到20世纪前期。[①] 在19世纪末之前，美国经济基本上采取自由放任的政策，法治建设的重点放在完善市场竞争要素的私法领域，基本体现为判例法的形式。19世纪末才开始制定某些统一的成文法，主要表现在商业方面，如1896年的《统一流通票据法》和1906年的《统一买卖法》。之后不断完善，到1968年《消费者信贷保护法》和《统一商法典》第2篇的颁布，标志着美国私法变革的完成。[②] 德国的社会转型主要发生于二战之后，自1949年颁布的《德国基本法》肇始并以此为基础。但是，该法最先推动的却是德国私法的发展和变革。《德国基本法》承认所有权、契约自由、遗嘱自由等各种自由权，并为把这些自由权直接适用于私人提供了宪法依据。为了与基本法确立的基本原则相适应，并满足社会经济关系发展的需

[①] 美国历史上似乎存在某种改革的传统，一直变动不居，生生不息。因此，在一定意义上，美国社会一直处于不断的转型之中。李剑鸣：《大转折的年代——美国进步主义运动研究》，天津教育出版社，1992，第90页。本文基于研究的需要，选取了工业化引起美国社会急剧变化的时期作为考察的切入点。

[②] Richard E. Speidel：《美国商法典的立法背景及发展趋势》，http://als.nease.net/tuijian/mg-shfd.htm，2005年2月21日。

要，联邦德国在私法领域进行了一系列的立法活动。如 1952 年的《企业组织法》、1957 年的《男女平等权利法》、1965 年的《股份公司法》和 1976 年的《收养法》，以及从 1979 年开始了对民法典债务关系法编的修正工作。① 至此，德国的私法渐臻完善。苏联解体后，俄罗斯也处于急剧的社会转型过程中。整体上看，20 世纪 90 年代，其法治建设的重点主要放在宪法和私法方面，如 1993 年颁布了宪法，新民法典的第一部分和第二部分分别于 1995 年和 1996 年生效实施，其第三部分也正在制定之中。

（2）社会法的出现。美国在私法变革的过程中，其社会法也开始出现。1935 年颁布了《社会保障法》，为整个社会保障体系的建立奠定了坚实的法治基石。德国法治的发展也是如此，与私法变革紧紧相随的是带有强烈公法性质的经济法和社会法的出现。如 1951 年的《解雇保护法》、1957 年的《反对限制竞争法》、1978 年的《损害赔偿责任法》等。特别是 1975 年颁布的《社会法典》，对社会福利、社会救济和社会补偿制度作了具体而系统的规定。② 这些法律都贯穿了市场经济的主导思想，国家主义原则贯彻始终，具有很强的公法特征。20 世纪 90 年代中期的俄罗斯，其法治建设的重点也转移到了社会法领域，例如 1994 年颁布了《俄罗斯联邦劳动法典》草案，但因遭到各方激烈批评而至今未获国家杜马通过。因此，为解决该法典悬而未决所带来的困境，俄罗斯于 1995 年 11 月颁布了《解决集体劳动纠纷的程序》。③

（3）公法的崛起。20 世纪以后，现代公法发展日显其重要性、成熟性和整体性，并开始全面崛起。④ 美国成文的公法首先出现于罗斯福"新政"时期。1946 年《联邦行政程序法》、《联邦侵权赔偿法》和 1950 年《司法审查法》的颁布，标志着美国行政法体系的基本确立；而 1967 年《信息自由法》和 1976 年《政府公开法》的颁布，进一步表明美国行政法作为一个公法部门的崛起。⑤ 另外，虽然美国至今没有制定统一的刑法典，只是在 1962 年公布了一部《标准刑法典》草案，供各州立法参考，但自 70

---

① 何勤华主编《德国法律发达史》，法律出版社，2000，第 272 页以下。
② 何勤华主编《德国法律发达史》，法律出版社，2000，第 300 页以下。
③ 张寿民：《俄罗斯法律发达史》，法律出版社，2000，第 289 页。
④ 袁曙宏：《论建立统一的公法学》，《中国法学》2003 年第 5 期。
⑤ 姜明安主编《外国行政法教程》，法律出版社，1993，第 220 页以下。

年代以来越来越多的州承认并在司法实践中采纳该草案中的罪名，昭示着刑法作为一个公法部门也正在发生深刻的变革。私法的变革和社会法的出现，也推动了德国公法在20世纪六七十年代以后的迅速发展。如1960年颁布的《行政法院法》，建立了德国统一的行政法院制度，是行政法制变革的开始；1976年颁布的《行政程序法》，是德国行政法的基本法，表明德国行政法进入成熟阶段；1975年生效的刑法，是继德国1871年刑法典之后的第一部完整的现代刑法典。总之，到20世纪70年代末，德国公法作为一个整体已经崛起。在90年代后期的俄罗斯，其法治建设的主要成果也产生于公法领域，如1996年5月颁布的《俄罗斯联邦刑法典》、1996年12月颁布的《俄罗斯联邦刑事执行法典》。而自1997年4月开始，《俄罗斯刑事诉讼法典》也正处于不断讨论和修正之中，成为该国法治建设的一个热点问题；1998年12月对《检察法》的修改和补充也是俄罗斯公法建设的一项重要成果。

综上所述，各国转型时期的法治建设并非没有重点、齐头并进，当国家的根本大法宪法确立之后，一般是先完善私法，继而制定社会法，最终推动公法的崛起。

（二）遵循"国家辅助性作用"之原则

在社会转型过程中，西方各国的法治建设都着重处理"政治国家"与"市民社会"两者之间的关系。它们将两者明确区分，既避免政治的社会化，也避免社会的国家化，并在总体上遵循着"国家辅助性作用"的基本原则。[①] 国家辅助性作用原则要求，在处理国家与社会的关系时私人自由优先，因而个人责任与协作优先于国家责任。具体而言，体现在国家权力的归位、社会公权力的勃兴和公民权利的拓展三个方面。

（1）国家权力的归位。美国前总统富兰克林·罗斯福认为："什么样的事情应该由政府来做呢？这件事情很有必要办，老百姓也很愿意办，那么就让老百姓办；这件事情很有必要办，老百姓也很愿意办，但是能力不

[①] 国家辅助性作用原则涉及两个方面的关系，一是国家与私人经济的关系，在这一关系中私人自由优先，个人责任优先于国家责任；二是涉及国家的经济行政组织，较低的地方行政优先于上级行政，自治团体优先于国家。〔德〕罗尔夫·斯特博：《德国经济行政法》，苏颖霞、陈少康译，中国政法大学出版社，1999，第114页。

够,那么就以民办官助的形式来办;这件事情很有必要办,但是老百姓没有兴趣去办,那么这件事情应该官办。"① 可见即使是通过"新政"举措大力扩张政府权力的罗斯福,也主张国家权力不是无边界的。在二战期间,几乎所有西方发达国家都对经济进行干预;而到了20世纪六七十年代,它们又几乎无一例外地出现了经济滞胀的状况。为此各国都纷纷进行行政改革,减少政府对经济的干预。美国80年代的"里根革命",试图把联邦政府对经济的干预减少到最低限度;英国也自1979年撒切尔夫人执政后,围绕限制政府干预经济权力采取了一系列的改革措施。英、美两国的行政改革为许多国家所效仿。20世纪80年代以后,新西兰、日本和比利时等国家都不同程度地进行了行政改革。② 这些改革都进一步强化了有限政府的理念,要求国家权力回归到适当的功能定位,退出一些不该管的领域,进入一些应该管的领域,加强一些没管好的领域。这一理念在法律上主要体现为司法审查的强化、法定程序的严格化和行政过程的公开化,多层次、多渠道对国家权力予以制约。比如,1970年以后,美国联邦最高法院在一些判决中相继赋予消费者、环保主义者、公益目的的社会团体以原告资格,扩大了司法审查原告资格的范围。③ 对自由裁量权的审查标准也趋于严格,对行政权力行使的事后控制总体上得到了加强。同时,制定严格的行政程序,以对行政权力进行事中控制。英国于1958年制定的《裁判所和调查法》,也明确规定行政裁判适用"司法性"程序,并严格规定了违反法定程序的责任。"如果法定程序的某个部分未得到适当的遵守,或者有违反自然公正原则的情形,那么就将导致调查和随后据此制定的任何命令归于无效。"④ 另外,关于行政公开的法律也促进了国家权力的规范化。如美国1967年的《信息自由法》、1976年的《政府公开法》和1972年的《联邦咨询委员会法》,都致力于促进行政公开,保证公众的知情权,监督行政权力的行使。

(2) 社会公权力的勃兴。20世纪60年代以来,英、美等发达资本主

---

① http://news.sohu.com/49/63/subject202506349.html,最后访问日期:2005年10月26日。
② 参见王敏凯《西方国家政府职能适应经济发展的改革特征》,《经济工作导刊》2002年第6期。
③ 罗豪才主编《现代行政法制的发展趋势》,法律出版社,2004,第225页。
④ 〔英〕韦德:《行政法》,徐炳等译,中国大百科全书出版社,1997,第703页。

义国家发生了一场广泛的"结社革命",即"第三部门"运动。这一时期,成千上万的第三部门组织出现在这些国家,涉及环保、医疗、宗教、慈善和教育等诸多领域。独立的第三部门在这些领域中可能比国家更能有所作为,因而国家职能开始向这些公共组织转移,社会公权力得以勃兴。只要是权力,就会产生腐败、滥用和侵权,因此,"现代行政法将国家行政以外的社会公行政纳入行政法的调整范围就不仅具有必要性,而且随着市场经济的发展和社会公权力作用范围的扩大越来越具有迫切性"。① 这种法治需求非常鲜明地体现在各国转型时期的法治建设中。美国绝大多数的行政机构和公共组织的组织法都规定,对公共组织的公权力行为可以提起司法审查;英国的社会公共组织也是经议会法律授权才能获得公权力,其行为也要受到越权无效和自然公正原则的法律控制;法国的公务法人也属于行政主体,同样属于行政诉讼的被告,可以由行政法院予以审查;日本最高法院也自1981年的大阪空港案件后,逐渐将许多社会公权力的行使纳入了司法审查的范围。②

（3）公民权利的拓展。在西方各国20世纪的社会转型过程中,公民权利的拓展主要体现在形形色色社会权利的产生和公权利的兴起上。在二战后,许多西方国家的宪法都规定了公民的经济、社会权利,如居住权、迁徙权、私生活权、生存权、劳动权和团体交涉权等,公民的基本权利从人身权拓展到政治、经济和文化等各个方面。"公民的经济、社会的自由之要求,'构成近代西方国家宪法价值体系的根本',其中特别是'经济自由成为近代国家的基础'。"③ 与此同时,公民"积极地位的收益权"、"能动地位的参政权"不断兴起,公民权利的格局从原来以"消极地位的自由权"为主,发展到与"积极地位的收益权"、"能动地位的参政权"三者并重。④ 比如,美国1967年颁布的《信息自由法》、1976年颁布的《政府公开法》和1972年颁布的《联邦咨询委员会法》,都赋予并保障了公民的知情权,1974年颁布的《隐私权法》则赋予了公民隐私的保护权;英国

---

① 姜明安主编《行政法与行政诉讼法》,法律出版社,2003,第10页以下。
② 杨建顺:《日本行政法通论》,中国法制出版社,1998,第729页。
③ 罗豪才、吴撷英:《资本主义国家的宪法和政治制度》,北京大学出版社,1983,第102页。
④ 德国法学家耶利内克在20世纪初就将私人的公权利依其对国家的地位划分为不同的类型,包括消极地位的自由权、积极地位的收益权和能动地位的参政权。罗豪才、吴撷英:《资本主义国家的宪法和政治制度》,北京大学出版社,1983,第94页。

1971年颁布的《裁判所和调查法》也规定裁决必须说明理由，公民的程序性权利受到保护；联邦德国1976年颁布的《行政程序法》赋予了公民许多程序上的权利；法国1978年颁布的《行政和公众关系法》和1979年颁布的《行政行为说明理由法》，也赋予了公民知情权以及其他一些程序性权利。另外，韩国1976年颁布的《行政程序法》和日本1993年颁布的《行政程序法》，都赋予了公民知情权、陈述权、申辩权以及要求听证权，这些权利基本上都属于积极地位的参政权。

综上所述，西方各国在社会转型过程中，很大一部分国家职能转移给了第三部门，促进了社会公权利的勃兴，也间接地促使国家权力的归位。同时，公民权利的极大拓展，既防止了国家权力的随意滥用，又制约了社会公权利的不当行使。在一进一退之间，此消彼长，权利/权力的原有格局被打破并得以重塑。

（三）国家权力格局趋于均衡

西方各国在社会转型过程中，国家权力格局也发生了变革。在横向切面上，英美法系国家的法治建设从原来过于重视司法权转向同时重视行政权，大陆法系国家从原来十分重视行政权转向同样重视司法权，司法审查制度普遍确立，立法权、行政权和司法权三者之间的制约关系得到强化。在纵向切面上，联邦主义进一步发展，中央与地方的权限被重新界定，以更加适应时代发展的需要。这两个方面的发展，使国家权力格局在结构上日趋均衡。

（1）司法审查的普遍确立。在19世纪，大陆法系国家更加信任行政权，而不重视司法权。法国行政法院系统的设置最初是行政机关自身解决行政争议，直到1953年设立上诉法院和1987年设置5个地方行政法院，才表明它完全摆脱了行政性的特征，成为彻底的司法机关。二战前的德国各邦虽然已经先后建立了行政法院，但尚未建立起德国全联邦统一的行政法院，直到1949年《德国基本法》第96条第1项规定"设置联邦行政法院"，行政法院组织才趋于统一；而1960年的《行政法院法》，更是进一步完善了行政法院体制，至此其司法审查制度才真正发挥实效。[1] 其他大

---

[1] 姜明安主编《外国行政法教程》，法律出版社，1993，第125页。

陆法系国家也在二战后相继建立了司法审查制度，这些都表明大陆法系国家司法权的不断加强。与此同时，英美法系的司法审查也有了新的发展，从由零散和偶然的法律责任追究方式组成的"不均衡的杂烩"，转变为由一系列"连贯性的原则"所组成的司法审查。①

（2）行政权的不断扩张。在 20 世纪，英美法系国家的行政权处于不断扩张之中，行政机关同时拥有了立法权和司法权，在一定意义上打破了传统的分权原则。如在美国，"行政机关拥有立法权（颁布具有法律效力的规章之权）已经司空见惯了"。② 自 1914 年开始，美国联邦贸易委员会就具有了对商业中不公平竞争案件裁决的司法权力；而 1969 年纽约州颁布了《机动车辆和交通法》，把一部分违反交通规则的轻罪由法院移交行政机关审理。"尽管行政机关刑事司法权的扩张趋势受到宪法的严格限制和舆论的强烈批评，然而，我们从中仍然可以看出，行政权在扩张的道路上走得多远。"③ 在英国，行政权兼领立法权的态势突出表现为进入福利国家后委任立法数量的急剧增长；行政权兼领司法权的态势则突出表现为行政裁判所的大量设立。到 1971 年颁布《裁判所和调查法》时，英国行政裁判所已达 50 多个，如果把各种裁判所地方分支机构加在一起，总数超过 2000 个。④ "在普通法院享有崇高地位的英国产生了如此众多的行政裁判所，是这一时期行政权力大举扩张的最好注脚。"⑤

（3）中央与地方关系的时代发展。近些年来，在联邦制和单一制国家中，中央与地方关系似乎正呈现出一个相向而行的发展趋势。在联邦制国家，开始出现了向中央一定程度集权的趋势。联邦主义是美国处理中央与地方关系的基本原则。这一原则也随着时代发展而在法院的判例中得到不同的阐释，集中体现在联邦对州际贸易的调控上。"对于贸易调控，现代法院给予国会裁量权以很大的尊重。只要国会发现联邦调控和州际贸易之间的联系具有理性基础，法院就将肯定法律的合宪性。第 10 条修正案不再独立构成对联邦权力的限制，或对各州权力的保障。因此，百年之后，最

---

① Adam Tomkins, *Public Law* (New York: Oxford University Press Inc., 2003), p. 171.
② 〔美〕伯纳德·施瓦茨：《行政法》，徐炳译，群众出版社，1986，第 31 页。
③ 罗豪才主编《现代行政法制的发展趋势》，法律出版社，2004，第 270 页。
④ 〔英〕韦德：《行政法》，徐炳等译，中国大百科全书出版社，1997，第 623 页。
⑤ 罗豪才主编《现代行政法制的发展趋势》，法律出版社，2004，第 220 页。

高法院似乎又回到了马歇尔在美国银行案中所阐述的联邦主义原理",联邦权力得到强化。① 在德国也是如此,"总体来看,联邦对各州拥有的权力是很大的,并且有日益扩大的趋势"。② 而在单一制国家正好相反,开始出现中央向地方分权的趋势。法国在1982年制定了《权力下放法》,拉开了地方分权改革的帷幕。通过设立大区,确立三级地方自治团体,改革地方公职制度,扩大地方自治权限,重构地方行政权力,增进地方民主,中央与地方的关系发生了根本性变革。③ 英国中央与地方关系的最大发展发生于20世纪90年代的宪法改革。布莱尔政府于1997年5月上台,进行了一个世纪以来最为深刻的宪法改革。其中非常重要的一点就是向威尔士、苏格兰和大伦敦地区下放权力,在苏格兰和威尔士设立议会,在大伦敦直选产生市长和单独产生议会。这一举措意味着英国中央与地方的关系被重新界定。其实,上述两种貌似相反的趋势中蕴含着相同的内在逻辑,即单一制国家一般中央权力比较集中,因而需要分权;联邦制国家一般地方自治权力比较强大,因而需要集权;其目的都在于使中央与地方在纵向权力格局中保持必要适度的均衡。

综上所述,西方国家的权力格局在其自身的内在逻辑和外部社会情势的推动下,始终在沿着"不平衡—平衡—新的不平衡—新的平衡"的轨迹运行。但是,立法权、行政权与司法权以及中央集权与地方自治之间总体上趋于均衡,是由时代发展所引导和推进的基本态势。

(四) 公共行政改革的"服务行政"取向

二战后,西方国家科层官僚制的公共行政管理模式缺陷逐渐显露。到20世纪70年代以后,西方各国的行政管理普遍陷入信任危机。"这种行政结构体制僵化、人员众多,财政支出巨大,而且形成官僚特权阶层,操纵公共部门的事务,特别是任职终身制使得这种体制格外顽固。"④ 西方各国进行的大规模的公共行政改革,就是为克服传统行政模式弊病所作出的巨

---

① 张千帆:《西方宪政体系》(上册),中国政法大学出版社,2004,第180页以下。
② 方立:《联邦德国中央与地方的关系——赴德国考察访问报告》,《党校科研信息》1994年Z1期。
③ 唐建强:《法国中央与地方关系中的监督机制及其对我国的启示》,《上海行政学院学报》2004年第6期。
④ 沈亚平、吴志成编著《当代西方公共行政》,天津大学出版社,2004,第8页。

大努力，并普遍把"服务行政"作为公共行政改革的基本方向，以建立一个超越"权力行政"的公共行政模式，① 这些努力都不同程度地反映在各国的法治建设中。具体来说，服务行政对法治建设的影响主要体现为两个方面，即公共行政过程的民主化和公共行政主体的社会化。而这一功能的转换是与福利国家和合作国家的出现密切关联的。福利国家的思想对法律的影响在于"从形式主义向目的性或政策导向的法律推理的转变，从关注形式公正向关注程序或实质公正转变"，② 因此，必须通过民主参与的方式来补充公共行政的实质公正性。合作国家的思想则强调国家与社会之间界限的模糊化，并且认为"由于国家渐渐融合在社会中，社会自身也产生了一些与国家相抗衡的机构，而且它们还具有了许多从前专属公共机构的属性"，③ 因而必然要求打破国家对公共行政的垄断，使得一部分公权力从国家向社会转移。所以，越来越多的社会中介组织承担了公共行政的职能。

（1）公共行政过程的民主化。在英国，1968 年的富尔顿报告可以看作新公共管理理念的集中体现。该报告认为，公共机构的体系应该是开放的，外部人员应该更广泛地进入僵化的科层结构中。不过，该报告当时并没有得到重视。④ 这种理念还体现在英国对行政裁判所的改革思路中。英国法学界认为，行政裁判所是按照议会旨意设立的审判机关，其产生本身就体现了民意，所以必须考虑民意。"行政也必须使一般公民认为在行政活动中合理地考虑了它所追求的公共利益和它所干预的私人利益之间的平衡。"⑤ 在美国，时任总统卡特于 1978 年签署的《文官制度改革法》是美国新公共管理思想最突出的体现，其中非常重要的一项改革是创设了高级行政职员制度（senior executive service）。高级行政职员虽然包括在文官范

---

① 如英国近 20 年来公共服务的理念发展就非常迅速。Peter Leyland, Terry Woods, *Administrative Law Facing the Future: Old Constraints and New Horizons* (London: Blackstone Press Limited, 1997), pp. 2 – 3; 而美国 21 世纪初兴起的治理理论中也包含着服务行政的基本思想。Orly Lobe, "The Renew Deal: The Fall of Regulation and the Rise of Governance in Contemporary Legal Thought", *Minnesota Law Review* 89 (2004).
② 〔美〕昂格尔：《现代社会中的法律》，吴玉章、周汉华译，中国政法大学出版社，1994，第 181 页。
③ 〔美〕昂格尔：《现代社会中的法律》，吴玉章、周汉华译，中国政法大学出版社，1994，第 187 页。
④ 沈亚平、吴志成编著《当代西方公共行政》，天津大学出版社，2004，第 8 页。
⑤ 转引自王名扬《英国行政法》，中国政法大学出版社，1987，第 139 页。

围内，但不是竞争考试的文官，而是由行政机关任用并考核。这一做法间接增强了民主产生的政务官的控制能力，其目的就是保证民主对官僚的控制，扩大民主制原则的适用范围。① 另外，美国1967年颁布的《信息自由法》具体规定了公众了解和获取政府文件的方法，而20世纪70年代颁布的《政府公开法》和《联邦咨询委员会法》则分别规定了合议制和独任制行政机关的会议公开制度，从而进一步扩大了行政公开的范围。这三部法律相互衔接，赋予公民十分广泛的参与权利，非常鲜明地体现了行政过程更加民主化的特征。而在20世纪90年代以来美国行政法的整个重构过程中，行政过程的民主化也是基本方向。正处在重构之中的利益代表模式的司法审查，"除了把正式参与的权利扩展到更大范围的利害关系人以外，进行司法审查的法院还在行政官员身上课加了一项义务，即适当考虑所有参与行政政策决定程序者的利益"。② 相比较而言，大陆法系国家在行政过程民主化的道路上步伐较慢，但也在20世纪90年代开始了公共管理改革的讨论。

（2）公共行政主体的社会化。基于服务行政的理念以及效率和民主的考虑，西方国家往往把一部分公共职能转移给社会中介组织行使，从而使公共行政主体呈现社会化趋势。与之相适应，对非国家行政的司法审查或其他法制监督也得到了进一步强化。英国为了保障公法人的活动符合法律和政策，加强了对公法人活动的监督。监督的方式和程度依公法人的性质差异而不同，主要有部长监督、议会监督、法院监督和公众监督。③ 在二战前的美国，国会和总统对政府公司的活动很少控制，引起了私企业界的批评。"1945年，国会制定政府公司控制法，加强了对政府公司的管理。联邦的政府公司，只有国会制定法律才能成立；国会也可撤销已成立的政府公司。"④ 在法国，公务法人自治和地方自治的行政也都必须接受法律规定的监督。"公务法人由国家设立时，受国家有关的机关，例如中央政府有关的部，或国家在地方上的代表的监督。由地方团体设立时，受设立它的地方团体的监督。监督的方式，因公务的性质而不同，但也有最基本的

---

① 王名扬：《美国行政法》（上册），中国政法大学出版社，1995，第226页。
② 〔美〕理查德·B. 斯图尔特：《美国行政法的重构》，沈岿译，商务印书馆，2002，第122页。
③ 转引自王名扬《英国行政法》，中国政法大学出版社，1987，第91页以下。
④ 王名扬：《美国行政法》（上册），中国政法大学出版社，1995，第189页。

共同规则。"① 同样，德国的许多公法团体如工商业协会、律师协会、联邦职员保险中心和学生会等，也都必须有法律依据才能成立，并且其行为应当接受司法审查。②

综上所述，重塑政府运动已经席卷全球，公共服务日益成为现代政府职能的核心，成为各国法制转型中法治建设的一个重点。但是，与这种火热的法治实践相比，关于服务行政的理论研究并不深入，特别是法学界的研究更加滞后，在一定程度上制约了行政法转型和公法变革。③ 无论如何，建设服务型政府已经成为世界各国公共行政改革和政府职能转变不可逆转的潮流，各国的法治发展不可能逆潮流而动，所以理论上的突破特别是公法学理论上的突破也必然只是个时间早晚的问题。

二 社会转型时期西方国家法治建设的经验与启示

从西方各国的社会转型来看，其法制现代化的过程实际上也是一个理性化的过程，是"目的合理性"与"价值合理性"有机结合的过程。④ 法律的价值合理性作为目的合理性的思想基础、价值目标和评价尺度，对法律的目的合理性具有优先性。也就是说，法制现代化是一个以目的合理性为历史先导，而价值合理性优先的法制转型过程。这是西方各国法治建设的基本特征，中国的法制现代化也同样表现出这一特征。因此，尽管各国的法治建设道路不尽相同，但有些基本的经验必定是相通和可资借鉴的。具体来说，西方各国社会转型时期法治建设的普适性经验和启示主要有以下四点。

（一）坚持法治规律与本国国情结合

像经济现象有规律可循，经济发展必然受经济规律指导和制约一样，

---

① 王名扬：《法国行政法》，中国政法大学出版社，1988，第133页。
② 〔德〕哈特穆特·毛雷尔：《行政法学总论》，高家伟译，法律出版社，2000，第569页以下。
③ 袁曙宏：《服务型政府呼唤公法转型——论通过公法变革优化公共服务》，《中国法学》2006年第3期。
④ 关于"目的合理性"与"价值合理性"的区分，参见〔德〕马克斯·韦伯《新教伦理与资本主义精神》，于晓、陈维纲等译，三联书店，1987，第136页。

法治现象也有规律可循，也必然受法治规律的指导和制约。所谓法治规律，就是指世界各国在走向现代化的过程中，必须在民主的基础上制定良法，必须确立法律的最高权威，必须依法治理国家的政治、经济和社会事务。而所谓本国国情，则是指世界各国在政治制度、经济制度和社会制度，在历史传统和现实情况，在人民的知识水平、思维方式和行为习惯等各个方面的不同状况。所谓两者结合，就是如何使法治的普遍性准则为特定国家的人民所理解、接受、信仰和维护。[1]

综观世界各国的法治历程，大凡法治搞得比较成功的国家，无一不是较好地坚持了法治规律与本国国情的创造性结合。"英国是在封建贵族与新兴资产阶级势均力敌、近代资本主义生产方式正逐步取代封建生产方式的大背景下，通过封建贵族与新兴资产阶级相互妥协而不流血地逐步实现的法治。法国是在国王和封建贵族顽固阻挡第三等级崛起、镇压人民反抗的大背景下，法国人民以暴力革命推翻封建制度而逐步实现的法治。美国作为移民社区组成的联邦制国家，是在借鉴英、法两国的法治理论和法律制度的基础上，通过从社区法治到州法治再到联邦法治而逐步建立了自己独具特色的国家法治模式。"[2] 德国则是在对两次世界大战反思的基础上，逐步摒弃了实用主义法治思维，打破了特别权力关系理论造成的法治"盲区"，建立了资产阶级民主基础上的法治。韩国在20世纪70年代末到80年代初开始反思并检讨政治权威主义，减少政府主导性的政策，充分发展市民社会，进而完成政治转型，走向法治。[3] "其他许多已经实现法治或正在成功推进法治的国家，也无一不十分注重法治规律与本国国情的有机结合，并以此为基础来探索本国的法治道路。"[4]

笔者认为，这一经验给我们的启示是：我国的法治建设必须以本国国情为基础，以法治规律为导向。简言之，就是要实现法治原则的地域化。[5] 当前我国的基本国情主要有三个方面。一是经济更加市场化，但还不健全。1993年宪法修正案把"国家实行社会主义市场经济"载入根本大法，

---

[1] 袁曙宏：《社会变革中的行政法制》，法律出版社，2001，第5页。
[2] 袁曙宏：《社会变革中的行政法制》，法律出版社，2001，第5页。
[3] 崔志鹰、徐漪：《试论韩国社会转型时期的政治变革》，《上海社会科学院学术季刊》1996年第3期。
[4] 袁曙宏：《社会变革中的行政法制》，法律出版社，2001，第5页。
[5] 袁曙宏、宋功德：《论行政法治原则的地域化》，《南京大学法律评论》2001年第2期。

从而使我国经济的市场化有了强有力的宪法保障。我国加入世贸组织之后，通过进一步转变政府职能、改革行政审批制度和创新行政管理方式等措施，来消除行政管理体制与市场开放之间的矛盾，以适应世贸组织的要求和经济全球化的需要。但是，我国的市场机制依然不够完善，政府职能转变仍然没有到位，行政管理体制还不健全，行政管理方式还不能适应经济社会快速发展的需要，必须进一步深化改革。二是政治更加民主化，但还不完善。党依法执政的步伐已经迈出，依法治国方略的实施进入核心领域；党内民主进一步扩大，党政关系逐步理顺；人民代表大会的各项职能不断加强，人民代表大会制度日臻完善；中央与地方关系得到调整，中央权力过于集中的状况有明显改变；基层民主选举健康发展，人民群众参与决策和管理的热情日益增长。但社会主义民主和法治的发展是一个渐进的过程，我们虽然在上述各个方面取得了很大成绩，但还存在不少问题，需要认真加以解决。三是社会更加多元化，但还不均衡。主要体现为主体的多元和利益的多元。"目前中国已经出现了个体、私营、股份制、国有等多种经济成分并存的局面。加入了世界贸易组织后，外向型经济将更加迅速发展，外资经济成分也将更加壮大。这些又将进一步引起社会结构和社会阶层的变化，传统的工人、农民与知识分子等都在发生迅速的分化重组，形成差异万千的利益群体。"[①] 但是，与私营业主阶层的产生和形成相反，农民、农民工以及下岗职工成为社会性的"困难群体"，他们的权益常常被违法侵犯甚至剥夺，而且在一些方面缺乏有效和有力的法律救济。市场经济、民主政治和多元社会的共同作用，促使人们价值观念和思维模式发生改变。人们更加注重自我利益和自我满足，利益观念和主体意识大为增强，个体尊严和人格权利尤须得到尊重。但是，在许多领域仍然存在侵犯公民人身权和财产权的情形，特别是在土地征收和房屋拆迁补偿领域，问题比较严重。[②] 法治规律对法治建设的导向作用主要体现在以下几个方面。一是要确立法律的最高权威。无论是政治问题、经济问题，还是

---

① 湛中乐：《中国加入 WTO 与行政审批制度改革》，《中外法学》2003 年第 2 期。
② 有学者以土地征收和房屋拆迁为例进行研究，指出我国当前的土地征收补偿存在"土地征用过多、过滥"、"补偿标准偏低、农民损失严重"、"补偿金发放监管不力，克扣、贪污现象严重"、"补偿方式单一，难以解决农民长远生计"等七个方面的严重问题。沈开举主编《行政补偿法研究》，法律出版社，2004，第 230 页以下。

一般的社会问题，都要明确其解决思路必须最终依靠法律，必须努力寻求并完善制度化的途径。二是要在民主的基础上建设法治。民主的最主要作用领域之一是"制定法律"，而要确保法律的制定能够真正体现民意，就必须把工作重点放在人民代表大会制度的健全和完善上，要提高人大代表的素质，提高民主和科学立法水平，并大力加强权力机关对法律严格实施的监督。三是要处理好法治建设中的一些重大关系。如经济社会发展与法治建设之间的关系，改革开放与法治建设之间的关系，依法治国、依法执政、依法行政之间的关系，政府推进法治建设与制约监督行政权力之间的关系，等等。这些重大关系体现了我国经济社会转型时期法治建设的本质特征，对推进我国法治建设具有全局性和长期性的影响，必须予以高度重视。

（二）坚持立法引导与政府推进并举

所谓立法引导，就是在走向法制现代化的过程中，要以立法机关为主导力量来引导整个法治的发展；行政机关坚持"无法律即无行政"的原则，处于消极被动的执法和守法地位。所谓政府推进，就是在走向法制现代化的过程中，要以行政机关为主导力量来推进整个法治的发展；行政机关坚持"无禁止即可为"的原则，处于积极能动的执法地位。所谓两者并举，就是指既要发挥立法的主动性，又要调动行政的能动性，立法机关不被当作行政机关的对手，而是成为规范行政权理性运作、对行政机关负责任的"良师益友"；议会立法与委任立法应当有机结合，行政立法权与行政执法权应当有机结合，消极行政与积极行政应当有机结合，以寻求它们之间的优势互补，各得其所。

综观社会转型比较成功的国家，它们在转型时期的法治建设都坚持了立法引导与政府推进并举。美国"新政"时期是美国行政法发展最重要的阶段，也是行政权力扩张最迅速的时期。为了推行复兴经济的"新政"，国会通过了《产业复兴法》、《最低工资和最长工时法》、《农业调整法》、《银行法》、《联邦行政程序法》和《联邦侵权赔偿法》等一系列重要的法律。而为了执行"新政"的各项措施，联邦政府建立了证券交易委员会、国家劳动关系委员会、联邦电讯委员会、联邦海事委员会等许多独立机构，将立法机构的力量与联邦政府的力量结合起来，以战胜司法的保守力量,实现社会经济的重振。① 英国在工业革命前基本上以议会立法为主,而在19世纪后期工业快速发展以后,委任立法数量大量增加,以应对工业发展所引起的大量社会问题。二战以后,随着进入所谓福利国家时代,委任立法数量更是猛增。"1974年时,议会只通过58个公法案,而行政机关制定的行政管理法规却达到2213件。"② 由此可见,社会转型时期议会虽仍发挥作用,但政府的能动性则被更进一步调动起来。日本二战后也是如此,如议会制定了1946年的《行政代执行法》、1962年的《行政案件诉讼法》和1993年的《行政程序法》。与此同时,日本政府"为了适应行政积极干预的需要,制定数量众多的行政法令。这些行政法令,从制定法案,到规定关于法律及法令等的运用的细则性基准的通知,作为政策的决定及执行的行政过程,围绕每个政策,形成了一个法令体系"。③ 这些都充分发挥了行政的积极能动性功能。特别是行政指导等积极行政的广泛运用,对日本的经济起飞起到了重要的作用。另外,德国、韩国以及正在转型之中的俄罗斯,都在发挥立法的先导性作用的同时,特别重视调动行政的主动性和能动性。

  笔者认为,这一经验给我们的启示是:我国的法治建设要以立法工作为引导,以政府推进为主导。以立法工作为引导,主要强调立法机关的三个方面的作用。一是立法机关引导法治建设方向。立法机关作为一种民主制度的组织形式,要广泛地了解并听取民意,准确把握社会转型中的"制度需求",并通过一些重大的立法活动来引导整个社会的制度供给。各国在社会转型之初,一开始由议会制定法律,引导社会制度供给的重点向社会福利领域转变,如英国议会于转型之初制定了1908年的《老年退休金法》和1911年的《国家保险法》。之后,随着社会福利立法需求的增长,立法机关一般都将这方面的立法权委任给行政机关。同样,我国私有财产权保护的入宪和行政许可法的制定,正是准确地把握了时代的制度需求而提供的有效制度供给。二是立法机关抓住法治建设重点。立法机关要将工作重点放在那些对法治进程推进较快、对社会生活影响重大的立法活动上。如美国1946年的《联邦行政程序法》、《联邦侵权赔偿法》和1950年

---

① 王名扬:《美国行政法》(上册),中国政法大学出版社,1995,第53页。
② 转引自王名扬《英国行政法》,中国政法大学出版社,1987,第109页。
③ 杨建顺:《日本行政法通论》,中国法制出版社,1998,第64页。

的《司法审查法》，英国1971年的《裁判所和调查法》，法国1978年的《行政和公众关系法》和1979年的《行政行为说明理由法》，联邦德国1976年的《行政程序法》，日本1993年的《行政程序法》等重要法律的制定都是如此。三是立法机关总结法治建设成果。在社会转型时期，立法机关要注意总结行政机关在法治实践中的成果，使其法制化，以进一步引导整个社会法治的发展。日本1993年的《行政程序法》就是总结行政机关法治实践重要成果的典型。该法典专章"对行政指导的定义、原则、方式等内容作了明确的规定，从而使日本的行政指导在科学化、规范化和制度化的进程中迈上了一个新的台阶"。① 以政府推进为主导，主要体现为行政机关在三个方面的作用。一是行政机关是行政立法的主体。2000年我国颁布的立法法明确规定了国务院，国务院各部委，省、自治区、直辖市和较大的市人民政府是行政立法的主体。这充分表明行政机关是推进我国法治建设的生力军，并将在未来法治发展进程中发挥越来越重要的作用。更重要的是，该法还授权国务院可以根据实际需要，对尚未制定法律的事项先制定行政法规。这意味着行政机关在立法中可以充分发挥立法机关所欠缺的灵活性和及时性优势，针对我国转型时期的重点、难点和焦点问题提供快速、高效的制度供给。二是行政机关是实施法律的主体。虽然随着公共行政的变革，越来越多的非政府组织获得法律、法规的授权成为法律实施的主体，导致国家法律实施的主体更加多元化，但是无论是联邦制国家还是单一制国家，非政府组织都没有从根本上动摇行政机关作为最重要的法律实施主体的地位。② 根据我国现行法律规定，县级以上各级政府及其部门是法律的主要实施者，行政机关以外的企事业单位经过法律、法规的授权，虽然也可以成为行政执法主体，但毕竟属于少数例外的情形，其作为法律实施主体的作用和地位与行政机关无法相提并论。三是行政机关是

---

① 罗豪才主编《行政法学》，北京大学出版社，1996，第283页。
② 当前我国法学界在大力强调非政府组织作用的同时，往往忽略了非政府组织发挥作用的范围也是有限的，因而走入了另一个误区。诚然，非政府组织可以在一定程度上纠正"市场失灵"（Market Failure）和"政府失灵"（Government Failure），但不可能取代市场和政府的职能，在法律实施方面更是如此。详细论述可参见 Jame J. Fishman and Stephen Schwarz, *Nonprofit Organizations* (New York: The Foundation Press Inc., 1995), pp. 39 – 42。

依法行政的主体。依法治国的主体是人民群众,依法执政的主体是中国共产党,公正司法的主体是司法机关,而依法行政的主体则是各级行政机关。法治国家和法治社会的关键既在于政府坚持依法行政、带头守法,以带动整个社会尊法、守法风气的形成,也在于政府推进依法行政,建设法治政府,为建设法治国家和法治社会奠定坚实的基础。国务院2004年颁布的《全面推进依法行政实施纲要》,通过自我设定建设法治政府的目标和时限,来加快全面推动依法行政的进程。为实现这一目标,纲要明确要求各级政府和政府各部门要结合本地方、本部门经济与社会发展的实际,制定落实纲要的具体办法和配套措施,确定不同阶段的工作重点;各级行政首长要作为推进依法行政的第一负责人,切实加强对依法行政工作的领导,一级抓一级,逐级抓落实,以真正把依法行政工作不断扎扎实实地推向前进。

(三) 坚持形式法治与实质法治统一

所谓形式法治,就是指在法治建设中,更多注重的是形式正义,主要强调有法可依、有法必依、政府依法行政、公民在法律面前人人平等和程序公正等合法性问题。所谓实质法治,则是指在法治建设中,更多注重的不是形式正义,而是实质正义,主要强调公民权利的有效保障和社会的真正公平、公正等合理性问题。[①] 所谓两者统一,就是要根据各国法治建设的不同阶段和重点,从推进形式法治逐步发展到重视实质法治,并使形式法治与实质法治实现互动,最终建立法治国家。

综观各国社会转型时期,它们都比较好地兼顾了形式法治和实质法治,注重两者之间的有机统一。英国法治原则的内涵在社会转型过程中也经历了一个发展的过程,从戴西传统的法治观到韦德的法治观,再到瑞兹的法治观,逐步经历了从着重形式法治到着重实质法治,再到形式法治与

---

① 姜明安:《新世纪行政法发展的走向》,《中国法学》2002年第1期。在该文中,姜明安教授对形式法治和实质法治作了大致的区分,并认为21世纪行政法已经从形式法治发展到了实质法治。我们认为,西方各国也并没有完全解决形式法治的问题,当前法治发展趋势应当是形式法治与实质法治相结合。具体到中国而言,当前的问题主要还是体现在形式法治方面,但从长远来看,要解决形式法治的问题也必须依赖实质法治的根本突破。

实质法治相融合的过程。① 美国的法律正当程序原则也在社会转型过程中不断地调整和发展，从程序性保障走向实体性保障，更加凸显实质法治的内涵。② 法国行政法治也有一个实质法治内蕴不断丰富的过程。自1873年布朗戈案件确立了国家赔偿责任之后，其归责原则经历了从主观过错为主到公务过错为主，再到过错责任为主、无过错责任为辅的发展历程，实质法治的特征已经比较明显。德国的依法行政原则也有一个不断发展的过程。其法治原则虽然同样承认和坚持法律至上，但是对法律的理解已经不再拘泥于法律的文字，而更加注重法律的精神，这主要表现在遵守依法行政原则时，同时考虑遵守比例原则和信赖保护原则。③ 可见，西方各国在社会转型过程中，其法治建设和法治实践都有一个以实质法治精神弥补和丰富形式法治内涵，以实现两者真正融合的发展过程。

笔者认为，这一经验给我们的启示是：我国的法治建设要以形式法治为基础，以实质法治为导向，坚持形式法治与实质法治的协调和统一。以形式法治为基础，主要体现在三个方面。其一，重点是严格执法。严格执法是形式法治的前提条件和关键要素，也是我国现阶段法治建设最薄弱的环节。在社会转型时期，不论实质合理性是否充分，都应当对已有的法制给予足够的

---

① 英国自1968年帕德菲尔德案件之后，合理性原则在大量的案例中得到成功运用，成为对形式法治的补充和纠正。有学者认为，它在实体方面对行政法的贡献与自然公正原则在程序方面的贡献相同。这个案子可以说是英国公法中形式法治与实质法治相结合之滥觞。〔英〕韦德：《行政法》，徐炳等译，中国大百科全书出版社，1997，第66页以下。目前在英国公法学界，法治观基本上采取形式意义，但是"惟此形式意义的法治观并不接受恶法亦法的宿命，而是进一步地要求配套机制，两者不可或缺。瑞兹教授的见解之所以突出，乃是其最后所持的形式意义法治观，已经包括了讲求法律品质的实质意义法治观，故吾人可称为修正的形式意义法治……"笔者认为，这实质上也就是实现了两者之间一种理论上的融合。陈新民：《德国公法学基础理论》（上册），山东人民出版社，2001，第68页以下。

② 美国1905年的"洛克勒诉纽约州案"标志着"经济正当程序"作为一项司法理论的最终成熟，显示形式法治达到极致。1934年的"牛奶价格第二案"则昭示经经济正当程序的衰落，实质法治的理念开始向其中渗透。在"洛克勒诉纽约州案"之后，法院尽管仍然承认"契约自由"是正当程序所保障"自由"的一个层面，却退而采用真正的"最低合理"标准去审查立法。1965年的"州禁避孕案"更是标志着"实体正当程序"的复兴，此时的法律正当程序原则中，实质法治与形式法治的精神已经水乳交融。张千帆：《西方宪政体系》（上册），中国政法大学出版社，2004，第八章。

③ 比例原则的基本含义是行政机关实施行政行为应兼顾行政目标的实现和保护相对人的权益，如为实现行政目标可能对相对方造成某种不利影响时，应将这种不利影响限制在尽可能小的范围和幅度，以使二者保持适度的比例。信赖保护原则的基本内涵是政府应信守自己作出的承诺，不得随意变更和反复无常。

尊重。因为依法办事有其独立的价值，包含了"最低限度公正"的基本理念。其二，着力点是张扬程序正义。程序正义是形式法治的基本要素。当前，要把制度建设的着力点放在程序法治上，如要进一步完善行政处罚、行政许可和行政强制等领域的程序制度，并抓紧制定行政程序法典，以使程序制度能够真正发挥促进公权力公开、公正行使的功能。其三，难点是法律平等保护。平等保护是形式法治的基本要求。当前，要把法律平等保护作为解决经济社会发展中一些突出矛盾和问题的基本原则，通过完善立法和公正司法来消除社会治理过程中不平等对待的现象。而以实质法治为导向，则主要应在法治建设中明确以下两点。一是实质法治应当是一种持续不断的法治追求，应当是一个与时代发展具有协变性的长期目标。明确这一点有利于我们认清法治建设的长期性和渐进性，有利于我们以一种稳健而平和的心态来促进法治建设，使其与我国整体的经济和政治改革合拍，做到既不滞后，但也不太冒进，否则可能欲速则不达。二是实质法治应当是一种生生不息的法治资源，应当是一种对现实问题具有回应性的解决思路。这一点要求我们必须有推动实质法治建设的现实性和紧迫性，必须以强烈的时代责任感来推进实质法治的进步。如果实质法治严重不足，形式法治的作用也必然十分有限，不可能从根本上解决社会公平和公正问题，也不可能建设真正意义上的和谐社会。

（四）坚持理论变革与制度创新互动

所谓理论变革，就是指在社会转型过程中，各国的法治理论特别是公法理论经历了一个非常显著的突破和发展，以适应时代变迁的要求。所谓制度创新，就是指在社会转型过程中，各国法治建设特别是公法建设中产生了许多具有各国特色的创新性制度，以期推动社会进步。综观各国社会转型时期，它们都经历了理论变革与制度创新互动发展的变迁过程。二战后，英国公法理论有了很大的发展，经历了从"红灯理论"、"绿灯理论"再到"黄灯理论"的发展过程，[①] 与之相随的是司法中合理性原则的广泛

[①] "红灯理论"特别强调对行政权的严格控制，寄希望于司法审查，倾向平衡宪法模式；"绿灯理论"并不反对对行政权的控制，但更寄希望于政治程序，倾向于政府模式；而"黄灯理论"则在强调控制行政权的同时，注重维持行政机关与公民之间相互冲突的利益的适当平衡，主张事前、事中和事后控制相结合，立法、司法和政府模式相结合，使其共同发挥作用。〔英〕卡罗尔·哈洛、理查德·罗林斯：《法律与行政》，杨伟东、李凌波、石红心、晏坤译，商务印书馆，2004，第二、三、四、八章。

运用、公众参与规则的普遍确立和政府契约的方兴未艾。美国建国之后，其法律正当程序原则和法律平等保护原则在司法实践中不断被突破并发展，这种变革也推动着美国公法治理模式的转变。"美国的依法行政经历从传统普通法院的司法审查模式到独立管制机构加行政程序模式再到行政公开模式的发展过程。"① 受这种转变所支配，二战后美国的公共行政改革重点放在了放松管制、完善参与制度、贯彻行政公开等方面。在19世纪末20世纪初，法国的公法理论曾经历了公共权力说、公务说、公共利益说、新公共权力说等理论的变迁，与之相随的是法国行政法院受案范围不断扩大和行政赔偿制度最终确立。② 德国进入福利国家之初，有的公法学者就提出了"生存照顾"的概念，③ 确立了"给付行政"的理论，而传统的特别权力关系理论也被逐步打破。与之相随的是行政合同、行政计划的运用以及私经济行政方式的兴起。二战后，日本的公法理论也有了较大突破，特别权力关系理论受到挑战，公定力理论有了进一步发展，法律权利理论取代反射性利益理论，行政便宜原则具有了相对性，"裁量收缩为零"理论产生。④ 与之相随的是行政指导的广泛运用、国家赔偿责任的真正确立、行政监察专员和苦情处理等救济制度得以建立和完善。

笔者认为，这一经验给我们的启示是：我国的法治建设要以理论变革为主线，以制度创新为重点。以理论变革为主线，主要应把握两点。一是法学研究应关注现实问题。每个时代有每个时代的问题，而问题就是时代的声音。理论研究要以问题为中心，不能单纯地为了研究而研究，坐而论道。社会转型时期的法学研究必须关注转型时期的根本问题，必须对解决现实问题有针对性和指导性，唯此才可能对以往的理论有所突破，才可能推动制度创新。二是法治建设应注意吸收法学研究成果。要把成熟的理论转化为法治建设中的现实"生产力"，推动制度的建立、发展和完善。以制度创新为重点，主要应把握两点。一是制度创新应注意与我国国情相结

---

① 袁曙宏、赵永伟：《西方国家依法行政比较研究——兼论对我国依法行政的启示》，《中国法学》2000年第5期。
② 王名扬：《法国行政法》，中国政法大学出版社，1988，第25页以下。
③ 关于"生存照顾"概念，参见城仲模《行政法之基础理论》，三民书局，1994，第131页。
④ 袁曙宏、赵永伟：《西方国家依法行政比较研究——兼论对我国依法行政的启示》，《中国法学》2000年第5期。

合。特别是在法律移植过程中,对西方国家的现有制度不能简单化地生搬硬套、生吞活剥,必须有分析、有反思、有排除、有借鉴,使其能够适应我国的法治土壤。二是制度创新应注意与其他制度的协调。在确立一种新型的制度时,必须从其目的、功能和范围等方面准确定位,妥善地处理新制度与现行制度的衔接和配套问题。既要避免同一功能的制度重复建设或相互冲突的制度一起建设,造成法治资源的浪费或作用的相互抵消,又要避免某一制度孤军突进和孤立无援,导致无法形成制度之间的"合力"。

三 我国未来法治发展的基本趋势

我国公法的迅速崛起,表明我国正开始走向"宪制时代"。[①] 在这个时代,公民的政治权利得到很大扩展,从过去的人身权、财产权等"消极地位的自由权",发展到受教育权、劳动保障权、获得社会救助权等"积极地位的受益权",再到听证权、知情权等"能动地位的参政权"。宪法规定的各项公民权利真实和鲜活地走进现实生活,广大公民开始自觉地运用宪法保护私有财产权;"人权正从一种精英意识转化为平民意识,由少数人的呼吁变成多数人的追求";[②] 行政法快速发展,并且已经成为这个时代的主旋律,构成了现有法律体系的重要内容。宏观地来看,我国未来法治发展将呈现六大基本趋势。

(一) 党"依法执政"成为依法治国的关键

新中国成立之后,党与法治的关系就成为整个法治建设的核心问题,事关整个法治建设兴衰存废的大局。这一关系处理得好,则法治兴;处理得不好,则法治衰。党严格守法,则法治存;党不守法,则法治废。这是新中国成立以来,特别是改革开放以来我国法治建设的一条基本经验。这一经验决定了我国未来法治建设所关注的主题,这一主题进而又深刻地影

[①] 参见蔡定剑《历史与变革——新中国法制建设的历程》,中国政法大学出版社,1999,第352页以下;李步云《宪政与中国》,载《宪法比较研究文集》(二),中国民主法制出版社,1993,第2页。

[②] 王卓君:《渐进宪政的民主、法治和人权保障——以行政法为主线》,《中国法学》2004年第5期。

响着我国整个的法治道路、治理模式、权力监督和权利救济等诸多方面。

党的十六届四中全会作出的《中共中央关于加强党的执政能力建设的决定》明确指出："依法执政是新的历史条件下党执政的一个基本方式。"这是我们党全面总结半个多世纪以来的执政经验，积极适应建立社会主义市场经济体制和依法治国、建设社会主义法治国家的客观需要，主动应对经济全球化和错综复杂的国际局势所作出的战略性论断。从1982年我们党提出"党必须在宪法和法律的范围内活动"，到1996年提出依法治国的基本方略，到党的十六大报告提出提高依法执政能力，再到党的十六届四中全会《关于加强党的执政能力建设的决定》提出依法执政是党执政的基本方式，这既反映了我们党在新的历史条件下对治国执政思路一以贯之的理论探索，更反映了我们党对治国执政方式与时俱进的制度创新。

中国共产党依法执政，突出了执政党在法治建设中的积极性、主动性、创造性和关键性。无论是依法治国还是依法行政，其前提、核心和关键都要求党必须依法执政；否则，实现法治就只能是纸上谈兵。因此，党依法执政的提出，不仅将引起党的领导体制和领导方式的深刻变革，而且将对依法治国和依法行政产生深远影响。要实现党依法执政，必须在理论和实践上厘清三大核心要素。首先，党依法执政需要明确执政主体。概括地讲，依法执政的主体既不应当是全体党员，也不应当是在国家机关中担任领导职务的党员代表；既不应当是各级国家政权机关中的党组，也不应当是所有的党组织；而只能是作为整体的中国共产党以及党的中央委员会和地方各级委员会。① 党的全国代表大会和由其产生的中央委员会行使党

---

① 其一，依法执政的主体不应当是全体党员。中国共产党有6960多万名党员，如果依法执政的主体是全体党员，则就有6960多万个执政主体，这无疑会导致执政主体的泛化，造成人人是执政主体、人人又都不是执政主体的主体虚置状态。其二，依法执政的主体不应当是在国家政权机关中担任领导职务的党员代表。中国共产党是直接执政、一线执政和长期执政的执政党，而不是西方国家间接执政、幕后执政和轮流执政的执政党。因此，党委派到国家政权机关中担任领导职务的党员代表只能是执政党的一分子，只能代表执政党行使部分执政权力，而不可能像西方国家那样个人就是执政主体。其三，依法执政的主体不应当是各级国家政权机关的党组。为了有利于发挥国家政权机关的作用，国家机关党组不应当以自己的名义而应当以国家机关的名义统一对外履行政权职能，行使管理职权，承担法律责任。其四，依法执政的主体也不应当是所有的党组织。企业、学校、科研院所、社会团体、社会中介组织、城市社区和农村等基层党的组织，由于不是领导一级政权的党组织，因而不应当是执政主体。

的最高执政权，闭会期间则由中央政治局及其常务委员会行使；地方各级党委在中央统一领导下行使所在区域的执政权，以保证党对地方各级国家政权机关的领导，并明确地方各级党委的执政责任。其次，党依法执政需要规范执政行为。执政党的执政权是不是公权力？这是需要认真分析和探讨的问题。我们认为，我国执政党执掌国家政权的权力本质上应当是一种公权力，它虽然不同于传统上直接对公民、法人产生强制力和执行力的公权力，却是直接对国家政权产生掌控力和领导力的一种更加重要和更加宏观的公权力。长期以来，我们对规范国家公权力行为以及不同国家公权力相互之间的关系比较重视，法律、法规相对健全，但对规范党的执政权这一公权力以及党的执政权与国家公权力相互之间的关系却严重忽视，法律、法规基本上是空白。因此，依法规范党的执政行为显得非常重要和紧迫。最后，党依法执政需要落实执政责任。责任是法治的生命，无责任即无法治。党依法执政是一个重大的法治问题，因而同样需要落实执政责任，否则就不可能实现依法执政。我国宪法在"总纲"中明确规定："一切国家机关和武装力量、各政党和各社会团体、各企业事业组织都必须遵守宪法和法律。一切违反宪法和法律的行为，必须予以追究。"新一届中央领导集体高度重视落实党的执政责任，主动强化执政责任，首次确立了中央政治局向中央委员会全体会议报告工作的制度；颁布了《中国共产党党内监督条例》和《中国共产党纪律处分条例》，明确规定"党内监督的重点对象是党的各级领导机关和领导干部，特别是各级领导班子主要负责人"；制定了《中华人民共和国公务员法》，第一次把党的工作人员纳入了公务员的范围，从而有利于党和国家工作人员法律责任的统一，有利于党的执政责任的落实。

依法执政是中国共产党执政方式的历史性跨越，具有长期性、根本性、全局性和复杂性。要从制度上真正落实依法执政，要求我们党在执政方式上实现三大转变，即：党要从主要依政策执政向主要依法律执政转变；从强调严格遵守法律执政向既严格遵守法律又主动创制和运用法律执政转变；从加强自身制度建设与领导国家法治建设分头实施向二者同步推进，统一于依法治国、建设社会主义法治国家转变。[①] 总之，我们要始终牢牢抓住中国共产党依法执政这个核心和关键，始终紧紧围绕依法治国、

[①] 袁曙宏：《党依法执政的重大理论和实践问题》，《国家行政学院学报》2006年第1期。

建设社会主义法治国家这个宏伟目标，把坚持依法执政的基本方式与实行依法治国的基本方略统一起来，做到党领导立法、带头守法、保证执法，不断推进国家经济、政治、文化、社会生活的法治化和规范化。

（二）"政府推进与公民参与结合"成为法治建设的动力

我国经济社会的快速转型，决定了我国实现法治的紧迫性和艰巨性，也决定了我国不可能走自然演进型的法治化道路。而我国人治传统历史的漫长、行政权力的强势以及社会自治力量的不足，也决定了我国不应当完全依靠政府推进来实现法治。因此，坚持以政府推进为主导，以公民参与为基础，实行政府推进与公民参与有机结合，充分发挥政府和社会两个主体、自上而下和自下而上两种动力的作用，在依赖行政权的同时制约行政权，在建设法治国家和法治政府的同时建设法治社会，应当是我国法治道路的正确选择。这就一方面要求我国政府应当根据国情和经济社会发展状况，运用人类创造的先进法治文明成果，结合人民群众对法治的认识程度，积极主动地创造条件，培植法治要素，引导并推进法治快速发展；另一方面则要求必须最大限度地实现公民的广泛参与，最大限度地增强公民的法治意识，最大限度地调动全体人民推进法治的积极性、主动性、创造性，并通过广泛的公民参与来制约和防止行政权的违法和滥用。

要实现政府推进与公民参与的有机结合，其前提和基础是明确界分政府与社会的各自范围，逐渐形成政府与社会的二元结构，不断发展成熟的市民社会。中国历史上缺少市民社会的传统，国家吞噬社会，社会极少甚至没有自治空间。自1978年我国推进市场取向的经济体制改革以来，国家与社会开始逐渐分离，但总体上仍然呈现国家大、社会小的格局，社会自治空间有限，政府与社会的二元结构尚未形成，从而制约了公民参与的发展和法治社会的形成。在中国当前，只有让市场和社会享有独立的空间与进行自治，才能有效地促进社会的发育，形成均衡的政府与社会的二元结构，从而为公民的广泛参与和法治社会的实现奠定基础。政府权力的介入点应当是市场自我调节的盲点和临界点。《全面推进依法行政实施纲要》和行政许可法通过规定市场配置资源的基础地位和政府职能的作用范围，确立了"先市场、次社会、再政府"的制度安排逻辑，即"凡是公民、法人和其他组织能够自主解决的，市场竞争机制能够调节的，行业组织或者中介机构通过自律能够解决的事项，除法律另有规定的外，行政机关不要通过行政管理去解决"。① 这就大大收缩了政府职能的范围，扩大了社会自治的空间，贯彻了有限政府的理念。在此基础上，纲要进一步从制度层面对"政府推进与公民参与结合"的法治道路作出了具体规定，即一方面对各级政府推进依法行政的目标、重点、步骤、方法和期限等作出了全面部署，另一方面对公民在行政决策、行政立法、行政执法、行政解决纠纷和行政权监督等环节的参与都作出了明确安排，从而大大增强了政府推进与公民参与相结合的保障和可操作性。目前，我国行政程序法也正进入草拟阶段。可以肯定的是，该法典也必然将全面规定公民的程序性权利，规范政府的行政权力，坚定不移地走"政府推进与公民参与结合"的法治道路，为实现行政程序法治奠定基础。"在当代中国，要成功实现法治，只有在中国共产党的领导下，走自上而下政府推进与自下而上公民参与相结合的道路，这是代价最小、速度最快、成功系数最大的法治道路，也必将被历史证明是一条理性之路、智慧之路、前进之路。"②

（三）"善治"成为公共治理的目标[3]

改革开放之后，我国法治建设的主要目标是构建一种"善政"（Good

---

① 《全面推进依法行政实施纲要》第 6 条。
② 袁曙宏：《法治规律与中国国情创造性结合的蓝本——论〈全面推进依法行政实施纲要〉的理论精髓》，《中国法学》2004 年第 4 期。
③ 20 世纪 90 年代兴起的公共治理理论提出了"善政"（Good Government）和"善治"（Good Governance）的区分。该理论认为，治理（Governance）作为统治（Government）的发展和替代，与统治之间存在以下区别。一是管理主体不同。统治主体主要是指以公共权力为后盾的公共组织或公务人员，政府是管理的中心和关键所在；而治理主体还包括政府之外的其他社区组织、志愿者组织和私营组织，它们都可能是权力的中心。二是管理机制不同。统治的手段和方法以具有强制性的行政、法律手段为主，有时甚至包括军事性手段，以层级化的自上而下的机制实现对社会的强力控制；而治理的手段除了国家的手段和方法外，更多的是强调各种机构之间自愿平等地沟通、参与、合作，通过扁平化的上下互动的机制实现对社会的和谐治理。三是追求目标不同。与统治相联系的理想模式是建立在传统的社会统治结构和韦伯式官僚体制之上的"善政"，构成要素包括严明的法度、清廉的官员、高效的行政、良好的服务；而治理的概念已经超出了传统的统治范畴，它强调政府与公民对公共生活的合作管理，呈现的是政治国家与市民社会之间的一种新颖关系，是两者的最佳状态。显然，"善治"比"善政"拥有更多的民主要素和灵活要素，对公民的权利和地位也给予更多的重视。详细论述参见李凤华《治理理论：渊源、精神及其适用性》，《湖南师范大学社会科学学报》2003 年第 5 期；胡仙芝《从善政向善治的转变——"治理理论与中国行政改革"研讨会综述》，《中国行政管理》2001 年第 9 期。

Government) 的公共治理模式。在这一目标模式下,我国法治建设存在三个方面的"失衡":一是强调政府作为公共行政的唯一主体地位,其他的组织必须有法律、法规的授权才可以履行公共职能,承担公共服务;二是强调相对方的服从义务,对相对方的法律责任的内容、形式和程序都规定得比较完备,而对公权力主体法律责任的规定不够健全;三是强调强制性手段在公共行政中的主导作用,对行政处罚、行政命令、行政强制等作出规定的法律比较多,层级比较高,而对行政指导、行政合同、行政激励等非强制性手段作出规定的法律比较少,甚至没有规定。

20世纪末以来,"善治"(Good Governance)的公共治理模式正在成为各国在政治和公共治理中追求的新目标和发展的新方向,并已经对西方国家的法治建设产生了重大影响。比如,美国新的治理模式"在促进实现社会、政治和经济目标的过程中,正影响着公共和个人行为的范围、功能和实施";"新的治理模式主张取代新政时期的层级式管理,代之以更加富于参与和合作的模式",因而被认为是"再次新政"(The Renew Deal),对美国法治建设提出了新的时代课题。[1] 英国的现代治理模式也呈现相似的特点。在这一模式中,政府与公众之间、私人组织与混合组织之间构成一种互动,因而形成了复杂、动态、平面的关系,但又包含着协商所得的相互之间的一种独立性。[2] 我国未来法治发展也面临同样的课题。

要走向"善治"的公共治理模式,我国法治建设需要致力于以下四个方面的发展。一是要进一步转变政府职能,改革行政管理体制,建立规模适度、高效有力的政府。《全面推进依法行政实施纲要》对依法界定与规范政府的经济调节、市场监管、社会管理和公共服务职能,科学设定各级行政机关的职责、机构、权限,改革行政管理方式和推进政府信息公开等作出了明确规定。刚刚实施的公务员法是第一部全面规范党政干部人事管理的总章程,对健全和完善我国公务员制度具有里程碑式的意义。但是,无论是纲要还是公务员法,都需要进一步制定和完善配套制度,加大实施力度,以保证其真正得到严格执行和遵守。二是要培育行业组织和中介机

---

[1] Orly Lobe, "The Renew Deal: The Fall of Regulation and the Rise of Governance in Contemporary Legal Thought," *Minnesota Law Review* 89 (2004).
[2] Nicholas Bamforth and Peter Leyland, *Public Law in a Multi-Layered Constitution* (Oregon: Hart Publishing Oxford And Portland, 2003), p. 191.

构，促进国家与社会的合作。《全面推进依法行政实施纲要》指出，行业组织和中介机构通过自律能够解决的事项，行政机关一般不要通过行政管理去解决，但要加强对行业组织和中介机构的引导与规范。这就确定了处理国家与社会关系的基本原则。但是，目前大量社会中介组织的成立和活动仍然缺乏直接的法律依据，导致其与政府之间的关系不明确，往往产生一些争议。我国未来的法治建设应当进一步明确行业组织和中介组织的法律地位，规范其权利与义务，以充分发挥它们在公共治理中的作用。三是要更加重视公民参与，充分调动行政管理相对人参与行政管理的积极性和创造性。我国1996年颁布的行政处罚法规定了相对人申请听证制度，但其适用领域和听证申请人范围还非常狭窄，并且还未确立案卷排他性规则，[①]听证的效果非常有限，在实践中往往流于形式。2003年颁布的行政许可法规定了强制听证制度，扩大了听证申请人的范围，确立了案卷排他性规则，从而有效地提高了听证的效果。今后，要进一步扩展公民参与制度的适用领域，扩大参与申请人的范围，普遍确定案卷排他性规则，并尝试建立简易听证制度，使之与正式听证制度协同发挥作用，从而使各项公民参与制度更具实效。四是要更加灵活地运用规制方式，不断推动行政管理方式创新。规制方式的柔性化和非强制化是"善治"的必然要求。"软法"在公法中出现并开始普遍适用就是这一要求的有力印证。[②] 在我国今后的法治建设中，要根据具体情形和实际需要，灵活规定并运用行政强制、行政命令、行政处罚、行政许可等强制性手段和行政激励、行政给付、行政指导、行政合同等非强制性手段去实现公共职能，用最低的成本获得最大的效益，以最大限度地满足人民的公共需要。总之，我国未来在公共治理

---

① 案卷排他性规则是指为了保护当事人的知情权、参与权和防卫权，行政主体作出的影响申请人或利害关系人权利义务的决定所依据的证据，原则上必须是在作出该决定前，在行政案卷中已记载并经过当事人口头或书面质辩的事实材料。这一原则是正当法律程序原则的应有之义和必然要求。

② "软法"（soft law）是一种内部的、政策性的、强制力更弱、灵活性更大的规制规则。"硬法"（hard law）与"软法"的效力问题是当今世界法学中的一个热门话题，其重点在于如何正确认识"软法"的作用，界定它的适用范围，并探索"软法"与"硬法"法律方法相结合的可能性。详细论述可参见罗豪才、宋功德《认真对待软法——公域软法的一般理论及其中国实践》，《中国法学》2006年第2期；David M. Trubek and Louise G. Trubed, "Hard and Soft Law in the Construction of Social Europe: The Role of the Open Method of Co-ordination," *European Law Journal*, Vol. 11, Blackwell Publishing Ltd., 2005。

的法治建设中将更加广泛地贯彻契约观念和效率精神，通过法治对公权力主体的有效规范和监督，使公权力的行使呈现合法性、透明性、责任性、回应性和有效性的鲜明特征。

（四）"权利与权力的均衡化"成为公法建设的重点

1989年以后，我国法治建设进入了快速发展阶段，公法建设的重点从"治事"转到"控权"。① 1989年颁布的行政诉讼法，建立了法院对行政机关有限的司法审查制度；1990年颁布的《行政复议条例》，实行以上一级行政管理部门管辖为原则的"条条"管辖体制，突出了上级行政机关的层级监督职能；1993年颁布的《国家公务员暂行条例》，标志着我国公务员制度的正式建立；1996年颁布的行政处罚法，首次规定了法律保留原则，开始界定立法权与行政权的分界；1997年颁布的行政监察法，既规定了上级行政机关对下级行政机关的"条条"监督，又规定了本级政府对部门的"块块"监督，从而进一步深化了行政机关的内部监督体制；2000年颁布的立法法，则更加明确地规定了法律保留原则，确定了全国人大的专属立法权，界定了行政立法权，规范了行政法规和规章的制定程序，实质上是力图通过立法权来规范行政权。

当然，这一时期对"权力相互制约模式"的偏重，并不排除"权利与权力的均衡化"这一特征的自始存在。事实上，自该模式发展之初，就隐含着"权利与权力的均衡化"的另一条发展脉络，在某些重要的法律中甚至表现为"一体两面"。例如，行政诉讼法确立的"民告官"制度，既体现了司法权对行政权的监督，也开了我国人权保障的先河。此后的国家赔偿法建立的国家赔偿制度，是行政诉讼制度的继续和发展，与行政诉讼法共同构建起当代中国的人权保障机制。而1996年颁布的行政处罚法，则第一次规定了公民在合法权益受到违法行政侵害时的知情权和申请听证权等程序性权利，从而进一步扩展了公民权利，并以公民权来制约行政权。但是，这一时期实现权利与权力的均衡化还只处于理想状态，权力制约权力

---

① 1989年颁布的行政诉讼法，是我国法治建设历程中的一座里程碑。"该法的出台，标志着我国依法行政告别以依法'治事'为中心的第一阶段，转入以事后的行政权力监督和公民权利救济为重心的第二阶段。"袁曙宏主编《建构法治政府——全面推进依法行政实施纲要读本》，法律出版社，2004，第12页。

仍是对权力进行监督的主导模式。

2000年3月，最高人民法院颁布了《最高人民法院关于执行〈中华人民共和国行政诉讼法〉若干问题的解释》，扩大了复议和起诉资格，放宽了复议和起诉条件，扩张了行政相对人的诉权，公民的人身权、财产权、受教育权、劳动权等合法权益受到具体行政行为侵害时，都可以提起行政复议和行政诉讼，同时对规章以下的抽象行政行为也可有条件地提起行政复议，从而进一步拓宽了公民权利保障的范围。至此，虽然抽象行政行为仍未被纳入司法审查的范围，人权保障的配套法律制度也还有待进一步确立，但是对人权从部分保障到全面保障的趋势已经非常明确。2003年颁布的行政许可法，全面详细地规定了行政许可的设定、实施机关、实施程序和许可费用，既体现了对国家权力的制约，又体现了对公民权利的扩展；既体现了对立法权的制约，又体现了对行政权的制约；既体现了对行政立法权的制约，又体现了对地方立法权的制约；既体现了对公民实体权利的尊重，又体现了对公民程序权利的保障。这表明，在行政法治中公民权利与国家权力均衡化的权力监督模式已显雏形。2004年，"国家尊重和保障人权"被正式写入宪法，这是改革开放26年来我国人权保障的重大成果，也标志着我国以公民权利与国家权力的均衡化为价值取向的法治建设之路开始启程。这一发展大势必将直接影响到我国未来公法的基本结构。

（五）"多种救济方式的整合"成为完善救济机制的途径

当前，我国处于经济社会急剧转型时期，各种社会矛盾和纠纷呈现复杂化、多样化的特征，公民权利保护意识空前觉醒。但是，与之相适应的有效解决纠纷和权利救济机制还没有完全建立，各种权利救济方式之间缺乏衔接和协调，十分分散，难以形成统一运转的救济机制，跟不上我国人权意识觉醒的步伐，也不能有力地满足人权保障的需求。如信访与复议、信访与诉讼的衔接就是如此。有时是复议、诉讼完了又信访，信访完了又复议、诉讼；有时是复议、诉讼不受理去信访，信访不受理又去复议、诉讼。这既导致我国十分有限的权利救济机制资源严重浪费和缺乏权威，又造成各个救济机构之间相互推诿扯皮、不负责任。因此，"多种救济方式的整合"，必然成为我国救济机制进一步完善的途径，也是我们加强人权保障的使命所在。

救济方式的"整合"包含三个方面的要求。其一，它意味着解决纠纷的主体从"单一化和司法化"转向"多样化和多元化"。今后，我国法治建设在强调法院作为解决纠纷的最后一道防线的同时，还应突出行政机关、民间机构和行业性组织在解决纠纷中的重要作用。要使司法机关、行政机关和其他组织之间相互补充、相互促进，共同发展，形成合力，以建立一套完整的纠纷解决体系。其二，它意味着各种救济方式要从"单兵突破"转向"联合作战"。我国目前的权利救济方式主要包括声明异议、调解、裁决、仲裁、信访、复议、诉讼、赔偿和补偿等。"这些多样化的权利救济方式，各有优劣，互相配合，共同担负着为行政相对人提供权利救济的制度功能。"[①] 今后，我国的法治建设应当更多地强调"联合作战"，强调以多种权力、多种手段共同解决某一社会问题。这就既要求公法规范之间必须统一协调和相互呼应（如刑事、行政、民事三大法律手段的协调和呼应），又要求制度设计必须相互衔接和相互借鉴（如刑事诉讼、行政诉讼和民事诉讼程序之间的衔接和借鉴，正式程序和简易程序的交互运用）。其三，它还意味着我国的法治建设要不断探索一些新的救济手段。比如，辩诉交易制度是对提高司法效率、降低司法成本、增加裁决的可接受性都具有较大作用的一种司法制度；简易复议制度则提供了一种低成本、高效率的权利救济方式，较好地平衡并兼顾了公平与效率两种价值；在土地征用、房屋拆迁、交通事故、工伤补偿、社会保障等专门性争议领域中，可尝试建立行政裁判所，保障裁决机构的独立地位，并建立不服裁决的上诉制度，以有利于解决当前社会的热点和难点问题。

国务院《全面推进依法行政实施纲要》十分重视行政机关在纠纷解决中的重要作用，强调完善和整合调解、信访、裁决、复议等各种行政救济方式，积极探索高效、便捷和成本低廉的防范、化解社会矛盾的机制。2005年颁布的《信访条例》，努力更大限度地发挥信访制度的作用。2005年4月颁布的公务员法，具体规定了人事争议仲裁制度，第一次引入仲裁制度解决公法争议，并将它与法院诉讼相衔接，非常鲜明地体现了权利救济方式的整合。下一步在行政诉讼法、行政复议法和国家赔偿法等重要法律的修改上，都应当把整合与完善纠纷解决和权利救济机制作为核心

---

① 罗豪才主编《现代行政法制的发展趋势》，法律出版社，2004，第365页。

任务。

（六）"私法的社会化"成为私法建设的一大特色

改革开放以来，我国私法建设取得了显著成就。到 20 世纪 90 年代中期，我国已经形成了以民法通则为统揽，以民事单行基本法为主干，以众多民事条例、细则为支脉，辅之以一定数量的司法解释的私法法律框架。在这一阶段中，私法建设不断凸显"私法自治"在私法中的龙头地位，私法的最高原则和根本价值，[1] 这一特征构成了私法建设单一的主色调。1986 年颁布的民法通则，绝大多数规定都围绕民事主体资格的确认、民事主体的财产权以及商品交易的原则和规范展开，也就是以法律形式对商品交换的三个前提加以保障与确认。[2] 民法通则是"私法自治"精神的最初法律体现，但仍然遗留了许多计划经济的痕迹。1993 年通过的宪法修正案，规定国家实行社会主义市场经济，从而使"私法自治"有了宪法依据，并加速了私法建设进程。1999 年颁布的合同法废止了 1981 年颁布的经济合同法，1985 年颁布的涉外经济合同法和 1987 年颁布的技术合同法在私法领域中比较彻底地消除了计划经济的残余，"私法自治"精神得到极大张扬。但是，随着改革开放的不断深入，我国的经济和社会生活关系发生了深刻的变化。与之相适应，自 20 世纪 90 年代后期开始，我国私法建设在"私法自治"精神不断强化的同时，也逐渐开始对其在一定范围内的适用予以必要的限制，从而呈现以"私法社会化"为方向的轻微调整。[3] 这主要体现在两个方面。一是私法中强行性规范的比例增加。如 1995 年颁布的担保法中关于不得抵押的财产的规定、不得约定转让抵押物所有权的规定，1999 年颁布的合同法中关于国家订货合同的规定、依据合同性质和法律规定不得转让合同的规定，2002 年颁布的农村土地承包法中关于土地

---

[1] 曾世雄：《民法总则之现在与未来》，中国政法大学出版社，2001，第 19 页。
[2] 佟柔主编《中国民法学·民法总则》，中国人民公安大学出版社，1990，第 7 页以下。
[3] "私法社会化"是与个人主义和自由主义的私法相对的。它强调基于社会集体的责任应对个人权利和意思自由进行必要的限制，其直接而又集中地反映在私权及其规则方面。也就是说，所谓"私法社会化"，更多的是指私权的"社会化"这一判断作为抽象的价值判断返回到私法中，并引导着私法理论的建构和私法法治的建设。吴汉东主编《私法研究》第 1 卷，中国政法大学出版社，2002，第 117 页以下；李贵连、俞江：《"私法社会化"思潮与中国民法现代化——以私权及其规则为观察角度》，载《中国民法百年回顾与前瞻——学术研讨会论文集》，法律出版社，2003。

承包期限的规定、承包经营权流转的规定等都属于强行性规范。① 在这三部法律中,强行性规范所占比重不断加大,而且在相关司法解释中强行性规范则更多。二是个人所有权承担了更多的义务。② 例如,2003年国务院颁布的《物业管理条例》将物业管理权授予了业主大会,实际上就是对业主房屋所有权和使用权的一种限制。也就是说,个人所有权基于公共利益承担了更多的义务。

"21世纪将是私法社会化更加蓬勃发展的时代。"③ 我国未来的私法建设必然要回应这一挑战,并因此形成我国今后私法建设的亮点和特色。在这一过程中,要正确认识和准确把握两方面的关系。一是要正确认识"私法自治"与"私法社会化"之间的关系。"私法社会化"并不意味着对"私法自治"的否定,而是对私法自治不足和缺陷的补充与纠正。有私法学者认为:"私法仍然是私法,自治、平等、自由等仍然是民法应有的精神,私法没有被社会化,充其量,私法含有个别规定社会化的影子。"④ 但是,"私法社会化"的现象也提醒我们,在今后的私法建设中,要摒弃以前片面强调个体自由和形式平等的习惯思维,兼顾社会正义的时代需求,以强制性规定来加强对私法关系中弱势一方的有效保护,从而更加充分地实现私法精神所强调的个体自由、平等和自治。民法典的制定是如此,物权法的制定也不例外,这似乎是整个私法建设的基调。二是要准确把握任意性规范与强行性规范之间的关系。"民事活动需要规制,但过度规制就会适得其反,影响社会经济生活的发展,这是民法典立法应当慎重考虑的一个问题。"⑤ 一般而言,在物权、知识产权和人格权等对世权领域应完全采取强行性规范,在婚姻、继承、收养等亲属法领域应主要采取强行性规范,在证券、票据等特殊领域主要采取强行法,在债权领域则应以任意性

---

① 参见担保法第37条、第40条;合同法第38条、第79条;农村土地承包法第20条、第49条。
② 法国学者Duguit认为,随着私法的社会化,所有权已经不是权利,而是一种社会性功能而已,所有权人不仅以所有物来满足其个人的欲望,还有为了国家以及所属团体的需要利用该所有物的"义务"和"权能"。〔日〕大木雅夫:《比较法》,范愉译,法律出版社,1999,第224页。
③ 吴汉东主编《私法研究》第1卷,中国政法大学出版社,2002,第134页。
④ 李建华、许中缘:《论私法自治与我国民法典——兼评〈中华人民共和国民法(草案)〉第4条的规定》,《法制与社会发展》2003年第3期。
⑤ 江平:《制订一部开放型的民法典》,《政法论坛》2003年第1期。

规范为主、强行性规范为辅。这些似应是今后进一步完善私法部门、再塑公民私域的方向。

最后需要指出的是，本文基于我国国情，借鉴各国经验，对我国未来法治发展趋势所作的前瞻性的判断不可能满足完全的理性要求，而只可能是满足一定程度的理性要求。因此，从最终意义说，所有前瞻性的"预测"都可能被现实的发展所嘲笑。但是，我们的法治建设已经"走上一条在西方挑战面前回应挑战的道路，走上一条学习西方、为我所用的道路，走上一条移植法律、适宜本土的道路，走上一条设计操作高成本和社会低代价的道路"。[1] 而要在法治建设中真正实现社会的低代价，就必须把更多的成本投入制度设计中，以期国家的制度供给能够最大可能地满足理性的要求，符合时代的需要。

---

[1] 黄之英编《中国法治之路》，北京大学出版社，2000，第166页。

行政裁量的治理*

周佑勇**

摘 要：行政的生命在于裁量，行政法的中心任务在于通过法治实现对行政裁量问题的有效治理。在以英美为代表的西方法治发达国家，治理方案已从传统主流的规范主义控权模式拓展到功能主义建构模式。在我国，着眼于全球化的视野和中国的现时状况，应当着力倡导一种以"原则"为取向的功能主义建构模式，即在法定、均衡和正当等行政法原则的统制之下，通过行政规则、利益衡量、利益沟通和司法审查等功能因素的有效发挥，达到行政裁量的最佳建构。

关键词：行政裁量 法治 规范主义 功能主义

在现代社会，行政裁量作为公共行政的典型特征，已经完全渗透到行政法领域的每一个角落，从而成为"行政法的核心问题"。[1] 美国威廉玛丽学院的科克教授（Charles H. Koch）甚至说，"行政法被裁量的术语统治着"。[2] 这一论断并不过分，在很大程度上我们可以说，现代公共行政的生命就在于裁量，行政法的中心任务就在于通过法治解决行政裁量的问题。然而，行政裁量问题如此复杂广泛而又令人揣摩不定，要想实现行政法对

---

* 本文原载于《法学研究》2007 年第 2 期。本文受"教育部新世纪优秀人才支持计划"资助。
** 周佑勇，中共中央党校法学部主任。
[1] H. W. R. Wade & C. F. Frosyth, *Administrative Law* (Oxford University Press, 2004), p. 35.
[2] Charles H. Koch, "Judicial Review of Administrative Discretion," *Geo. Wash. L. Rev.* 54 (1986), p. 469.

这一问题的有效治理，无疑是一项十分宏大而艰巨的系统工程，也是一个值得行政法学去认真对待的重大课题。本文从分析行政裁量与法治的关系入手，通过考察以英美为代表的西方法治发达国家的行政裁量治理模式，着眼于我国当下社会变革的要求和未来法治发展的趋势，试图探求切合中国特色的解决方案。

一　行政裁量与法治的关系及行政裁量治理现状反思

法治以客观的规则为标志，而裁量作为"人类对事物考虑之内部心理意识的过程"，[①] 却更多呈现行为者的主观意志，充满"人治"的色彩。然而实践证明，现代法治并不当然地排斥行政裁量，相反，行政裁量是现代法治的必要补充和必然要求。

首先，行政裁量是现代法治所要求的行政能动性的必然结果。在现代法治国家，虽然其成立的最基本要素仍为"依法行政"，即行政须受法的拘束，但亦非百余年前形式法治仅仅强调的"依法律行政"。现代法治已经从形式法治走向实质法治，现代行政已从机械行政走向能动行政，从消极行政走向积极行政。由于行政具有主动、积极的性格，负有形成公共事务及实现公共利益的职责，因此"行政固然需法律的拘束，但行政本身的机动性，亦须加以维护"。[②] 唯有行政机关拥有一定的裁量空间、具有灵活机动的选择余地，而非单纯的"执法机器"，才能充分发挥行政权的主动性、创造性，才能更加有效地实现法律的实质正义，从而积极主动地促进社会的发展。同时，行政裁量不仅为充分发挥行政权的能动性提供了现实可能性和施展的空间，也为行政权能动地发挥作用提供了合理的标准和合法性的保障。[③] 唯有行政权在行政裁量的法定目的下和空间范围内行使，

[①] 参见翁岳生《论"不确定法律概念"与行政裁量之关系》，载翁岳生《行政法与现代法治国家》，祥新印刷有限公司，1990。从法律意义上讲，所谓行政裁量，是指在法律授权的情况下，行政机关对同一事实要件的处理方式根据具体情况进行选择的权力，并不包括对该事实要件的价值判断。参见周佑勇、邓小兵《行政裁量概念的比较观察》，《环球法律评论》2006 年第 4 期。

[②] 翁岳生编《行政法》（上册），中国法制出版社，2002，第 19 页。

[③] 参见胡延广《现代社会中的行政裁量》，《理论月刊》2005 年第 9 期。

才能保证其能动性的合理运用，并防止其能动性的失控。

其次，行政裁量也是形式法治状态下实现个案正义的最佳途径。立法者制定法律的目的，乃在于实现正义与公平，追求实质法治与形式法治的统一。根据形式法治的要求，[①] 立法者所制定的法律首先追求的是形式的合理性或公正性，即对任何人和事都必须一视同仁，具有平等的、普遍的约束力。故立法者通过法律仅能作抽象、一般的规范，而无法决定个案情况。然而，正义的另一重要内容是"个案正义"，即在法律适用过程中，根据个案情况的需要作出公正适当的决定或裁判。显然，抽象、一般的规范并非当然可以满足个案正义的要求。这是因为"所有规范都是内在地不确定的"，而且，"说一个规范是显而易见的，仅仅意味着它已经被公平地论证过了；只有这个规范的公平运用，才导致一个案例的有效判决。普遍规范的有效性还不能保证单个案例中的正义"。[②] 唯有借助于行政裁量，才能将法定的目的与具体个案结合起来，从而缩小法律之下的形式公正与个案正义之间的距离。

从某种意义上讲，立法机关之所以授予行政机关裁量权，最根本的原因就在于裁量权能够在形式法治状态下更大程度地满足法律适用中对个案正义的要求。这在现代社会来看，几乎已成为一条公认的法治原理和裁量定律。一方面，由于立法者在设定法律规范的构成要件时，往往无法充分考量到实现个案正义所需要顾及的具体情况与特殊情节，特别是在相关规范所涉及的个案情节复杂多变时，尤其无法预设明确的行为规则，由此，"于法律中授予行政机关一定的活动与决定余地，以满足个案正义与衡平性的要求，便显得理所当然而且必要"。[③] 另一方面，即使立法者能够制定明确性的规则，行政机关在适用法律的过程中也需要有一定相对独立的自治空间。因为，行政机关的任务在于将立法者所制定的普遍性规则适用于具体的个案之中。但是社会事务纷繁复杂，个案情况千变万化，行政机关

---

① 尽管20世纪的法治已从形式法治走向实质法治，但形式法治所体现出的法律所固有的形式公正却仍然是法治社会的标志之一。
② 〔德〕哈贝马斯：《在事实与规范之间：关于法律和民主法治国的商谈理论》，童世骏译，三联书店，2003，第267页以下。
③ 李建良：《论行政裁量之缩减》，载翁岳生教授祝寿论文编辑委员会《当代公法新论》（中册），元照出版有限公司，2002，第110页注2。

在面对不同个案的情况时就不能只适用同一法律规则，或者机械地将普遍性的规则不加区别地适用于具体的个案之中，而应当具体问题具体分析，不同情况不同对待，否则就会用形式公正掩盖了实质公正，无法实现形式公正状态下的个案正义。为了满足个案正义的要求，法律亦必须授予行政机关在个案中根据具体情况对具体行为作出独立选择判断的权力。立法机关授予行政机关裁量权的功能之一，"乃在于避免因普遍的平等造成具体个案的不正义，亦即追求具体个案的正义"。[①]

由上文可见，在当代，行政裁量的广泛存在已成为一个不争的事实，而且它作为行政能动性的体现和实现个案正义所必需的一种政府工具，也为现代法治所不可缺少，国家因其存在的合理性内核而必须加以肯定和承认。然而，"每一种被推崇的裁量都有危险的事实相随"。[②] 在当代行政领域，我们既要强调裁量权的必要性，也应当警醒裁量权的危险性或危害性。一方面，"所有的自由裁量权都可能被滥用，这仍是个至理名言"；[③] 另一方面，尽管必要的裁量权是实现个案正义不可缺少的一种政府工具，但过度的或不必要的裁量权则构成对个案正义的一种潜在的威胁或直接的危害。显而易见，这些问题的存在又是与法治背道而驰的。因此，我们的任务并不是要去反对或拒绝行政裁量广泛存在，而是要对这些问题加以治理，以剔除那些不必要的裁量，并对那些可能或者已经被滥用的裁量权加以防御和控制，从而使其符合法治的价值和目的，真正发挥其应有的促进社会发展的积极作用。

在我国，针对行政裁量有可能被滥用的事实和法治现状，多数学者主张应当加强对行政裁量的"法律控制"，主要包括立法控制、行政控制和司法控制。在目前我国司法审查十分有限而立法又相形见绌的情况下，加强对行政裁量的立法控制又成为人们普遍强调的重点。有人认为，我国目前滥用行政裁量权的现象之所以得不到有效遏制，其根本原因在于作为国家权力体系中心的立法权没有很好承担起规制行政权的责任，因此我国现阶段必须下大力气通过细致而严密的立法抑制行政裁量权的泛化。[④] 甚

---

① 刘鑫桢：《论裁量处分与不确定法律概念》，五南图书出版股份有限公司，2005，第590页。
② 刘鑫桢：《论裁量处分与不确定法律概念》，五南图书出版股份有限公司，2005，第25页。
③ 〔英〕韦德：《行政法》，徐炳等译，中国大百科全书出版社，1997，第70页。
④ 闫国智、周杰：《论行政自由裁量权的泛化及其立法防范》，《政法论丛》2000年第5期。

至有人断言,"立法宜粗不宜细的时代已经成为历史",目前我们应当努力加强立法统制,从立法上尽量缩小行政裁量的范围。①

由于我国有着数千年的封建专制传统,行政权力一直在国家权力体系中处于支配地位,而新中国成立后长期推行的高度集权性的计划经济体制又进一步导致行政权力的空前膨胀,使得立法地位低下,尤其欠缺法律对行政权力的可操作性的全面调整,进而导致对行政裁量的"法律控制"明显不足,甚至处于空白地带。在这种情况下,人们不可避免地对"严格规则主义"的理想存在一种理所当然的期盼,立法、行政和司法机关也都或多或少存在"规则至上"并予以简单和机械适用的倾向。然而,不可否认的是,经过最近二十多年的改革和发展,中国社会已进入现代化的转型期,法治已成为治国的基本方略。而且,以市场经济改革为推动力,无论是政治、法律还是社会文化等各个领域都呈现多层面和不同程度的发展,整个社会正在日益趋向于多元化和复杂化。这些新的社会变革及由此带来的政府角色的重新定位,无疑都对行政裁量的治理提出了更为深层次的挑战。在这种情况下,我们没有理由不去更加理性地重新审视和对待行政裁量的治理问题。

为此,笔者认为,在对待行政裁量的治理问题上,我们既要考虑中国时下的现实情况及未来发展的需要,也要充分借鉴西方法治发达国家的经验。任何试图洞悉并运用某个单一行政法模式的努力,都具有潜在的扭曲作用,而且它可能会分散我们对世界复杂性的注意力,阻碍我们去发展解决所面对的各种问题的现实主义方案。② 站在更加全面的视角,可能的确需要建立一个包括立法、行政、司法等在内的多管齐下的裁量监控体系。但是,在我国的现时状况下,仅仅呼吁建立这样一个形式上的治理框架还远远不够,更重要的是对治理内容和方式作出更加深层次的完善。这就需要我们进一步着眼于全球化的视野,对西方法治发达国家的行政裁量治理模式进行深入细致的考察,并在此基础上,对行政裁量的中国治理模式作出理性选择。

---

① 杨建顺:《行政裁量的运作及其监督》,《法学研究》2004 年第 1 期。
② 参见 Handler, "Controlling Official Behavior in Welfare," *Calif. L. Rev.* 54 (1966), pp. 480 – 482。

二 英美行政裁量治理模式的考察

考察西方主流公法思想的基本风格，我们可以将以英美为代表的西方国家的行政裁量治理模式概括为规范主义控权模式和功能主义建构模式两种基本类型。

（一）传统主流的规范主义控权模式

规范主义是西方传统主流公法思想的一种基本类型或风格。"它根源于对分权理想以及使政府服从法律的必要性的信念。这种风格强调法律的裁判和控制功能，并因此而关注法律的规则取向和概念化属性。"[1] 规范主义风格的智识源泉主要是保守主义和自由主义这两种政治意识形态或思想形式。前者的主要信条是尊崇传统、关注权威，并视个人为社会秩序的有机组成部分；后者则以"个人自治"为理论预设，主要关注的是自由权。两者虽有区别，但在设计公法形象——处理法律与政府之间的关系上，它们的核心价值都是强调个人自由的首要性和法治原则运作之下的有限政府的必要性。

在规范主义看来，裁量是行为人将自己的意志强加给他人并强制对方接受的一种政治权力。为使法治得到维护，任何一种权力都必须受到其他权力的严格制约和控制。这是因为，"一切权力的人都容易滥用权力，这是万古不易的一条经验。有权力的人们使用权力一直到遇到有界限的地方才休止"。[2] 因此，"任何权力都应当受到法定的限制"，[3] 凡是不受限制的权力必将导致专制。就行政裁量而言，它作为一种重要的政治权力，必须受到来自行政系统之外的立法权和司法权的控制。而且，这种权力控制都是以立法机关制定的"法律规则"或"立法指令"为取向的，是一种"法律控制"。对行政裁量的立法控制，主要在于运用立法手段为行政裁量提供尽可能详尽的"法律规则"或"立法指令"；而对行政裁量的司法控

---

[1] 〔英〕马丁·洛克林：《公法与政治理论》，郑戈译，商务印书馆，2002，第85页。
[2] 〔法〕孟德斯鸠：《论法的精神》（上册），张雁深译，商务印书馆，1987，第154页。
[3] H. W. R. Wade & C. F. Frosyth, *Administrative Law* (Oxford University Press, 2004), p. 35.

制,则主要侧重于对行政裁量的"合法性"审查,以确保行政机关在立法机关授予的法定权限内行事。由此形成一个内在封闭的以立法为取向并严格服从于法律规则的裁量权控制体系。

受保守主义和自由主义这两种思想形式的影响,规范主义控权模式十分推崇这样一种形式主义的法治理念:政府只有依据事先知晓的一般性规则并不偏不倚地适用,才被允许侵入受保护的重大私人领域。[①] 以戴雪为代表的早期保守规范主义者,更是极端地主张着一种绝对的形式主义法治观念,即认为议会的最高立法权或议会主权原则是"我们政治制度的首要特征",[②] 支持着法律的至上性,行政部门必须被严格地限定在法律的疆界之内。在戴雪看来,"(法治)意味着作为专制权力对立面的正式的法的绝对优势地位,它排斥政府任何方面的专断、特权和广泛的裁量权"。[③] 相应地,立法机关通过严格的"禁止授予立法权原则"或者"法律保留原则"以从源头上压制行政裁量权的生长空间,而法院则扮演着"红灯"的角色,它的存在完全就是为了确定行政权力是否严格遵循了"禁止授予立法权原则"。

直到19世纪末,随着社会经济的高速发展和行政权的迅猛扩张,行政裁量权的广泛存在已成为一个事实并逐步得到承认。尤其在美国,为了解决工业迅速发展而引起的一系列社会经济问题,美国建立了大量独立管制机构(Independent Regulation Agency),这些独立管制机构集行政权、准立法权和准司法权于一身,对私人商业行为产生了十分普遍而深入的影响。为了协调这种新兴的政府权力主张与长期存在的对私人自由的关怀,一系列原理和技术得到发展,以使这种协调所使用的各种控制方式既限制这种权力又使其合法化,由此逐渐形成了美国行政法的"传统模式"。斯图尔特等人将这一传统模式归纳为四个基本的组成因素:(1)针对私人行为的强制性决定必须由立法机关授权,并通过颁布规则、标准、目标或某个"可理解的原则"来指引和控制行政裁量;(2)行政机关所依循的决定程

[①] 参见 F. A. Hayek, *The Constitution of Liberty* (Chicago: The University of Chicago Press, 1960), p. 206。

[②] A. V. Dicey, *Introduction to the Study of the Law of the Constitution* (London: Macmillan Education Ltd., 10th ed., 1959), p. 34。

[③] A. V. Dicey, *Introduction to the Study of the Law of the Constitution* (London: Macmillan Education Ltd., 10th ed., 1959), p. 202。

序必须旨在确保其准确地、不偏不倚地、合理地将立法指令适用于特定案件或各类案件；(3) 司法审查必须确保行政机关遵从上述立法指令和公正的决定程序；(4) 行政机关的决定程序必须使司法审查是可以获得的。[①]

可见，这种行政法的"传统模式"仍然将行政机关设想为一种纯粹的"传送带"(transmission belt)，行政机关的职责仅仅是对立法指令的执行。按照这种法律控制模式，只要行政机关受命于立法机关的立法指令，其拥有的裁量权就具有合法化的来源。但与此同时，它也为司法审查提供了一个法定依据。为把行政机关禁锢于立法机关所颁发的指令范围内，法院对行政机关的裁量行为具有最终的司法审查权。这说明，在这一时期，裁量权的控制体系已由最初以立法为中心转变为以司法为中心。但这种司法控制仍然以"立法指令"为导向，旨在确保裁量权符合立法旨意，因此这无疑还是一种规范主义控权模式。

规范主义控权模式在本质上主要是一种规则之治。这种治理模式对于协调行政裁量与法治的关系、保证行政裁量严格受制于法治原则有着重要的作用。但是，这种模式往往片面追求形式法治，而忽视实质法治。在对行政裁量治理的动因上，它更多关注的是行政裁量权的广泛存在并可能被滥用的外在事实，忽视了行政裁量的主观能动性和实现个案正义的内在品质；在影响行政裁量的因素上，更多考虑的是立法意图这个单一的规范因素，而欠缺对具体个案中各种事实因素的综合考虑。因而，这种模式在治理方式的设计上，更多强调的是通过规则对行政裁量进行一种外在的权力控制，而轻视行政裁量内在自我调节功能的充分发挥和对其自我生长规律的应有尊重，其结果只能是限制行政裁量的生长空间及其个性的自主发展。功能主义建构模式则旨在弥补这一缺陷。

(二) 正在生长的功能主义建构模式

功能主义是西方主流公法思想的另一种基本类型或风格。如果说规范主义基本上反映了一种"法律自治"的理想，功能主义则体现着一种政府

[①] 参见 Stephen G. Breyer, Richard B. Stewart, Cass R. Sunstein, Matthew L. Spitzer, *Administrative Law and Regulatory Policy: Problems, Text, and Cases* (New York: Aspen Publisher, 2002), pp. 20–21; 另见〔美〕理查德·B. 斯图尔特《美国行政法的重构》，沈岿译，商务印书馆，2002，第6页以下。

"进化式变迁"的理想。"这种功能主义风格不是把法律当作一种与政制完全不同的东西,而是将其视为一种作为政制机器的一部分的工具。""这部政制机器乃是用来实现一套特定目的的。这些目的就是与能动型国家(positive state)的目标紧密相关的目的,它们凝聚在这样一种观念之中:政府是一种促进进步的进化式变迁的机构。"[1]

如果说规范主义风格的根源在于保守主义和自由主义的话,功能主义的这些独具特色的观念则"充分体现在社会实证主义、进化论社会理论和实用主义的学说之中"。[2] 受这些思想的影响,功能主义逐步设计出这样一种公法形象:从总体上说,公法应当确保一种法律框架,在这种框架中,有效运作的政府可以提供一种有效和公正的结构来促进公共福利,这正是国家的积极职能旨在推进的目标。从这个角度来看,委任立法和行政审判都不是专制权力的征兆,而是体现了国家角色的转变。因此,框架性立法的使用和委任立法的实践都被看作有效分配立法任务的方法。这一方面是为了减轻议会关注细节的负担,以使其得以专注于重要的政策事项;另一方面,在目前这个科学化和专业化的年代,具有专业素养的行政部门比议会更有能力处理复杂而又细节繁多的技术性事项。同时,这种功能主义的进路还强调应当建立一套新的行政审判体系,即"由新的人员组成的新机构来为我们的时代发展出一套新的法律理念"。[3] 这是因为,普通法院并不具备相应的专业素养或技术性知识,在程序上也无法胜任这一工作;而且,普通法方法所凭借的那种意识形态对现代政府的积极目标怀有敌意,司法机构在审查行政行为的时候,显示出一种哲学、文化或政治上的偏见。正如米切尔说道:"法院在思想上是如此地将自己隔绝于行政过程之外,以至于它们的方法在许多方面都变得不合时宜。它们所能利用的控制

---

[1] 〔英〕马丁·洛克林:《公法与政治理论》,郑戈译,商务印书馆,2002,第188页。
[2] 在社会实证主义那里,许多人相信,"社会进步是可能的,社会组织可以在理性原则的指导下获得重构"。在19世纪英国著名的社会学家、社会有机体论的创始人赫伯特·斯宾塞(Herbert Spencer)看来,任何成文法的干预都扼杀了自由,并且导致了僵化和整齐划一,"社会这个不断成长的生命体,一旦被置于一个了无生气的、呆板的和机械化的格式化样板之中,就难免受到挤压和牵绊"。实用主义者们更加激进地说道:"法律并非抽象逻辑的事务,而是一种社会工程的实践演练","法律的生命不是逻辑,而是经验"。所有这些思想在塑造功能主义风格的过程中都起到了非常特殊的作用。参见〔英〕马丁·洛克林《公法与政治理论》,郑戈译,商务印书馆,2002,第146页以下。
[3] 〔英〕马丁·洛克林:《公法与政治理论》,郑戈译,商务印书馆,2002,第237页以下。

工具是如此生硬，以至于很难加以使用，而它们所采用的技术又使得它们的控制只能针对形式，而无法触及实质。"①

可见，在公法中的功能主义看来，由于福利国家的出现和积极行政的生长，原有的议会和法院仅仅通过严格的规则来对这种服务型政府及其能动性裁量权进行机械法律控制已不再有效，行政法必须从控制和权力转向功能和效率，以有效发挥行政裁量权的自身能动性和促进社会发展的积极功能，这已成为时代的必然。

对此，美国行政法的发展作出了有力的回应。形成于20世纪前60年的美国行政法的传统模式，因其基本上符合当时美国经济的发展和政府管制要求而对行政裁量权进行了有效控制，并为人们所广泛接受。但是，自20世纪中期以来，"福利国家已经征服了美国法律，正如已在社会其他领域发生过的情况一样。亚当·斯密无形的手已经被政府及其机构所确定的日益增多的'公共利益'所取代"。② 在已经变化了的社会条件下，传统模式"这种卓有成效的协调已经趋于失灵"，并因其出现的"系统性偏见问题"，以及明显无力矫正行政机关的某些"失败"问题而受到人们激烈的批评，由此"自由裁量权问题再度兴起"。③ 为了解决再度引起关注的行政裁量问题，人们提出了一系列可替代性解决方案。④ 其中，戴维斯提出的塑造行政裁量权行使的合理结构的方案以及法院通过司法审查发展起来的以多元主义的合法化理论为基础的利益代表模式，已经引起了人们广泛的关注。

为了最大限度地避免宽泛的制定法所引起的危险，实现高质量的"裁

---

① J. D. B. Mitchell, *Constitutional Law* (Edinburgh Press, 1968), p. 62.
② 〔美〕伯纳德·施瓦茨：《美国法律史》，王军等译，中国政法大学出版社，1990，第205页以下。
③ 所谓系统性偏见问题，即传统模式将其保障范围仅仅局限于以往所公认的自由和财产利益，而对于已被政府行政权力广泛渗入的国民福利领域内的私人利益却无法加以有效保护；行政机关"失败"问题主要是指许多行政机关失于履行各自维护公共利益的职责，往往"为了受管制企业和受保护企业之私人利益而暗中破坏公共利益"，而传统模式明显无力矫正行政机关的这些"失败"。参见〔美〕理查德·B. 斯图尔特《美国行政法的重构》，沈岿译，商务印书馆，2002，第19页以下。
④ 这些方案包括：放松管制和撤销管制机关；贯彻"禁止授予立法权原理"；要求行政机关通过制定标准而使其自由裁量权的行使具体化；采用资源配置效率作为衡量行政决定优劣的一个实体标准等。参见〔美〕理查德·B. 斯图尔特《美国行政法的重构》，沈岿译，商务印书馆，2002，第29页。

量正义",戴维斯基于"专家知识"理论提出,应当由行政机关自身通过行政规则等手段重塑行政裁量权行使的合理结构,即要求行政机关通过制定标准而使其裁量权的范围具体化,以替代要求立法机关制定具体细致的立法;并且,要求行政人员将每一个行政裁量所涉及的规范目的、事实认定、说明理由、公正程序等要素系统化,不仅要使这些要素组织成有机的结构,以建构起一定的内部秩序,而且要"使每一个裁量的每一个方面都得到最佳程度的建构",以使他们作出的影响个人利益的裁决更为公正。[①]而面对看起来难以处置的行政裁量问题,法院也已经在改革和拓展传统模式的过程中通过司法审查发展了一种实用性的利益代表模式。它要求在行政过程中把正式参与的权利扩展到更大范围的利害关系人,并适当考虑所有参与行政决定者的利益,以"确保所有受影响利益在行政机关行使其被授予的立法权力过程中得到公平的代表"。[②] 戴维斯的观点强调法律应当赋予行政机关一定立法性裁量的权力,通过自己的行为设计出行政裁量权行使的合理结构;而后一种方案则强调行政机关在行政过程中对不同利害关系人的利益评估和实体政策上的利益调和。可见,这两种模式虽各具特色,但在本质上都明显趋向于功能主义建构模式。

与规范主义控权模式主要属于一种"法律自治"的进路相比,功能主义建构模式则主要是一种"政府自治"的风格。它通过行政裁量运行系统的自我合理建构,来充分展现行政裁量固有的能动性和个案性的品质。因此,这种模式在充分发挥行政裁量的功能、提高行政效率、促进个案正义更好实现等方面具有极大的优势。但是,坚持这种模式的人往往过分强调行政机关制定行政规则的作用以及形式上的过程建构。显然,对行政裁量的建构,如果不关注其实质内容上的利益均衡和利害关系人对行政过程的实质性参与,那么就会出现与规范主义控权模式一样的弊端,即过于依赖规则和要求形式公正,其所追求的个案实质正义就要大打折扣。同时,过分依赖行政机关的"自治"或对行政机关立法性裁量权的大量授予,很可能会耗费大量的行政成本,而且会导致一种新的"专制"。为此,这种"自治"仍然必须被置于"框架性立法"之下,服从于一般性的立法规则

[①] Kenneth Culp Davis, *Discretionary Justice* (University of Illinois Press, 1971), pp. 97-99.
[②] 〔美〕理查德·B. 斯图尔特:《美国行政法的重构》,沈岿译,商务印书馆,2002,第63页。

或"法律原则",并接受司法审查。可见,从本质上讲,功能主义建构模式应当是一种"原则"之治。它既反对绝对意义的"规则至上",也非不受任何法律制约的"政府自治",而是在法律原则主导下的行政自我治理。唯有如此,它才能够既保证行政的必要灵活性又能够有效避免行政专断这种技术性问题。[1]

三 行政裁量的中国治理模式选择与制度构建

行政裁量作为行政法的一个核心问题,虽然在西方备受关注,在我国却并没有受到学界应有的重视和深入细致的研究。在对待行政裁量的治理问题上,很显然,西方国家行政法的焦点也已经逐渐从"规则之治"转向了"原则之治"、从"外部控制"转向了"内部建构"、从"规范主义"转向了"功能主义"。但是在我国,由于长期受西方"规则中心主义"的影响,学理上主要采取的却仍然是一种规范主义控权模式的思路。显然,我们应当着眼于全球化的视野,倡导一种以"原则"为取向的功能主义建构模式。具体要求是:在法定、均衡和正当等行政法原则的统制之下,[2] 通过行政规则对行政裁量范围加以适当限定、通过均衡性的利益衡量对行政裁量的实体内容作出合理建构、通过实质性的利益沟通对行政裁量过程作出最佳建构、通过司法审查技术的相应跟进和完善确保这些行政裁量的建构最为适当。

(一) 通过行政规则对行政裁量范围的适当限定

通过必要的裁量可以保持行政的能动性,最大限度地实现个案正义,但是当裁量太宽或过度时,公正也可能被专断和不平等所侵害。我们所要做的并不是去反对那些与政府承担的工作相当的裁量权,而是去反对超出这些工作需要的裁量权,剔除那些不必要的裁量权。尽管应当力图让立法机关穷尽一切法律细节来详细地确定所授出裁量权的范围,但是这种理想

---

[1] 参见 Phillip. J. Cooper, *Public Law and Public Administration* (Englewood Cliffs, N. J.: Prentice Hall, 1988), p. 103.
[2] 这些原则的提出及其具体内容的展开,参见周佑勇《行政法基本原则研究》,武汉大学出版社,2005,第111页。

状态已被实践证明往往很难实现。因此,"对裁量权的限定的期望并不能寄予法律的颁布,而在于比法律更为广泛的行政规则的制定"。①

在限定过度的裁量权方面,通过行政机关制定具体化的行政规则无疑是一种非常有效的办法。它不仅可以避免基于模糊的立法授权而导致裁量权的过宽,限缩行政裁量行使的空间,而且它作为沟通普遍性法律与个案裁量之间的一个桥梁,比立法授权更贴近社会生活和事实真相,更切合行政裁量的实际需要。更为重要的是,裁量虽是在追求个案正义,但如遇相同或相似个案,如作出差异性过大的裁量决定,不仅违反宪法平等原则,亦与个案正义所追求的内容不相符合,因此行政机关为避免此不当情况出现,基本上会制定具有行政规则性质之裁量基准来作为所属公务员与下级机构行使裁量权的标准。② 可见,通过作为裁量基准的行政规则,还可以防止行政裁量中可能出现的"同案异判"和违反平等对待原则而对个案实质正义的损害,有效地实现行政机关的自我约束。正因如此,西方在理论上已逐步冲破"禁止授予立法权原理"的禁区,使行政机关事实上已拥有广泛的立法性裁量权;在实践中,各国行政规则的数量也在与日俱增,并获得不同程度的司法尊重。在我国,由于并不存在西方分权理论和禁止授予立法权问题的障碍,甚至宪法直接授予了政府立法权,所以从中央到地方,各级各类行政机关都有权制定不同效力层级的行政规则。这些行政规则既包括解释性的规则,也包括创制性的和指导性的规则。③ 而且,一些具有行政规则性质的专门的裁量基准也已经在实践中初步显露。④

然而,严格规则之下无裁量。行政规则作为一种规则化的行政自我管制手段,力图用普遍的规则统一裁量的标准,实际上延续了规范主义控权模式的进路,仍然存在与后者类似的局限性。而且,通过行政规则的制定,这种行政自我管制也是有限的,"当立法权和行政权集中在同一个人

---

① Kenneth Culp Davis, *Discretionary Justice* (University of Illinois Press, 1971), p. 56.
② 陈慈阳:《行政裁量及不确定法律概念——以两者概念内容之差异与区分必要性问题为研究对象》,载台湾行政法学会编《行政法争议问题研究》(上册),五南图书出版股份有限公司,2001。
③ 参见叶必丰、周佑勇《行政规范研究》,法律出版社,2002,第78页。
④ 如金华市公安局出台的《常见劳动教养案件期限裁量标准》,http://www.zj.xinhuanet.com/magazine/2016~02/13/content-6226469.htm。

或同一个机构之手，自由便不复存在"，①大量授予行政机关立法性的裁量权具有一定潜在的危险性。对此，一方面要强调行政裁量实体内容上的利益均衡和行政过程中的利益沟通，实现行政自我管制路径的转移，以弥补规范化形式之不足；另一方面必须将行政规则限制于行政法定原则之内，以协调行政自我管制与依法行政之间可能发生的冲突，并防止出现新的"行政专断"。根据法律保留和法律优先这两项行政法定原则的要求，凡属法律保留范围的事项，行政机关非经法律的明确授权不得自创规则；凡是在法律已有规定的情况下，行政机关制定的规则都必须与之相一致，不得与之相抵触。只有这样，通过行政规则限缩行政裁量的空间才具有合法性和适当性。

（二）通过均衡性利益衡量对行政裁量的实体建构

从本质上讲，行政裁量是"对受行政政策影响的各种私人利益之间相互冲突的主张进行调节的过程"，因此，持利益代表理论的多元主义者针对行政机关在其裁量的政策选择中所出现的偏见，提出"行政官员还必须广泛考虑各种各样相关的利益，这些利益会因为可能的不同政策选择而受到不同的影响"。②

强调行政裁量中的利益衡量，也是适应现代行政多元化趋势的需要。现代行政既有公权力行政与私经济行政（国库行政）之分，还有干预行政、给付行政和计划行政等。③多元化的行政，必然体现多元化的利益及利益关系。正如学者董保城指出，"过去以干预行政为导向的行政管制，最多也仅涉及行政机关与单一私人"，"如今，行政法律关系转趋多样化、多元化，如大型工厂、垃圾掩埋场等设立除涉及设立申请人与主管行政机关之外，还包括相邻之居民、其他利害关系人、环保团体与其他相关主管机关，行政机关所面临的不再是单一的私人，而是复杂多元的当事人与利

---

① 〔美〕汉密尔顿、杰伊、麦迪逊：《联邦党人文集》，程逢如、在汉、舒逊译，商务印书馆，1980，第248页。
② 〔美〕理查德·B. 斯图尔特：《美国行政法的重构》，沈岿译，商务印书馆，2002，第21、121页。
③ 参见吴庚《行政法之理论与实用》，三民书局，1996，第10页。

害关系人"。① 面对现代社会日趋多元化和复杂化的利益关系,试图通过统一和确定的标准加以调节和处理显然是不可能的。行政决定的作出必然会成为一个逐案权衡各种利益关系的过程。②

通过利益衡量对行政裁量进行建构,是为了实现其实体内容的"均衡合理",体现个案实质主义,因此必须遵循行政均衡的法律原则。它要求行政机关在对各种利益进行权衡时,应当综合衡量各种利益因素,充分协调各种利益关系,使之有机地统一起来,在尽可能的范围内保护各种合法利益。不能借口某种利益的重要而牺牲其他利益主体的利益,即使必须在相冲突的利益之间作出选择,也应将牺牲减少到最低的限度,补偿利益牺牲者的损失。总之,"利益衡量的结果应当促使各种利益尽可能最大化"。③ 因此,行政均衡原则全面涵盖着均衡各种利益关系的准则,具体包括平等对待、禁止过度和信赖保护等原则。④ 根据这些原则的要求,"事情的本质"、行政惯例、立法目的、管制政策、事实情节等各种可能影响到行政机关进行利益均衡和结果选择的事实和法律因素,都应当予以全面考虑,并使其相互有机地联系在一起,从而达到最佳的效果和最适当的建构。

(三) 通过实质性利益沟通对行政裁量的过程建构

利益均衡需要通过利益沟通的过程来实现。比如行政公开就是这样一种沟通机制,它通过政府的开诚布公与行政的持久开放、公众对政府信息的了解与对行政活动的参与,以及双方积极的协商、交流与对话,使双方对事实与法律的认识得以交融,使相对人能够更加有效地表达自己的愿望和要求,使行政机关有可能采纳和吸收相对人的意志,从而有利于实现相互间的信任,增进相互间的合作,并达成利益均衡的决定。同时,"公开是专横独断的天敌,也是反抗不公正的自然盟友",⑤ 因此,将行使行政裁量权的依据、标准、条件、决策过程和选择结果予以公开,已成为世界各

---

① 董保城:《行政程序法基本法理之初探》,转引自杨解君《走向法治的缺失言说——法理、行政法的思考》,法律出版社,2001,第321页。
② 参见 Gifford, "Decisions, Decisional Referents, and Administrative Justice," *Law & Contemporary Problems* 37 (1972).
③ Paund, "A Survey of Social Interests," *Hav. L. Rev.* 14 (1943).
④ 参见周佑勇《行政裁量的均衡原则》,《法学研究》2004年第4期。
⑤ Kenneth Culp Davis, *Discretionary Justice* (University of Illinois Press, 1971), p. 97.

国行政程序法典中较有普遍性的内容。

美国联邦最高法院法官福兰克弗特（Frankfurter）曾宣称："自由的历史很大程度上是奉行程序保障的历史。"① 源自英国自然正义和美国宪法确立的正当程序原则，涵盖着以"公平听证"为核心的避免偏私、行政参与和行政公开等丰富的具体内容，并已成为现代法治国家对行政权力公正行使的最低限度的要求。② 在构建行政裁量的过程时，首先必须要求行政裁量权的运行符合这样一个最低限度的程序公正标准。其次，为了使行政裁量过程的构建最为适当，还应当进一步拓展正当程序保障的利益范围，并强化利益沟通的实质性方式。传统上，美国宪法所确立的正当程序原则只适用于涉及保护自由权或财产权领域的正式行政程序，特别是涉及当事人重大财产利益的经济管制领域。但自20世纪60年代以后，政府在服务职能方面的活动有了显著的拓展，其所涉及的对个人福利的权力范围日益广泛，导致这些原来被认为是非政府赋予的利益即特权的理论受到了广泛质疑，③ 并最终在"戈德伯格诉凯利案"（1970年）中被法院所抛弃。此后，凡是法律上可以主张的权利都受正当法律程序的保护。④ 相应地，正当法律程序也不再仅仅要求庭审型的正式听证，是否需要一种正式的听证形式应当取决于一系列的因素，"所主张权利的特征、裁决本身的特征、裁决可能引起的负担这些方面的问题都要进行考虑"。⑤ 据此，听证可分为正式的听证和非正式的听证。而非正式的听证可以适用于任何涉及私人利益的非正式行政活动。

在我国，行政处罚法关于听证程序的规定已经开了我国行政程序立法中相对人参与的先河，价格法、立法法和行政许可法中关于举行听证会的规定，则使参与原则的范围和内容进一步扩大了。但是，在一个正当的行

---

① *McNabb* v. *United States*，318 U. S. 332 (1943).
② 参见周佑勇《行政法的正当程序原则》，《中国社会科学》2004年第4期。
③ 〔美〕欧内斯特·盖尔霍恩、罗纳德·M. 利文：《行政法和行政程序法》，黄列译，中国社会科学出版社，1996，第120页。
④ 根据美国学者C. 赖克于1964年的统计，在20世纪60年代，个人和组织在美国可能享有的政府所创造的特权有：社会保障收入和福利津贴、政府雇佣、酒类营业执照、政府合同、公共住房和教育、监狱行政等。这些特权在70年代均已经不同程度地受到正当法律程序的保护。参见王名扬《美国行政法》（上册），中国法制出版社，1995，第403页。
⑤ B. Schwartz and H. W. R. Wade, *Legal Control of Government: Administrative Law in Britain and the United States* (Oxford: Clarendon Press, 1972), p. 131.

政程序中，无论是行政相对人还是行政裁量的利害关系人都应当享有同样的听证权利。而我国行政处罚法并没有明确规定这种利害关系人可以参与行政处罚听证。尤其是在行政立法听证与行政决策听证中，由于不存在特定的直接相对人，因而所有认为该行政行为可能侵害其合法权益并申请（或被邀请）参加听证的人都是听证利害关系人。如何既能保障行政效率又能确保这类听证的参与人具有广泛的代表性？这需要作出更佳的制度选择。

另一个问题是，即使是将参与听证的权利扩大到所有的利害关系人，也未必能够真正实现行政过程的利益沟通价值。尽管现代行政法已将行政行为作为一个意志沟通的过程，而不再将其仅仅当作一个纯粹单方面的最终决定，这种意志沟通仍旧被认为只是行政意志与相对人意志的相互融合，在法律上起支配力的只能是行政意志。① 显然，这样的意志沟通并不能激发行政相对人对行政裁量过程的有效参与。在这个过程中，相对人的意志并不能对行政意志的形成起到制约的作用，相对人的参与只是形式上的参与而已，最终的决定还是行政机关说了算。一个实质性的利益沟通不仅要充分发挥相对人在事实认定和理由说明中的参与作用，还应当强调相对人对行政决定的作出具有实质意义上的影响。要达此目的，就必须在行政裁量过程中进一步强化实质性利益沟通的方式，如行政契约、和解、磋商等交往协商方式。唯有如此，才能使行政裁量真正从一个行政机关主导的权力控制过程转变为一个交往协商式的利益沟通过程。

（四）司法审查技术的跟进与完善

对于法治国家而言，法院是最终确定"法律是什么"的地方，司法审查是自由和正义的最后一道防线。重塑行政裁量的治理模式，并不意味着司法审查的退出。相反，"（司法）复审自由裁量权是法治制度的基本特征"，"我们可以用来衡量行政法制度有效性的可靠标准是允许法官复审自由裁量权的程度"。② 上述对裁量权的行政自我管制和内在秩序建构，既需要获得一定的司法尊重，也需要施以严格的司法控制。法院应当适应变化

---

① 参见叶必丰《行政行为的效力研究》，中国人民大学出版社，2002，第50页。
② 〔美〕伯纳德·施瓦茨：《美国法律史》，王军等译，中国政法大学出版社，1990，第567页。

后的治理模式对司法审查技术作出相应的调整与完善。

对行政裁量的司法审查,首先遇到的一个问题是司法审查的权利保护范围。因为它与行政过程参与权利的拓展联系紧密。既然在行政裁量的过程构建中,正当程序保障的利益范围得到进一步扩展,相应的就应当降低行政起诉的"门槛",让更多参与行政过程的利害关系人取得起诉的资格。具体而言,就是要将我国现行行政诉讼法在起诉资格上所确立的"法定保护利益"标准扩展到"事实上利益保护"标准。① 也就是说,只要特定的相对人因事实上所享受的利益受到行政行为的侵害即属于法律上的利害关系,具有作为行政第三人起诉的资格。这也是现代公权理论发展的必然趋势。②

另一个更加重要的问题是司法干预的边际。在我国,行政诉讼法第5条很好地把法院对行政的干预边际限定在"合法性审查"之内,较为恰当地反映了分权结构下的法院与行政机关之间的基本关系。以此为基调,该法第54条进一步将司法审查的标准分为三类:涉及"主要证据不足"、"适用法律、法规错误"和"超越职权"的形式合法性审查,涉及"滥用职权"(不合理)、"不履行或者拖延履行法定职责"和"显失公正"的实质性审查,以及涉及"违反法定程序"的程序适当性审查。③ 而其中,除了形式合法性审查是一个确定性的是非评价之外,对裁量权滥用等的实质性审查和程序适当性审查都是一种模糊性的判断标准。问题是:行政裁量作为行政机关的带有明显主观色彩的判断选择活动,司法机关如何尽可能找出相对客观的审查标准,尽量避免用法院的主观判断来代替行政机关的判断,以在两者之间真正形成一种良好的既相互合作又相互竞争的权力关系?

也许,解决这个问题的方案有两种,一种是谋求法院和行政机关都能够遵循的相对客观的标准,即法定、均衡和正当原则,并将它们分别适用

---

① 我国行政诉讼法第2条规定:"公民、法人或者其他组织认为行政机关和行政机关工作人员的具体行政行为侵犯其合法权益,有权依照本法向人民法院提起诉讼。"《最高人民法院关于执行〈中华人民共和国行政诉讼法〉若干问题的解释》第12条进一步规定:"与具体行政行为有法律上利害关系的公民、法人或者其他组织对该行为不服,可以依法提起行政诉讼。"
② 参见王和雄《论行政不作为之权利保护》,三民书局,1994,第51页。
③ 参见余凌云《行政自由裁量论》,中国人民公安大学出版社,2005,第10、15页。

于对行政裁量的不同建构之中。就作为裁量依据的行政规则而言，本着对行政规则既予以一定司法尊重又有一定司法约束的原则，只需要求行政规则遵循法定原则即可，否则可以"不予适用"该行政规则。就对行政裁量实体内容的利益衡量来说，放弃学界长期倡导的"合理性"这一主观色彩浓厚的标准，而采取平等、比例、信赖保护等客观性较强的均衡原则。对行政裁量的过程建构，则运用避免偏私、公平听证和公开等正当性原则作为审查标准。另一种是将对行政裁量权的"是非评价"与司法控制强度联系起来。就裁量权滥用而言，法院只需要行使是非评价的权力（或职能），至于作出否定评价后的处理措施，仍然留待行政机关自己决定。具体来说，对行政诉讼法第54条第4项的规定"行政处罚显失公正的，可以判决变更"进行修改，取消法院的"变更"行政裁量行为的权力，只要求人民法院对"显失公正的行政处罚行为"作出"显失公正"的"确认判决"即可，或者再要求行政机关重新作出新的行政裁量行为，而不是代替行政机关作出"变更"的具体决定。同样，除显失公正的行政处罚行为外，对其他"滥用"性质的行政裁量行为，人民法院都有权进行是非评价，因此也就没有必要把显失公正的行政处罚行为单独列出了。这样，法院作为司法机关，既不用承担过度干预行政权力的压力，也能够达到法院应有的对行政裁量进行司法审查的控制目的。

此外，在美国等西方国家，法院通过大量具有很大灵活性的司法判例构建出了一系列多元化的审查标准，这不仅可以弥补制定法之不足，也可以更加有效地发挥司法审查对行政裁量的能动性控制功能。在我国，尽管现有司法实践中存在的案例编纂制度和正在进一步推行的"案例指导制度"都对全国法院审判工作具有重要的指导、参考作用，但是它们都迥异于英美法系典型的判例制度。[①] 在人们的观念中，法仍然仅仅局限于宪法、法律、法规、规章等由国家机关制定的、形之于纸上的制定法条文。在我国法院判决中真正起作用的也只能是这些"法定依据"。显然，这种司法观念需要制度变革的洗礼，为了充分发挥法官的司法能动性，判例制度在我国司法实践中的引入和建立亦当属必然。

---

① 周佑勇：《作为过渡措施的案例指导制度——以"行政〔2005〕004号案例"为观察对象》，《法学评论》2006年第3期。

当然，无论是何种制度的建立，都不应当扼杀行政裁量权，而应当以肯定行政裁量权服务并促进社会发展的积极作用为前提，以有利于行政裁量权功能的充分发挥、有利于行政裁量权在法治原则之下的正常运作为目标。无疑，要完成这一伟大的历史使命，未来中国行政裁量问题的治理必将是一项十分宏大而艰巨的系统工程。

行政法关键词三十年之流变[*]

王敬波[**]

摘 要：通过统计分析依法行政、法治政府、行政处罚、行政许可、行政复议、行政诉讼、国家赔偿共7个行政法关键词，在1978年至2008年的中共全会文件报告、全国人大常委会工作报告、最高人民法院工作报告、最高人民检察院工作报告、全国政协会议工作报告、国务院和地方政府工作报告以及省部级领导言论中出现的时间、频率和相关度，可以发现，官方和高层领导的行政法治意识明显增强，不过，其对行政法治建设的关注也表现出重原则轻制度、重行为轻监督的特点。同时，关键词"潮起潮落"的现象，在一定程度上反映了行政法治持续发展的动力缺乏问题。

关键词：行政法 行政法治 法律意识

引 言

在社会发展的一定时段内，语言表达中关键词的变化，能够在一定程度上反映社会的变迁，同时，特定语词随着时间的流逝在使用频率上呈现的特点，也能部分反映与这些语词相关的领域所发生的变化。因此，本文

---

[*] 本文原载于《法学研究》2008年第6期。
[**] 王敬波，对外经济贸易大学副校长。

尝试通过对行政法领域中依法行政、法治政府、行政处罚、行政许可、行政复议、行政诉讼、国家赔偿共 7 个关键词在 1978 年至 2008 年使用频率的考察，从特定方面观察我国改革开放以来行政法治的发展进程。不过，一方面由于资料及研究能力的限制，另一方面也因为推动中国行政法治发展的最关键因素来自官方及高层领导，本文将所选定关键词的考察范围限定为 1978 年至 2008 年的中国共产党历次全会文件报告、全国人大常委会工作报告、最高人民法院工作报告、最高人民检察院工作报告、全国政协会议工作报告、国务院政府工作报告和地方政府工作报告以及省部级领导言论共 8 个分析单位。因此，本文对我国行政法治 30 年发展进程的观察，并不指向全面的描述和分析，而是以官方和高层领导对行政法的关注程度、秉持的态度为中心，并以此为基础，尝试进一步探索推动我国行政法治持续发展的动力机制。

　　本文选择关键词的原则有三。第一，它应该是可以反映我国行政法治发展情况的重要词语，能够反映行政法领域的基础制度。7 个关键词中，"依法行政"体现行政法的基本理念，也是我国行政法学讨论的核心问题。"法治政府"是行政法治建设的终极目标，是有限政府、服务政府、诚信政府、责任政府的综合体现。"行政许可"和"行政处罚"是我国行政管理领域两种主要的行政行为方式，一个是事前审批，一个是事后惩罚，居于行政管理流程的两端。针对我国 20 世纪 90 年代初普遍存在的滥设行政处罚的现象，立法机关制定了规范具体行政行为的首部法律——行政处罚法，适应了我国建立社会主义市场经济体制前期的需要，及时将实践中泛滥成灾的行政处罚行为纳入法制轨道，其所创立的处罚法定原则、听证等正当程序原则，标志着中国行政法治理念和立法技术上的一次飞跃。随着中国社会主义市场经济体制的发展，经济与社会的转型要求政府转变职能，尤其是中国入世以后，规范行政许可行为、建立有限政府成为构建法治政府的重要步骤。行政许可法以建立有限政府和服务政府为目标，对行政许可的事项、原则、程序、责任等作出规定，其所确立的信赖保护原则开启了诚信政府建设的尝试。"行政复议"和"行政诉讼"是行政法领域最重要的纠纷解决机制。行政诉讼法是中国行政法治建设中具有里程碑意义的法律，是中国真正现代意义上的行政法的开端。为配合和适应行政诉讼制度的建立，《行政复议条例》和行政复议法确立并完善了行政复议制度，完善了行政救济系统，尤其是其中确立的抽象行政行为审查机制，在一定程度上解决了抽象行政行为的审查问题，拓宽了公民权利保护的范围。国家赔偿法将国家从公权力的神坛上拉下来，国家对于公权力的行使造成的损害承担公法上的赔偿责任，是中国走向责任政府的标志。

第二，它要具备反映改革开放以来中国行政法治发展脉络的功能。从空间的角度，笔者选择的关键词中既有代表行政法基本理念的依法行政、代表行政法治发展方向的法治政府，也有代表行政法具体制度的行政处罚、行政许可、行政复议、行政诉讼、国家赔偿，这5项制度是行政法体系中重要的具体制度。如果以行政权为核心进行概括，依法行政是行政权力分配和运行的基础和前提，行政处罚和行政许可属于具体行政行为，涉及行政权力的具体运用，行政复议、行政诉讼、国家赔偿则是为了监督行政权力，对因行政权力的行使受到损害的公民进行救济。7个关键词所代表的制度可以搭建起整个行政法制体系的框架。从时间的角度看，1990年实施的行政诉讼法正式开启了中国行政法治的进程，1991年开始施行的《行政复议条例》完善了行政系统内部监督体系。1995年实施的国家赔偿法是行政复议和行政诉讼制度的延伸，标志着我国国家责任制度的确立。1996年施行的行政处罚法和2004年实施的行政许可法直接规范行政权力应用的原则和程序，由此引起政府职能的转变，预示着我国行政法治发展的重心由监督和救济向行政权的设置和运行等前端转移。两部法律中创设的程序原则为未来的行政程序立法奠定了基础。2004年的国务院政府工作报告明确提出建设法治政府的目标，拓宽了依法行政原则的应用范围，扩大了依法行政原则的思想基础。30年中，行政法的7个关键词相继提出，针对其中5个，国家专门制定了单行法律，7个关键词贯穿在一起，直接反映了我国改革开放至今行政法制体系的形成过程和发展脉络，大致勾勒了我国行政法治观念逐步深化的轨迹。

第三，在官方语境和学术语境中具有高度的普适性和同一性。本文的分析单位是官方的文件报告、工作报告和高层领导的个人言论。考虑到学术语言和官方用语之间的差别，选择关键词时尽量选择既符合学术语言特色也符合官方用语特点的词，避免使用纯粹的学术语言。这7个关键词中，行政复议、行政诉讼、行政处罚、行政许可、国家赔偿已有专项成文法的规范，属法定词语，这些词语的法定性也决定其应用的统一性；依法行政、法治政府虽然不是法定词语，但是在理论著作和各类官方文件报告与工作报告中频繁出现，在行政法理论和实践领域广泛使用，具有"准法定词语"的特征。

作为本文分析单位的样本有两类，一类样本是官方的文件报告、工作报告。其中，文件报告类，1978 年至 2008 年的中共历次全会共 160 份。工作报告分为中央层面和地方层面的，中央层面的有全国人大常委会工作报告 30 份、全国政协会议工作报告 31 份、最高人民法院工作报告 30 份、最高人民检察院工作报告 30 份、国务院政府工作报告 31 份；[1] 地方层面的，我们选择了 22 个省政府[2]、5 个自治区政府、4 个直辖市政府以及 250 个市政府、22 个自治州政府、36 个直辖市下辖区（县）级政府 1988 年至 2008 年期间共 2095 份地方政府工作报告，约占省、地级市、直辖市下辖区（县）级地方政府工作报告总数的 1/3。[3] 另一类样本是省部级领导的个人言论，随机选择 1980 年至 2008 年部级领导言论 14529 条，1999 年至 2008 年省级领导言论 26962 条，总计 41491 条，年平均 1000 多条。这些省部级领导言论包括具有省部级职衔的领导干部在会议上的讲话以及接受记者采访等公开发表的言论，主要来源于《人民日报》、人民网、政府机关网站、各地省委机关报。本文数据的截止时间为 2008 年 10 月 20 日。由于大多数工作报告在年初提交，此后至 2008 年 12 月底，各类文件报告和工作报告的数量不会发生多大变化，省部级领导言论数据库中的信息量将有小幅增加，但应该不会对结论造成大的影响。

本文中所用数据主要来源于人民网的人民数据库，[4] 除此之外，还有部分数据直接来源于相应的国家机关的档案部门。[5] 对关键词的频数进行

---

[1] 全国人大常委会、最高人民法院、最高人民检察院均无 1978 年工作报告。

[2] 不包括我国台湾省。

[3] 按照民政部 2005 年 12 月 31 日行政区划统计表，我国现有 32 个省级政府（含台湾省）、333 个地级政府、95 个直辖市下辖区县级政府。资料来源于民政部区划地名司网站，最后访问日期：2008 年 10 月 24 日。

[4] 人民数据库是人民日报社网络中心（人民网）和金报电子出版中心联合编辑制作的。选择人民数据库作为主要资料来源的原因有两个：第一，该资料库是目前收集各类官方报告最全面的数据库，是我国目前规模最大的权威党政时政数据平台；第二，该数据库拥有比较完备和科学的检索手段。

[5] 全国人大常委会的李霄、最高人民检察院的刘志远、最高人民法院的陈海光、国务院法制研究中心的陶杨等同志也协助收集了部分资料，在此表示感谢。

计算时，因为一个关键词在同一份报告或者领导讲话中可能出现数次，为避免影响各关键词的历史分析，在计数上，本文采用的方式是同一个关键词单次计算，也就是一个关键词在一份报告、言论信息中出现1次或者数次，均按照1次计算。

一 依法行政

依法行政是我国行政法的基本原则，早在20世纪90年代我国行政法初创阶段，学术界即普遍认为："依法行政原则是行政法的精神所在，也是构建行政法体系的一块基石。"① 统计"依法行政"一词在中共全会文件报告、全国人大常委会工作报告、全国政协会议工作报告、最高人民法院工作报告、最高人民检察院工作报告、国务院政府工作报告、地方政府工作报告中出现的时间和频率，发现：自1978年党的十一届三中全会到1990年的12年间，上述文件报告和工作报告中均未出现"依法行政"一词。这种现象的产生，笔者认为至少可以从四个方面予以解释。第一，"文革"刚结束，全国基本处于法制空白阶段，法制观念尚在恢复之中，当时的法制建设任务主要服务于改革开放、吸引外资的直接需要，中央依法治国理念尚未形成，依法行政原则无从确立。第二，党、政府以及社会的主要精力在经济建设方面，政治体制改革和法制建设尚未进入高层的视野。行政管理的很多领域仍然是依政策办事，而不是依法办事。第三，行政法学理论研究处于基础阶段，理论储备还很有限。中国当代的行政法学肇始于20世纪80年代初期，1983年我国第一本行政法教材出版，1985年中国法学会行政法学研究会成立，当时学术研究的主要任务在于创立行政法的基本理论框架。1990年之前，我国行政法学研究的理论成果也很少。第四，1989年前后，社会经济发展和政治体制改革的步伐有所停顿，客观上阻碍了依法行政理念从理论界向实践部门延伸。

从"依法行政"提出的过程看，最早正式提出"依法行政"一词的，是1991年4月最高人民法院工作报告，该报告提出"做好民事、行政审判和告诉申诉工作，保护公民、法人的合法权益，维护国家行政机关依法行

---

① 应松年、马怀德：《建立市场经济体制离不开行政法》，《中国法学》1994年第1期。

政"。1992年最高人民法院再次以同样的句式提出："通过对行政案件的审理和执行，既依法保护了公民、法人和其他组织的合法权益，又监督和支持了行政机关依法行政。"中共中央和国务院都是在1993年首次提出"依法行政"。① 全国人大常委会在1996年的工作报告中第一次提到"依法行政"。② 最高人民检察院和全国政协会议则是在2001年之后才首次在各自工作报告中提到"依法行政"。在中央层面的文件报告和工作报告中，"依法行政"的出现频率基本上为每年1次，最高人民法院工作报告和中共全会文件报告最高，总计17次，国务院政府工作报告15次，最低的是最高人民检察院和全国政协会议工作报告，总计各2次。地方政府工作报告中"依法行政"一词出现次数从1993年之后逐渐增多、上升明显。尤其是1998年之后，出现次数占当年度收录报告总数的80%以上。2001年以后，全国绝大部分省级人民政府在工作报告中都提到"依法行政"，出现次数占当年度收录报告总数的90%以上，2005年和2006年更是达到97%。2007年，全部省级政府在工作报告中均提及"依法行政"，第一次在省级政府工作报告中实现全面覆盖。从1993年到2007年，"依法行政"一词从出现在个别地方的政府工作报告中扩大到全国范围，历经14年。就"依法行政"一词出现的频率看，2000年以前，在各地政府工作报告中的"出镜"时断时续，从2001年开始，地方政府在历年工作报告中持续强调依法行政，较少出现间断，"依法行政"已经成为行政系统的习惯用语。

  从"依法行政"一词在官方报告中的发展轨迹看，最高人民法院早于中共中央和各级人民政府提出"依法行政"。这在一定程度上表明，是行政诉讼法的颁行敦促官方关注政府依法行政问题，而非行政机关主动确立依法行政原则，政府在依法行政原则确立初期表现得比较被动。正如应松年教授所言："依法行政正是行政诉讼制度建立起来以后才提出的，这是

---

① 1993年3月15日，李鹏在第八届全国人民代表大会第一次会议上代表国务院所作的政府工作报告提出："各级政府都要依法行政，严格依法办事。"同年11月14日，中国共产党在《中共中央关于建立社会主义市场经济体制若干问题的决定》中原封不动地提到"各级政府都要依法行政，依法办事。"

② 全国人大常委会工作报告在论及审议行政处罚法的重要性时提到："行政处罚是行政机关依法行政的重要手段，对行政处罚的设定和实施做出规范，有利于保护公民、法人或其他组织的合法权益，监督行政机关实施行政管理，维护公共利益和社会秩序。"

提出依法行政原则的法律条件。"① 在中国的法治发展进程中，这并非偶然现象。改革开放初期的中国政府不具备提出依法行政原则的内生性驱动力。十一届三中全会后，邓小平、彭真等领导人吸取"文革"的教训，先后提出"要从依政策办事逐步过渡到依法办事"。但是依法行政原则的确立终究是一场针对政府的革命，在没有外界压力的情况下，完全靠自觉行动，几无可能。1990年行政诉讼法颁布施行，在中国掀起"民告官"的热潮，诉讼的压力迫使行政机关自我反省。如此，1993年以后中共中央和国务院提出依法行政也就顺理成章了。

"依法行政"一词在中共全会文件报告中正式提出后，语境有所变化。1993年至1999年，中共全会文件报告中对"依法行政"的提法有很细微的改变，如1993年使用的是"各级政府都要依法行政"，1995年使用的是"提高广大干部依法行政、依法管理的水平和能力"，1997年使用的是"一切政府机关都必须依法行政"。依法行政的主体逐步扩大和明确，1997年的"必须"二字显然比1993年的"要"字反映出中国共产党要求政府依法行政的强度有所提高。2000年以后将"依法行政，从严治政"并列提出，但是仍然是以执政党的身份对政府提出要求。比较显著的变化发生在2002年11月8日的《全面建设小康社会，开创中国特色社会主义事业新局面》中，中共中央在要求政府依法行政的同时提出"提高依法执政的能力"。从这时起，中共中央对依法行政有了更深层次的理解，从对政府的单向要求转变为对自身和政府的双重要求，这个转变历经近10年。

国务院政府工作报告和中共中央文件中的用语在多数情况下比较接近。在1999年之前对依法行政问题的通用语是"各级政府及其工作人员都要依法行政"。1999年的国务院政府工作报告第一次评价了政府依法行政的能力，认为"各级政府依法行政的水平有所提高"，同时提出"推进依法行政"。2000年以后，提出"依法行政，从严治政"。2004年以后在提出"依法行政"的同时，提出"建设法治政府"。总体来看，国务院政府工作报告中对"依法行政"的提法发生了比较显著的变化：从最初简单的宣示性"依法行政，依法办事"，发展到要求"所有政府机关和工作人员都要依法行政"；从"推进政府工作法制化"再到"建设法治政府"。

---

① 应松年：《依法行政论纲》，《中国法学》1997年第1期。

不同阶段用语的变化在一定程度上反映了政府法治观念的深化。

省部级领导言论中对"依法行政"的提法,在20世纪90年代基本上与中共中央文件和国务院政府工作报告保持一致,更多地体现为贯彻中央精神和国务院文件的态度,自主性相对较弱。2004年以后,少数领导对依法行政有了更深层次的认识,将依法行政和地方经济社会发展紧密结合。例如,在全国率先试水行政程序地方立法的时任湖南省省长周强在全省贯彻实施《湖南省行政程序规定》暨市县政府依法行政工作会议上说:"抓依法行政,也是抓发展。依法行政,是一个地方核心竞争力的重要部分。有一个稳定、可预期、公开、公平、公正的法治环境,湖南就大有希望。"①

二 法治政府

从一般的含义理解,依法行政更多地具有法制层面的意义。学术界有代表性的界定是:"依法行政就是行政机关行使行政权力,管理公共事务必须由法律授权并依据法律规定。法律是行政机关据以活动和人民对该活动进行评判的标准。"②而法治政府则直接来源于法治国家,更多含有法治层面的意义,其主要内容不仅包括依法行政、依法办事,而且包括控制滥用自由裁量权、对违法侵权行为承担法律责任、维护公民的合法权益等含义。③从依法行政到法治政府,是一个深刻的变革。相对于"依法行政","法治政府"一词在中央文件中出现的时间晚了12年。中共全会文件报告中有两次提到"法治政府"。第一次在2005年《中共中央关于制定国民经济和社会发展第十一个五年规划的建议》中提出,"加快建设法治政府,全面推进依法行政,健全科学民主决策机制和行政监督机制"。第二次是2007年党的十七大报告在论述全面建设小康社会的目标时提到,即"法治政府建设取得新成效"。国务院政府工作报告4次提到"法治政府"。第一次是2004年作为成就的总结,"一年来,我们按照执政为民的要求和建设

---

① 周强:《抓依法行政,也是抓发展》,《人民日报》2008年9月23日。
② 应松年:《依法行政论纲》,《中国法学》1997年第1期。
③ 陈东升:《市场经济需要加强法治——访北京大学副教授、行政法专家姜明安》,《中国公务员》1994年第8期。

法治政府的目标，突出强调实行科学民主决策、坚持依法行政和加强行政监督三项基本准则，并认真贯彻执行"。之后分别在 2005 年、2007 年、2008 年提到，三年的工作报告中使用的语句相似，都是强调"加快建设法治政府"，从中似乎可以看出国务院加快法治政府建设的迫切心情。全国人大常委会、最高人民法院、最高人民检察院、全国政协会议的工作报告中至今未明确提出"法治政府"。和"依法行政"不同，"法治政府"一词是国务院最先提出的。这个现象似乎反映了中央政府对行政法治建设由被动向主动的转化，在依法行政的基础上提出了法治政府建设的目标。这种政府推进行政法治建设的自觉性和主动性在地方政府工作报告中也有所反映。

从图 1 折线的轨迹看，"法治政府"的词频比在 2002 年至 2007 年一直呈上升趋势，说明越来越多的地方政府在工作报告中提到"法治政府"。其中 2002 年至 2003 年上升缓慢，2003 年至 2005 年上升迅速，年递增 2 倍左右。从省级政府的工作报告看，2004 年有 11 个省级政府工作报告提到"法治政府"，2005 年扩大到 15 个省级政府，2007 年扩大到 21 个省级政府，为历年最高。从 2002 年地方政府工作报告第一次提到"法治政府"至 2007 年有半数以上的省级地方政府在工作报告中提到"法治政府"，经历 5 年。相比来说，地方政府从 1993 年在政府工作报告中最早提及"依法行政"到 2001 年有半数省级政府提及"依法行政"，历经 8 年。这个现象似乎反映了地方政府在工作报告中对"法治政府"的接受速度比接受"依法行政"的提法快一些，与实践中地方政府法治观念逐步增强的趋势保持了一致。

但是"法治政府"在地方政府工作报告中出现的频率非常低，历年平均词频比仅为 27‰。其中 2002 年最低，"法治政府"词频比仅为 6‰，2007 年最高，也仅达到 42‰。迄今为止，有的省级政府工作报告只提到"法治政府"1 次，还有相当部分的省级以下地方政府从未在政府工作报告中明确提出"建设法治政府"。可以说，和"依法行政"相比，"法治政府"在官方词典中还是一个新名词，远未成为政府工作报告的惯用语言。此外，2005 年以后"法治政府"一词在地方政府工作报告中出现频率上升的速度明显降低了，2008 年甚至出现微小下降的趋势。这种情况和表面上政府对行政法治的认识正在从自发走向自觉不一致。基于上述观察，笔者认为，现在就说各级政府都已经将建设法治政府作为自身的奋斗目标和自觉行动为时尚早。基于中国特殊的行政传统，"法治政府"一词在官方语境中不仅没有持续保持加强的态势，甚至出现淡出的迹象，是个需要警觉的信号。当然从在官方文件中提出"法治政府"的口号到真正落实到建设法治政府的行动上，时间就更加漫长。

省部级领导对法治政府的提法大同小异，主要有两种：一种是套用中央文件中的句式，如"推进依法行政，建设法治政府"；另一种是将法治政府与服务政府、责任政府、廉洁政府、透明政府、高效政府、诚信政府等并列提出（排列组合以及顺序略有不同）作为政府建设的目标。在本文资料范围内，尚未发现有省部级领导对法治政府的内涵进行深入的阐释。

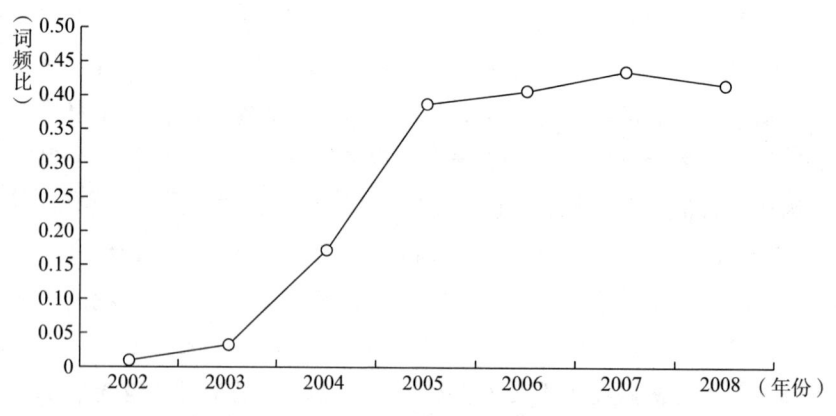

图1　地方政府工作报告中"法治政府"的词频占当年度报告总数的比例

注：词频比指的是出现该词的政府工作报告数量占当年度数据库中收录的政府工作报告总数的比例，0.1即10%，依次类推。如无特殊说明，本文中的词频比记数方式均照此理解。

三　依法行政、法治政府、市场经济词频比较

中共全会文件报告、全国人大常委会工作报告、政府工作报告、最高人民检察院工作报告、全国政协会议工作报告中"市场经济"的提出时间早于"依法行政"和"法治政府"。时间差距最大的是国务院政府工作报

告，自 1981 年第一次提出"市场经济"到 1993 年提出"依法行政",[①] 其间相距 12 年，再到 2004 年提出"法治政府"，相距 23 年。中共全会文件报告，从 1984 年第一次提出"市场经济"到 1993 年提出"依法行政"，相距 9 年，再到 2005 年提出"法治政府"，相距 21 年，"市场经济"、"依法行政"和"法治政府"3 个词在中共全会文件和国务院政府工作报告中出现的时间依次相距 10 年左右。从 3 个词在官方文件报告与工作报告中出现的词频总数的相关度分析，中共全会文件报告、全国人大常委会工作报告、最高人民检察院工作报告、全国政协会议工作报告中"市场经济"的出现频率均高于"依法行政"和"法治政府"。在中共历次全会共 160 份文件报告中，"市场经济"出现 62 次，占 38.8%；"依法行政"出现 17 次，占 10.6%；"法治政府"出现 2 次，占 1.3%。3 个关键词的词频比是 31∶8.5∶1。在全国政协会议共 31 份工作报告中，"市场经济"出现 8 次，占 25.8%；"依法行政"出现 2 次，占 6.5%；"法治政府"未出现。三者词频比是 4∶1∶0。在全国人大常委会共 30 份工作报告中，"市场经济"出现 15 次，占 50%；"依法行政"出现 12 次，占 40%；"法治政府"未出现。三者词频比是 1.25∶1∶0。在国务院共 31 份文件报告中，"市场经济"出现 16 次，占 51.6%；"依法行政"出现 15 次，占 48.4%；"法治政府"出现 4 次，占 12.9%。三者词频比是 4∶3.75∶1。在最高人民法院共 30 份工作报告中，"市场经济"出现 16 次，占 53.3%；"依法行政"出现 17 次，占 56.7%；"法治政府"未出现。三者词频比为 0.94∶1∶0。在最高人民检察院共 30 份工作报告中，"市场经济"出现 16 次，占 53.3%；"依法行政"出现 2 次，占 6.7%；"法治政府"未出现。三者的词频比是 8∶1∶0。在中央层面的文件报告和工作报告中，各关键词按照词频总数由多至少的排列顺序是"市场经济"、"依法行政"、"法治政府"。如果不考虑全国政协会议、全国人大常委会、最高人民法院、最高人民检察院工作报告中至今没有提及"法治政府"，3 个词语出现词频差异的主要原因在于提出时间不同，"市场经济"提出的时间早，因此词频总数高，"依法行政"尤其是"法治政府"提出的时间晚，词频总数就低。总体上，中央层

[①] 1981 年 11 月 30 日《当前的经济形势和今后经济建设的方针》（五届全国人大四次会议上作的政府工作报告）。

面对"市场经济"的关注程度高于"依法行政"和"法治政府","法治政府"受关注程度最低。

与中央层面上"市场经济"出现的频率高于"依法行政"和"法治政府"相反,地方政府工作报告中"依法行政"出现频率逐年提高,开始出现高于"市场经济"的情况。在2095份地方政府工作报告中,一共有1615份工作报告提到"市场经济",1954份工作报告提到"依法行政",558份工作报告提到"法治政府"。从总体看,"市场经济"、"依法行政"、"法治政府"三者词频比是2.9∶3.5∶1。笔者对2000年以后的全部省、自治区、直辖市政府工作报告分析后,也发现了同样的情况,"依法行政"出现频率大于"市场经济"的省级政府工作报告有17个,两个词出现频率相等的有12个,"依法行政"出现频率小于"市场经济"的仅有2个。此外,一般情况下,大多数的省级政府工作报告会同时提到"市场经济"和"依法行政",但是在2008年的省级政府工作报告中有8个只提到"依法行政",而没有提到"市场经济"。图2可以形象地展示这种变化的发生。

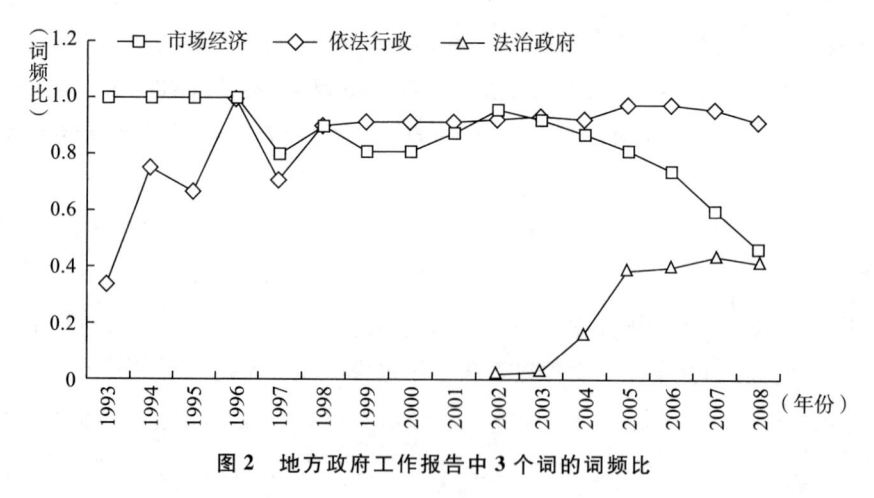

图2 地方政府工作报告中3个词的词频比

从图2看,"依法行政"和"法治政府"出现频率总体呈现上升态势,而"市场经济"出现频率总体呈现下降趋势,尤其是2002年之后,下降的趋势越来越明显。1996年之前,"市场经济"出现频率占绝对优势,所有地方政府工作报告中都提及"建设社会主义市场经济",而"依法行政"出现频率维持在80%以下,二者差距较大。1996年和1998年"市场经济"和"依法行政"出现频率持平。自 1999 年开始,"依法行政"出现的次数开始多于"市场经济",以后有所反复,但是自 2003 年开始,"依法行政"的词频优势一直保持至今,两者之间的差距逐渐拉大。2004 年至 2008 年,"市场经济"和"依法行政"词频比分别为 0.95∶1—0.84∶1—0.77∶1—0.63∶1—0.51∶1,"市场经济"出现的频率逐渐降低,"依法行政"出现的频率逐渐增高。2008 年,"依法行政"出现频率接近"市场经济"的两倍,为历史最高值。同样,"市场经济"和"法治政府"的词频变化轨迹表现出同质性。"法治政府"出现的时间晚,出现总次数仍然远远低于"市场经济",但是"法治政府"出现频率增长迅速,二者在 2002 年的比例为 158∶1,2003 年为 22∶1,2004 年降为 5∶1,2005 年为 2∶1,2006 年为 1.8∶1,2007 年为 1.4∶1,2008 年为 1.1∶1。可以看出,二者出现频率逐步接近,从 2002 年的相差 100 多倍,到 2008 年接近相等。"依法行政"和"法治政府"出现频率也在逐渐接近。二者词频比从 2002 年的 153∶1,降为 2003 年的 17∶1,2004 年为 5.3∶1,2005 年为 2.5∶1,2006 年为 2.3∶1,到 2007 年和 2008 年约为 2.2∶1,尤其是 2003 年、2004 年"法治政府"在各地政府工作报告中出现的频率激增,和"依法行政"出现的频率迅速趋近,趋近的速度在 2005 年以后开始放缓。

在 26962 条省级领导言论中,"市场经济"出现 2251 次,占总数的 8.3%;"依法行政"出现 1346 次,占总数的 5%;"法治政府"出现 308 次,占总数的 1.1%。"市场经济"的词频比是"依法行政"的 1.7 倍,是"法治政府"的 7.3 倍。从各年度变化看,自 2001 年至 2008 年"市场经济"和"依法行政"的词频比分别为 8∶1—3∶1—3.2∶1—1.7∶1—1.6∶1—1.7∶1—1.4∶1—1.2∶1。2004 年之后,"依法行政"出现的次数逐渐增多,至 2008 年"依法行政"和"市场经济"出现的频率已经相当接近。"市场经济"和"法治政府"自 2003 年至 2008 年的词频比分别为 30.6∶1—7.1∶1—6.8∶1—6.5∶1—6.1∶1—4.7∶1。2003 年之前,二者之间差距巨大,2004 年之后逐渐缩小距离,但是直到 2008 年"市场经济"出现频率仍是"法治政府"的近 5 倍。"依法行政"和"法治政府"的词频比自 2003 年至 2008 年为 9.6∶1—4.1∶1—4.3∶1—4∶1—4.4∶1—3.8∶1。同样,两者之间的差距在 2004 年明显缩小,之后总体上"依法行政"的词频比是"法治政府"的 4 倍左右。

在 14529 条部级领导言论中,"市场经济"出现 2445 次,占总数的 16.8%;"依法行政"出现 1514 次,占总数的 10.4%;"法治政府"出现 145 次,占总数的 1%。从总体上来看,部级领导言论中"市场经济"的词频比是"依法行政"的 1.6 倍,是"法治政府"的 17 倍,显示出高层领导对市场经济的关注度高于对"依法行政"和"法治政府"的关注度。但是从各年度的变化看,这种差异正在减小。"市场经济"和"依法行政"的词频比在 2000 年至 2008 年逐渐接近,分别为 2:1—2.3:1—1.7:1—2.1:1—1.9:1—1.7:1—1.6:1—1.2:1—1:1。2008 年之前"市场经济"出现频率一直高于"依法行政",2008 年"依法行政"出现的频率和"市场经济"持平。"市场经济"和"法治政府"的词频比自 2004 年至 2008 年为 12.7:1—11.9:1—14:1—20.6:1—7.6:1。其中 2004 年至 2005 年出现逐渐接近的态势,但是 2006 年至 2007 年出现反弹,"市场经济"出现频率出现增高的趋势,2008 年二者之间差距变小。"依法行政"和"法治政府"自 2004 年至 2008 年的词频比分别为 6.9:1—7:1—9:1—17.6:1—7.6:1。"依法行政"出现频率远高于"法治政府"。

从"市场经济"、"依法行政"、"法治政府"3 个词语的词频变化轨迹看,官方对"市场经济"的关注程度总体上高于对"依法行政"和"法治政府"的关注程度。但是从 1999 年开始,地方政府的关注点开始发生变化,出现从"市场经济"向"依法行政"转变的迹象,尤其是进入 2003 年以来,"市场经济"的出现频率在降低,而"依法行政"和"法治政府"的出现频率在提高。笔者认为 3 个关键词词频的年度变化可以在一定程度上说明官方关注点正在发生转移,原因在于中国改革的重心正在发生变化。改革开放 30 年来,政府的主要精力在于构建社会主义市场经济体制,目前这个任务已经基本完成,社会主义市场经济体制已经基本确立。改革的重心开始从经济体制改革向政治体制和行政体制改革转移,行政管理体制改革的重点问题就是依法行政原则的落实和法治政府的构建。从另一方面看,市场经济的发展对政府依法行政提出了更高的要求,政府对此认识正在深化。与此同时,行政法治理论研究也越来越成熟,为政府管理提供更多的理论基础。

虽然地方政府工作报告和省部级领导言论都显示出官方关注点在发生

转变，但是地方政府工作报告和省部级领导言论的发展轨迹并不完全相同，二者之间的区别有三点。第一，总体上省部级领导对市场经济的关注程度高于对依法行政和法治政府的关注程度。这和地方政府工作报告中显示的对依法行政的关注程度高于对市场经济的关注程度是相反的。第二，地方政府工作报告中"依法行政"、"法治政府"出现频率远远高于省部级领导言论中两个词语出现频率，两者之间的差距有20多倍。在地方政府工作报告中，"依法行政"的最高词频比为100%，年度平均词频比为93%；"法治政府"的最高词频比为42%，年平均词频比为27%。省部级领导言论中"依法行政"、"法治政府"等词出现的频率则低得多，其中部级领导言论中"依法行政"的最高词频比为24%，年度平均词频比为11%；"法治政府"的最高词频比为2.7%，年平均词频比为1%。省级领导言论中"依法行政"的最高词频比为11%，年平均词频比为5.6%，"法治政府"的最高词频比为2.6%，年平均词频比为1.3%。第三，从时间上看，政府的文件报告和高层领导关注点转变的时间节点也有所不同。地方政府工作报告中，1999年"依法行政"出现的频率高于"市场经济"。但是与此相对应，对省级领导言论的分析结果显示，到2008年"市场经济"仍然领先于"依法行政"；而对部级领导言论的分析显示，"依法行政"和"市场经济"出现频率在2008年首次持平，从1999年至2008年，相距9年，在一定程度上说明高层领导个人关注点的转变和政府工作报告等官方文件中反映的关注点的转变不是同步的，在时间上存在较大的滞后性。这些差异都说明一个问题，即在对依法行政和法治政府的关注度上，省部级领导的个人言论比更为正式的官方文件关注程度低，关注点的变化慢半拍。笔者认为，原因主要在于两者的着眼点不同。地方政府工作报告更多是从宏观角度对政府工作进行总结，原则性和前瞻性较强，而高层领导虽然承担宏观领导责任，但与地方政府工作报告相比，更着眼于现实工作，两者之间存在视角上的距离。地方政府工作报告显示政府关注点发生转移，更多体现在未来发展趋势上，而高层领导至今仍然将注意力放在市场经济上，说明在现实工作中，经济社会发展仍然是政府的中心工作。也可以说，形式上的转变已经出现，但是实质的转变仍未发生。

四　行政法具体制度

在上述对行政法基本原则和理念进行分析的基础上，笔者针对行政法领域的五项具体制度分别考察，涉及行政行为和监督行政两个方面。在行政行为方面，笔者选择行政处罚和行政许可进行分析，监督行政中选择行政复议、行政诉讼以及国家赔偿展开分析。

（一）行政处罚与行政许可

中共全会文件报告提到"行政处罚"和"行政许可"各1次，2003年提到"行政处罚"，2007年提到"行政许可"。最高人民法院在1988年、1993年、1995年3次提到"行政处罚"，2004年1次提到"行政许可"。最高人民检察院在2002年和2004年2次提到"行政处罚"，没有提到"行政许可"。全国政协会议工作报告则对两种行为都无涉及。全国人大常委会工作报告分别在1996年、1998年、2004年共3次提到"行政处罚"，在2001年、2002年、2004年、2005年、2008年共5次提到"行政许可"。国务院在2002年、2003年、2004年政府工作报告中3次提到"行政处罚"，2004年至2008年的工作报告中共5次提到"行政许可"。从中央层面上两个词语出现的频率分析，中共中央对两种行政行为重视程度相同，而全国政协会议则都不关注。最高人民法院和最高人民检察院对行政处罚的关注度高于对行政许可的关注度。与此相反，全国人大常委会和国务院对行政许可的关注程度更高。虽然有些差异，但是总体上两种具体行政行为在中央层面的工作报告中出现的频率都比较低，差别不大。这种情况在地方政府工作报告中出现分化，在2095份地方政府工作报告中，共有391份提及"行政处罚"，占总数的18.7%，而"行政许可"出现1084次，占总数的51.7%，"行政许可"的词频比是"行政处罚"的近3倍。

从图3可以发现，在行政处罚法和行政许可法颁行之前，地方政府工作报告中对两种行为几乎没有关注。但是在相应的法律出台后，两个词在地方政府工作报告中出现的频率开始增加。就其增长速度来说，两种行为的表现形态差别较大，自1997年至2008年，"行政处罚"的词频比年度变化不大，总体维持在20%左右。与此形成鲜明对比的是"行政许可"在2004年之前只出现几次，但是在2004年之后急剧上升至200多次，80%以上的地方政府工作报告中都提到"行政许可"。从省级政府工作报告的情况看，结论也是一样的，在31个省级政府工作报告中，"行政许可"出现频率高于"行政处罚"的有25个，占绝大多数，只有4个省级政府工作报告中"行政处罚"出现的次数比"行政许可"略多一点，有1个省级政府工作报告中二者持平。截至2008年，全部的省级政府工作报告中都提及"行政许可"，而且保持连续状态，"行政处罚"似乎被冷落，还有7个省级政府工作报告中从没有提到"行政处罚"，大多数只提及1次，较少出现连续几年持续提及的现象。从两个词语的词频比看，似乎地方政府对行政许可的反响比较强烈，或者说行政许可法的颁布对地方政府的触动比行政处罚法大得多。

  对省部级领导言论的分析也得出同样的结论。在部级领导言论中，"行政许可"的词频比是"行政处罚"的1.7倍；在省级领导言论中，"行政许可"的词频比是"行政处罚"的3倍多（见图4、图5）。

  综合观察图3、图4、图5，可以发现：代表"行政许可"词频比的折线在位置上普遍高于代表"行政处罚"词频比的折线。"行政许可"的词频比更高，说明地方政府工作报告和省部级领导言论中更乐于提及"行政许可"，呈现对"行政许可"的关注程度明显高于"行政处罚"的共性。分析其原因，笔者认为一个较为可信的理由是，行政处罚法是1996年制定的，行政许可法是2004年制定的，两者相差8年，两个时期政府的法治观念发生变化，进入21世纪，政府和社会对依法行政的认知和重视程度有所提高。因此，从2004年行政许可法实施之后，就引起了各地政府和高层领导较为广泛的关注。但是折线图中另一个醒目的现象，似乎与此种带有积极意义的说法是矛盾的，那就是三个图中"行政处罚"与"行政许可"词频比年度变化的整体状态不同。"行政处罚"的词频比年度起伏变化不大，而"行政许可"的词频比则跌宕起伏，出现明显的升降落差，2004年"行政许可"词频比上升迅速，在2005年之后，其新鲜度不断降低。表现得尤为明显的是，在省部级领导言论中"行政许可"词频比在2004年达到峰值后，在2005年后迅速下降，在2008年已经低于2003年的水平。虽然从词频比的变化看，地方政府和高层领导对行政处罚和行政许可的认知程度不同，但事实上在笔者对各类工作报告和省部级领导言论中涉及行政处罚和对行政许可的具体语境进行比对后，发现二者的说法差异不大。这样看来，两个词语的词频比差异明显只是一个表面现象，"行政许可"词频比只是"虚高"。结合现实中行政机关冷落甚至想方设法规避行政许可法的情况，笔者认为官方对两部单行的具体行政行为法给予的关注都不高，两相比较，似乎更接受行政处罚法，而比较"排斥"行政许可法，个中缘由相当复杂，虽非本文讨论范围，但笔者认为至少应从法律本身以及法律之外两个角度进行检讨，方才客观和全面。

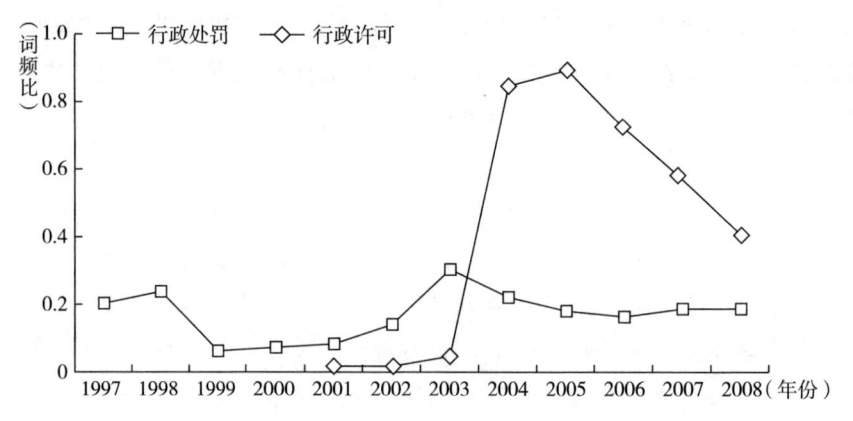

图3 地方政府工作报告中"行政处罚"和"行政许可"的词频占当年度报告总数的比例

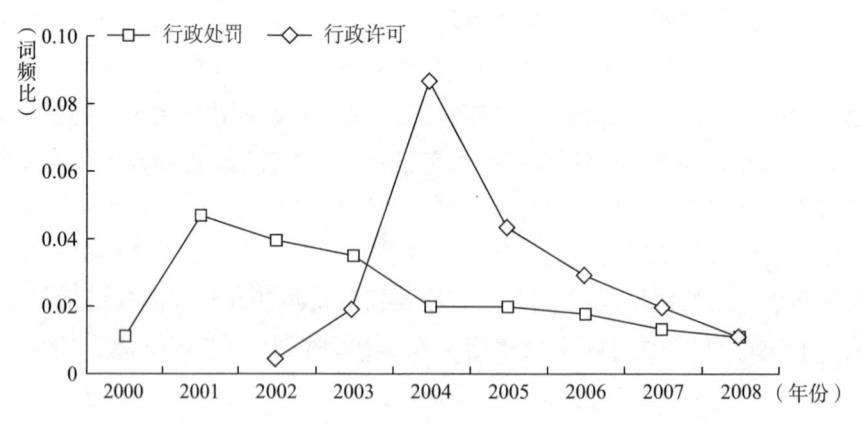

图4 "行政处罚"和"行政许可"的词频占当年度部级领导言论条数的比例

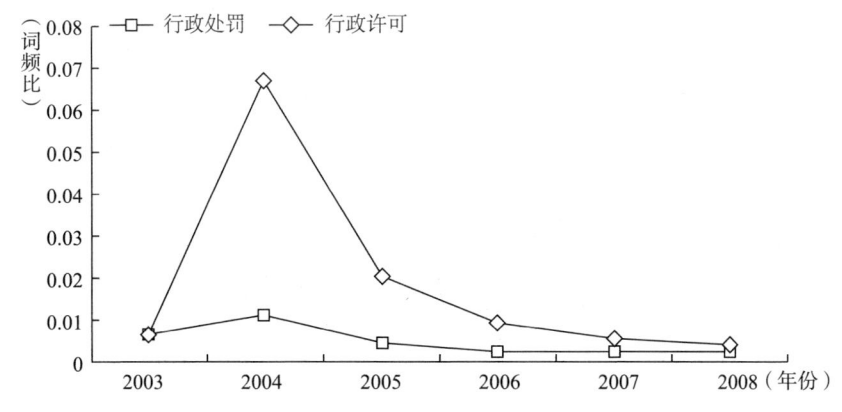

图 5 "行政处罚"和"行政许可"的词频占当年度省级领导言论条数的比例

(二) 行政复议、行政诉讼与国家赔偿

行政复议和行政诉讼作为解决行政争议的两条途径，受关注的程度并不相同，似乎从法律制定之初就注定了其不同的命运。相对于行政复议，中共中央更重视行政诉讼，因为在仅有的 1 次直接提到"行政诉讼"的文件报告中，即提出立法建议。中共中央在 1987 年 10 月 25 日《沿着有中国特色社会主义道路前进——中国共产党第十三次全国代表大会上的报告》中提出："为了巩固机构改革的成果并使行政管理走上法制化的道路，必须加强行政立法，为行政活动提供基本的规范和程序。要完善行政机关组织法，制定行政机关编制法，用法律手段和预算手段控制机构设置和人员编制。要层层建立行政责任制，提高工作质量和工作效率。要制定行政诉讼法，加强对行政工作和行政人员的监察，追究一切行政人员的失职、渎职和其他违法违纪行为。"[①] 由中共中央直接提议法律的制定，是非常鲜见

---

① 在此之前，中共文件报告中已经提到制定诉讼法的紧迫性。1956 年在中国共产党第八次全国代表大会上董必武所作的《进一步加强人民民主法制，保障社会主义建设事业》的报告中指出："现在的问题是，我们还缺乏一些急需的较完整的基本法规，如刑法、民法、诉讼法、劳动法、土地使用法等。"但是由于"文革"中法制建设完全停顿，直到 1978 年邓小平在中国共产党十一次三中全会上作《解放思想，实事求是，团结一致向前看》报告中再次提出："应该集中力量制定刑法、民法、诉讼法和其他各种必要的法律，例如工厂法、人民公社法、森林法、草原法、环境保护法、劳动法、外国人投资法等等。"这里的诉讼法应该不包括行政诉讼法。根据行政立法研究组组长江平教授的回忆，行政诉讼法的制定是行政立法研究组无法完成行政法总则的制定退而求其次的结果。

的，在刑事、民事、行政三大诉讼法中，只有行政诉讼法享此殊荣。笔者认为一方面可以理解为这部法律具有特殊性，另一方面也说明中共中央早已认识到在中国这样一个长期实行人治的国家建立行政诉讼制度何其艰难。全国人大常委会也更"喜欢"行政诉讼，其工作报告中4次提到行政复议法、9次提到行政诉讼法。全国人大常委会不仅在数量上对行政诉讼给予两倍于行政复议的关注度，报告使用的语言也反映了同样的态度。如全国人大常委会认为"行政诉讼法的制定，是我国民主和法制建设的一件大事"，① 对于行政复议法，则说"行政复议法的制定，健全了对行政行为的监督机制，有利于纠正违法和不当的行政行为，维护公民和法人的合法权益，促进依法行政"。② 从报告用语可以看出全国人大常委会对行政诉讼制度寄予厚望。全国政协仍然不太关注行政法具体制度，其工作报告对两者都没有提及。最高人民法院和最高人民检察院就其职能对行政诉讼给予高度关注，而完全没有提到行政复议。

《行政复议条例》出台后，行政复议制度并没有进入国务院政府工作报告的视野，行政复议法颁行后，国务院政府工作报告至今有4次提到行政复议，分别是2003年、2004年、2007年、2008年。除了频繁强调外，工作报告措辞也有比较明显的变化，最初简单要求"加强执法监督，认真做好行政复议"，以后提出"重视人民群众通过行政复议、行政诉讼等法定渠道，对政府机关及其工作人员的监督"，进而提出"健全行政复议体制，完善行政补偿和行政赔偿制度"。国务院政府工作报告有两次提到行政诉讼，第一次是1990年第七届全国人民代表大会上所作的工作报告中要求"国务院各部门和地方各级政府要认真学习行政诉讼法，做好实施前的各项准备，并积极主动地配合人民法院开展工作"。2004年国务院政府工作报告再次提到："重视人民群众通过行政复议、行政诉讼等法定渠道，对政府机关及其工作人员的监督。"

我国于1995年建立的国家赔偿制度，与行政诉讼法相配套，对保障公民、法人和其他组织享有依法取得国家赔偿的权利，促进国家机关依法行使职权，具有重要作用。③ 与行政诉讼制度最早由中共全会文件报告提出

---

① 1991年全国人大常委会工作报告。
② 2003年全国人大常委会工作报告。
③ 1995年3月11日田纪云在第八届全国人大第三次会议上所作的全国人大常委会工作报告。

不同，1991年全国人大常委会工作报告中提出了今后要抓紧制定的六个方面的法律，其中就有国家赔偿法。综观中央层面的文件报告，对国家赔偿的关注程度普遍不低，有的机关给予国家赔偿的关注程度很高。如中共全会文件报告两次提出建立赔偿制度，分别是1993年《中共中央关于建立社会主义市场经济体制若干问题的决定》提出"建立对执法违法的追究制度和赔偿制度"，1995年《中共中央关于制定国民经济和社会发展"九五"计划和2010年远景目标的建议》中提出"建立执法违法的追究制度和赔偿制度"。全国人大常委会给予国家赔偿法的关注程度也很高，前后8次提到"国家赔偿"，次数仅次于"行政诉讼"。最高人民法院工作报告自1995年至今每年都总结法院审理国家赔偿案件的情况。最高人民检察院在工作报告中5次提到国家赔偿，主要是刑事赔偿。国务院政府工作报告中国家赔偿（或行政赔偿）[①]的词频和"行政诉讼"的词频相同，都只有2次。国务院在2004年政府工作报告提出："实行执法责任制和执法过错追究制，完善并严格执行行政赔偿制度，做到有权必有责、用权受监督、侵权要赔偿。"2008年政府工作报告再次提出："只有全面推行依法行政，努力做到有权必有责、用权受监督、侵权要赔偿、违法要追究，让权力在阳光下运行，才能保证人民赋予的权力始终用来为人民谋利益。"两次政府工作报告都提到"侵权要赔偿"。中共中央、全国人大常委会、最高人民法院以及最高人民检察院都给予国家赔偿比较高的关注度，与行政诉讼制度大致相当，但是国家赔偿法和行政诉讼法两部法律的实施效果却大相径庭。

和国务院一样，地方政府也对行政复议制度更为关注，自1995年地方政府工作报告中出现"行政复议"至今，该词在地方政府工作报告中共出现549次，占地方政府报告总数的26%，以2007年最多，共有125个地方政府工作报告提到"行政复议"，占当年度工作报告总数的34%。截止到2008年，全国绝大多数的省级政府都在工作报告中提到"行政复议"，省以下地方政府工作报告中提及"行政复议"的情况也比较普遍。地方政府工作报告中对行政复议比较典型的说法有两种：前些年，主要是强调搞好

[①] 在对国务院政府工作报告和地方政府工作报告进行检索时，考虑到行政机关的关注重点是行政赔偿，因此同时检索了国家赔偿和行政赔偿。文中涉及国务院政府工作报告和地方政府工作报告的数字是两个词频数的总和。

行政复议工作；近年，开始出现完善行政复议制度、创新行政复议方式等提法。相对而言，地方政府对行政诉讼和国家赔偿（包括行政赔偿）的关注程度低得多，1990年的贵州省政府工作报告最早提到"行政诉讼"。此后陆续有地方政府在工作报告中提到"行政诉讼"。2005年，有23个地方政府在工作报告中提到"行政诉讼"，是迄今为止的最高值，之后逐年降低。截至2008年，"行政诉讼"在地方政府工作报告中共出现75次，占地方政府报告总数的3.6%，保守估计，全国还有80%以上的地区从未在工作报告中提到"行政诉讼"。

和中央层级报告的形态显著不同，地方政府工作报告中对"国家赔偿"的关注度不高。截至2008年，词频总数只有128次，占地方政府工作报告总数的6%，仅高于"行政诉讼"，远远低于"行政复议"、"行政处罚"、"行政许可"。截至2008年，共有8个省政府、1个自治区政府、2个直辖市政府在工作报告中提到"行政赔偿"或者"国家赔偿"，占全部省级政府报告总数的35%，尚有2/3的省级政府从没有在政府工作报告中提到行政赔偿或者国家赔偿。地方政府工作报告中提到"国家赔偿"的说法都原则性很强，如"认真贯彻国家赔偿法"，或者"进一步加大行政执法和行政执法监督检查的力度，加强行政复议、行政应诉和行政赔偿工作，提高政府依法行政的水平，提高执法队伍的整体素质"。

省部级领导言论中论及"行政复议"、"行政诉讼"、"国家赔偿"（或行政赔偿）的数量极为稀少，其中部级领导言论中涉及"行政复议"的共120次，占言论总数的8.2‰；涉及"行政诉讼"的53次，占言论总数的3.6‰；涉及"国家赔偿"（或行政赔偿）的只有20次，占言论总数的1.3‰。省级领导言论中3个词语占总数的比例更低一些，涉及"行政复议"的81次，占言论总数的3‰；涉及"行政诉讼"的21次，占言论总数的0.8‰；涉及"国家赔偿"（或行政赔偿）的29次，占言论总数的1‰，远远低于"行政处罚"、"行政许可"在省部级领导言论中占的比重。相对而言，高层领导对"行政复议"更关注一些，部级领导言论中"行政复议"的词频比是"行政诉讼"词频比的2倍，省级领导言论中"行政复议"的词频比是"行政诉讼"词频比的4倍。虽然3个词的词频比很低，但从地方政府工作报告和省部级领导言论中仍然可以看出地方政府和高层领导对监督行政越来越重视了。1999年以前是"强调贯彻行政诉讼法"；

2000年开始提出"接受司法机关根据行政诉讼的监督";2004年以后强调"重视群众通过行政复议、行政诉讼等法定渠道对政府机关及其工作人员的监督";2005年开始有地方政府和高层领导提出行政复议或者行政诉讼败诉率可以作为评价政府执法水平的标准之一,各地方开始探索各种具体的制度推进行政复议和行政诉讼,如行政机关法定代表人出庭、对败诉案件进行责任追究、部门负责人旁听行政诉讼案件审理、重大行政诉讼案件跟踪反馈等。对行政赔偿,地方政府和高层领导的态度都比较"冷淡"。

结 语

整体而言,1978年至今30年来,中国行政法治取得了巨大的成就,依法行政的观念逐渐深化,法治政府建设的各项具体制度逐步完善。官方和高层领导对行政法相关问题的认识逐步深入,从最初的宣示性的"依法行政、依法办事"发展到重视贯彻依法行政原则的各项具体制度。

从关键词的演化来看,笔者发现我国行政法治发展进程以10年为期,10年左右,行政法治会取得具有重要意义的新进展。这种以10年为单位累积的变化表现在:中共全会文件报告,从1984年第一次提出"市场经济"到1993年提出"依法行政",相距9年,再到2005年提出"法治政府",相距12年;中共中央从1993年单独提出"依法行政"到2002年将"依法行政"和"依法执政"同时提出,历经9年;国务院政府工作报告,自1981年第一次提出"市场经济"到1993年提出"依法行政",其间相距12年,再到2004年提出"法治政府",又相距11年;地方政府工作报告在1993年同时提出"市场经济"和"依法行政",2002年提出"法治政府",历时9年;"依法行政"从1993年出现在个别地方政府的工作报告中到2007年扩大到全国范围,历经14年。2008年出现的一些变化引人注目,地方政府工作报告中"依法行政"的词频比达到"市场经济"的两倍,部级领导言论中"依法行政"的词频比与"市场经济"的词频比首次相等,甚至出现部分省级政府只强调依法行政,不再强调市场经济的情况。这些变化无疑说明官方对依法行政、法治政府的重视程度有所提高。

不过,在行政法治意识增强的大趋势下,数据统计还反映了一些局部的、微观的特点。首先,官方对行政法治的认识重原则、轻制度,重行为、轻监督。总体来看，官方对行政法治的认知停留在依法行政的一般原则上，对行政法治具体制度建设关注很少。无论是在中央层面还是在地方层面，"依法行政"出现频率最高，但是对具体制度论述相当少，而且从官方的常用语言上，多数只是一般性地强调依法行使职权等。从行政法具体制度来看，官方相对更重视行政行为，尤其是对自身权力影响较大的行为，轻视监督行政。如果按照由多至少的顺序，将行政许可、行政处罚、行政复议、行政诉讼、国家赔偿（或行政赔偿）5个关键词在地方政府工作报告和省部级领导言论中出现的频率排列一下，"行政许可"最高，其次是"行政处罚"，再次是"行政复议"，最后是"行政赔偿"、"行政诉讼"。可见，地方政府和高层官员对直接规范行政行为的法律更在意一些，而对于监督行政的法律不仅认识晚，关注程度也相对更低。

其次，"法治政府"一词曾经流行一时，但是最近几年开始被淹没在其他多个政府建设目标（如服务型政府、责任政府、透明政府、诚信政府等）之中，与国务院建设法治政府的目标之间差距甚大。[①] 这种游移不定、事过境迁的态度从另一个角度也获得证实：在国务院文件或者行政法律颁布的当年或者次年行政法的关键词出现词频高峰，但是随后迅速下降，尤其是地方政府工作报告和省部级领导言论中行政法的7个关键词都出现"潮起潮落"的特点。如地方政府工作报告中自1999年开始，"依法行政"出现的次数多于"市场经济"。2004年和2005年地方政府工作报告中"法治政府"的词频激增，但是2005年之后上升的速度放缓，到2008年基本与2005年持平，词频比维持在40%左右。省部级领导言论表现出同样的特点，2004年"依法行政"和"法治政府"的频率都较往年有显著提高，但是2005年之后逐渐降低。之所以1999年和2004年"依法行政"、"法治政府"的词频出现显著增多的重大变化，笔者认为是1999年和2004年国务院颁发的《国务院关于全面推进依法行政的决定》和《全面推进依法行政实施纲要》两个文件起到了直接的作用。成文法的颁布对地方政府工作报告和省部级领导言论也起到刺激作用，如1997年地方政府工作报告中开始出现"行政处罚"，而2004年和2005年地方政府工作报告和省部级

[①] 国务院于2004年3月22日发布的《全面推进依法行政实施纲要》中提出，"全面推进依法行政，经过十年左右坚持不懈的努力，基本实现建设法治政府的目标"。按照纲要的要求，应当在2014年基本实现建设法治政府的目标。

领导言论中关于"行政许可"的词频激增，达到历史最高值。地方政府工作报告中2000年"行政复议"的词频出现高峰，部级领导言论中对行政复议的关注程度也在2000年达到最高值，以后逐年下降。这种现象一方面说明国务院文件和行政法律的颁布对于提高官方的认识水平有推动作用，但是不久词频出现下降的趋势，另一方面又说明国务院文件和成文法的刺激作用持续时间很短，地方政府和省部级领导对依法行政、法治政府的认识仍然停留在浅层次的"与时俱进"上，对法律的颁行引起的行政管理领域的深刻变革没有足够的理解和重视，官方对行政法治的认识存在"应景"的嫌疑。

上述情况，已经比较明显地暴露了我国法治政府建设出现"动力缺乏症"的端倪。驱动力的问题不解决，依法行政和推进法治政府建设就会出现"进一步，退两步"或者"明进暗退"的窘况。中国改革开放30年的发展历程说明，在依法行政初始阶段，市场经济是原动力。从1978年至1990年，行政法的关键词均未出现在官方文件和高层领导言论中。自1991年之后，市场经济制度逐渐完善，依法行政、依法执政、法治政府等关键词开始频繁出现在各类文件、报告以及高层领导言论中。可见，依法行政观念的产生和深化是市场经济发展的必然要求。但是市场经济自身的缺陷是无法避免的，经济领域的改革转化为政府变革，是需要时间和条件的。市场经济于行政法治的作用，只相当于一个"心脏起搏器"，没有其他机能的协调与配合，是难以持续发生作用的。在国家制度变革已经进入深层次，各种矛盾冲突比较尖锐时，市场经济的推动就会出现动力不足的现象。从"依法行政"、"法治政府"等关键词的词频变化轨迹看，行政法制度的建立和推动都是自上而下进行的，这种自上而下的推动，在实践中往往造成执行力逐级衰减、打折的现象，这种执行力衰减也是造成行政管理中政令不通、执行不畅的一个主要原因。目前我国行政法律体系日臻完备，立法成就有目共睹，但是，很多行政法律的实施效果往往大打折扣，法律难以有效实施的根本原因还是在于政府缺少推行法治的动力。30年中，在市场经济的推动下，政府依法行政的主动性有所提高，但是在这种表面现象下，隐含的是市场经济的推动力逐渐降低、行政法治建设的步伐放缓的危机。在这方面，有一个现象特别令人深思，即全国政协会议对行政法的7个关键词表现一致，关注时间最晚、频次最低、方式最消极。例如，2002年全国政协在工作报告中正式提出"依法行政"一词，相较于国务院在1993年的政府工作报告中提出"依法行政"晚了近10年，对行政法具体制度，包括行政处罚、行政许可、行政复议、行政诉讼、国家赔偿则完全"漠视"，在工作报告中无一提及。全国政协对行政法治的态度与其民主监督、参政议政的职能完全不相适应。

司法判决中的正当程序原则[*]

何海波[**]

摘　要：在法律、法规和规章对行政机关应当遵循的程序没有明确规定的情况下，法院能否根据正当程序原则去审查行政行为的合法性，是观察当前中国司法的实际职能和法律发展情况的一个窗口。通过统计《人民法院案例选》上行政判决所用的法律依据，分析田永案件、刘燕文案件、张成银案件等十余个有关行政程序的代表性案例，结合对法官所作的访谈，可以发现，在过去十多年中，正当程序原则在司法审查中获得了比较广泛的认可，开始成为中国法律的一部分。这一事实显示了中国法院在相对局促的空间里的能动主义立场，以及由个案判决所推动的一种法律发展的特殊路径。

关键词：行政诉讼　　正当程序原则　　司法能动主义　　法律发展

---

[*] 本文原载于《法学研究》2009 年第 1 期。本文的写作开始于 1999 年，主要部分是在耶鲁大学法学院中国法中心访问研究期间完成的。写作过程中先后与十多位法官进行了访谈和讨论，清华大学法学院研究生管君协助作者统计了《人民法院案例选》上的全部行政案例。文章初稿曾经在哈佛大学、哥伦比亚大学和耶鲁大学等大学法学院作过讨论，文章的修改稿还曾经在中国法学会行政法学研究会 2008 年年会和中央财经大学法学院作过报告，多位学者和法官给予评论和指正。作者特别感谢行政法官给予的帮助，以及 William Alford、Benjamin Liebrnan、Paul Gewirtz、Thomas Kellogg、Jeffrey Prescott、程金华、江必新、朱芒、章剑生、余凌云、高秦伟、李洪雷、杨利敏、宋华琳、毕洪海、王贵松、骆梅英等前辈同仁的批评意见。当然，所有错误由作者本人负责。

[**] 何海波，清华大学法学院教授。

导　言

　　半个多世纪以前，正值英国一场法律变革的前夜，年轻的公法学者韦德写下了《自然正义的黄昏》，作者忧心忡忡地注视着英国法院在行政程序司法审查上的倒退。[1] 而几年后彻底刷新英国司法审查面貌的那场变革，恰恰是以程序正义原则的勃兴为开端的。[2] 再过几年，美国联邦最高法院也发动了"正当程序革命"，[3] 不但扩张了正当程序原则的适用范围，也推动了行政法的整体发展。此后，随着美国联邦最高法院整体上变得保守，行政程序的扩张似乎也出现了逆流。[4] 而在奉行大陆法传统的日本，行政程序也成为行政法日益重要的一部分。[5] 不同的故事讲述同一个主题：正当程序是法律发展的一部分，也是法律发展的一面镜子。

　　今天，在一个相当不同的法律传统中，我们将看到一个精神相似的原则——我们称之为正当程序原则——正在中国蓬勃生长。在涉及正当程序的多个司法判决中，江苏省高级人民法院 2004 年的一份判决尤其值得注意。该判决声称："行政复议法虽然没有明确规定行政复议机关必须通知第三人参加复议，但根据正当程序的要求，行政机关在可能作出对他人不利的行政决定时，应当专门听取利害关系人的意见……"[6] 在中国法律发展喧闹杂乱的背景中，这是一个微小却鲜亮的举动：在没有制定法依据的情况下，法院公然引入了正当程序原则。它昭示了正当程序原则在中国的司法实践中获得了明确的身份，也暗示了法院在行政诉讼实践中能动主义的姿态。

---

[1] William Wade, "The Twilight of Natural Justice?" *Law Quarterly Review* 67 (1951), p. 103.

[2] *Ridge v. Baldwin* [1964] AC 40. 对英国自然正义原则衰落和勃兴的概略描述，参见何海波《英国行政法上的听证》，《中国法学》2006 年第 4 期。

[3] 参见 *Goldberg v. Kelly*, 397 U. S. 254 (1970)。

[4] Richard Pierce, "The Due Process Counterrevolution of the 1990s?" *Columbia Law Review* 96 (1996), p. 1973.

[5] 关于日本的讨论，参见朱芒《论行政程序正当化的法根据：日本行政程序法的发展及其启示》，《外国法译评》1997 年第 1 期。

[6] 江苏省高级人民法院行政判决书，(2004) 苏行终字第 110 号。此处引用的是《最高人民法院公报》2005 年第 3 期上刊载的文字。

在中国的法律传统中，程序观念的淡薄、程序制度的简陋几乎是公认的。清末和民国时期，现代意义上的行政法开始植入中国，却不包含正当程序的概念。[①] 即使到20世纪80年代，行政法学重建之初，中国学界对正当程序也完全陌生：在法学词典里，法律程序仅仅指诉讼程序；[②]在行政法教材中，对行政程序可以不置一词。[③] 当时中国的多数行政法学者也许要等到龚祥瑞和王名扬两位学者介绍，[④] 才了解英美法上的"自然正义"和"正当程序"理论。最近十几年，正当程序的概念至少在学术界变得耳熟能详，确立正当程序原则也呼声四起。在立法层面，20世纪80年代初期行政程序问题几乎没有涉及。全国人大常委会1986年制定的治安管理处罚条例第34条规定治安行政处罚必须经过传唤、讯问、取证和裁决四道程序，就已经被认为是一个重大的突破了。此后，大体与刑事、民事诉讼程序正当化同步，行政程序的法制化迅速开展。继1989年行政诉讼法规定"违反法定程序"的行政行为可以撤销之后，行政处罚法（1996年）和行政许可法（2003年）对告知、申辩和听证等程序作了比较完备的规定。在2004年国务院颁布的《全面推进依法行政实施纲要》中，"程序正当"被列为依法行政的基本

[①] 当时也有部分著作简略地提到"行政程序"或者"法定程序"的概念。例如徐仲白：《中国行政法论》，现代科学出版社，1934，第312页以下（"行政程序"作为对行政法关系的动态考察，是行政实体法上所规定的权利义务实现手段的形式，以行政法规所明示或者默示的规定为限）；马君硕：《中国行政法总论》，商务印书馆，1947，第215页（"法定程序之违背"系行政行为形式上违法）。但是，当时学界对一种超越成文法的普遍的正当程序观念是完全陌生的。即使代表当时学界对英国行政法最深认识的陈体强的著作，也只是在阐述英国国内对行政司法（行政裁判所）制度的批评时，提到几条"自然法原则"（今译"自然正义"），认为它们不过是"关于程序和方法的枝节问题"。参见陈体强《英国行政法论》，商务印书馆，1945，第63页以下。而且，当时大陆法学理在中国的格局已经定型，英美行政法几乎没有什么影响。关于中国行政法学的知识背景，可参见何海波《中国行政法学的外国法渊源》，《比较法研究》2007年第6期。

[②] 参见《中国大百科全书·法学》，中国大百科全书出版社，1984，第80页；《法学词典》，上海辞书出版社，1984，第914页。两部权威法学词典都没有"行政程序"词条。

[③] 王岷灿主编《行政法概要》，法律出版社，1983。这是当代中国第一本行政法教科书。

[④] 龚祥瑞：《比较宪法与行政法》，法律出版社，1985；王名扬：《英国行政法》，中国政法大学出版社，1987。

要求之一。① 于此前后，制定一部系统规范行政程序的行政程序法，被提上议事日程。以 2008 年《湖南省行政程序规定》为代表，行政程序法典化在局部地方试水。中国行政程序制度的发展正在催生出一种有关正当程序的总体概念。

但是，在中国的权力结构下，正当程序概念的发展并不意味着法院在行政诉讼中可以自动地适用该原则判决。依照正统的观点，行政行为的合法性是由具体的法律、法规来界定的，法院的职能是正确适用法律、法规来审查行政行为，法律制度的完善（包括程序制度的发展）不是法院应当考虑的事。对于行政诉讼法第 54 条确立的"违反法定程序"这一司法审查标准，主流观点认为，违反法定程序就是违反法律、法规或者规章明文规定的程序；凡是不违背上述制定法明文规定的，就属于行政机关的自由裁量范围，不属于违反法定程序。② 受此观点影响，对行政行为程序合法性审查的目光基本停留在现有的程序条文上，完善行政程序的希望被寄托在今后的行政程序立法上。尽管最近几年在对行政法原则的研究热潮中，③

---

① 第 5 条第 3 项。该实施纲要还提出了具体要求："行政机关实施行政管理，除涉及国家秘密和依法受到保护的商业秘密、个人隐私的外，应当公开，注意听取公民、法人和其他组织的意见；要严格遵循法定程序，依法保障行政管理相对人、利害关系人的知情权、参与权和救济权。行政机关工作人员履行职责，与行政管理相对人存在利害关系时，应当回避。"此外，实施纲要第 20 条要求行政机关"严格按照法定程序行使权力、履行职责"：行政机关作出对行政管理相对人、利害关系人不利的行政决定之前，应当告知行政管理相对人、利害关系人，并给予其陈述和申辩的机会；作出行政决定后，应当告知行政管理相对人依法享有申请行政复议或者提起行政诉讼的权利。对重大事项，行政管理相对人、利害关系人依法要求听证的，行政机关应当组织听证。行政机关行使自由裁量权的，应当在行政决定中说明理由。

② 参见罗豪才、应松年主编《行政诉讼法学》，中国政法大学出版社，1990，第 247 页以下；罗豪才主编《行政审判问题研究》，北京大学出版社，1990，第 318 页以下；罗豪才主编《中国司法审查制度》，北京大学出版社，1993，第 373 页以下；应松年主编《行政诉讼法学》，中国政法大学出版社，1994，第 257 页；姜明安《行政诉讼法学》，北京大学出版社，1998，第 202 页以下；章剑生《论行政程序违法及其司法审查》，《行政法学研究》1996 年第 1 期（违反法律、法规、规章规定的行政程序，属于违反法定程序，构成违法；违反自主行政程序，不构成违法）。但也有一部分学者认为，违反法律、法规没有明文规定的程序准则虽不构成"违反法定程序"，但严重不合理的程序可套用"滥用职权"。

③ 例如杨海坤、章志远：《中国行政法基本理论研究》，北京大学出版社，2004，第 4、5 章；应松年主编《当代中国行政法》，中国方正出版社，2005，第 2、3 章；胡建淼主编《论公法原则》，浙江大学出版社，2005；周佑勇：《行政法基本原则研究》，武汉大学出版社，2005。

有部分学者主张正当程序原则应当成为我国法律的一部分，法院在司法审查中可以直接适用正当程序原则，但这种主张在正统理论面前显得根基不牢。对于多数法官来说，在没有具体法律、法规规定的情况下，法院根据正当程序原则判决，那只是一个英美法上的传说，而不是中国法律的一部分。为此，有些学者试图通过扩充解释行政诉讼法第54条"违反法定程序"或者"滥用职权"，或者从宪法条款中为正当程序原则寻找实定法上的根据。① 但是，到目前为止，法院能否根据正当程序原则审查行政行为的合法性，甚至法院可以援用行政诉讼法第54条哪一个项目引入正当程序，仍然是一个困扰学术界和实务界的问题。对正当程序原则正当性的焦虑，暗示正当程序原则还没有成为一个能够独立生存、直接适用的法律原则。

在上述背景下，正当程序原则在行政诉讼中的应用，可以成为观察中国法院现实态度和实际职能的一个窗口。总体上，中国法院职能有限、权威不足、形象暗淡，行政诉讼常常被人描述为"鸡蛋碰石头"、"夹缝中求生存"。② 但随着司法改革的推进，相关的制度建设至少在技术层面取得了显著的进展；③ 而在20年的行政诉讼实践中，法院似乎累积了一定的权威。④

---

① 依照一些学者的理解，正当程序原则可以从法条中引申，只是对所援引的法条，不同学者还有不同理解。甘文法官主张，在目前的立法状况下，应当对行政诉讼法中的"法定程序"作扩大的解释，使它能够包容那些符合法律精神和原则的行政程序。相应地，违反正当程序原则也属于"违反法定程序"。参见甘文《WTO与司法审查的标准》，《人民司法》2001年第9期。朱新力教授认为，行政诉讼法第54条中的"滥用职权"就包括了滥用程序上的自由裁量权；在程序领域享有自由裁量权的情况下，不正当的程序（包括必要步骤的省略）将构成程序违法。参见朱新力《行政滥用职权的新定义》，《法学研究》1994年第3期。有个别学者甚至试图从宪法中寻找正当程序的依据。章剑生教授认为，虽然中国现行宪法没有直接为行政程序正当性提供规范依据，但是我们可以从"主体参与"和"法治国家"的表述中获得行政程序正当性在宪法规范上的根据。参见章剑生《论行政程序正当性的宪法规范基础——以规范实证分析为视角》，《法学论坛》2005年第4期。
② 龚祥瑞主编《法治的理想与现实——〈中华人民共和国行政诉讼法〉实施现状与发展方向调查研究报告》，中国政法大学出版社，1993；何海波：《行政诉讼撤诉考》，《中外法学》2001年第2期；Kevin O'Brien & Lianjiang Li, "Suing the Local State: Administrative Litigation in Rural China," in Neil Diamant, Stanley Lubrnan & Kevin O'Brien (eds.), *Engaging the Law in China: State, Society and Possibilities for Justice* (Stanford University Press, 2005)。
③ Randall Peerenboom, *China's Long March Toward Rule of Law* (Cambridge University Press, 2002), chap. 7, p. 298 ff. and chap. 9, p. 420 ff.; Benjamin Liebrnan, "China's Courts: Restricted Reform?", *China Quarterly* (2007).
④ 何海波：《行政诉讼受案范围：一页司法权的实践史（1990—2000）》，载《北大法律评论》第4卷第2辑，法律出版社，2002。

正当程序原则在司法审查中的应用，再次提出了这样的问题：法院在行政诉讼中具有多大的能动性？这种能动性对于实现个案公正、推进法律发展能起到多少作用？法律的发展又是通过什么样的途径取得的？

本文将通过阅读有关行政程序的判例，结合对法官所做的访谈，勾勒一幅正当程序原则在司法实践中的发展图景。笔者希望这些案例能够展示，在中国的司法实践中正当程序原则已经晨光初现。在此过程中，中国法院显示了其在局促空间里维护正义、发展法律的积极姿态和能动立场。这种司法能动主义的冲动暗示了中国法律发展的特殊路径，也可能给司法判决的合法性带来新的紧张。

本文对正当程序原则的讨论，不是"法教义学"的阐释，而是法社会学的考察。中国学界对正当程序原则或者其他法律原则的讨论，多数是介绍外国经验，或者论证和呼吁立法和司法应当如何。中国法院在实践中如何适用和推动法律原则，很少被人关注，更少近距离地精细观察。[1] 除了学界还不太习惯这种写作方式，司法案例的稀缺也是一个原因。虽然中国法院运用法律原则判案已经不是什么稀罕的事情，[2] 但那些案例基本上是零散的、孤立的，不足以描绘法律的发展图景。在依然短暂的行政诉讼实践中，正当程序案例大体先后承接，形成了一段法律发展的清晰的"景深"。

本文大体以案件时间为顺序。文章所运用的案例主要来自《最高人民法院公报》和《人民法院案例选》，以及笔者曾经参与、在网上寻找和法官推介的案件。这些案例不一定能够代表中国行政诉讼的一般水平，但有助于说明行政诉讼实践的进展。判断正当程序原则在司法实践中的发展，主要有三个向度：第一，法官是否在制定法明文规定之外审查行政程序的合法性问题，以及是否公开承认制定法的欠缺、公开使用"正当程序"的标准；第二，程序问题在司法判决中的分量，即它是一条附带的理由还是

---

[1] 有限的讨论，参见 Thomas Kellogg, "Courageous Explorers? Education Litigation and Judicial Innovation in China," *Harvard Human Rights Journal* 20 (2007), p. 141；管君《法槌下的正当程序》，《行政法学研究》2007 年第 3 期。

[2] 阅读最近几年的行政案例，我们将频频遇到原先只存在于教科书而不存在于法条上的法律原则。例如，赖恒安诉重庆市人民政府行政复议纠纷案（行政成熟性原则），最高人民法院行政判决书，(1998) 行终字第 10 号；哈尔滨市汇丰实业发展有限公司诉哈尔滨市规划局案（比例原则），最高人民法院行政判决书，(1999) 行终字第 20 号；益民公司诉河南省周口市政府案（信赖保护原则），最高人民法院行政判决书，(2004) 行终字第 6 号。

独立成立的理由，是撤销行政行为的多重理由中的一种还是一个核心的乃至唯一的理由；第三，适用正当程序原则是对具体案件个别化的决断，还是作为一项普遍适用的要求。这三个向度的观察将分散在对具体案件的描述中。

在本文中，正当程序概念粗略地指行政行为应当遵循的程序要求，它包含但不限于制定法明文规定的程序。本文着重关注的是，在制定法没有明文规定的情况下，法院如何适用这一行政法上的一般原则。至于正当程序应当具有的内涵、在司法适用中的边界以及在特定案件中是否妥当，是一个规范层面的问题，不是本文讨论的目的。

一 法定程序及其初步实践

在讨论正当程序这个一般法律原则在司法实践中的应用前，让我们先看看法定行政程序在行政诉讼中的状况。在中国的行政诉讼中，先有"法定程序"的法律条文，后有"正当程序"的一般原则。从某种意义上，"法定程序"的规定为"正当程序"提供了一个合法性基础，从"法定程序"的实践中生长出正当程序的要求。

1989年的行政诉讼法"破天荒"规定，具体行政行为"违反法定程序的"，法院可以判决撤销。该条款沿用至今。然而，"违反法定程序"条款在司法审查中的应用状况似乎还少有人关注。下面，将首先通过统计《人民法院案例选》上撤销行政行为的司法判决所运用的法律根据，来揭示"违反法定程序"在司法实践中的分量；然后，将通过几个代表性案例来阐述"法定程序"在司法实践中的发展及其局限。

最高人民法院中国应用法学研究所编辑的《人民法院案例选》，为我们提供了统计中国法院行政判决情况的难得样本。这套由各地法官选送的"大案、要案、疑难案，以及反映新情况、新问题的具有代表性的典型案例"（编者前言），虽然不足以代表法院权利保护的一般状况，[①] 但就本文讨论的司法判决的根据这一点，不存在明显的取样偏见。因为法官在选送

[①] 在《人民法院案例选》中，法院以判决方式结案的比例和原告胜诉的比例均大大高于全国行政案件的平均水平，而法院不予立案的情况则难得一见。

案件的时候，主要关心的是案件类型的新颖性、判决结果的正确性以及案件的社会影响，一般不会刻意关心他根据的是行政诉讼法第 54 条第 2 项中的哪一目。

《人民法院案例选》第 1—58 辑（第 25—28 辑暂缺）刊载了从行政诉讼法施行之初到 2005 年期间共 614 个行政案例（不含司法赔偿），其中行政行为被判决撤销的（包括部分撤销）297 个。① 下文的分析就以这 297 个案例为样本。②

在判决撤销的案件中，法院援引行政诉讼法第 54 条第 2 项第 3 目（违反法定程序）作为判决依据的有 97 个，占撤销判决总数的 33%。这一比例虽然低于"主要证据不足"（53%）和"适用法律、法规错误"（40%）两项，却高出"超越职权"（26%）和"滥用职权"（8%）。在前述案件中，违反法定程序为唯一的判决依据的有 36 个，占撤销判决总数的 12%。程序理由在撤销判决中比较高的出现频率，足以说明程序合法性已经成为中国法院审查行政行为合法性的重要武器，说明"违反法定程序"这一审查标准已经在司法实践中立住了脚跟。以后的案例还表明，"违反法定程序"的实践也培育了法官有关正当程序的信念。

上面的分析可能掩盖了"违反法定程序"标准在不同阶段司法审查实践中的变化。在行政诉讼法实施初期，由于"违反法定程序"被普遍理解为违反法律、法规明文规定的程序，而当时的法律、法规往往缺乏具体的程序规定，这一条款很少实际应用，行政行为因为程序违法被撤销的案例很少听闻。1996 年出台的行政处罚法是行政程序法定化的一个里程碑。该

---

① 这里的处理结果指终局裁判对行政行为的处理结果，包括一审（未上诉或者上诉人撤回上诉）、二审或者再审判决结果。从本文讨论目的出发，少数部分撤销、部分维持的，计入撤销。

② 在诉讼过程中，同一个理由的争议有不同程度：(1) 当事人提出主张；(2) 法院在判决理由中阐述；(3) 法院在判决依据中援引；(4) 法官在判决以外论及（如案例评析）。这里只统计法院作为判决依据援引的。在司法实践中，法院援引的判决理由可能并不适当，甚至有明显的误解。例如，有法院认为，婚姻登记机关在夫妻一方患有精神分裂症、不具有民事行为能力又没有监护人陪同的情况下给予离婚登记，属于程序违法，这似乎是对程序理由的误用。从本文的研究目的出发，笔者对这类问题不予甄别，而完全照判决书上陈述的理由统计。因为，第一，一一甄别工程量太大，而且容易产生争议；第二，即使是判决理由的误用，也反映了法院对该条理由的倚重；第三，这类误用并不限于某一个理由。

法对行政处罚的决定程序（简易程序、一般程序和听证程序）和执行程序作了比较详细的规定，其中对听证程序的规定在我国法律中尚属首次。① 比较《人民法院案例选》上的行政案例在该法实施前后的处理情况，不难看出该法对行政行为司法审查的巨大影响。《人民法院案例选》第22、23辑大体上可以看作行政处罚法1996年10月施行之前和之后案例的分界线。前22辑中，122个撤销判决中有28个案件使用了"违反法定程序"作为依据，占总数的23%；而在后面的案例选中，175个撤销判决中有71个案件使用了"违反法定程序"作为依据，占总数的41%，提高了将近一倍。以程序理由作为撤销判决的唯一依据的，在前22辑中有7个，占同期撤销判决总数的6%；后面辑录的案件中达29个，上升到17%。至少在32个撤销判决中，法院援引了行政处罚法的有关条款；其中有13个案件，法院是以行政处罚法为主要依据撤销行政行为的。可见，虽然行政诉讼法确立了"违反法定程序"这一审查标准，但真正落实程序合法性审查，很大程度上还是依靠行政处罚法等法律、法规对行政程序的具体规定。

在法院高频率地援引程序理由撤销行政行为的背后，是法院对行政程序问题的重视。行政处罚法施行后，相当多的行政处罚决定因为在作出前没有告知当事人有关事实或者权利、没有履行听证程序或者其他法定程序而被法院撤销。汪如凤诉上海市公安局黄埔分局治安警告处罚决定案就是众多此类案件中的一个。② 该案中，公安机关的行政处罚事先告知笔录有瑕疵，既没有当事人签字，也没有写明具体的告知时间。上海市第二中级人民法院认为，这样的证据不能证明公安机关在作出处罚决定前已经告知当事人有关处罚的事实、理由和依据，据此判决撤销了该处罚决定。行政处罚法为法院的程序性审查提供了强有力的依据，前述法院在此坚定地贯彻了法定的程序要求。为一个看似细微的程序瑕疵而撤销一种如此轻微的行政处罚决定，没有行政处罚法做依据是不可思议的；即使有了行政处罚

---

① 该法第31条、32条分别规定："行政机关在作出行政处罚决定之前，应当告知当事人作出行政处罚决定的事实、理由及依据，并告知当事人依法享有的权利。""当事人有权进行陈述和申辩。"在第五章第二节"一般程序"中，又强调："行政机关及其执法人员在作出行政处罚决定之前，不依照本法第三十一条、第三十二条的规定向当事人告知给予行政处罚的事实、理由和依据，或者拒绝听取当事人的陈述、申辩，行政处罚决定不能成立……"（第41条）。

② 上海市第二中级人民法院行政判决书，（2001）沪二中行终字第328号。

法，没有对正当程序的高度重视，也是不可能的。

行政处罚法的施行不但提高了法院对程序问题的审查力度，也增强了法院以"违反法定程序"为理由审查行政行为的自信。我们以《最高人民法院公报》两个先后颁布的权威案例作说明。发生在 1991 年的陈迎春诉离石公安局收容审查决定案，[1] 是《最高人民法院公报》上提到行政程序问题的第一个案例。在该案中，公安机关认定陈迎春是一个匿名"诽谤件"的打印者，将其收容审查。从判决书来看，公安机关的决定超越了法定的收容审查条件，而且其认定似乎没有确凿证据，显然是违法的。不但如此，"被告所属工作人员身着便服，未出示任何法律手续，将原告诱离工作岗位后，强行押至离石信义派出所，让原告在一张传唤证上签名。3 月 12 日，被告又让原告在 3 月 10 日填写的《收容审查通知书》上签名"。在论述公安机关的行为构成"适用法律、法规错误"后，判决书继续写道："被告对原告的收容审查，在执行程序上也是违法的……"法院主要指的是，被告先决定（收容审查）、后传唤，顺序颠倒。判决书中这个"也"字很有意思。它一方面表达了法院"程序违法也是违法"的态度，另一方面也传达了"程序违法相对次要"的观念，听上去像是法院根据实体理由作出决定后附带提及程序问题。但无论如何，行政程序的合法性在审判实践中得到了关注。

与上述案件相呼应，行政处罚法施行后《最高人民法院公报》刊登的平山县劳动就业管理局不服税务行政处理决定案，[2] 则显示了法院对于违反法定程序异常鲜明的立场。在该案中，平山县地方税务局认为劳动就业管理局（原平山县劳动服务公司）收取劳务管理费、劳务服务费等而没有依法纳税，两次通知其限期缴纳却没有效果，于是决定对其罚款 9 万多元。该案首要的争议是，就业管理机构作为承担部分行政职能的自收自支的事业单位应否纳税。然而，法院把矛头指向行政处罚决定程序的一个严重疏漏：税务部门在作出处罚决定前没有举行听证。法院据此撤销了被告的处罚决定，并且宣布，"程序上违法便可撤销，无须继续对实体性争议进行审理"。平山县人民法院的动机似乎是尽量避免卷入两个政府部门之间关

---

[1] 《最高人民法院公报》1992 年第 2 期。
[2] 《最高人民法院公报》1997 年第 2 期。

于重大、实体问题的争议，虽然法院"无须继续对实体性争议进行审理"的观点值得商榷，①但是，法院"程序上违法便可撤销"的断言把程序合法性提到了独当一面的地位，与实体合法性同等重要。最高人民法院选取该案作为在行政处罚法施行后《最高人民法院公报》公布的第一个行政案例，显示它对实施行政处罚法定程序的重视，也体现了法院关于行政程序合法性审查的自信。

到此为止，"违反法定程序"标准在司法实践中的应用乃至发展，都没有突破制定法的框架，法院以现有法律、法规和规章为依据还是司法审查的不二法门。从行政诉讼法生效至今，该法确立的司法审查标准在立法层面没有任何变动，最高人民法院的司法解释也没有显著的推动。1991年和2000年两次有关行政诉讼法的全面解释，都没有涉及司法审查标准。在中国加入WTO后，学界认识到WTO对行政程序的要求比中国现行法律要更严格，但最高人民法院相关的司法解释仅仅照抄行政诉讼法第54条的规定，并没有对"法定程序"作出阐述，更没有提及正当程序。② 此外，最高人民法院个别司法解释文件涉及行政处罚法规定的听证程序的适用范围，认为行政机关作出没收较大数额财产的行政处罚决定前，也应当给予当事人听证的机会。③ 该答复澄清了行政处罚法有关条文的含义，坚定地捍卫了行政处罚法关于程序保障的精神。但是，就正当程序这个一般原则的发展而言，不算有太大突破。

实际上，在20世纪90年代末的田永案件和刘燕文案件以前，行政诉

---

① 由于法院没有就实体争议作出裁判，税务机关可以坚持认为对方应当纳税，并在听证后重新作出处罚决定。这可能导致不必要的重复诉讼，甚至（在事后证明税务机关不应征税的情况下）税务机关无谓的重复行政。

② 《最高人民法院关于审理国际贸易行政案件若干问题的规定》（法释〔2002〕27号）第6条。

③ 《最高人民法院关于没收财产是否应进行听证及没收经营药品行为等有关法律问题的答复》（〔2004〕行他字第1号）。该答复称："行政机关作出没收较大数额财产的行政处罚决定前，未告知当事人有权要求举行听证或者未按规定举行听证的，应当根据《行政处罚法》的有关规定，确认该行政处罚决定违反法定程序。"该答复涉及对行政处罚法第42条的理解。虽然没收较大数额财产的行政处罚并不在该条明示的听证范围之列，但无论从法条文字还是立法过程看，行政机关没收较大数额财产之前给予当事人听证的机会，都完全符合行政处罚法的立法意图。有关立法过程所体现的立法意图，参见薛驹《全国人大法律委员会关于〈中华人民共和国行政处罚法（草案）〉审议结果的报告》，1996年3月16日。

讼的原告似乎很少在法律、法规、规章规定以外提出程序主张。即使原告提出这种"没有法律依据"的程序主张，似乎也不太可能得到认真对待。即使法官认识到行政行为背离其心中的程序准则，通常也不太可能把它作为判决理由。①

在广东省药材公司诉中华人民共和国财政部国有资产行政管理纠纷一案②中，制定法以外的程序合法性问题异常罕见地被明确地提出来，然而广东省高级人民法院与正当程序原则擦肩而过。该案被告财政部的一纸文件称，国家国有资产管理局行政复议委员会作出的一个行政复议决定，"不符合《行政复议条例》的有关规定，现决定予以撤销"。在广东省药材公司提起的行政诉讼中，财政部的决定被判决撤销。在诉讼中，原告代理人、北京大学法律系教师陈端洪提出了程序的正当性问题。然而，两级法院的反应并不相同。一审法院认为，该决定没有列举事实证据、法律依据并说明法律理由，属适用法律、法规错误；被告在作出撤销决定之前，不仅没有将其对复议决定再予审查的情况告知原告，没有调查取证，没有向国家国有资产管理局调卷，也没有给原告提供陈述意见的机会，总而言之，"没有遵循基本的行政程序，属程序违法"。二审法院基本同意第一点理由，认为该决定属"认定事实不清，主要证据不足，适用法律法规错误"，原审判决予以撤销是正确的。至于财政部的撤销决定是否违反法定程序的问题，二审法院持相反意见。二审法院采纳了财政部的意见，③认为："上级主管机关撤销下级部门作出的复议决定应遵循的程序，目前法律法规没有明确规定；其（财政部）按照上级对下级的监督工作原则和通

---

① 《人民法院案例选》刊登的许军营诉昌吉回族自治州劳动教养管理委员会案件，是一个少有的例外。该案中，一、二审法院均以原告许军营的行为尚不符合劳动教养条件，行政决定事实不清、适用法规错误为由撤销了劳动教养决定。昌吉回族自治州中级人民法院1992年的二审判决同时指出，被告在作出对许军营劳动教养决定后，没有向许军营本人送达劳动教养决定书；经申诉复议后，未向许本人送达复议决定书，也没有向其交代诉讼权利，直接影响了原告行使申诉、起诉的正当权利。因此，"程序违法"。鉴于当时法律、法规对劳动教养的程序没有丝毫规定，这样的理由已经超出了制定法的明确规定。参见最高人民法院中国应用法学研究所编《人民法院案例选》第2辑，人民法院出版社，1993。
② 广东省高级人民法院行政判决书，（1999）粤高法行终字第22号。
③ 上诉人财政部在诉讼中称："目前法律、法规对上级主管机关撤销下级部门作出的复议决定应遵循的程序，没有明确规定。上诉人的撤销决定，是根据广东省人民政府法制局的书面反映和国务院原法制局的要求，在对复议决定书进行审查的基础上，经过集体研究，报经部领导批准后作出的，完全符合国务院办公厅和财政部规定的工作程序。"

常做法进行,不违反行政程序。药材公司主张认定财政部的程序违法,缺乏法律、法规依据,不宜采纳。原审判决认定财政部作出的撤销决定程序违法不妥,依法应予纠正。"

我们可以相信财政部说的是实情,它作出撤销决定经过了一套内部程序,这套程序大致符合"上级对下级的监督工作原则和通常做法"。然而,就正当程序原则的发展来说,这是一个黯淡无光的时刻:一个严重损害当事人利益的重大决定,竟然可以在当事人不知情的情况下作出;对于这样一个明显违反程序公平原则的行为,法院居然团手不顾。与我们将要提到的一些创造性案件相比,广东省高级人民法院的判决也许代表了当时行政程序实践的一般水平。它说明了"法定程序"对于法律、法规明文规定的依赖,说明正当程序原则还没有获得自己的生命。

二 田永案件中一笔带过的程序论据

《最高人民法院公报》上刊登的田永诉北京科技大学案件,[①] 是正当程序原则发展过程中一个值得重视的案例。该案的一个重大影响是扩张了行政诉讼的受案范围,推动了"学生告学校"的诉讼。在这里讨论行政处分程序问题,它的意义在于,海淀区人民法院在没有制定法根据的情况下,提出了程序合法性的要求。这一要求在《最高人民法院公报》上刊登时,又得到了强化。

该案的基本案情是:田永曾因在考试中夹带与考试课程内容相关的字条,被学校作退学处理。但在部分老师的庇护下,他在此后长达两年的时间里继续在校学习。等到他修完学业并通过了论文答辩,学校发现了这个情况,于是拒绝向他颁发毕业证书、学位证书。田永向北京市海淀区人民法院提起行政诉讼,要求北京科技大学颁发毕业证书、学位证书。著名行政法学者马怀德教授作为田永代理人参加诉讼。1998 年,海淀区人民法院作出一审判决,基本上支持了田永的诉讼请求。该判决获得二审法院的认可。

海淀区人民法院的判决理由是多重的:北京科技大学对田永"作退学

---

① 《最高人民法院公报》1999 年第 4 期。一审判决原文见北京市海淀区人民法院行政判决书,(1998) 海行初字第 142 号。

处理"于法无据，而且退学处理决定程序也有瑕疵，学校有关部门容许田永继续在校学习的事实更应视为学校自动撤销了该退学处理决定。其中值得特别注意的是，海淀区人民法院一审判决原文中涉及退学处理决定程序的一段话："退学处理的决定涉及原告的受教育权利，从充分保障当事人权益原则出发，被告应将此决定直接向本人送达、宣布，允许当事人提出申辩意见。而被告既未依此原则处理，尊重当事人的权利，也未实际给原告办理注销学籍，迁移户籍、档案等手续……"①

这段文字提出了一个非常重要的问题：被告有义务将退学处理决定直接向本人送达、宣布，允许当事人提出申辩意见。法院没有指明这一理由的法律依据。事实上，在被告作出退学处理决定时，所有相关的法律、法规、规章和其他规范性文件都没有规定这一程序要求。② 可见，法官们没有依据具体的条文判案。如果把"依法判决"的"法"仅仅理解为法律、法规、规章等由特定国家机关制定并载于纸上的文字规定，那么，法院的这一条理由可以说是没有"法律依据"的，是法院自己"创造"或者说"捏造"的。在今天的读者看来，法院的这一理由很自然地与英美法上正当程序原则联系在一起。

令笔者感兴趣的是，在法院的判决被普遍地理解为"适用法律、法规"的今天，是什么促使法官在该案中运用正当程序原则？法官自己又是如何看待这段文字的？探究这些问题，需要考察具体情境中法官的现实处境及其思考方式。为此，笔者曾经走访本案一审的审判长王振峰副院长、主审法官饶亚东女士以及其他参与者。③ 没有证据显示，法官们在判决时拥有英美法中关于正当程序原则的充分知识，也没有证据显示，法官们在判决时具有运用正当程序原则的明晰意图。但是，他们有着朴素的程序正义的观念，正是这种朴素的观念形成了法官判案时的信念。

---

① 北京市海淀区人民法院行政判决书，（1998）海行初字第142号。
② 《普通高等学校学生管理规定》（国家教委，1990年）第64条规定："对犯错误的学生……处理结论要同本人见面，允许本人申辩、申诉和保留不同意见。对本人的申诉，学校有责任进行复查。"考虑规章制定的背景和当时的一般做法，"处理结论要同本人见面"似乎更只强调处理结论应当让学生知道，而不要求某种固定形式；"允许本人申辩、申诉和保留不同意见"，重在强调不能压制学生的申辩、申诉，而不要求必须事先听取学生申辩才能作出处理决定。事实上，法院判决书没有引用这一条文，也说明法院的判决不是依据这一条文作出。
③ 何海波访谈，1999年10月，北京市海淀区人民法院。

在讨论本案的判决理由时，时任海淀区人民法院副院长的审判长王振峰承认有些地方没有条文依据，而是根据"法律精神"处理。他跟笔者谈起"法律精神"在司法中的作用，谈起立法的缺陷与法官的补救。[①] 在交谈过程中，两位法官还不约而同地谈到行政处罚法必须听取被处罚人陈述和申辩的规定。尽管本案判决并没有适用行政处罚法，我们也不好说法官"类推适用"了行政处罚法的有关程序规定，但仍然可以看出，这部法律深刻地影响了法官判决时的考虑。由于勒令退学等纪律处分与行政处罚性质上非常相似，法官在审理时很自然会进行联想和比附。可以想象，比附的结果是增强了法官对自己持有的先见——被告应当听取当事人申辩——的信心。在案件的审理过程中，海淀区人民法院曾向部分行政法学专家、学者咨询对田永案件的意见。座谈会上，当主审法官饶亚东女士提出被告退学处理决定的程序合法性问题时，一位学者就谈到正当程序原则。

还需要指出，法院的判决使用了三条理由。第一条理由（退学处理决定实体违法）和第三条理由（田永在被退学后又被允许留校读书）是比较有力的，能够引起人们的强烈共鸣；它们也比较关键，阻挡了人们对本案判决结论的攻击。第二条理由（违反程序要求）看上去似乎是法官为了论证自己的观点而附带地提到的一个借口，是躲在两条强有力的判决理由的缝隙中偷生的一个孱弱的理由。由于它不是本案判决的决定性理由，因而它所承担的风险不大。指出这一点是很重要的，否则我们就有可能夸大上述法律信念对法官的影响。在交谈中，笔者曾经问王振峰院长：

"假如退学处理决定本身在实体和程序上都没有问题，仅仅有后面的一系列行为——补发学生证、收取教育费、给予注册、给予上课和考试等等，您是否会支持田永的诉讼请求？"

"会的。"王院长不假思索地回答。

"那么，假如没有后面的一系列行为，仅仅因为退学处理决定实体和程序上的瑕疵，您是否会支持田永？"

[①] 几年前，王振峰法官作为北京某高校兼职教授给学生讲法律课时，就专门以"法律精神"为题作开篇演讲。在讲课提纲中有这样一段话："法律规范浩如烟海，人们很难全部掌握。对法律精神的领会有助于我们理解认识、掌握、遵守、执行法律、法规，有助于依法治国基本方略的实施，有助于建设社会主义民主法治国家。"王振峰法官还把他理解的"法律精神"概括为"公平与秩序、自由与自律"。

王院长犹豫了一下:"这恐怕需要慎重考虑。"

"但是,"王院长又补充道,"对田永作退学处理是没有依据的。"

自始至终他都没有强调程序上的理由。

在当事人和一般人看来,这一条理由也是那么轻微,以至于完全可以忽视它的存在。事实上,被告的上诉状、被告代理律师在二审中长达6000多字的代理词和被告在终审判决作出后写的申诉状,都丝毫没有对这一条理由提出异议。各种媒体在法院判决后的正反报道中,除了对判决书原文照抄的以外,也没有提到退学处理决定程序上的问题。

本案判决对正当程序原则的运用本是一个附带写下的理由,它默默地存在,没有对它的赞扬,也没有对它的抨击。眼看着,它似乎将遭受几乎所有的判决理由所遭受的命运,湮没在源源不断制作出来的判决文书的汪洋大海中。一个事件改变了它的命运:《最高人民法院公报》刊登了这起案例。一审判决的前述内容在《最高人民法院公报》公布时被改成:"另一方面,按退学处理,涉及被处理者的受教育权利,从充分保障当事人权益的原则出发,作出处理决定的单位应当将该处理决定直接向被处理者本人宣布、送达,允许被处理者本人提出申辩意见。北京科技大学没有照此原则办理,忽视当事人的申辩权利,这样的行政管理行为不具有合法性。"

除了文字性修改,有两点改动值得注意:一是"原告"、"被告"的称呼分别被改成"被处理者"、"作出处理决定的单位",反映了最高人民法院试图使个案中适用的原则能够成为一项普遍适用的要求;二是公报在重申作出退学处理决定时应当遵守的程序原则的同时,以坚定、清晰的语言明确了违反该原则的法律后果——"这样的行政管理行为不具有合法性"。照此说法,单单凭这程序上的理由就足以撤销被告的退学处理决定。在经过最高人民法院精心修改的理由阐述中,正当程序原则的运用变得更清晰,对正当程序原则的强调更突出了,尽管它一开始似乎只是一个附带提到的、无足轻重的理由。

依照惯例,《最高人民法院公报》对判决书不是原文照登,而是经过编辑的。对判决书原文进行文字修改也是平常的,问题是:公报在进行文字改动时,是否特意强调正当程序原则?带着这样的问题,笔者走访了《最高人民法院公报》编辑部的马群祯编辑。[①] 下面是我们的一段对话:

---

① 何海波访谈,2000年3月,《最高人民法院公报》编辑部。

"您是否注意到，判决书所要求的被告作出处理决定听取原告申辩，没有法律条文的根据？"

"确实没有，"马群祯编辑解释了当初改写这段文字的理由，"这是保护人权需要的。'文革'当中有好多事，例如把人家处理了，甚至记入档案了，人家还不知道，也无处申诉，造成许多冤案。这种事到今天还有。不听一下人家的意见就作处理决定，那不是背着人家处理吗？那怎么能行？所以，我想借这个机会，利用公报呼吁一下，希望能够形成一个原则。你看，我把'被告'改成'作出处理决定的单位'，把'原告'改成'被处理者'，也是为了别的案件也能够参照。"

"您是否听说过'正当程序原则'这个词？"

"我是从基层干上来的。这些理论我不太懂，要你们去挖掘……"

虽然没有英美法中"自然正义"、"正当程序"这样一套理论的知识背景，马群祯编辑从"文革"的教训和人权保护目的出发，同样相信作出处理决定前听取申辩是必需的正当的程序。他并不在意法条明文的欠缺。作为《最高人民法院公报》的编辑，他明白公报可能起的作用，也期望借助公报去影响社会。

当我们探究法官写下正当程序要求的客观条件时，并不丝毫贬低法官的创造意义。正如许多伟大的制度创新是在偶然的条件下甚至在不自觉的状态中产生的，要求法官不顾任何压力、不惜任何代价去创造——即使这种创造在理论上是正确的甚至必要的——毕竟过于理想化。对法官来说，重要的是善于抓住机遇，勇于创造先例；而对于制度形成来说，重要的是阐发和追随。"一个先例仅仅只是一个起点，而只有在这一先例为后人所遵循且必须遵循时才成为制度。……从这个意义上，制度倒是后来者建构的，而不是'先行者'创造的。"①

田永案件判决后不久，就引起了学界的关注。罗豪才教授主编的《行政法论丛》组织了一个专题研究。其中，何海波的《通过判决发展法律：田永案中行政法原则的适用》一文指出该案运用了正当程序原则，并充满期望地预言，"本案作为运用正当程序原则判决的先声，对今后地方各级

---

① 朱苏力：《制度是如何形成的？——关于马歇尔诉麦迪逊案的故事》，《比较法研究》1998年第1期。

法院审理行政案件将产生示范作用"。① 在后来的学术讨论中——部分受刘燕文案件的推动——田永案件被人频频提到,成为著名的行政法案例之一。在法院系统内部,随着更多的教育行政诉讼案件涌入法院,审理田永案件——还有刘燕文案件——的海淀区人民法院,多次接到"兄弟法院"的电话,咨询对案件如何处理或者请求寄送判决书。②

在田永案件鼓舞下作出的行政判决中,王长斌诉武汉理工大学拒绝颁发学士学位证书案可能是案情最相似的,判决理由也最相近了。③ 王长斌因在考试中夹带与考试内容有关的字条,受"留校察看"一年的处分,后虽补考通过,校方只给毕业证书而拒发学位证书。该案的主要争议是夹带字条是否属于考试作弊,"在校期间受过留校察看处分者不能授予学士学位"的校规是否合法。然而,该案也提出了程序问题。原告提出,学校并没有将此处分决定用口头或者书面的方式及时通知自己,使自己没有申辩的机会。被告则辩称,学校虽然在处分决定适用程序上有所欠缺,但不影响处分决定的实质内容。武汉市两级法院均判决原告胜诉。2001 年,武汉市洪山区人民法院判决认为,被告没有及时将处分决定告知王长斌,忽视和剥夺了他的申辩权利,这种程序不合规定的行政行为应属无效处分。武汉市中级人民法院的终审判决维持了这一立场。

三 刘燕文案件中的激烈争辩

在田永案件激起的浪花中,刘燕文诉北京大学学位评定委员会案件无疑是最激越的一个。如果说在田永案件的判决书中法官写下那段话,可能不是特别清楚它的分量,那么,在刘燕文案件中正当程序问题被鲜明地提出来了,并成了法庭内外的一个辩论主题。④

---

① 何海波:《通过判决发展法律:田永案中行政法原则的运用》,载罗豪才主编《行政法论丛》第 3 卷,法律出版社,2000。
② 何海波访谈;又见 Thomas Kellogg, "Courageous Explorers? Education Litigation and Judicial Innovation in China," *Harvard Human Rights Journal* 20 (2007), p. 141.
③ 《苦读四年拿不到学位证将母校告上法庭》,《武汉晨报》2001 年 11 月 26 日;《考试作弊不给学位?违法!首例学生状告高校不发证书案原告胜诉》,《江南时报》2002 年 5 月 3 日。
④ 有关该案的讨论,可以参见李富成主编《北大法治之路论坛》,法律出版社,2002;湛中乐主编《高等教育与行政诉讼》,北京大学出版社,2003。

刘燕文是北京大学无线电专业的博士生。他的博士论文经过论文答辩委员会答辩通过，系学术委员会通过，却被来自全校各专业的校学位评定委员会否决。几经周折后，刘燕文的案件在北京市海淀区人民法院获得立案。与前面讨论的田永案件不同，刘燕文案件涉及的博士学位论文评审是一个具有高度技术性的作业，法院根本无法（也不适合）从实体上审查刘燕文的论文是否达到博士学位水准，于是争议焦点落到了博士学位评定的程序上。虽然当时的法律、法规和规章都没有具体规定博士学位的评定程序，原告主张评定过程违反了正当程序的要求，特别是校学位评定委员会否决答辩委员会的决议，既没有听取刘燕文的答辩或申辩，也没有给出任何理由，甚至没有把决定正式通知刘燕文本人，其决定是否合法？由于当时的法律、法规和规章对博士学位的评定程序都没有具体规定，正当程序原则成为原告可以争辩的几乎唯一的理由。①

正当程序的适用成为刘燕文案件法庭辩论主题。原告的代理人提出了正当程序原则：校学位评定委员会既没有能力也没有时间对全校各学科的博士学位论文进行实质审查，现有的评审机制不能保障学位评定的公正，完全存在滥用权力的可能；作为补救机制，校学位评定委员会在否决答辩委员会的结论之前，应当给刘燕文一个陈述和申辩的机会，对否决决定的作出应当说明理由。被告的代理人回应：正当程序原则还没有法律依据，作为理论探讨是可以的，但法院必须依据法律判决。

经过两次庭审，海淀区人民法院当庭宣判，支持了原告的诉讼请求，认定被告的决定违法，并责令北京大学学位评定委员会对刘燕文的博士学位论文重新评定。法官在口头阐述判决理由时，并没有提到正当程序原则，但法官在送达判决书前，还有时间斟酌其判决的理由。

有一个事件不知在多大程度上影响了法官的思维，但与我们的论题显然密切相关。在刘燕文案件一审口头宣判后、判决书制作前，北京大学法学院内曾专门举行了一次主题为"专家评审与正当程序：刘燕文告北大"的学术讨论会。刘燕文案件的主审法官饶亚东女士和该案的书记员石红心，应邀旁听了讨

---

① 除了上面的理由，原告方还提出，北京大学学位评定委员会出席会议的委员中，3 位委员在表决中投弃权票是不合适的，法律同样没有明确规定；依照"（学位评定委员会对学位论文答辩委员会授予博士学位的决议是否批准的决定）经全体成员过半数通过"的要求，委员会 6 票赞成、7 票反对、3 票弃权的表决结果不足以否决论文答辩委员会的结论。

论会。在会上，正当程序原则引起了争论，贺卫方教授、强世功博士等几位学者对法院运用正当程序原则表示了希望和支持。虽然在那次讨论会以及此后的法律网络网坛上也不乏异议，但在议论纷纷的法律广场上，主张和赞成正当程序原则的声音明显占据上风。如果说法官一开始在心理上就对刘燕文的境遇抱有同情，对现行的学位评审制度持有批评态度，而使他们对正当程序原则有一种情理上的认同，那么，当他们听了法律学者的意见后，他们相信正当程序原则将会被法律界所接受，从而对运用正当程序原则有一种情势上的把握。再加上前面所述的种种因素，正当程序原则终于在本案中铿然出场。

几天后，判决书下发。在概括原被告双方有关正当程序的辩论意见后，法院阐述道："校学位委员会作出不予授予学位的决定，涉及学位申请者能否获得相应学位证书的权利，校学位委员会在作出否定决议前应当告知学位申请者，听取学位申请者的申辩意见；在作出不批准授予博士学位的决定后，从充分保障学位申请者的合法权益原则出发，校学位委员会应将此决定向本人送达或宣布。本案被告校学位委员会在作出不批准授予刘燕文博士学位前，未听取刘燕文的申辩意见；在作出决定之后，也未将决定向刘燕文实际送达，影响了刘燕文向有关部门提出申诉或提起诉讼权利的行使，该决定应予撤销。"①

看得出来，判决书基本接受了原告代理人的意见。这段话在文字上参考了《最高人民法院公报》上田永案件一审判决的相关文字，但表达更明晰。尽管法院没有明确地说运用正当程序原则处理，也没有更多地分析论证，但显而易见的是，法官开始有意识地把正当程序原则引入判决。从田永案件到刘燕文案件，案件类型相似、审理法院相同、判决措辞相近，然而，从法官几乎无意识地写下的一句话，到有意识地运用正当程序原则，法律的发展又迈出了一小步。虽然由于情势逆转，刘燕文案件的一审判决后来被推翻，但上级法院并没有否定该原则的运用。② 从法律上讲，海淀

---

① 北京市海淀区人民法院行政判决书，（1999）海行初字第103号。
② 北京市第一中级人民法院于2000年4月30日裁定撤销原判，发回重审。但其理由不是实体性的，而是对被告所提的"（刘燕文起诉超过）诉讼时效问题，原审法院未能查清"。海淀区人民法院经过重审，以超出法定起诉期限为由，驳回刘燕文的起诉。二审法院维持了海淀区人民法院的重审判决。参见北京市第一中级人民法院行政裁定书，（2000）一中行终字第43号；北京市海淀区人民法院行政裁定书，（2000）海行初字第157号；北京市第一中级人民法院行政裁定书，（2001）一中行终字第50号。

区人民法院一审判决关于正当程序的论断仍然屹立。

　　刘燕文案件的意义还在于其判决前后所受到的高度关注。刘燕文案件的两次庭审，分别有包括多家媒体记者在内的数百人旁听。一审判决后，刘燕文案件立刻得到广泛的报道，并引起了行政诉讼历史上可能是空前激烈的争论。① 受该案的激发，一系列的研讨会在北京大学、中国人民大学、国家行政学院和清华大学相继举行，② 多篇学术文章陆续发表。③ 在这些报道和评论中，正当程序是其中一个颇受关注的问题。一些媒体在着重报道"司法阳光照进大学校园"的同时，也注意到该案中的正当程序问题。有

---

① 在下文提到的报道之外，还有李东颖：《北大沉着当被告》，《北京青年报》1999年12月24日；方舟：《教学双方对簿公堂：国内首例学位诉讼案引起广泛关注》，《科学时报》2000年1月13日；谢圣华：《北大博士生状告母校：谁是谁非　焦点何在》，《人民法院报》2000年1月18日。除了平面媒体的大量报道，中央电视台在《今日说法》上作了两期专门报道与专家评述。此外，刚刚兴起的互联网也成了传播和讨论的媒介。

② 这些研讨会分别为：（1）北京大学法学院研究生会于1999年12月21日召开的、北京大学法学院部分师生参与的"专家评审与正当程序：刘燕文告北大"的学术沙龙。参见刘万永《高校面临的将不仅仅是一起诉讼　博士生告北大备受关注　依法治校刻不容缓》，《中国青年报》1999年12月23日；"专家评审与正当程序"专题，载李富成主编《北大法治之路论坛》，法律出版社，2002。（2）中国人民大学法学院和中国人民大学教育科学研究所于2000年1月6日召开的、来自全国近20所高校的主管领导和国家学位主管部门领导参与的"中国首例学位诉讼案相关问题研讨会"。参见郑琳《刘燕文诉北大一案判决引起专家学者展开激烈探讨》，《中国青年报》2000年1月9日；徐建波、胡世涛《学位之争能否启动司法程序》，《检察日报》2000年1月10日；芳和、张爱萍《法的思考：中国首例学位诉讼案相关问题学术研讨会发言摘要》，《中国教育报》2000年1月13日；王锋《"刘燕文诉北大案"的法律思考》，《法制日报》2000年1月16日。（3）中国法学会行政法学研究会于2000年1月20日在国家行政学院召开、有北京地区部分行政法学者和从海淀区人民法院到最高人民法院四级法院法官参加的"教育行政诉讼研讨会"。李鸣：《大学自治与司法监督：刘燕文案引起法学界的广泛关注》，《科学时报》2000年1月27日；高娣：《法院：说理的最后地方　关于学生告学校的新感悟》，《法制日报》2000年2月14日。（4）清华大学法学院于2000年7月举办、有教育部主管官员参加的"中国学位制度改革与立法研讨会"。参见秦平《加快学位制度改革　切实推进学位立法：中国学位制度改革与立法研讨会记实》，《法制日报》2000年7月23日。

③ 除了后面提到的文章，还有程雁雷：《论司法审查对大学自治的有限介入》，《行政法学研究》2000年第2期；杨建顺：《行政诉讼与司法能动性：刘燕文诉北京大学（学位评定委员会）案的启示》，载《法学前沿》2001年第4期，法律出版社，2001。此外，《科学时报》2000年1月20日以《一石激起千层浪：刘燕文案引发的讨论》为题，刊载了一组学者笔谈，其中包括包万超的《刘案将决定学位制度改革的走向》、杜钢建的《受教育权保障与行政说明责任》、贺卫方的《现行教育管理制度中的缺陷》、姜明安的《北大拒发两证欠缺证据》、李鸣的《大学自治与司法监督》、劳凯声的《司法应否介入教育》、杨支柱的《学术民主与专家治校》。部分文章汇集在湛中乐主编的《高等教育与行政诉讼》（北京大学出版社，2003）中。

法官撰文把该案称为正当程序原则一个"里程碑式的胜利"。①

除了引发公众关注和学界讨论，海淀区人民法院的判决也促动了行政程序的改进。有几个事例可以说明刘燕文案件以及之前的田永案件所产生的影响。刘燕文案件判决后，教育部启动了学位法草案的起草工作。在草案中，听取申辩、送达程序均被吸收。② 在教育部 2005 年 3 月颁布的《普通高等学校学生管理规定》的奖励与处分中，规定了学校对学生的处分要做到程序正当、证据充分、依据明确、定性准确、处分适当（第 55 条），作出处分决定之前，还应当听取学生或者其代理人的陈述和申辩（第 56 条），要出具处分决定书，送交本人（第 58 条）。教育部高校学生司司长林蕙青在有关《普通高等学校学生管理规定》的新闻发布会上称，"新《规定》贯彻正当程序的原则，规定学校作出涉及学生权益的管理行为时，必须遵守权限、条件、时限以及告知、送达等程序义务……"③ 在该规定出台后，包括田永母校北京科技大学在内的各大高校纷纷制定了相应的具体规定。④

四 "正当程序"写入判决书

田永案件和刘燕文案件激起了有关正当程序的激烈辩论，也可能激发了某些法官在制定法之外进行程序审查的意识并增强了信心。下文来自《最高人民法院公报》的 3 个案例以及几个其他案例，可以说明正当程序原则在司法实践中的进一步发展。在其中的张成银诉徐州市人民政府房屋登记行政复议决定案中，"正当程序"4 个字首次出现在判决书中，标志着

---

① 朱峰：《从刘燕文诉北大案看行政正当程序的评判标准》，《政治与法律》2000 年第 5 期。
② 该草案至今仍然没有正式递交立法机关。如果对比一下一年前起草的《中华人民共和国学位法（草案）》第 5 稿，至少可以看出起草者思路的变化。后者见博客法网，http://www.8k8k.com/shownews.asp?newsid=1547，最后访问日期：2008 年 11 月 20 日。
③ 林蕙青：《在〈普通高等学校学生管理规定〉、〈高等学校学生行为准则〉颁布实施新闻发布会上的讲话》，新华网，http://news.xinhuanet.com/zhengfu/2005—03/29/content_2758331.htm，最后访问日期：2008 年 11 月 20 日。
④ 《北京科技大学学生违纪处理规定（试行）》（校发〔2005〕74 号），北京科技大学网站，teach.ustb.edu.cn/ie_edit/uploadfile/20070321104230257.doc；《北京科技大学学生校内申诉管理办法（试行）》（校发〔2005〕75 号），北京科技大学网站，http://jx.ustb.edu.cn/bencandy.php?fid=81&id=415，最后访问日期：2008 年 11 月 20 日。

这一系列发展的高峰。

兰州常德物资开发部不服兰州市人民政府收回土地使用权批复案是一个代表。[①] 该案的案情比较复杂。甘肃省高级人民法院以"事实不清、主要证据不足"、"违反法定程序"、"超越职权"、"以行政权干扰审判权"等多项"罪名"否定了兰州市政府的批复。与我们的讨论相关的是，判决书认为，市政府以批复的形式收回原告常德物资开发部土地使用权，把它给了另一个公司，却始终没有把该批复送达给常德物资开发部，违反法定程序。然而，判决书没有说明该行为违反哪部法律规定的程序。遍查土地管理法、《甘肃省实施〈中华人民共和国土地管理法〉办法》等法律法规，也没有发现行政机关应当将相关文件送达给利害关系人的明文规定。在这里，法官又一次运用了正当程序原则这把尺子去度量行政行为，虽然法官没有说明这把尺子的名称和来源。

在宋莉莉诉宿迁市建设局房屋拆迁补偿安置裁决案中，法院明确地提出行政机关在法律没有明文规定的情况下应当遵循公正的准则。[②] 一、二审法院均认为，被告宿迁市建设局仅仅根据万兴公司的申请及万兴公司单方委托的评估公司的评估结果，就作出行政裁决，违反了《江苏省城市房屋拆迁管理条例》的规定。[③] 这一条是法院撤销行政裁决的主要理由，有制定法的可靠根据，没有多少新奇之处。引起我们兴趣的是，宿城区人民法院判决书前面的一段话："尽管《国务院城市房屋拆迁管理条例》和《江苏省城市房屋拆迁管理条例》对行政拆迁程序没有明确的规定，但行政机关在裁决时应充分保障当事人的合法权利，允许当事人对争议的问题进行申辩和陈述。但宿迁市建设局在裁决宋莉莉与万兴公司的拆迁纠纷时，未允许宋莉莉对争议问题予以陈述和申辩，有失公正……"

结合上下文，法院的意思是：万兴公司单方委托评估公司，已然侵犯了宋莉莉参与选择评估公司的权利；宿迁市建设局以该评估公司的评估为依据作出裁决，没有听取宋莉莉的陈述和申辩，更是"有失公正"。一个"尽管……但……"坦白地承认了制定法的空缺，也明确地道出了法院维

---

① 《最高人民法院公报》2000年第4期。
② 《最高人民法院公报》2004年第8期。
③ 《江苏省城市房屋拆迁管理条例》第19条规定："拆迁人和被拆迁人不能达成一致的，由房屋拆迁管理部门在符合条件的评估机构中抽签确定……"

护公正的立场。与前面提到的所有案例相比，法院的这一立场是最鲜明的。

这一系列案件的高峰，是 2004 年的张成银诉徐州市人民政府房屋登记行政复议决定案：江苏省高级人民法院把"正当程序"直接写进二审判决书。① 该案的基本事实是，张成银与第三人争夺一处房屋的产权，张成银持有争议房屋的产权证书；在第三人提起的行政复议中，徐州市政府撤销了张成银的房产证书；在张成银提起的行政诉讼中，法院撤销了徐州市政府的复议决定。

徐州市中级人民法院一审判决撤销行政复议决定的一个重要理由是，复议机关没有采取适当的方式通知张成银参加行政复议，② 属于"严重违反行政程序"，构成行政诉讼法第 54 条规定的"违反法定程序"。这一理由涉及行政复议第三人有关的程序问题。行政复议法仅仅笼统规定，同申请行政复议的具体行政行为有利害关系的其他公民、法人或者其他组织，可以作为第三人参加行政复议，却没有规定复议机关应当通知第三人参加行政复议。第三人是否应当得到复议机关的通知，以便他知晓自己的处境（权利处于争议状态），并能够以某种方式（书面或者口头）参与行政复议过程，成了一个问题。③ 由于行政复议法缺少具体规定，这一点在当时并不明确。④ 徐州市中级人民法院的论点是在"违反法定程序"的理由下注入了正当程序的内涵。

---

① 《最高人民法院公报》2005 年第 3 期。一、二审判决书分别见徐州市中级人民法院行政判决书，(2004)徐行初字第 21 号；江苏省高级人民法院行政判决书，(2004)苏行终字第 110 号。

② 一审判决书称，复议机关"无法证明已采取适当的方式通知张成银参加行政复议"。事实上，徐州市政府声明曾经电话通知张成银参加复议，只是无法予以证明；而张成银的答辩则是，徐州市政府"没有通过法定的方式通知其参加复议"。

③ 需要说明的是，这里讨论的不是学界普遍关注的行政复议参加人能否获得听证的问题。这一点已经被行政复议法第 22 条明确排除。该条规定："行政复议原则上采取书面审查的办法，但是申请人提出要求或者行政复议机关负责法制工作的机构认为有必要时，可以向有关组织和人员调查情况，听取申请人、被申请人和第三人的意见。"

④ 遗憾的是，这个问题即使在几年后出台的行政复议法实施条例中也没有很好解决。该条例第 9 条规定："行政复议期间，行政复议机构认为申请人以外的公民、法人或者其他组织与被审查的具体行政行为有利害关系的，可以通知其作为第三人参加行政复议。行政复议期间，申请人以外的公民、法人或者其他组织与被审查的具体行政行为有利害关系的，可以向行政复议机构申请作为第三人参加行政复议。第三人不参加行政复议，不影响行政复议案件的审理。"

江苏省高级人民法院2004年12月的二审判决使得正当程序原则闪亮登场。

首先，二审判决中，程序论争更加明确而集中。一审中，各方当事人的"争议焦点"（根据判决书的归纳）有好多个，包括第三人曹春芳提起行政复议的申请是否超过了法定期限及原徐州市房地产管理局为张成银颁发房屋所有权证的行为是否合法，等等。法院认为，行政复议申请人申请行政复议超过了法定期限，因而，复议机关不应受理该复议申请。凭这一点，法院就可以撤销行政复议决定，无须继续审查行政复议程序的合法性，"严重违反行政程序"云云也就可有可无。二审中，江苏省高级人民法院否定了一审法院的这一判决理由，认为行政复议申请人申请行政复议没有超过法定期限。这样，程序理由便十分要紧了。相应地，二审法院把该案的"主要争议焦点"概括为一个程序问题："行政机关在依照行政复议法复议行政决定时，如果可能直接影响到他人的利益，是否必须以适当的方式通知其参加复议并听取意见？"

其次，二审判决的立场更加鲜明。针对一审判决，被告争辩说："行政复议法关于第三人的规定属于弹性条款，第三人是否参加行政复议由复议机关视情况决定。本案张成银没有参加复议，不能以此认定复议机关违反法定程序。"对此，二审判决给予直接而有力的回答："行政复议法虽然没有明确规定行政复议机关必须通知第三人参加复议，但根据正当程序的要求，行政机关在作出对他人不利的行政决定时，应当听取相关当事人的意见……徐州市人民政府未听取张成银的意见即作行政复议决定，构成严重违反法定程序。"①

"根据正当程序的要求"，这一曾经被中国学者企盼的语言，这一法官们曾经敢想而不敢写的语言，终于落到了判决书上。如果说在田永案件中法官写下正当程序原则那一段话还是"无心插柳"，在刘燕文案件中"有心栽花"而花夭折，那么，在张成银案件中正当程序之花艳丽绽放。当

---

① 在《最高人民法院公报》刊登时，对上述文字作了少量改动，使表达更加严谨。公报称："《行政复议法》虽然没有明确规定行政复议机关必须通知第三人参加复议，但根据正当程序的要求，行政机关在可能作出对他人不利的行政决定时，应当专门听取利害关系人的意见……徐州市人民政府未听取利害关系人的意见即作出其不利的行政复议决定，构成严重违反法定程序。"

然，不是"正当程序"这 4 个字本身有多么重要，而是它代表了一种立场、理念和知识系统，并赋予这种立场、理念和知识系统一个简洁而有力的名称。如果时光倒退几年（例如在刘燕文案件中）甚至在张成银案件前不久，法官们可能觉得把"根据正当程序"写入判决书还是一种过于前卫和冒险的举动，现在，有法官坦率承认具体法律规定的欠缺，并坦然写下这几个字，这就是一个进步。它象征着法官正当程序意识和运用正当程序原则信心的增强，也折射出正当程序原则在法律职业共同体中已经取得初步却比较广泛的共识。

在电话访谈中，主审该案的郑琳琳法官确认，正当程序问题是他们撤销复议决定的主要理由，判决书提到的其他理由是附加的；① 这个案例之所以被选送到《最高人民法院公报》，主要也是考虑到"（各地法院）运用正当程序判决的也不多"。当问到援引正当程序原则的根据时，她指出，审判实践中没有法律条文作为依据时，"引用法律原则也是允许的"。当她作为承办人在合议时提出自己的观点时，观点很轻易地被其他法官接受了。当问到她正当程序的知识来源，这位法律系毕业的法官提到了一次最高人民法院与德国联合举办的研讨会，以及她从别的地方看的资料。② 该案判决后，主审法官郑琳琳分别在报刊上以案例评析和案例讨论的形式对其立场进行了阐述。③

---

① 二审判决又提出，"徐州市人民政府所作的复议决定中，直接对有关当事人争议的民事权利予以确认的行为，超越了复议机关的职权范围，缺乏法律依据，应予以撤销"。这一理由与二审法院自己概括的"主要争议焦点"完全无关。不但如此，这一旁逸斜出的理由似乎也不那么站得住脚。依照判决书的叙述，行政复议决定只是确认将房屋产权证书颁发给张成银的行为违法，"张成银不是该房产的合法继承人"只是复议决定的一个理由而不是主文。因此，称复议决定"直接对有关当事人争议的民事权利予以确认"，并不准确；认为它"超越了复议机关的职权范围"，有些勉强。
② 何海波电话访谈，2007 年 11 月 22 日。
③ 郑琳琳：《张成银不服房屋登记行政复议决定一案评析》，载中华人民共和国最高人民法院行政审判庭编《行政执法与行政审判》第 13 集，法律出版社，2005；郑琳琳：《试论合理性司法审查的根据和内容：由一起行政诉讼案件引发的思考》，《人民法院报》2006 年 12 月 14 日。在前文中，作者认为，正当程序是保障公民实体权利得以实现的最佳途径；听取当事人的意见是行政程序中参与原则的重要体现，"相对人对行政程序的参与是行政程序是否公正的首要判断标准"。在后文中，她认为，"对行政自由裁量权进行合理、有效的控制有其现实必要性"；"司法审查应实行合法性审查与合理性审查并重的原则"。她提出从"立法的目的和精神"、"公平公正的法律原则（包括平等对待、遵循比例、遵循惯例）"、"正当的法律程序"三个方面去审查行政自由裁量权的行使。

张成银案件使用正当程序原则并非纯粹的巧合。在张成银案件之前，同一个法院在另一个案件中已经使用了"行政程序的基本原则"（张成银案件的主审法官也参与了这起案件的审理）。对于该案涉及的注销许可证的合法性，江苏省高级人民法院判决书认为："徐州市教育局在作出注销通知时，应当遵循公正、公开等基本的程序原则，注意听取相对人的意见，但其在作出对原举办人、学校负责人张振隆不利的注销通知时，既未提前告知，也未听取其申辩，违反了行政程序的基本原则。"① 可能是由于法官当时觉得直接使用"正当程序"的表述过于超前，判决书使用了"公正、公开等基本的程序原则"、"行政程序的基本原则"等更加笼统也更加熟悉的表述。② 虽然没有写明"正当程序"，但正当程序的概念已经呼之欲出了。重要的是，主审法官的头脑中显然装备着正当程序的概念。③ 对于这位法律本科毕业、目前攻读行政法学博士的法官来说，了解正当程序概念是一个法官的"基本素养"，正当程序原则是"理所应当、无需论证的"。④ 郑琳琳法官或她的同事们似乎共享着这些现代行政法上的理念。

可能略微使人惊讶和遗憾的是，张成银案件只得到法律界同行比较有限的关注。迄今为止，张成银案件似乎没有引起广泛的影响。在法院判决前后，没有媒体报道该案。即使后来该案在《最高人民法院公报》上刊

---

① 张振隆诉徐州市教育局注销社会办学许可证案件，江苏省高级人民法院行政判决书，(2003) 苏行终字第 047 号。该案中，法院认为徐州市教育局的注销通知"依据的证据明显违法，认定事实有误，注销行为无法律规范依据且程序违法，又属滥用行政管理职权，依法应予撤销"。在前一个诉讼中，徐州市教育局收回通知、张振隆撤回起诉；不料，徐州市教育局次日重新作出注销社会办学许可证的通知。法院认为，行政行为反复无常，属于滥用职权。
② 何海波与该案主审法官耿宝建的电话访谈，2007 年 11 月 22 日。
③ 在江苏省高级人民法院法官为该案所写的案例评析中，专门讨论了"法律没有规定具体程序是否意味着就不要程序"的问题。评论人指出："行政机关在作出行政行为时，即便法律没有明确的程序性规定，但也仍然应当遵循公开、公平、公正的基本原则，依照一定的程序进行。'正当程序'的核心就是当事人在涉及他们自己利益的决定制作过程中必须享有发表自己意见、反驳对方观点的权利。"耿宝建、朱嵘：《张振隆不服徐州市教育局注销社会办学许可证案》，载最高人民法院中国应用法学研究所编《人民法院案例选》第 50 辑（2004 年行政、国家赔偿专辑），人民法院出版社，2005。
④ 何海波与该案主审法官耿宝建的电话访谈，2007 年 11 月 22 日。

登,习惯于东抄西转的互联网上也只有不多的网页,①其中绝大多数仅仅复写公报上的案例,评论文章非常罕见。②由于目前判决书写作格式的限制,法官不会在判决书上公开援引司法先例,哪怕是《最高人民法院公报》刊登的案例。因此,我们无法从判决书中确知该案获得的认知程度。但基于同样的原因,我们可以合理地推测多数法官和律师并不关心司法先例。在笔者与法官的交谈中,发现极少有法官能够确切地指出或者哪怕依稀地记得《最高人民法院公报》曾经刊登过这样一个案件。

然而,对张成银案件的不了解并不等于对正当程序原则的无知或拒绝。河南开封一位基层法院主管行政审判的副院长表示,他们法院在司法实践中还没有用过正当程序原则,把正当程序原则直接写进判决书"要有点勇气"。这位拥有法学本科学位、喜欢钻研的法官提到,国务院《全面推进依法行政实施纲要》有正当程序的要求,有一个案件("告北大的")好像也谈过。当笔者简略地讲述张成银案件的案情后,他立即表示,"那(复议机关没有通知第三人)肯定不行"。③广西壮族自治区高级人民法院行政庭庭长李轩表示,她还没有发现下级法院直接运用正当程序原则判决的。这位行政法学硕士出身的法官,把它归结为当地法官"理念还没有跟上"。但她指出,法院在面对类似问题时可能会根据其他理由撤销复议决定,例如复议程序遗漏了必要的当事人、认定事实不清等。④一位中级人民法院的行政庭庭长说:"判决书直接引用(正当程序)的很少,但

---

① 在 Google 上检索,以"张成银 徐州市人民政府"为关键词,检索结果为 453 个网页;以"张成银 正当程序"为关键词,检索结果为 209 个网页。相比之下,以"刘燕文 北京大学"为关键词,检索结果为 15600 个网页;以"刘燕文 正当程序"为关键词,检索结果为 3210 个网页。以"田永 北京科技大学"为关键词,检索结果为 895000 个网页;以"田永 正当程序"为关键词,检索结果为 86200 个网页。检索时间均为 2007 年 11 月 23 日。即使考虑刘燕文案件和田永案件时间更早,张成银案件所获得的重视程度仍然是偏低的。

② 杨乾武:《行政法的正当程序原则:简评"张成银诉徐州市人民政府房屋登记行政复议决定案"》,2006 年 5 月 2 日,中国投资和贸易律师网,http://www.china—lawyer.org/view.asp? id = 545,最后访问日期:2008 年 11 月 20 日(笔者注意到该案提出正当程序要求);金涛:《对完善行政复议制度的思考》,中国政府法制信息网,http://www.china-law.gov.cn/jsp/contentpub/browser/contentpro.jsp? contentid = co2021392593(笔者指出该案对于"完善行政复议制度"的意义);管君:《法槌下的正当程序》,《行政法学研究》2007 年第 3 期。

③ 何海波电话访谈,2007 年 12 月 6 日。

④ 何海波电话访谈,2007 年 12 月 10 日。

这个理念我们（这几年）都在用。"①

就全国来说，张成银案件显然不是使用"正当程序"的唯一案例。通过互联网搜索，笔者发现了至少3个不同法院的判决。在2005年3月判决的益民公司诉河南省周口市政府等行政行为案中，最高人民法院也提出了正当程序的要求。②最高人民法院的判决书认为，尽管被告周口市发展计划委员会有权组织城市天然气管网项目招标工作，但在原周口地区建设局文件已经授予原告益民公司燃气专营权的情况下，"按照正当程序，市计委亦应在依法先行修正、废止或者撤销该文件，并对益民公司基于信赖该批准行为的合法投入给予合理弥补之后"，方可对城市管网燃气工程重新招标。周口市发展计划委员会置当时仍然生效的文件于不顾，径行发布招标方案，属于违反法定程序。此外，在湖北润海房地产开发有限公司诉宜昌市规划局不履行规划验收法定职责案中，宜昌市中级人民法院提出，"按照行政法的一般原则和行政行为的正当程序要求，行政机关对行政管理相对人的申请，只要符合受理的基本条件，就应当受理，不得拒绝"。③在成都二姐大酒店诉成都市武侯区建筑工程质量监督站建设质量监督案中，原告成都二姐大酒店（建设单位）和第三人武侯区建筑工程公司九处（施工单位）对工程质量存在异议。④成都市中级人民法院指出，被告武侯区建筑工程质量监督站在作出《单位工程质量等级核定通知单》后，"按照正当程序的要求"，应当分别向建设单位和施工单位送达；而其只送达给施工单位，而未送达给建设单位成都二姐大酒店（直到3年后，在成都二姐大酒店的要求下才予补发），"程序违法"。⑤

在这些判决之外，有些地方法院甚至在司法文件中要求法院审查正当

---

① 谢立新、何海波电话访谈，2007年11月28日。
② 最高人民法院行政判决书，(2004) 行终字第6号；《最高人民法院公报》2005年第8期。
③ 宜昌市中级人民法院行政判决书，(2005) 宜行终字第3号。法院认为："《不予受理意见书》的实质是以润海公司的建设项目不符合规划验收条件，没有整改到位而不予验收，只是其标题与内容的表述不一致。"因此，该案真正的争议是规划局是否履行规划验收的法定职责，而不是规划局是否受理验收申请的问题。
④ 依据建设部《建设工程质量管理办法》(1993年发布，2001年10月明令废止) 第8条，建设工程实行质量监督制度，由专业质量监督机构实施质量监督。在实际操作中，未经质量监督机构（质监站）核验或核验不合格的工程，不得交工，不得进行工程结算；核验合格的工程由质监站发给《建筑工程竣工验收质量等级评定通知书》。但无论该管理办法，还是代替它的《建设工程质量管理条例》，都没有明确规定验收的程序。
⑤ 成都市中级人民法院行政判决书，(2006) 成行终字第191号。

程序。成都市中级人民法院下发的一审判决书写作样式中，要求在阐述判决理由、论证被诉具体行政行为的合法性时，将"法定程序、正当程序与被诉具体行政行为的程序相比对，对被诉具体行政行为是否违反法定程序、正当程序予以确认并说明理由"。① 该样式明显突破了最高人民法院提供的样式，后者只涉及"被诉具体行政行为是否符合法定程序"，而没有提及正当程序。② 在访谈中，该院行政庭的谢立新庭长和陈永红副庭长都确认，这里的"正当程序"是法定程序以外、行政机关应当遵循的最低要求的程序准则。关于"正当程序"的根据，除了"现代法治的内在要求"、"依法行政对行政机关的要求"等堂皇的表述之外，谢立新法官特别指出国务院《全面推进依法行政实施纲要》关于程序正当的要求，陈永红法官则提到了最高人民法院江必新、孔祥俊、甘文等法官的著作。虽然两位法官都没有听说其他法院的类似判决（包括《最高人民法院公报》上刊登的张成银案件），但能够明显感觉到最高人民法院近年来引入了一些"先进理念"（谢立新法官提到最高人民法院运用比例原则判决的一个案件），而对自己经办的根据正当程序原则判决的案件还记忆犹新。③ 对于判决书写作样式写入正当程序，谢立新庭长解释说，希望通过这个样式"灌输一些观念"。这个判决书写作样式并没有法律约束力，但在中国的司法实务中，它具有鲜明的指导色彩。而且，成都中级人民法院把它作为"规章制度"的一部分，也暗示下级法院应当遵循。成都中级人民法院颁发的写作样式也许不见得能够产生多少实际效果，但这种做法至少具有象征意义：地方法院将正当程序制度化的一种自觉意识。

五 正当程序原则的未来

　　前面所叙述的多个案件虽然没有穷尽所有正当程序案件，但它们跨越

---

① 成都市中级人民法院《自认部分证据事实一审行政判决书》、《原审事实基本正确二审再审行政判决书》，2006年2月16日发布，成都法院网，http://cdfy.chinacourt.org/swgk/more.php?sub=3，"规章制度"栏目。

② 最高人民法院《关于印发〈一审行政判决书样式（试行）〉的通知》，法发〔2004〕25号。该样式还强调，"在最终判决依据的适用上，应分别适用行政诉讼法第五十四条（一）、（二）、（三）、（四）项的规定以及相关司法解释的规定"。

③ 何海波电话访谈，2007年11月27、28日。

了行政诉讼法实施以来的10多年时间，涉及不同地方、不同层级的多家法院，有一定代表性。把这些案件放在一起，足以拼凑出一幅正当程序原则司法适用的大致图景。具体地说，这幅图景包含了正当程序原则适用范围、正当程序原则的内容和法官的正当程序意识三个方面的信息。

首先，正当程序原则适用范围通过个案得到扩展。在适用对象上，从县级政府的部门扩展到较大市的人民政府，从行政机关扩展到高等学校、建筑工程质量监督站等行使行政职能的事业单位。在适用事项上，程序要求从最初也最常见的收容审查和行政处罚，拓展到"新类型"的高等学校纪律处分和学位评定，再到行政批复、行政裁决、行政复议等多种行政行为。正当程序原则基本覆盖了行政管理的主要领域和行政行为的主要类型。

其次，正当程序原则的内涵不断充实。在陈迎春案件中，法院提出了"先取证后裁决"这一行政行为最基本的顺序要求。在平山县劳动就业管理局案件中，法院坚定地执行行政处罚法的规定，要求行政机关在作出较大的罚款决定之前，给当事人听证的机会。在兰州常德物资开发部、成都二姐大酒店等案件中，法院捍卫了一个基本的程序要求：行政决定应当送达给当事人。在润海房地产开发有限公司案中，法院提出，只要当事人的申请符合受理的基本条件，行政机关就应当受理，不得拒绝。在田永、刘燕文、宋莉莉和张成银等多个案件中，法院要求行政机关在作出对他人不利的重大决定前，应当听取当事人的申辩。在益民公司案件中，法院要求行政机关在实施违背当事人合理信赖的行为前，应当先撤销原先文件，并对当事人予以补偿。这些案例叠加在一起，大体勾勒了中国目前司法实践中正当程序要求的主要图谱。与学者的宽泛描述相比，这份图谱仍然不全面。例如，有利害关系的执法人员回避、对行政行为说明理由、禁止单方接触等要求，要么还没有触及，要么被法院拒绝。但是，对中国法官来说，正当程序似乎不是那么刻板、僵硬的两条或者三条要求。在面对具体案件时，公正的准则将指导他们随时去补充这份列表。

最后，也最重要的是，法官运用正当程序原则的意识不断增强。用前文提到的考察正当程序原则实际运用的三个向度——是否存在并公开承认制定法的欠缺、正当程序在判决理由中的分量、是否出现对正当程序的普遍要求——来衡量，在本文叙述的案例中，这三个方面都获得了一定的发展。从陈迎春案件"在执行程序上也是违法的"的附言，到平山县劳动就业管理局案件"程序上违法便可撤销"的断言，法官在制定法的依据下，对程序合法性的审查不断加强。从广东省药材公司案件中二审法院明确拒绝在制定法要求之外考虑程序的合法性，到田永案件一笔带过的程序理由，再到刘燕文案件中的激烈争辩，法官开始在制定法之外提出程序要求。从田永案件中作为附带理由出现，到多个案件中作为多种理由之一，再到刘燕文案件和张成银案件作为撤销判决的关键理由，正当程序在判决理由中的实际分量也在加重。从宋莉莉案件中的"尽管（法律条文）对行政拆迁程序没有明确的规定，但……"到张成银案件中"正当程序"的正式登场，法官运用正当程序原则的意识更加清晰。从正当程序在个别法院个别案件中的运用，到《最高人民法院公报》刊登多个相关案例，再到成都市中级人民法院发出对行政行为是否符合正当程序进行审查的普遍要求，正当程序原则的运用开始出现制度化的迹象。如果说前面对正当程序适用范围和内涵的总结基本上是平面的叠加，那么，这些前后相继的案件和事件所显示的是法官运用正当程序意识纵深的推进。每一步的推进在若干年前还不太可能发生甚至想都不敢想，而在法官作出判决后却获得认知和认可，并有可能成为下一步推进的基础。正是在这样的意义上，我们可以说正当程序原则在司法实践中获得了不断的发展。

追究正当程序原则发展的动力，法官群体有关程序正义越来越强烈的认同无疑是关键的因素。这种认同，除了孕育在法官心中的程序正义的直觉，还得到了一套法律理念和法律知识的支持。考察法官有关正当程序理念和知识的来源，是一个有趣的问题。清晰地描述它的图像目前还有困难，但从零星的案例和访谈中我们意识到它的传播途径是多方面的，效果是弥散的。法律学者对正当程序原则的介绍、肯定和倡导，以及律师在法庭上对正当程序的争辩，常常构成法官有关正当程序的直接知识来源。既有的司法判例，特别是《最高人民法院公报》所肯定的案例，也在强化着法官运用正当程序原则的信心。行政处罚法等立法不但对特定领域的行政程序起到规范作用，还培育了正当程序的一般理念，产生了法律适用范围之外的"溢出效应"。国务院对依法行政的强调（特别是对程序正当的要求），虽然其法律约束力并不明确，但也强化着法官运用正当程序原则判案的合法性。随着受过系统法律教育的法官越来越多地进入各级行政审判的主要岗位,行政法官群体似乎更乐于接受新的主张。我们可以满怀信心地预言,正当程序原则未来将获得更大的普及。

笔者不想夸大正当程序在司法实践中的运用。法官在部分案件中对正当程序原则的漠视和对运用正当程序原则判决的既有案例的忽视,都使前面所说的发展打了折扣。

首先,这里挑选的正面例子,是上百万个行政案件中的少数几个,不能全面反映司法实践的状况。在许多案件中,处境艰难的法官连法律明定的重要程序都惘然不顾,何况正当程序?而在制定法确定无疑的规定之外,正当程序原则的运用更不是一路凯歌。例如,在轰动一时的乔占祥诉铁道部铁路旅客票价上浮案中,北京市高级人民法院认为,虽然价格法规定制定关系群众切身利益的公用事业价格应当建立听证会制度,但由于在铁道部制定《关于 2001 年春运期间部分旅客列车票价上浮的通知》时,国家尚未制定规范的价格听证制度,要求铁道部申请价格听证缺乏具体的法规和规章依据。铁道部所作的通知,是在经过市场调查的基础上又召开了价格咨询会,在向有权机关上报了具体的实施方案并得到批准的情况下作出的,"应视为履行了必要的正当程序"。[①] 虽然北京市高级人民法院对该案的受理令人激赏,但法院的判决漠视价格法要求的听证程序而满足于行政系统的内部手续。它这里讲的"正当程序",恰恰是对正当程序的令人遗憾的背离。在另一个案件中,富阳人口计生局决定对违法生育第二胎的何某征收社会抚养费 36 万元。在诉讼中,当事人的辩护律师提出,被告当天告知当事人有陈述和申辩的权利,当天作出征收决定并向当事人送达征收社会抚养费决定书,违反了法定程序。法院审理后认为,被告的做法不符合正当程序的规定,但不属违反法定程序,故不属行政诉讼法规定的撤销范围。[②] 正当程序原则所要求的陈述和申辩,关键在于行政机关真心诚意地邀请人家发表意见,并真心诚意地考虑人家的意见。为此,行政机

---

① 北京市高级人民法院行政判决书,(2001)年高行终字第 39 号。
② 林高贤:《关于高收入违法生育对象征收社会抚养费的思考:对一例 36 万社会抚养费征收案件的启示》,《当代家庭》2005 年第 10 期。这位参与该案整个查处过程的作者也反思:"虽然该行政瑕疵最终没有改变判决结果,但对广大计生执法干部敲响了警钟,它提醒我们各级计划生育部门在依法行政中,不但要执行实体法,还要遵守程序法,以体现法律的正义性和公正性。"

关必须给当事人一段合理的时间去准备，而不是虚晃一枪。[1] 面对巨额社会抚养费的征收程序，法院公然拒绝适用"正当程序"，是对正当程序的极大蔑视。这里所举的对正当程序原则的误用、漠视，并不是个别的现象。它们预示着，正当程序原则在中国最终确立，还有一段很长的路要走。

其次，即使是本文提到的正面案例，也无法成为今后法院判决的可预期的规则。第一，这些运用正当程序判决的判决，多半是较高级别的法院在比较宽松的环境中作出的，这暗示了上述案例中对正当程序原则的运用存在现实的考量。法院在重大案件中根据制定法要求之外的正当程序原则判决可能要面临更多的压力，很难简单地复写。第二，在前面提到的大部分案例中，制定法要求之外的程序问题还不是司法判决的唯一理由，更不是法官作决定的主要依据，真正以正当程序理由作为关键判决理由的案例目前仍然稀少。这意味着正当程序原则还需要经受更多的考验，跨过更多的门槛。第三，像大多数判决理由的写作一样，法官在引入正当程序理由时，很少能够周详地阐述其理由。正当程序原则的具体内涵和适用边界还需要探索论证。第四，由于"尊重先例"的传统尚未形成，一个优秀的判例作出后，法院在同类问题上能否予以考虑还不确定；即使是《最高人民法院公报》上刊登的案例，能够被多少人注意到，也非常可疑。所以，尽管正当程序原则的适用在实践中已经出现了多个可喜的案例，甚至获得最高司法机关的鼓励，但它还没有能够成为司法实践中可以预期的普遍准则。

基于上述两个原因，断言正当程序原则在我国司法实践中已经确立还为时过早。正当程序原则已经晨光初现，但当空朗照仍需时日。

本文对正当程序原则在司法实践中发展的描述，无意改变对中国行政诉讼状况的一个基本判断：法院的处境相当困难，司法的功能比较有限。然而，正是在这样的背景下，正当程序原则的发展显示了中国法院在"夹缝中谋发展"的独特立场和境遇。

---

[1] 英国法院一个可资对比的是 R. v. Secretary of State for Social Services, exparte Association of Metropolitan Authorities [1986] 1 Weekly Law Reports 1。在该案中，法律授权社会保障部部长制定有关福利住房的规章，同时要求部长制定规章之前听取地方当局相关机构的意见。部长只给大都市当局联合会几天时间，让他们就各种不同立法方案发表意见，而且其中一些材料没有送达给他们。法官认为，必须给被咨询人充分的信息和足够的时间，使其能够提出有建设性的意见。

正当程序的实践提醒我们，中国法院并不缺乏司法能动主义的冲动，也不完全缺乏法律适用的空间。在本文提到的多个案件（例如刘燕文案件和张成银案件）中，如果完全局限于现有的法律、法规和规章，公共权力的恣意行使难以纠正，当事人所求的正义将无处可寻。但法官们并没有机械地依赖立法、等待立法。面对法律、法规具体规定缺乏的情况，他们用正当程序的原则来弥合法律织物的漏洞，并为具体的行政管理领域树立起法律的界碑。在具体做法上，法官们可能严格地解释制定法，解释违背"法定程序"的后果，从而撤销被诉的行政行为；法官们同样可以在"法定程序"的名义下，塞进正当程序的要求；甚至，当他们认为合适时，公开而直白地在判决中写入"正当程序"的原则。在法条主义的冰河下，涌动着司法能动主义的暗流。在相对局促的空间里，中国法院展示了它维护程序正义的积极立场。

正当程序的实践还向我们展示，法院不但在实施法律，也在发展法律。虽然中国不是一个判例法国家，上级法院（甚至最高人民法院）的判决对下级法院没有约束力，但司法判决仍然可能产生个案之外的"涟漪效应"。如本文所叙述的，一些案件激发了学术讨论和公众关注，引起法官同行的重视，有的甚至直接促成行政机关行为方式的改变。尤其值得注意的是，这种效应并不限于上级法院对下级法院，而是向四周八面扩散的，有时候一家基层法院的判决可能产生全国性的影响。它虽然不如判例法制度保持法律适用的大体一致，无法避免各地法院在具体案件中法律适用标准不一的现象，但一些创造性的判决可能标示法律发展的方向，被学术界阐发，被其他法院参考，甚至为今后最高人民法院司法解释或者立法提供启发。一个案件波及其他案件，众多零星案件的影响交互干涉，逐渐突破现有界限，改变现成做法，并重新塑造着法律共同体对法律的理解。就正当程序而言，如果没有本文叙述的这些案例，它至今仍然是书本上的说教、外国法的故事；有了这些案例，我们有理由认为，正当程序开始成为法律普遍要求的一部分，律师在法庭上主张正当程序不再是"胡说八道"，法官援引正当程序也不再是"恣意造法"。考虑到中国法院在法律上和实际上所受的种种限制，以及行政诉讼实践的短暂，正当程序原则的发展已经相当迅速，迅速到也许能够令普通法的法官称奇。

正当程序原则的适用，也向我们提出了司法能动主义的潜力和限度的问题。

  首先，在立法不断完善行政程序制度的同时，法院也通过个案判决参与行政程序法律的建构。理论上，通过法院一次次判例的累积，以及学术界的总结，我们有可能提炼出一套行政程序法律制度。但在中国的现实中，要使正当程序的边界获得清晰的界定，有关它的知识获得广泛的知晓，有关它的要求得到行政执法者和法官普遍信守，依靠单纯的司法判决来推进，将是一个过于漫长的过程。从落实"判例指导"的角度来说，允许司法判决在说理中援引权威判例将成为撬动巨石的一根杠杆。从奉行正当程序原则的目标而言，短期内由最高人民法院制定相应的司法解释将是一个便捷的途径，中央和地方政府制定行政程序有关的法规、规章则将是卓有成效的方法；长期来说，制定行政程序法甚至把"正当程序"写入宪法，更有助于贯彻程序保障要求。但即使如此，正当程序的司法实践仍然不失其意义。我们不能企求一部合身的行政程序法典在立法者头脑中凭空生成，不能期待一部没有正当程序灵魂的程序法典能够得到很好实施，不能指望一个内容空洞的宪法条款会产生实质作用。行政法上的正当程序，需要通过法院一次次创造性的判决去积累经验，去充实内容，去浇水施肥。

  其次，正当程序原则的实施有助于实现公正，但前面这些案件都不涉及行政规章等抽象行政行为，也不涉及政治上敏感的问题。前者是当前行政诉讼的法律边界，后者是当前行政诉讼的政治边界，正当程序原则也不能例外。相对于民主政治、人权保护这些当代社会的重大主题，正当程序原则的应用在很大程度上是技术性的。即使对于监督行政权力、保护公民权利这一行政诉讼的目标而言，程序的保护也往往是最后的、低微的手段。在一个缺乏诚意和不处于中立地位的行政机关面前，它基本上无力阻止其滥用权利。但是，这些技术层面规则的积淀对于法治秩序的建构仍有不可或缺的作用。一旦正当程序原则完全确立，并逐渐生成一套可以预期的规则，它对于权力的行使者必定能够起到一些制约作用。

  最后，正当程序原则的适用也提出了它自身的正当性问题。前文叙述的案例大体上代表了中国法律实践所认同的"最低限度的程序正义"，[①] 多

[①] 王锡锌：《程序正义之基本要求解释：以行政程序为例》，载罗豪才主编《行政法论丛》第 3 卷，法律出版社，2000；王锡锌：《行政程序法理念与制度研究》，中国民主法制出版社，2007。

数情况下能够获得认同，但它们绝不意味着法官对正当程序的适用可以免受质疑。正当程序原则包含哪些内容？由谁来确定正当程序原则的内容和具体适用？甚至，法院凭什么根据没有具体法条依据的正当程序原则判决？虽然外国相关文献很多，但是这些问题在很大程度上必须放在中国情境中回答，而我们显然还没有能够获得共识的答案。正如刘燕文案件所反映的，法院对正当程序原则的运用可能引发强烈批评，一个创造性的判决可能因为对判决结果的反弹而成为"转了向的里程碑"。也正如一位法官在刘燕文案件争论过程中说的，今天我们对一些事情能够达成共识，但今后对很多事情将无法达成共识，争论才刚刚开始。

结　论

在中国推进行政法治的过程中，程序合法性的要求被不断强化。但是，法院在法律、法规和规章明文规定之外，能否根据一般性的正当程序原则审查行政行为的合法性，仍然是一个没有完全解决的问题。对法院在行政诉讼中运用正当程序实践的考察，正好为理解中国法院的立场和功能提供了一个窗口。

从行政诉讼法实施之初的陈迎春案件，经过田永案件和刘燕文案件到张成银案件，这一连串令人欣慰的案件显示了正当程序原则在中国司法实践中晨光初现。通过个案判决的"涟漪效应"，这一在知识上移植自外国的制度开始成为中国法律的一部分。正当程序原则的发展也说明，中国法院在局促的空间里展示了它能动主义的立场，揭示了法律发展的一种特殊路径。

本文的讨论无意夸大中国法院在行政程序法制化过程中现有的和潜在的作用。正当程序原则在司法实践中的进一步发展，有待于更多的正当程序诉讼涌现，以及更多对正当程序原则的探讨和辩论。由于司法自身的局限性，各地法院个案的判决很难从整体上决定性地推进行政程序法律制度的建设。正当程序原则的全面和最终确立，仍然仰仗制定法的完备以及司法权威的确立。

信赖保护原则的行政法意义[*]
——以授益行为的撤销与废止为基点的考察

刘 飞[**]

摘 要：信赖保护原则并非源于诚信原则，而是源自法安定性原则与基本权利规范。相对于依法行政原则而言，信赖保护原则仅在法理基础层面具有独特性，在规范适用层面则可以被法律化为依法行政原则的组成部分。从信赖基础、所期望的内容、获得保护的核心条件、提供保护的阶段与方式等方面来说，信赖保护原则不同于合法预期保护原则。我国行政许可法并未对信赖保护原则作出规定，该原则在中国行政法中所可能具有的意义，仍然值得继续研究。

关键词：信赖保护原则 诚信原则 依法行政原则 合法预期保护原则

一 问题的提出

当前我国正处在大力推进法治进一步深入发展的关键阶段。由于法治

---

[*] 本文原载于《法学研究》2010年第6期。本文是"中国政法大学211工程三期重点学科建设项目——社会转型期的法治政府建设与公民权利保障"的阶段性成果。感谢以下师友为本文提供宝贵资料与意见：德国科隆大学穆克尔教授（Prof. Dr. Stefan Muckel）及其学术助理奥格赫克博士（Dr. Markus Ogorek）、我国台湾东吴大学法律学系林三钦教授、德国耶拿大学法学博士林依仁先生。

[**] 刘飞，中国政法大学中欧法学院教授。

改良的内在驱动力仍然较为强劲，行政决定、法律规范和国家制度的稳定性和可预期性必然会明显弱于那些长期处于稳定法治状态之下的西方国家。在此背景之下，如何保护公民对国家公权力所产生的信赖利益问题，日益引发学界的关注，信赖保护原则因此受到重视。如果说十余年前信赖保护原则还几乎不为我国大陆学界所知的话，目前已经有越来越多的学者开始研究和探讨信赖保护原则，各种形式的研究成果迅速增多。在一定程度上，信赖保护原则现已成为我国学界多数学者所认可的行政法基本原则之一。学者们研究的重点主要涉及该原则的渊源、价值、运行机制、构成要件、与其他相关原则的关系以及原则的中国法意义。这些研究对于推进信赖保护原则在我国的法律化及其功能发挥无疑具有积极意义。

不过，信赖保护原则毕竟是一个典型的德式原则，如果不追本溯源厘清德国法上的信赖保护原则所具有的基本内涵与实质意义，并对该原则与其他相关原则之间的关系作出清晰界定，就无法进一步探讨该原则在中国法中的意义。信赖保护原则的法理基础在于，对个人就公权力行使结果所产生的合理信赖以及由此而衍生的信赖利益，法律制度应为之提供保障，而不应使个人遭受不可预期的损失。从这一基础出发，信赖保护原则与对信赖以及信赖利益同样可以起到保护作用的其他原则、规范与制度并不相同。那么，信赖保护原则所保护的具体是哪些信赖利益？它对这些利益究竟是如何提供保护的？相对于同样具有保护信赖功能的依法行政原则而言，信赖保护原则有何独立存在的意义？信赖保护原则与合法预期保护原则之间究竟是何关系？我国行政许可法是否体现了信赖保护原则？这些问题都还有待于作出明确的回答。

二 信赖保护原则的理论渊源

尽管"学界对于这一原则的理论渊源、保护客体及保护机制等诸多方面均存在不同认识"，[1] 我国学者多以诚信原则为信赖保护原则的法理基础，却是不争的事实。具体而言主要有三种观点。

其一为"等同说"，即认为两原则之间是相互等同的关系。例如刘丹

---

[1] 莫于川、林鸿潮：《论当代行政法上的信赖保护原则》，《法商研究》2004年第5期。

教授认为:"德国法上的信赖保护原则在实质上与诚信原则基本相同,只不过信赖保护原则看起来更注重操作性和对相对人权利的救济。"① 其二为"依据说"。例如黄学贤教授认为,"(诚信)原则在行政法中直接的外在表现即是对行政相对人的正当合理信赖给予保护,故称之为信赖保护原则更为恰当"。② 阎尔宝教授认为,信赖保护原则是"诚信原则的一种重要的适用形式",诚信原则"成为信赖保护原则的理论依据当无疑问"。③ 其三为"类推适用说",即认为信赖保护原则是私法上的诚信原则在公法中的类推运用。例如学者吴坤城认为:"信义诚实的原则乃至信赖保护的原则,是将在私人间适用的法原理适用于行政法关系的情况。"④ 周佑勇教授不仅认为"信赖保护原则是诚信原则在行政法中的运用",还指出"英国的'保护合理期待原则',即具有诚信原则的实质意义"。⑤ 高家伟教授在梳理了信赖保护原则的成因可能为法治国家原则、法律安定性原则、基本权利保护原则、行政行为的效力和行政的自我约束性要求、民法上的诚实信用原则之后,得出了"所谓信赖保护原则实际上是诚实信用原则在行政法领域的转换或者翻版"的结论。⑥

上述观点的形成,实质基点都在于"诚信"与"信赖"两词字面表述以及内涵上的相似性。如此认定信赖保护原则与诚信原则之间的关系,也一度成为德国学界的主流观点。⑦ 20世纪五六十年代,信赖保护原则在司法判决中逐渐形成时,德国联邦行政法院曾明确提出:"信赖保护原则系从诚信原则中推导出来的。"⑧ 尽管如此,德国学界目前占主导地位的观点

---

① 刘丹:《论行政法上的诚实信用原则》,《中国法学》2004年第1期。
② 黄学贤:《行政法中的信赖保护原则》,《法学》2002年第5期。
③ 阎尔宝:《行政法诚实信用原则研究》,人民出版社,2008,第175、179页。
④ 吴坤城:《公法上的信赖保护原则初探》,载城仲模主编《行政法之一般法律原则》(二),三民书局,1997,第249页。
⑤ 周佑勇:《行政许可法中的信赖保护原则》,《江海学刊》2005年第1期;周佑勇:《行政法基本原则研究》,武汉大学出版社,2005,第228页。
⑥ 朱维究、王成栋主编《一般行政法原理》,高等教育出版社,2005,第98页以下、第105页。
⑦ Bachof, Verfassungsrecht, Verwaltungsrecht, Verfahrensrecht in der Rechtsprechung des Bundesverwaltungsgerichts, Bd. I, 3. Aufl. 1966, N. C 11, S. 78; Ossenbuehl, Vertrauensschutz im sozialen Rechtsstaat, in: DoeV 1972, S. 25, 27; Forsthoff, Lehrbuch des Verwaltungsrechts, Bd. 1, 10. Aufl. 1973, S. 171.
⑧ BVerwGE 3, 199, 203.

还是认为，由于信赖保护原则在特定范围内对居于宪法位阶的依法行政原则构成了限制，它必然应以至少居于宪法位阶的原则为基础，而民法上的诚信原则并不能满足此要求。易言之，信赖保护原则的渊源必须是与依法行政原则地位相当的、居于宪法位阶的原则或依据。从这一"规范层级"标准出发，信赖保护原则唯一可能的法理依据只能是法治国家原则以及从中推论而出的法安定性原则。正如穆克尔教授所指出的，尽管信赖保护原则与诚信原则之间具有一定相似性是"不可置疑"的，但由于诚信原则并非"基于宪法规范而形成"，而与此同时法安定性原则已经为国家行为的可预期性以及对公民的信赖保护提供了足够的基础，因此诚信原则非但不能构成信赖保护原则的法理基础，甚至连作为"额外的支撑"都是没有必要的。①

更为重要的是，诚信原则仅是对法律主体的一种内心状态的要求，从其意义内涵而言不过是一种"伦理性规范"，② 并不具备明确的规范性内涵。相对于个案中的利益权衡需求，诚信原则并不能提供可予适用的标准。自20世纪60年代以来，法院已经广泛认同对诚信原则的这一看法。③ 至迟在20世纪70年代初期，沃尔夫教授就已经指明诚信原则与信赖保护原则之间的界限。④ 阿赫特贝格教授也早就断言："信赖保护原则无论如何也不可能是从诚信原则（民法典第242条）中推论出来的。"⑤ 我国同样也有学者指出："'诚实信用'为私法上的基本原则，行政法上的信赖保护虽同样以'诚信'作为根本且可透过诚信原则加以解释，但二者仍有本质的不同。"⑥ 我国台湾地区"行政程序法"第8条规定的"行政行为应以诚实信用之方法为之，并应保护人民正当合理之信赖"，同样是对两原则分

---

① Muckel, Kriterien des verfassungsrechtlichen Vertrauensschutzes bei Gesetzesaenderungen, S. 30 – 31.
② Huber, Vertrauensschutz: ein Vergleich zwischen Recht und Rechtsprechung in der Bundesrepublik und in der Schweitz, in: Bachof/Heigl/Redeker (Hrsg.), Verwaltungsrecht zwischen Freiheit, Teilhabe und Bindung: Festgabe aus Anlass des 25jaehrigen Bestehen des Bundesverwaltungsgerichts, 1978, S. 319.
③ Schwarz, Vertrauensschutz als Verfassungsprinzip. Eine Analyse des nationalen Rechts, des Gemeinschaftsrechts und der Beziehungen zwischen beiden Rechtskreisen. 1. Aufl. 2002, S. 135 ff.
④ Wolff, Verwaltungsrecht I, 8. Aufl. 1971, §41 I c.
⑤ Achterberg, Allgemeines Verwaltungsrecht, 2. Aufl. 1986, §23 Rn. 56.
⑥ 莫于川、林鸿潮：《论当代行政法上的信赖保护原则》，《法商研究》2004年第5期。

别作出规定，并未予以混同。①

　　信赖保护原则的渊源究竟何在？即便是在德国，也尚未对此形成完全一致的意见。通常认为，该原则是基于多个支柱而形成的法律思想。学者们在对法治国家原则、社会国家原则、依法行政原则、诚信原则、比例原则、基本权利规范等的取舍判断中，形成了层出不穷的观点。长期研究信赖保护原则的布尔迈斯特教授早在1979年即指出，学者们在探讨"如何确定信赖保护原则的渊源时陷入了完全的混乱"。② 目前较为一致的观点认为，德国联邦宪法法院于1961年12月19日作出的裁判奠定了信赖保护原则的基础。该裁判的部分表述也被视为对信赖保护原则的经典阐释："法安定性原则乃法治国家原则之基本要素。对于国家可能对其作出的干涉行为，公民应能有所预期并采取相应措施；公民应当能够信赖的是，对于其基于现行法作出的行为，法律秩序应以其原本所应获得的所有法律后果予以回应……对于公民而言，法安定性原则首先意味着信赖保护。"③ 德国联邦宪法法院在上述裁判中对于信赖保护原则渊源所作的认定，即采取的是所谓的"法治国家原则→法安定性原则→信赖保护原则"的推论模式。依据该推论模式，法安定性原则被认定为确立信赖保护原则的基础。有学者认为，这一说法是"最具有说服力的"。④

　　法安定性原则起源于法治国家原则中所包含的国家秩序应具有稳定性的思想。通说认为，法安定性乃是法律制度的基本组成部分和基本目的之一。⑤ 法安定性原则的核心内容在于国家公权力行为、规范与制度的持续性。具体包括两方面内容：对于国家已经作出的决定而言，法安定性意味

---

① 洪家殷：《信赖保护及诚信原则》，载台湾行政法学会主编《行政法争议问题研究》（上册），五南图书出版股份有限公司，2000，第117页以下。
② Burmeister, Vertrauensschutz im Prozessrecht, Berlin 1979, S. 17.
③ BVcrfGE 12, 261, 271. Ferner Ossenbuehl, Die Ruecknahme fehlerhafter beguenstigender Verwaltungsakte, Neue Koelner Rechtswissenschaftliche Abhandlungen, Heft 29, Berlin 1964, S. 76 f; Weber-Duerler, Vertrauensschutz im oeffentlichen Recht, S. 49 f. 对此推论模式的不同意见参见 Schwarz, Vertrauensschutz als Verfassungsprinzip. Eine Analyse des nationalen Rechts, des Gemeinschaftsrechts und der Beziehungen zwischen beiden Rechtskreisen. 1. Aufl. 2002, S. 231 ff.
④ 〔德〕哈特穆特·毛雷尔：《行政法学总论》，高家伟译，法律出版社，2002，第277页。
⑤ 相关内容可参见〔德〕科殷《法哲学》，林荣远译，华夏出版社，2002，第118页以下；赵宏《法治国下的行政行为存续力》，法律出版社，2007，第114页以下。

着维护该决定的存续力（Bestaendigkeit），国家通常不应改变其已经作出的决定，但如果确需对之作出改变的话，也应符合相关的形式和实体条件并注重保护相关人的利益；对于未来而言，法安定性意味着对国家决定的可预期性。由于这两方面都对法治国家原则提出了客观法意义上的要求，因此法安定性原则首先被视为客观法上的基本原则。[1] 也正是由于其客观性，法安定性原则不仅不以保护公民权益为直接目标，而且"安定性"本身可能就是对公民不利的。与法安定性原则不同的是，信赖保护原则涉及的是作为公民防御权的主观权利，其目的在于为公民个人的信赖提供法律保护。对于公民个人而言，信赖保护原则的实质意义是以信赖保护请求权的方式来实现个人权利的具体化。因此，信赖保护原则又被称为"主观化的法安定性原则"。

与上述推论模式同样居于重要地位的还有以基本权利为渊源的提法。形成这一观点的基本原因在于，个案中的具体利益权衡不可能依据抽象的信赖保护原则进行，而只能依据各项基本权利所具有的实体法内涵。例如德国联邦宪法法院早就认为，基本法第14条所规定的财产保护权的意义在于"保护对基于合宪法律所形成的财产权的信赖"，而信赖保护原则也因此"具有了独特内涵和宪法性的规范内容"。[2] 因此，依据基本法第14条所具有的实体法内涵即可确定是否应对具有财产价值的利益提供信赖保护，"而不必再以一般性的信赖保护原则为依据"。[3] 正是借助于基本权利规范及其所具备的规范功能，信赖保护原则才得以实现其作为公民防御权的功能。

由于上述两种解释路径各有其具体意义，有学者干脆笼统宣称"信赖保护原则是从法治国家原则和/或基本权利中推论出来的"。[4] 毛雷尔教授认为，"司法裁判和文献中把信赖保护原则部分地解释为基于法治国家原则部分地解释为基于所涉及的基本权利的做法"，在学理上是"完全有意

---

[1] Schmidt-Assmann, in: Isensee/Kirchhof (Hrsg.), Handbuch des Staatsrechts der Bundesrepublik Deutschland, Band I, 1987, §24, Rn. 81.

[2] BVerfGE 36, 281, 293.

[3] Benda/Maihofer/Vogel (Hrsg.), Handbuch des Verfassungsrechts der Bundesrepublik Deutschland, 1982, S. 498.

[4] Detterbeck, Allgemeines Verwaltungsrecht mit Verwaltungsprozessrecht, 3. Aufl. 2005, §6 Rn. 249.

义的",但信赖保护原则在基本权利中的适用仍然取决于对基本权利规范的具体权衡。① 本文主要采用毛雷尔教授的观点,认为两种解释路径各具存在的理由。具体而言,"法治国家原则→法安定性原则→信赖保护原则"的推论模式所给出的是信赖保护原则的法理基础,基本权利规范则为个案中的利益权衡提供了具体的规范依据。只有通过基本权利的规范检验,基于法理基础推论而出的信赖保护原则才能够得到具体适用。因此,信赖保护原则不仅应具备法理基础,还应具备相应的规范基础,两种解释路径都不可或缺。

基于上述内容,本文用图1来表示信赖保护原则的渊源以及两种解释模式之间的关系。

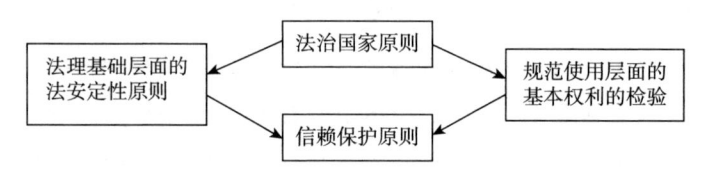

图1 信赖保护原则的渊源及两种解释模式之间的关系

三 信赖保护原则的运行机制

信赖保护原则不仅是一个行政法上的原则,其适用领域甚至也不限于公法领域,在刑法和民法领域也有应如何保护信赖利益的问题。在公法领域中,如果从信赖所针对的国家公权力的类型而言,则分别有针对立法者和行政机关的信赖保护。② 因此,信赖保护原则是"用以描述众多现象的一个集合概念"。③ 由于"原则在各领域的具体构成系基于对各种国家权力

---

① Maurer, Staatsrecht I, 2. Aufl. 2001, § 17 Rn. 113 – 116.
② Badura, Staatsrecht, 3. Aufl. 2003, D 53, 60. 此外,巴杜拉教授还在该书中指出,对于法院的司法活动或者法院所持的法律观点,原则上不存在信赖保护问题。但他同时也承认,形成这一通说的原因并不完全清楚。林三钦教授则认为,不仅司法行为,甚至连无效的行政行为也可以成为适格的信赖基础。参见林三钦《法令变迁、信赖保护与法令溯及既往》,新学林出版股份有限公司,2008,第2页以下。
③ Burmeister, Vertrauensschutz im Rechtsstaat Teil I. Die verfassungsdogmatischen Grundlagen und Grenzen buergerlichen Dispositionsschutzes bei Aenderung des Staatshandelns, 1974, S. 240.

的不同要求而形成的",① 也即其在不同领域各有特殊的适用模式,探讨信赖保护原则的确切内涵,必须以原则的特定适用领域为基础。

在公法范围内,信赖保护原则主要适用于三个领域:其一为法律的溯及力,信赖保护体现在法律的变更与废止不应真正具有溯及既往的效力上;其二为授益行为的撤销与废止,信赖保护主要体现在对违法给付行为的存续保护上;其三为在行政计划、许诺、公法合同等领域中,信赖保护主要体现为行政机关决定的改变应当顾及相对人的信赖利益。由于三部分内容涉及不同的规范基础、适用标准以及具体保护内容,因此不能等同视之。② 为此,李建良教授甚至明确提出,信赖保护原则在不同领域衍生的是各不相同的子原则,即法不溯及既往、行政处分之撤销与废止的限制、行政机关承诺或保证之效力等下位原则。③ 为能集中体现信赖保护原则的具体内涵,避免泛泛之谈,本文以授益行为的撤销与废止为基点展开讨论。这部分内容系信赖保护原则最早形成并产生最重要影响的领域,被学者称为信赖保护原则的典型问题,也是国内学界目前主要关注的内容。在其他两部分内容中,尤其是法律变更与废止过程中的信赖保护问题,对于法律规范的立、改、废较为频繁的中国而言,同样具有非常重要的意义。至于第三部分内容,信赖保护原则是否适用还存有争议,例如毛雷尔教授即认为在这些领域中援引信赖保护原则是"没有必要"的。④ 而且,由于行政计划、许诺、公法合同等概念多数可以涵盖在具体行政行为范畴之内,即便涉及信赖保护问题,其适用规则也原则上同于授益行为的撤销与废止中的情形。本文限于篇幅,不对这两部分内容作出专门探讨。

关于授益行为的撤销与废止,典型的立法例是德国行政程序法第48、49条。⑤ 所谓授益行为,德国行政程序法第48条第1款明确规定,指的是确立某种权利或法律上重要利益(ein rechtlicher erheblicher Vorteil)的具体行政行为。此处所谓的权利,指的是任一项主观公法权利,即公民可以

---

① Kunig, Das Rechtsstaatsprinzip, S. 195.
② 对此的一个简明论述可以参见吴庚《行政法之理论与实用》,三民书局,2006,第62页以下。另参见陈阳升《信赖保护原则之具体化》,硕士学位论文,台湾大学法律学院法律学研究所,2009,第11页以下、第40页以下。
③ 李建良等:《行政法入门》,元照出版有限公司,2006,第87页。
④ 〔德〕巴迪斯编选《德国行政法读本》,于安等译,高等教育出版社,2007,第78页。
⑤ 类似规范还有社会法典和税法。

针对国家提出其请求权的权利。具体而言，只要公法规范中包含有行政机关行为义务的规定，且该规定又是可以服务于个人权利保护的，即构成主观公法权利。至于"法律上的重要利益"，主要是对"权利"作出的附加说明，指的是"受法律保护的利益"。之所以需要作出这样的附加说明，主要是为了防止对"权利"一词作出过于狭窄的解释。① 两者相加得出的结论是：授益行为指的是授予法律保护的利益的具体行政行为。② 在此，个人不能提出请求的反射权利被排除在外。

之所以应限于针对授益行为来探讨信赖保护问题，是因为针对负担行为作出撤销或废止决定，对相对人而言仅意味着利益的增加或法律状况的改善，而不会造成不利影响，因此相对人并无需要保护的信赖利益可言。通常而言，行政机关完全可以基于依法行政原则依据职权裁量对负担行为作出撤销或废止决定。只有在对原负担行为作出更不利于相对人的变更情况下，变更行为的实际效果等同于授益行为的撤销或废止，此时应适用与授益行为相同的规则。因此，在信赖保护原则语境中，具体行政行为究竟应被认定为"授益"还是"负担"行为，并不取决于该具体行政行为的实体内容系"授益"还是"负担"，而取决于它对相对人权益系"增加"还是"减少"。

至于撤销与废止，尽管我国法律规范中通常只笼统地称之为"撤销"，但学界早已对二者之间的区别形成共识。③ 简言之，撤销原则上适用于违法具体行政行为，其效力可以溯及既往，也可以是仅向未来发生；废止针对的则是合法具体行政行为，其效力原则上不具有溯及力，即原合法有效

---

① Kopp/Ramsauer, Verwaltungsverfahrensgesetz, 7. Aufl. 2000, §48 Rn. 63.
② 除了单纯的授益行为与负担行为之外，影响信赖保护原则运行机制的还有具有第三人效力的具体行政行为以及具有双重效力的具体行政行为。具有第三人效力的具体行政行为又可分为两种，即附有对第三人负担作用的授益行为与附有对第三人授益作用的负担行为。对于这两种行为，通说认为应基于行政行为对其直接相对人的影响决定其适用的规则。所谓具有双重效力的具体行政行为，指的是对相对人而言同时具有授益与负担两种影响的行为。通说认为，具有双重效力的具体行政行为应适用与授益行为相同的规则。相关内容具体可以参考 Erichsen, in: Erichsen/Ehlers（Hrsg.），Allgemeines Verwaltungsrecht, 12. Aufl. 2002, §17 Rn. 14ff；董保城《行政处分之撤销与废止》，载台湾行政法学会主编《行政法争议问题研究》（上册），五南图书出版股份有限公司，2000，第473页以下。
③ 早期的相关论述可以参见王连昌主编《行政法学》，中国政法大学出版社，1994，第304页以下；姜明安主编《行政法与行政诉讼法》，北京大学出版社，1999，第159页以下。

的具体行政行为自废止决定作出之后失效。但不论是授益行为的撤销还是废止，讨论其信赖保护问题都应在具体行政行为诉讼时效丧失之后。在此之前，鉴于相对人应能够预期到具体行政行为有可能被撤销或废止，还并无信赖利益可言。

对于合法的授益行为，由于其符合依法行政原则的要求，行政机关原则上不得废止，除非事实或法律状态的变更使该行为不再具有合法性。德国行政程序法第49条第2款规定，在法规允许、原具体行政行为中包含有相关保留、相对人未履行相关义务、行政机关基于事后发生的事实有权不作出原行为或不废止会损害公共利益等情况下，行政机关可以依据职权裁量作出废止原授益行为的决定。如果因废止行为损害了相对人基于对原具体行政行为存续性的信赖所形成的利益，且该利益值得保护，则在相对人提出申请的情况下，行政机关应为之提供补偿。

对于违法的授益行为，德国行政程序法第48条第2、3款将其具体分为两类。

对于提供一次性的或持续性的金钱、可分的实物或者其他类似给付的给付决定，诸如准予补贴、税收减免、住房（包括公务住房）的提供、公共设施的使用许可等"对于公权力机关而言基本上仅意味着经济负担而非职责范围内应予履行的任务"的事项，[①] 如果受益人已经对具体行政行为的存在产生信赖，已基于该具体行政行为的存续作出相应处置（信赖行为），并且其信赖利益相对于公共利益而言值得保护，那么就应对该违法的给付决定适用存续保护（Bestandsschutz）。[②] 在此，行政机关将公益和私益置于平等地位予以权衡，只要私益相对于公益而言值得保护，就不得撤销该违法决定，而应保护其存续力。易言之，原本基于依法行政原则可以自由撤销的违法行为，因信赖保护原则的适用得以继续维持其存续力。从早期确立信赖保护原则的判例来看，之所以需要为违法的给付决定提供存续保护，根本原因在于应使相对人能够继续获得补助金或救济金，以避免其在经济上陷入困境。对此，施瓦茨教授总结为："信赖保护原则在行政法上是服务于社会弱势群体保护的，因此尽管其在宪法上的地位被提升得

---

① Kopp/Ramsauer, Verwaltungsverfahrensgesetz, 7. Aufl. 2000，第3页、第30页以下、第77页。
② 至于此处适用信赖保护原则的具体条件、后果与期限等，详见〔德〕哈特穆特·毛雷尔《行政法学总论》，高家伟译，法律出版社，2002，第280页以下。

过高，但也是值得尊重的。"①

对于其他虽然可能给相对人带来财产上的利益但对行政机关而言并不构成经济负担的授益行为（例如包括营业许可和建房许可在内的各种许可），以及其他并不设定行政机关金钱给付义务的具体行政行为（例如对带薪休假的许可），行政机关虽然可以撤销，但应当补偿相关人的损失。至于是否撤销，则取决于行政机关的职权裁量，而非其在公益与私益之间的权衡。②

上述两种保护方式通常被分别称为存续保护和财产保护。通说认为，两种保护方式之间是"相等同的"，并无对给付决定适用比其他授益决定更高强度保护的问题。③ 尤其是对于给付决定而言，财产保护与存续保护在实体结果上是一致的，即为相对人提供相应价值的给付。

基于上述内容，本文用图 2 说明信赖保护原则的运行模式。

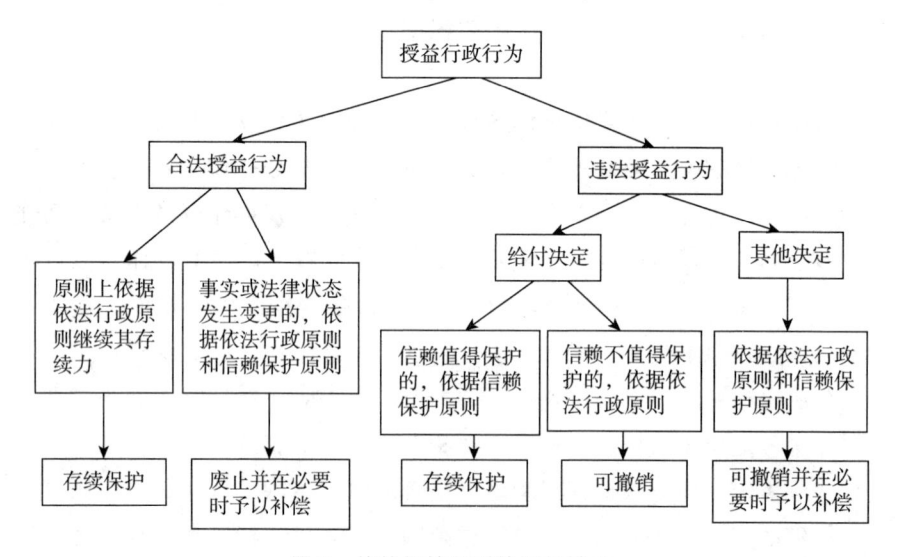

图 2　信赖保护原则的运行模式

由此可见，信赖保护原则能够提供的保护是极为有限的：由信赖保护

---

① Schwarz, Vertrauensschutz als Verfassungsprinzip. Eine Analyse des nationalen Rechts, des Gemeinschaftsrechts und der Beziehungen zwischen beiden Rechtskreisen. 1. Aufl. 2002, S. 556 ff.
② Knack, Verwaltungsverfahrensgesetz Kommentar, 3. Aufl. 1989, §48 8.1, S. 597 f.
③ Kopp/Ramsauer, Verwaltungsverfahrensgesetz, 7. Aufl. 2000, 第 3 页、第 30 页以下、第 119 页。

原则独立提供的保护仅体现在相对人的信赖利益值得保护的违法给付决定中；对合法的授益决定和违法的其他授益决定，即便公民的信赖利益值得保护，信赖保护原则也只是与依法行政原则一并起到保护作用。

即便是在此范围之内，信赖保护原则的适用仍然受到了质疑。虽然可以认为基于该原则的适用实现了个案公正，但由于信赖保护的提供主要取决于主观标准以及基于个案的具体利益权衡，它对整个法治秩序的稳定性反而产生了不利影响，同时损害了法律面前人人平等原则。因此，最终形成的结果反而不利于法治状态下稳定与均衡的可预期性的形成，进而也会有损于法安定性原则的实现。① 正是出于这样的原因，即便从与德国有着紧密地缘关系的欧盟诸国来看，除荷兰等之外的多数国家，都没有在法律规范中认可信赖保护原则。② 例如，法国不仅只在比"授益处分"概念更为狭窄的"创设权利处分"上才会考虑是否适用信赖保护原则，还在个案中的具体利益权衡上"与德国法采相反之立场"，"特别强调依法行政原则"。③ 在欧盟法层面的司法实践中，欧洲法院虽然名义上认可信赖保护原则，④ 但在频繁使用"信赖保护"概念的同时，却认为原则上可以撤销违法的授益决定，理由是既然具体行政行为缺乏客观法上的基础，受益人也就不应对基于该行为所产生的利益享有主观权利。尤其是在受益人为企业的情况下，如果无视给予其相关补助的授益决定的违法性并继续维持其存续力，实际上就直接损害了其他企业的公平竞争机会。在个人的存续利益和公共利益之间的权衡中，欧洲法院显然认为后者应具有优先地位。⑤ 因

---

① BVerfGE 12, 261, 271. Ferner Ossenbuehl, Die Ruecknahme fehlerhafter beguenstigender Verwaltungsakte, Neue Koelner Rechtswissenschaftliche Abhandlungen, Heft 29, Berlin 1964, S. 76 f; Weber-Duerler, Vertrauensschutz im oeffentlichen Recht, 第 31 页以下; Huber, Vertrauensschutz: ein Vergleich zwischen Recht und Rechtsprechung in der Bundesrepublik und in der Schweitz, in: Bachof/Heigl/Redeker (Hrsg.), Verwaltungsrecht zwischen Freiheit, Teilhabe und Bindung: Festgabe aus Anlass des 25jaehrigen Bestehens des Bundesverwaltungsgerichts, 1978, 第 323 页以下。

② Schwarze, Europaeischea Verwaltungsrecht: Entstehung und Entwicklung im Rahmen der Europaeischen Gemeinschaft, Bd. 2, S. 1130 f.

③ 陈淳文：《违法授益行政处分与信赖保护》，载汤德宗、李建良主编《2006 行政管制与行政争讼》，新学林出版股份有限公司，2007，第 18 页、第 25 页以下。

④ 参见〔德〕赫蒂根《欧洲法》，张恩民译，法律出版社，2003，第 139 页。

⑤ Geurts, Der Grundsatz des Vertrauensschutzes bei der Aufhebung von Verwaltungsakten im deutschen, franzoesischen und europaeischen Rechts, S. 243.

此，"如果遵循欧盟法上的规定和考虑欧盟的利益，那么德国行政程序法第 48 条中规定的信赖保护几乎是毫无价值的"。① 对于欧洲法院的这一态度，施瓦茨教授评价说："欧盟法中虽然也知晓'信赖保护'概念，但是与德国国内法相比，欧洲法院对该原则的适用却显然更为有限。在欧洲法院的司法中，表面上是遵循了信赖保护原则，在结果上却由于对依法行政原则的着力强调而回到了在德国行政法学理中以福斯特霍夫为代表人的观念上了。"②

欧洲法院与德国联邦宪法法院的上述冲突，结果是欧洲法院的观点直接影响了德国联邦宪法法院的态度。③ 德国联邦宪法法院在 2000 年 2 月 17 日裁判中，对于当事人依据违反欧盟法规范的决定所获得的补助，认为并不应依据信赖保护原则适用存续保护。④ 尽管形成这一裁判的主要原因可能在于欧盟法相对于德国国内法所应具有的适用优先地位，但其中也至少体现了德国联邦宪法法院对于是否应缩减信赖保护原则的原有保护范围与强度所持有的犹疑态度。与此相呼应的是，学界对欧洲法院的观点也多持赞同态度。例如布林格教授提出，对于违法的补助决定，除在"会导致为法律所不能接受之不公正"等特殊情况下，应以财产保护取代存续保护，因为只有财产保护才既不违背欧盟法的要求，又能够弥补受益者所受到的损失。⑤

四 与依法行政原则之关系

从个人心理角度分析，所谓的信赖，不过是期望和确信之间的一种心

---

① BVerwGE 92, 81, 86 und BVerfG, EuZW 2000, 445 ff. 在 BVerfG, EuZW 2000, 445 ff. 所载的裁判中，德国联邦宪法法院还有一句颇有意味的话：欧盟规范的制定者和欧洲法院倾向于把"对相关人的信赖保护缩减为零"（den Vertrauensschutz des Betroffenen auf Null zu reduzieren）。

② Schwarz, Vertrauensschutz als Verfassungsprinzip. Eine Analyse des nationalen Rechts, des Gemeinschaftsrechts und der Beziehungen zwischen beiden Rechtskreisen. 1. Aufl. 2002, S. 357.

③ 相同判断参见陈春生《行政法之学理与体系》（二），元照出版有限公司，2007，第 29 页以下。

④ BVerfG (1. Kammer des 2. Senats), ZIP 2000, S. 633, 634 f.

⑤ Bullinger, Vertrauensschutz im deutschen Verwaltungsrecht in historisch-kritischer Sicht mit einem Reformvorschlag, JZ 1999, 905, 913.

理状态而已。① 从社会学角度看，信赖是维护一切社会关系的基本因素，因此社会生活的所有领域都与其密切相关。正如卢曼所言，信赖乃"社会生活的基本事实"和"人性和世界的自明事态的'本性'"。② 正因信赖如此重要，现代社会中的法律原则、规范与制度无不体现了对信赖的提倡、尊重和保护，这也是现代法治建设的根本目标之一。在此意义上，不仅信赖保护原则，依法行政原则又何尝不是在为信赖提供保护？那么，以"信赖保护"为名的原则与依法行政原则之间的关系如何？这是一个值得追问却为我国大陆学界多数论著回避的问题。

我国传统上实行的是严格的成文法至上原则，其集中的体现是对依法行政原则形式面向的突出强调：行政机关必须接受应在授权范围内行使权力的约束，如果行政决定违反了成文法规定，则不论其为授益决定还是负担决定，行政机关随时都可以依法予以撤销，以恢复合法状态——即便该决定已经超过了诉讼时效。而确立信赖保护原则的基本思路为：法治国家中的公民有理由相信行政活动的合法性，因此应对其由此而产生的信赖利益提供保护。对于公民基于合法行政行为所形成的信赖利益，自然需要提供保护，而如果不对公民基于违法行政行为产生的信赖利益提供保护的话，则无异于是苛求公民应随时知晓行政行为是否合法，如此一来反而会使之陷于更为不利的境地。概言之，如果从依法行政原则出发，应撤销违法的授益行为，对原本合法却因法律或事实状态的改变而不再具有合法性的授益行为予以废止。而从信赖保护原则出发，则行政机关应在撤销或废止行为所欲维护之公共利益与相对人的信赖利益（私益）之间作出具体权衡，并在必要时对依法行政原则的适用加以限制。

对于依法行政原则与信赖保护原则的上述关系，我国大陆学者提出过质疑。例如张兴祥认为："对于违法的行政行为，仅因为相对人的信赖就予以保护是很难让人信服的。"③ 高家伟教授指出，"存在行政法治原则、法律安定性原则和信赖保护原则之间的冲突和协调"，④ 虽然其并未对冲突

---

① Muckel, Kriterien des verfassungsrechtlichen Vertrauensschutzes bei Gesetzesaenderungen, S. 87.
② 〔德〕卢曼：《信任》，瞿铁鹏、李强译，上海人民出版社，2005，第 1 页；Luhmann, Vertrauen. Ein Mechanismus der Reduktion sozialer Komplexitaet, 2. Aufl. 1973。
③ 张兴祥：《行政法合法预期保护原则研究》，北京大学出版社，2006，第 1 页。
④ 朱维究、王成栋主编《一般行政法原理》，高等教育出版社，2005，第 98 页。

何在以及如何解决冲突的问题作出回答。

我国台湾地区学者对两原则的关系作出了较为深入的研究。陈敏教授认为，"在违法授益处分之撤销，'依法行政原则'与'信赖保护原则'立于对峙之状态。基于'依法行政原则'，应撤销违法之行政处分，以回复合法。另一方面，基于'信赖保护原则'，则考虑人民对行政处分存续所具有之利益，要求维持违法之授益行政处分"，"于废弃合法授益处分时，'信赖保护原则'受'依法行政原则'之支持，此二原则处于合作而非对立之关系"。① 这实际上是台湾地区学者的通行观点，也完全符合台湾地区"行政程序法"第 117 条中的具体规定。② 而如前文所述，德国法对违法的授益行为还进一步区分为两种不同的具体情况：在撤销违法的给付决定时，信赖保护原则与依法行政原则处于对立的状态，适法者应基于利益权衡对何者居于优先地位的问题作出判断；只有对于违法的其他授益决定，两原则才处于合作的状态。由于这一基于给付决定与其他授益决定之间的区别而具体确定不同保护方式的做法，并未为我国台湾地区有关规定所采纳，相较于德国法而言，台湾地区"行政程序法"中的规定实际上是扩大了两原则可能形成对立的范围。除此之外，德国与我国台湾地区学者对于两原则关系的认识基本相同。

"如果不能解决两者之间的矛盾，而是仅仅把信赖保护原则和合法性原则理解为协调一致的两个原则的话，就丧失了合法性原则对于漫无边际的信赖保护的阻挡功能"，③ 非但无法消弭基于不同法理基础所形成的两原则之间的冲突，还有可能会在个案中引发新的争端。

1. 何以对立

"授益行政行为的撤销问题受两个相互冲突的原则调整：依法行政原则要求保持合法的状态，撤销一切违法的行政行为，对此应当一如既往遵守。站在其对立面的是——这种认识也是司法改变的理由——信赖保护原则。要求保护受益人对行政机关作出行政行为所造成的状态的信任，维持

---

① 陈敏：《行政法总论》，新学林出版股份有限公司，2004，第 458、469 页。
② 第 117 条："违法行政处分于法定救济期间经过后，原处分机关得依职权为全部或一部之撤销；其上级机关，亦得为之。但有下列情形之一者，不得撤销：一、撤销对公益有重大危害者。二、受益人无第一百十九条所列信赖不值得保护之情形，而信赖授予利益之行政处分，其信赖利益显然大于撤销所欲维护之公益者。"
③ Weber-Duerler, Vertrauensschutz im oeffentlichen Recht, S. 157.

违法的行政行为……由于这两个原则在违法授益行政行为方面相互冲突，在权衡过程中应当审查：在具体案件中哪一个原则更重要，从而——分别根据合法性优先或者信赖保护优先——决定是否（全部或者部分）撤销。"[1] 从信赖保护原则的法理基础而言，这一看法当然可以成立。但如果从规范适用的层面作具体分析，所谓的"对立"实际上是难以成立的。至少就授益行为的撤销与废止而言，信赖保护原则的适用范围、标准与保护方式都已不再是抽象的，而是已经被转化成具体法律条文中的明确规范，即德国行政程序法第48、49条中的相关规定。相应地，如何适用信赖保护原则的问题，也已因其法律化而被转换成应如何适用行政程序法相关规范的问题。如果认为在行政程序法颁布之前，司法裁判中对于信赖保护原则的适用一度溢出了依法行政原则范围，那么在该法颁布之后，这部分内容也已经被法律化而成为依法行政原则的组成部分。如果认为此时仍然存在冲突，那么冲突也只是存在于两原则原本具有的不同法理基础上，而不再能够存在于规范适用之中。因为适法者在各种相互冲突的法律原则、基本权利规范以及不同层级的法规之间作出选择，完全是依法行政原则范畴内的应有之义，并非因信赖保护原则的适用才出现的特殊现象。

当然，尽管已被法律化，信赖保护原则在规范适用的层面仍然具有一定的特殊性：德国行政程序法第48、49条中的相关规定实际上赋予了行政机关选择适用规范的权力，即行政机关有权在特别法规中的具体规定与行政程序法中的一般信赖保护规范之间作出适用选择。在此过程中，不同原则之间的冲突应能得到权衡，而是否适用存续保护则取决于具体个案中的事实构成与利益对比关系。但即便如此，此处承担规范选择适用功能并为信赖利益提供保护的，仍然是依法行政原则而非信赖保护原则。

因此，如果说最初形成于司法裁判中的信赖保护原则一度游离于依法行政原则之外，那么至少在行政程序法成就其法律化之后，信赖保护原则已经回归了依法行政原则的范畴。至少在行政程序法的适用范围之内，信赖保护原则是依托于依法行政原则的适用模式来实现其保护信赖利益的功能的，并因此成为后者的组成部分之一。质言之，就违法给付决定的撤销

---

[1] 〔德〕哈特穆特·毛雷尔：《行政法学总论》，高家伟译，法律出版社，2002，第277页以下。

问题而言，信赖保护原则与依法行政原则至少在规范适用中不再对立。

2. 如何合作

在所谓的合作状态之下，两原则究竟是如何合作的？各自在形成行政决定的过程中占据了多大比重？如果不能对这些问题作出明确回答，所谓的合作也难以具有实质意义。

仅从对信赖保护原则作出具体规定的行政程序法本身所具有的"法律性"效力出发，就可以得出所谓的"合作"关系至少在规范适用的层面无法成立的结论。德国行政程序法第1条规定，该法仅在其他联邦规范没有相同或不同规定的情况下才得以适用，即该法相对于其他法规而言仅具有补充性作用。[①] 也就是说，当其他联邦法规中有不同于行政程序法的规定时，应适用其他法规中有关行政程序的规定；而当其他联邦法规的规定同于行政程序法时，行政机关所适用的只能是其他联邦法规，而不应是行政程序法。不仅如此，德国联邦行政法院还认为，这里所谓的"相同或不同"并不限于规范明确的字面表述，只要特别规范在"意义和目的"上与行政程序法中的规范"相同或不同"就足够了。[②] 这就形成了其他联邦法规相对于行政程序法的普遍保留，也即所谓的行政程序法的补充性原则（Grundsatz der Subsidiaritaet）。[③]

就涉及信赖保护原则的德国行政程序法第48、49条两个条文而言，由于两条文并未对如何合作作出特别规定，因此在规范适用中应基于行政程序法的补充性原则适用"依法行政原则"而非"信赖保护原则"。此时信赖保护原则仅处于补充性地位，这也就是所谓的"法治国家信赖保护原则的补充性原则"。[④] 这一信赖保护原则在"宪法学理中的补充功能"，目前已经成为德国学界中"基本上不再有争议"的共识。[⑤] 质言之，两原则之间的合作并不能真正进入规范适用之中。

[①] Kopp/Ramsauer, Verwaltungsverfahrensgesetz, 7. Aufl. 2000, 第3页、第30页以下。

[②] BVerwG, NVwZ1987, 488 = JuS 1987, 831.

[③] 关于此原则的更详细内容，见刘飞《德国〈联邦行政程序法〉的"法律性"效力分析——对德国行政程序立法体例的一个侧面观察》，载姜明安主编《行政法论丛》第11卷，法律出版社，2008，第384页以下。

[④] Muckel, Kriterien des verfassungsrechtlichen Vertrauensschutzes bei Gesetzesaenderungen, S. 64.

[⑤] Blanke, Vertrauensschutz im deutschen und europaeischen Verwaltungsrecht, S. 87.

就法理基础而言，财产保护虽然确系以保护信赖为目标，然而由于上述补充性原则的存在，其保护功能实质上完全是基于依法行政原则的法理基础而实现的，所适用的也完全是依法行政原则范畴之内的规范与规则。信赖保护原则既不是形成财产保护的法理基础，也不能为之提供规范依据，因而它完全不能为所谓的合作状态提供超出依法行政原则的支持。正因如此，有学者早就明确提出，所谓的信赖保护指的就是存续保护而非财产保护。[1] 此外，皮罗特教授从信赖保护原则与基本权利之间的关系出发，以另一种方式阐述了信赖保护原则的辅助性。他认为，在基本权利规范的适用范围内，信赖保护原则应依据基本权利规范得以实现。只有在基本权利规范的适用范围之外，一般性的信赖保护原则才有可能得以适用。[2]

基于上文的分析，在排除明确适用依法行政原则的两种情况（未发生状态变更的合法授益行为与信赖不值得保护的违法给付决定）后，本文以图3表示信赖保护原则与依法行政原则之间的关系。

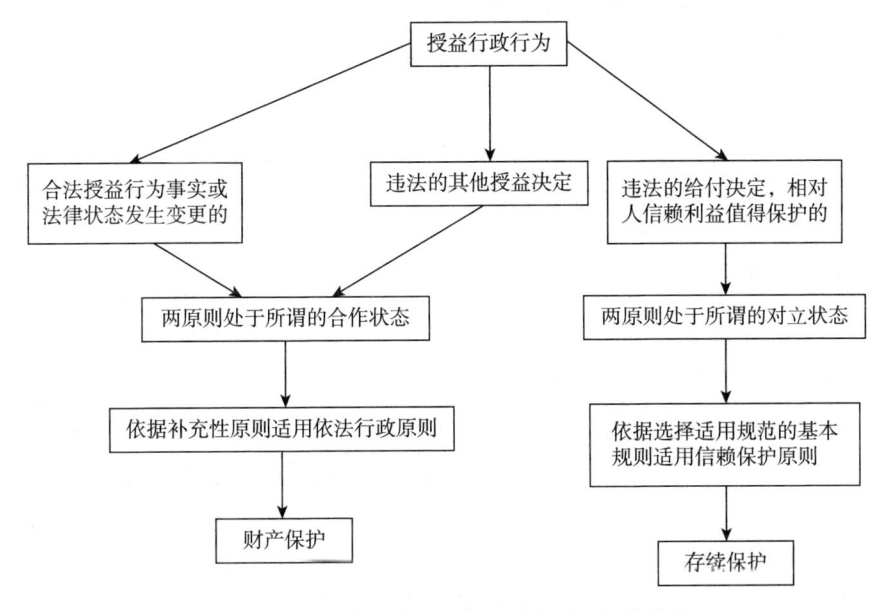

图3 信赖保护原则与依法行政原则之间的关系

---

[1] Achterberg, Allgemeines Verwaltungsrecht, 2. Aufl. 1986, S. 55.
[2] Pieroth, Die neuere Rechtsprechung des Bundesverfassungsgerichts zum Grundsatz des Vertrauensschutzes, JZ 1990, S. 279, 283.

就授益行为的撤销与废止而言，在信赖保护原则与依法行政原则可能发生交集的上述三种具体情况下，由于具有不同的法理基础，两原则之间在法理基础层面上可以形成所谓的对立或合作关系。然而由于信赖保护原则已被行政程序法所法律化，即它已经被转化成依法行政原则的组成部分，因此至少在规范适用中，两原则之间不再能形成对立关系。至于所谓的合作关系，则不仅基于行政程序法补充性之定位而在规范适用中无以形成，而且在法理基础层面也难以成立。概言之，从法理基础层面而言，信赖保护原则或许相对于依法行政原则还具有其独特性，但从规范适用层面而言，信赖保护原则既然已经被法律化，就已成为依法行政原则中的一个有机组成部分，只不过它在依法行政原则的范畴内仍具有一定特殊性而已。

在此，如果从形式法治到实质法治变迁的视角来解释，仅就授益行为的撤销与废止而言，首先是以判例弥补了形式法治中的不足，其次通过立法实现这一弥补性的实质法治内容的法律化，最后形成的是被形式化的实质法治。这可能也算是原本仅注重形式面向的依法行政原则迈向实质法治的一种特殊方式。

五　与合法预期保护原则之区别

合法预期保护原则即"legitimate expectation"，亦有学者称之为"正当期待"、"正当期望"、"正当预期"、"合法期待"或"合理期待"等。所谓"合法预期"，通常是指："相对人因行政机关的先前行为（如曾制定过政策、发过通知、作出过承诺或指导等），尽管没有获得某种权利或可保护利益，却合理地产生了对行政机关将来活动的某种预期（如行政机关将会履行某种程序或者给予某种实质性利益），并且可以要求行政机关将来满足其上述预期。"[①]

我国学者普遍认为，信赖保护原则与合法预期保护原则之间是等同的关系。典型的如余凌云教授认为："在德国行政法上，合法预期观念是与行政行为的效力理论紧密相连的，在有关授益或负担行政行为的撤回、撤销、废止理论之中，细致入微地体现出对合法预期的关怀与保护。"对于英、德两国是否存在差别的问题，他认为，"英国和德国行政法中都存在

---

① 余凌云：《行政法上合法预期之保护》，《中国社会科学》2003 年第 3 期。

信赖保护观念,以及与此密切相关的合法预期保护原则"。① 王贵松也认为两个原则的含义"大致相同",但他同时指出两者之间的区别在于:合法预期保护原则主要是程序性的保护,只是后来在司法的推动和欧盟法的影响下才逐渐有了实体性保护,而信赖保护主要还是一种实体性保护。② 张兴祥则指出,合法预期保护原则源自德国法上的信赖保护原则,两原则指向的是同一事物,但由于合法预期保护原则包容性更广、概括性更强,可以认为信赖保护原则是合法预期保护原则的组成部分。③ 此处,还有学者直接以信赖保护原则指称英国法上的合法预期保护原则。④

上述学者的观点,基本代表了我国学界对信赖保护原则与合法预期保护原则之间关系的看法。从来源上说,上述看法有可能是受到了英国学界的影响,这从上述学者的学术背景及其参考文献中就可以看出端倪。但实际上,英国学者对此作出的阐述却往往并未有如此之肯定,例如福赛斯教授只是认为两原则为"相似的概念"或"类似概念"而已。⑤ 值得注意的是,德国学者并未将两原则相提并论。施瓦茨教授在对欧洲主要国家与信赖保护原则相关的规范与制度作出比较分析的基础上,认为尽管英国法上的合法预期保护原则与禁反言原则(Grundsatz des Estoppel)中包含有一定的信赖保护原则的因素,但英国法中并不存在与德式信赖保护原则相对应的原则。不仅如此,他还认为英国法上的合法预期所对应的德文词应为合理期望(berechtigte Erwartungen)而非信赖保护(Vertrauensschutz)。⑥ 施瓦茨教授在其专门研究信赖保护原则的教授资格论文中提出,无法以英国法上的禁反言原则来论证德国法中的信赖保护原则。⑦ 这些信息至少表明,英式合法预期保护原则与德式信赖保护原则并不必然具有相同的意义内涵,我国大陆学界所普遍认可的信赖保护原则与合法预期保护原则等同的

---

① 余凌云:《行政法上合法预期之保护》,《中国社会科学》2003年第3期。
② 王贵松:《行政信赖保护论》,山东人民出版社,2007,第52页以下。
③ 张兴祥:《行政法合法预期保护原则研究》,北京大学出版社,2006,第2、8、15页。
④ 宋承恩:《信赖保护原则的实质面向——英国法之启发》,《月旦法学》2002年第4期。
⑤ [英]福赛斯:《正当期待的起源与保护》,李洪雷译,载姜明安主编《行政法论丛》第11卷,法律出版社,2008。
⑥ Schwarze, Europaeischea Verwaltungsrecht: Entstehung und Entwicklung im Rahmen der Europaeischen Gemeinschaft, Bd. 2, 第875页以下。
⑦ Schwarz, Vertrauensschutz als Verfassungsprinzip. Eine Analyse des nationalen Rechts, des Gemeinschaftsrechts und der Beziehungen zwischen beiden Rechtskreisen. 1. Aufl. 2002, 第143页以下。

观点，颇值得怀疑。

本文认为，两原则相比较，呈现更多相异而非相同之处。

（1）形成信赖的基础不同。就合法预期保护原则而言，首先是个人基于法规、政策、惯例、行政机关的其他相关决定、承诺等形成预期，然后才有行政机关在作出决定的过程中是否给予其程序保护并最终提供实体保护的问题。因此，预期的形成系基于个人对当前一般法律状况的理解，而非针对一个具体的行政决定。即便其中可能同时涉及因法规、政策等的变更而造成的法律状态的改变，并因此可能影响个人所预期的具体内容，但这些都是发生于具体行政决定作出之前的。而就信赖保护原则而言，应有一个具体的授益行为在先，个人的信赖系基于该具体决定形成。此后，在行政机关需要作出另一后续的、改变原具体行政行为的新具体决定之际，才需要行政机关在公益与私益之间作出权衡，以确定受益人的信赖利益是否值得保护。

（2）所期望的具体内容不同。合法预期保护原则中，个人所预期的是行政机关应作出公正的裁量决定。正是由于在预期形成之时，行政机关的具体决定尚未作出，个人才需要行政机关提供程序保护，以获得一个公正的决定。至于对所谓的实体保护的预期，则是期望行政机关不应背离承诺、政策、惯例，且行政决定应有充分的公益支持。而在信赖保护原则中，个人需要保护的却是基于已经作出的具体行政决定所形成的信赖利益。依据信赖保护原则对是否应保护信赖利益作出的权衡，通常发生在两个具体行政行为之间。从规范适用层面，信赖保护原则所保护的信赖利益，是对违法的给付决定所形成的信赖利益。信赖保护原则的这一具体保护内容，完全未被纳入合法预期保护原则的视野。

（3）获得保护的核心要件不同。就合法预期保护原则而言，个人能否获得保护取决于其预期是否合法并值得由行政机关为之提供程序保护或实体保护，因此"合法"为其核心要件。即便是所谓的实体性合法预期，能否获得保护的核心因素也是个人在行政决定作出之前的实体预期是否合法。[1] 因此，适用合法预期保护原则的基本条件在于预期的合法性，所适用的范围主要就是裁量权的运用。信赖保护原则中所谓的"信赖"，同样

---

[1] 参见〔英〕彼得·莱兰、戈登·安东尼《英国行政法教科书》，杨伟东译，北京大学出版社，2007，第328页以下、第401页以下。

是一种预期。是否应为此预期提供保护，取决于个人对于具体行政行为所形成的信赖利益是否值得保护，至于该具体行政行为系合法抑或违法则在所不论。而如前文所述，如果仅从规范适用的层面评价信赖保护原则可能具有的保护作用，其仅仅为基于违法的给付决定所形成的信赖利益提供保护。

（4）提供保护的阶段不同。合法预期保护原则适用于行政机关作出具体行政决定之前。与此相应，为此期待所提供的保护主要限于作出决定之前的程序性保护。信赖保护原则非但不能适用于这一阶段，而且在行政决定诉讼时效届满之前的阶段也不能适用。因为在具体行政行为不可诉之前，其存续力尚未形成，个人应能预期到该决定仍有被撤销之可能，因而无从对之产生信赖并形成信赖利益。

（5）提供保护的方式不同。合法预期保护原则所能够提供的保护是行政机关应作出一个公正的裁量决定。也正因如此，"许多判决都坚持听证是对实体性期待的唯一保护"，而"一般说来如果不能满足该期待就是滥用裁量权"。[①] 有学者在考察了1999年发生的"在确立正当期待的审查基准方面的标志性案例"之后，得出结论："在此类案件中，需要平衡的法益有两个——行政机关的决策裁量空间与公民的期待利益。"[②] 信赖保护原则虽然就其法理基础而言可以针对给付决定或其他决定分别提供存续保护或财产保护，但其在规范适用层面的核心内容在于为违法的给付决定提供存续保护。

正是由于上述诸多区别的存在，本文认为两原则非但不是相同或相似的，恰恰相反是具有完全不同内涵的。如果以德国法视角来评价合法预期保护原则的话，该原则主要涉及行政机关在作出行政决定之前应如何进行裁量的问题。[③] 具体而言，主要涉及应如何解释各种新旧规范、如何评价

[①] 〔英〕福赛斯：《正当期待的起源与保护》，李洪雷译，载姜明安主编《行政法论丛》第11卷，法律出版社，2008。

[②] 骆梅英：《英国法上实体正当期待的司法审查——立足于考夫兰案的考察》，《环球法律评论》2007年第2期。

[③] 参见〔英〕福赛斯《正当期待的起源与保护》，李洪雷译，载姜明安主编《行政法论丛》第11卷，法律出版社，2008。该文多处表述直接表明英国法上的正当期待（也即合法预期）的核心即裁量问题。例如："为了保护正当期待，除了在例外的情形下，公共机构应当以特定方式行使其裁量权"；"正当期待保护原则主要适用于具体决定，即行使行政自由裁量权的正常领域"；"尤其是当该承诺或保证已经导致对听证或特定决定的正当期待时，一般说来如果不能满足该期待就是滥用裁量权"；"……对正当期待的否认实际上等同于非法运用裁量权"；等等。

个人的预期、如何给予个人程序性保障（例如举行听证）、如何确定并适用裁量基准等问题。也正因其核心为裁量问题，所以英国法上的合法预期保护原则在实践中多有借鉴比例原则之处，而后者即直接来源于德国法上的裁量理论。在德国法上，尽管行政机关对授益行为作出的撤销或废止决定中必然也会涉及裁量权的运用以及对个人合法预期的顾及，但对于行政决定作出之前应如何为相对人提供程序保障的问题，通常是在相关程序设置的层面上作出探讨，而不会出现于信赖保护原则的语境中。因此，所谓德国法上的信赖保护原则不重视程序性保护的看法，① 不过是出于对该原则适用范围的误读而作出的判断。至于实体裁量权如何运用的问题，在德国法上通常归属于裁量规制理论的范畴，同样与信赖保护原则并无直接关系。两原则之间的区别见图4。

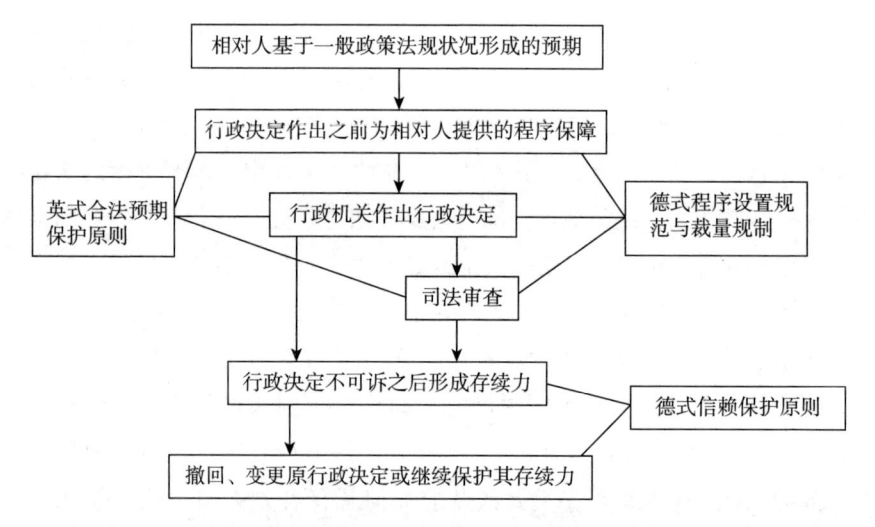

图4　信赖保护原则与合法预期保护原则的区别

注：箭头表示形成行政决定的过程，连线表示原则或制度影响的范围。

张兴祥在对比合法预期保护原则与信赖保护原则后认为："信赖保护强调的是个人对行政机关行为的信赖应当得到保护，是一个主观标准，存在着认定上的困难。"② 基于前文对于信赖保护原则运行机制的分析，这种

---

① 例如王贵松：《行政信赖保护论》，山东人民出版社，2007，第9页、第213页以下、第234页以下。
② 张兴祥：《行政法合法预期保护原则研究》，北京大学出版社，2006，第16页。

观点实际上也是无法成立的。尽管信赖保护原则强调的是对个人信赖利益的保护，但个人是否有足以表明其信赖的行为、公益与私益之间的具体对比关系如何等问题，实际上都已经外化成客观标准，而并不能仅以个人的主观意愿为转移。当然，具体何种行为足以表征当事人对行政决定的内心信赖，取决于行政决定的具体内容、特别法中的具体规定以及相关判例中形成的法律观点，无法一一作出列举。但这一标准的不确定性仍属于实质法治的应有之义，它并不属于所谓的主观标准。因为行政相对人的不同行为所体现的并不仅是主观上的信任程度之不同，还有客观上的具体状况之差异，行政执法中基于特定客观状况作出有所区别的决定，乃是现代法治的应有之义。

六　信赖保护原则的行政法意义

现代法治之原则、规范与制度，无不以承认、保护和增进信赖为其基本目标，同时以其特定方式承担着保护信赖以及信赖利益之重任。相对而言，信赖保护原则强调的是特定情况下超出特别法具体规范的实质公正。在此意义上，如果可以把依法行政原则定位为法治原则形式面向，信赖保护原则即应归属于其实质面向。如果从整体意义上评估依法行政原则，信赖保护原则虽然有可能一度溢出其外，但终究可以法律化为其中的组成部分。因此，承担保护信赖利益重任的主要还是依法行政原则，信赖保护原则仅能在特定阶段、在一个极为有限的范围内起到补充性作用，它在个案中的具体适用取决于行政机关在特别法规与行政程序法中规定的一般信赖保护条款之间作出的选择适用，以及在公益与私益之间作出的权衡。

行政许可法颁布之后，我国行政法学界普遍认为该法第8条直接体现了信赖保护原则。例如全国人大法工委国家行政法室给出的观点是，"本条是关于信赖保护原则的规定"。[①] 汪永清也认为："借鉴外国经验，行政许可法确立了信赖保护原则。"[②] 然而，基于上文对信赖保护原则的考察，

[①] 全国人大法工委国家法行政法室编写《中华人民共和国行政许可法释义与实施指南》，中国物价出版社，2003，第44页。
[②] 汪永清主编《中华人民共和国行政许可法教程》，中国法制出版社，2003，第316页。

不难发现这一几乎成为通说的观点，其实颇有值得商榷之处。问题的核心在于，我国行政许可法第 8 条是否为基于违法授益行为的信赖利益提供了保护。

周佑勇教授认为，该法第 8 条第 1 款中所谓的"已经生效的行政许可"，既包括合法的行政许可，也包括违法的行政许可，因而无论是对合法行政许可的变更或者撤回，还是对违法行政许可的撤销，都要受信赖保护原则的限制。[①] 这一判断尽管颇为符合确立信赖保护原则的法理基础，却在规范适用的层面放大了该原则实质上得以适用的范围，这一点暂且不论。更为重要的是，第 8 条第 1 款是否"包括违法的行政许可"，仍然值得怀疑。诚如周佑勇教授所言，第 8 条第 1 款仅明确了公民、法人或者其他组织应"依法"取得行政许可，却未对该许可是否同时为行政机关所"依法"作出的问题作出说明，因而从其字面表述看可以将"违法的行政许可"涵盖在内。仅凭这一规范表述的不周延性即作出上述判断，似乎稍显轻率。实际上，只要对比该法第 69 条以及第 74 条，就能够得出完全相反的结论。依据这两个条款，行政机关不仅可以撤销"违法的行政许可"，而且可以"由其上级行政机关或者监察机关责令改正"，并视情况对作出该违法决定的行政工作人员予以惩戒。因此，第 8 条第 1 款所谓的"已经生效的"行政许可实质上就是"合法的"行政许可，其立法本意与信赖保护原则并无关涉，只不过是对传统意义上的严格依法行政原则的规范进行重述罢了。在行政许可法之前，其他法律中作出类似规定的立法例也并非罕见。

第 8 条第 1 款中规定的行政机关"不得擅自改变"已经生效的行政许可，同样与信赖保护原则无关，因为行政机关原则上应当维护已生效行政决定的效力，系依法行政原则的应有之义。而所谓"擅自"之表述并不准确，因为行政机关是否可以改变决定，取决于它是否有法定职权和规范依据，而并不见得需要其他机关的批准，也无须事先取得行政相对人的同意，因此是否"擅自"并非问题的关键。

第 8 条第 2 款也不涉及信赖保护问题。第 2 款涉及合法授益行为的废

[①] 周佑勇：《行政许可法中的信赖保护原则》，《江海学刊》2005 年第 1 期；周佑勇：《行政法基本原则研究》，武汉大学出版社，2005，第 228 页。

止。从规范的实质内容看，原许可行为以及因规范的修改或废止而作出的变更或撤回决定同属合法行为，因合法行为造成的损失应"依法给予补偿"，何尝又不是依法行政原则的典型适用方式？

真正与德国行政程序法第48条的规范对象基本对应、涉及违法授益行为的条文，是我国行政许可法第69条。但从德国行政程序法第48条第2款的内容看，是将私益与公益置于平等的地位予以衡量，以判断私益相对于公益是否值得保护，而我国行政许可法第69条第3款却规定只要是"可能对公共利益造成重大损害的"，即不予撤销。因此，第69条所坚持的仍然是公共利益至上原则，并未真正为作为个人私益的信赖利益提供保护。正因如此，相对人是否实际作出了相关信赖行为，可以完全不成为行政许可法所考虑的因素。至于该条第1款中对"可以撤销"而非"应当撤销"作出的规定，实际上也是属于依法行政原则范畴内的职权裁量，其目的在于防止"对公共利益造成重大损害"，而与信赖保护原则的适用并无关涉。概言之，第69条虽然在规范对象上与德国行政程序法第48条基本相同，但在其规范内容中仍然没有能够体现出信赖保护原则。

综上所述，至少在规范适用的层面，我国行政许可法并未对信赖保护原则作出明确规定。这一结论虽出乎不少学者的意料，却是有其客观必然性的。因为就规范适用而言，信赖保护原则仅适用于违法的给付决定，而并不能适用于作为其他授益决定的行政许可，因而行政许可法中并未规定对违法许可决定适用存续保护，恰恰与信赖保护原则的运行机制相符。即便从法理基础来说，我国行政许可法第8条、第69条虽然在一定程度上体现了对信赖以及信赖利益的保护，这些规定却并非基于信赖保护原则，仍然是基于依法行政原则的法理基础形成的。

当然，信赖保护原则是否具有中国法意义，并不取决于行政许可法是否作出了相关规定。

就规范适用而言，信赖保护原则直接涉及违法给付行为的存续保护。因此，是否应为社会弱势群体所获得的补助金或救济金提供存续保护，以避免他们在特定状况下陷入经济困难的问题，应在将来相关的立法或修法中予以重点考虑。对于因合法行为对公民权利造成的损害，以及因行政决定的变更而对公民造成的利益损失，应以立法明确为之提供财产保护。国家对合法的公权力行为对公民造成的损害给予补偿，本是依法行政原则的应有之义，我国行政许可法第 8 条、第 69 条也正体现了这样的立法努力。但现行规范多未对此作出明确规定，造成了国家补偿无法可依的状况。① 由于行政许可法的适用范围毕竟有限，将来可以考虑在国家赔偿法或行政程序法中对一般性的国家补偿责任作出明确规定，甚至也可以考虑制定单行的国家补偿法。至于在授益行为的撤销与废止范畴之外，在法律的变更与废止过程中应如何保护相对人的信赖利益，则更是我国在法治发展进程中应予以特别重视的问题。

在法理基础层面，信赖保护原则要求公权力的行使注重考量公民的信赖利益。尤其是在公益与私益之间的权衡中，不应完全以公共利益的需求为主导，而应提倡将私益置于与公益相平等或者相对更为重要的地位。尤其值得注意的是，由于我国尚未实现信赖保护原则的法律化，在法理基础的层面上进一步深入探讨与提倡信赖保护原则的基本观念，并致力于在确有必要的范围内实现其法律化，仍然是推进我国法治发展所迫切需要的，这实际上也是许多学者重视信赖保护原则的根本出发点所在。

但从根本上而言，建设现代法治与维系公民信赖的目标，主要仍是通过贯彻依法行政原则来实现。即便是信赖保护原则在法理基础的层面上确有依法行政原则暂时未能容纳的意义内涵，其意义最终也还是需要通过依法行政原则的适用才能够达成。如果依法行政原则的具体适用尚且困难重重，却寄希望通过一个名为"信赖保护"的原则来实现对公民信赖利益的保护，无异于舍本逐末，不仅难以达成所期望的目标，还有可能进入新的误区。②

---

① 参见马怀德主编《国家赔偿问题研究》，法律出版社，2006，第 296 页以下。
② 与我国许多学者致力于提升信赖保护原则的重要性与地位不同，德国学者并不视该原则为行政法基本原则。除法律变更与废止过程中的信赖保护问题之外，文献对该原则的探讨通常仅在行政程序法的语境中进行。对该原则的最高定位，是将其认定为与行政活动的确定性、可预期性、可测量性、合比例性、滥权禁止、诚实信用等原则相并列的"行政活动的重要原则"之一（参见前引本文第 271 页注④，Detterbeck 书，第 249 页以下）。究其原因，恐怕还是在于该原则的适用范围原本极为有限，且在欧盟法层面向来受到质疑和限制。

下编　新型行政法治

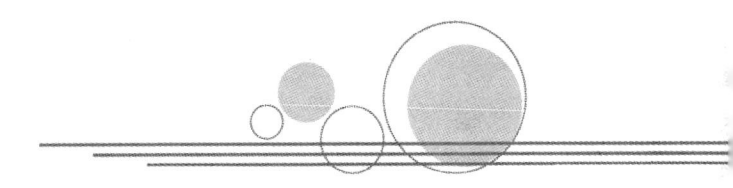

法治政府建设的程序主义进路[*]

王万华[**]

摘　要：中国当前的法治政府建设进路存在重内部机制、轻外部机制，重实体法规范机制、轻程序规范机制，重事后救济和问责机制、轻过程规范机制的结构性缺陷，难以对在国家权力结构、行政权力与公民权利结构中都过于强大的行政权形成有效的规范与制约。行政程序作为来自外部的、规范行政权行使过程的规范机制，具有防止行政权滥用的消极控权功能和助推行政权积极行使的公共意志形成功能，中国未来的法治政府建设重心应当转向行政程序机制的完善。当前的分散式行政程序立法模式存在诸多问题，难以满足法治政府建设进路转型的需要，应当在总结地方法治政府建设程序主义进路探索经验的基础上，尽快从分散立法走向统一立法，尽早制定规范行政权的行政程序法典，实现公民知情权、参与权的制度化，在利益多元化的社会条件下保障社会转型的顺利实现。

关键词：法治政府　正当行政程序　行政程序法典化

历经三十多年改革开放，法治的理念已经在我国深入人心，但在践行法治的路径上却依然存在种种争议，如何认识程序法治在通往法治之路中

---

[*] 本文原载于《法学研究》2013年第4期。
[**] 王万华，中国政法大学教授。

的地位和作用尚未取得共识,[①] 是否必须制定规范行政权的行政程序法依然存在争论。在国家行政程序立法停滞不前的情况下,2008年10月1日,首部地方政府规章《湖南省行政程序规定》(以下简称《湖南程序规定》)开始实施,开启了中国法治政府建设程序主义进路的地方探索。之后,四川省凉山彝族自治州(以下简称"凉山州")、云南省永平县、广东省汕头市、山东省、甘肃省酒泉市、陕西省西安市相继跟进。[②] 尽管地方行政程序立法数量不多,却覆盖了中国横纵双向各种类型的行政区域,为国家层面行政程序法的制定提供了宝贵的实证经验。由此,梳理中国法治政府建设的进路,探讨程序在法治体系中的功能,在反思我国行政程序立法的特点及其问题的基础上,归纳提炼地方行政程序立法实践的经验,应该对排解分歧、促进共识,实现党的十八大报告提出的法治政府建设目标具有积极意义。

一 对当前法治政府建设进路的反思

法治政府的核心是行政权依良法行使。这一目标在我国主要通过以下四大机制予以实现。其一,行政权限法定机制。行政权限由立法机关制定行政组织法、部门管理法等法律予以设定。这是立法权对行政权的规范与制约,是关于行政权的源头规范。其二,行政诉讼机制。人民法院对具体行政行为的合法性进行事后审查,对违法的具体行政行为予以撤销。行政机关违法侵犯公民、法人或其他组织合法权益的,人民法院判决其承担国

[①] 如薛刚凌教授在主题演讲《论实体法治与程序法治》中提出:我国应选择实体法治为主兼顾程序法治的发展模式;纯粹的程序法治不符合中国的国情,程序法所要具备的条件在中国很不健全,有很多缺失的地方。季卫东教授在上海交通大学、清华大学等发表的讲演《法制重构的新程序主义进路——怎样在价值冲突中实现共和》则以中国社会的价值多元化为背景,提出由于难以存在一个为所有人接受的实质正义,程序正义本身更为重要,强调通过正当程序实现和而不同。
[②] 凉山州2009年12月3日公布《凉山州行政程序规定》(以下简称《凉山程序规定》),云南省永平县于2010年12月27日公布《永平县行政程序暂行办法》,广东省汕头市于2011年4月1日出台《汕头市行政程序规定》(以下简称《汕头程序规定》),山东省于2011年6月22日出台《山东省行政程序规定》(以下简称《山东程序规定》,甘肃省酒泉市于2012年11月16日发布《酒泉市行政程序规定(试行)》,西安市政府于2013年3月25日公布《西安市行政程序规定》。

家赔偿责任。这是司法权对行政权的监督,是关于行政权的事后审查。其三,上级行政机关日常监督、行政复议、行政监察、审计等层级监督机制和专门监督机制。由行政机关的上级机关进行日常监督或者由专门监督机关对行政活动的合法性、合理性进行监督审查,包括行政复议、行政监察与党的纪律检查、审计、信访、行政问责等制度。这是行政权的自我监督机制。其四,行政程序机制。如行政许可法规定了行政许可程序制度,优化许可流程,要求行政机关公开许可过程和结果,作出许可决定时听取申请人意见。这是以公民权利制约行政权力,是对行政权的过程规范。这四大机制构成依法行政和法治政府建设工作的各个方面,从不同角度规范行政权,构成相对完整的行政权力规范体系。当前,不同机制的制度化程度并不均衡,有的已由全国人大立法规定基本制度,如针对行政诉讼、行政复议、行政监察等已制定行政诉讼法、行政复议法、行政监察法,有的尚未制定基本法,如未就行政程序机制制定行政程序法。

就结构而言,中国的法治政府建设进路呈现以下特点。

第一,重内部机制、轻外部机制。目前已经建立的内部监督机制,除上下级之间的日常领导与监督外,还包括党的纪律检查、监察、审计、行政复议、信访、行政问责等多种监督制度。与国外更重视外部监督机制的建立和完善相比较,来自外部的人民法院行政诉讼机制、公民程序权利行政程序机制等,居于相对弱势的地位,远远没有发挥规范作用。全国人民代表大会和各级地方人民代表大会虽然是最高国家权力机关和地方权力机关,但是由于多方面因素,宪法关于人大的职权的规定,落实不到位,未能充分发挥其应有的监督作用。

第二,重实体法规范机制、轻程序规范机制。在行政法治领域,长期以来我们将立法工作的重点放在实体法的制定上,重视对行政机关权限和管理措施的规定,对于行政机关如何行使职权、应当遵循何种程序则缺乏有效的规定。这一状况在行政处罚法出台后方得到一定程度改善,但问题仍没有根本解决。现有的行政程序规范多数由行政立法加以规定,如《行政法规制定程序条例》、《规章制定程序条例》和《政府信息公开条例》都是国务院制定的行政法规。

第三,重事后救济和问责机制、轻过程规范机制。中国目前已经制定行政诉讼法、行政复议法、国家赔偿法,这些都是对具体行政行为的事后救济机制，尚未制定规范行政过程的行政程序法。此外，行政问责近年来得到重视和强调，对督促官员认真履行职责发挥了很好的作用。然而，欠缺制度支撑的、泛化的问责造成了行政消极不作为现象，行政的有效性受到极大损害。

中国的法治政府实现机制在结构上与西方国家存在较大差异。西方国家更重视对行政权的过程规范，强调司法对行政的监督权威，即整体上更强调发挥外部制约监督机制的作用。如美国的主要规范机制是1945年联邦行政程序法所规定的两大机制：行政程序机制和司法审查机制。① 这两大机制均来自行政权的外部，且都是程序性机制，前者通过公民程序权利制约行政权力，后者通过司法程序制约行政权力。德国行政法鼻祖奥托·迈耶曾经认为完备的实体法和完善的行政救济制度就满足法治的基本要求，② 这一认识后来发生变化。联邦德国于1976年制定联邦行政程序法，而且借助行政程序法典化部分实现行政法法典化，形成与美国纯粹程序规定不同的程序实体并重的立法模式。

西方国家于20世纪将行政法治实现机制由实体控制和司法审查扩展至程序控制机制，在世界范围兴起制定行政程序法的浪潮。这一现象的出现并非理论建构的产物，而是回应行政权大力扩张后时代发展之实践产物。行政权的急剧扩张提出以下要求需要行政法进行回应：其一，如何防止行政权力滥用，侵犯公民权利；其二，行政决策是否公平、公正，能否公正配置资源；其三，行政管理是否有效率，及时实现管理目标，并能够提供更好的公共服务，防止消极不作为。与行政实体法规制机制和事后司法审查规制机制相比较，对行政权进行过程规范的程序规范机制由于具有其他规范机制无法比拟的优势，成为新的行政权基本规范机制。③ 迄今，欧盟大部分成员国、美国、日本、韩国以及我国台湾地区、澳门地区都已制定

---

① 美国行政法学者伯纳德·施瓦茨在《行政法》一书中写道，"行政法更多的是关于程序和补救的法，而不是实体法"。〔美〕伯纳德·施瓦茨：《行政法》，徐炳译，群众出版社，1986，第3页。

② 奥托·迈耶的法治主义（依法行政）只要求行政机关在行使行政权时，形式上符合法律规定即可。如果因行政机关违法而给相对人造成损害，则给予相对人事后向法院提起救济的机会即已实现法治主义。参见何意志为《德国行政法》中文版所写的序言，载〔德〕奥托·迈耶《德国行政法》，刘飞译，商务印书馆，2002。

③ 王万华：《中国行政程序法立法研究》，中国法制出版社，2005，第4页以下。

行政程序法。行政程序法已经成为衡量一国或地区行政法治实现程度的标志性立法。

西方国家建构的行政权规范机制适应了20世纪行政权扩张、行政国家时代来临的变化，而1949年新中国成立后建立的权力高度集中的政治体制和计划经济体制，使得行政权在国家权力结构、行政权力与公民权利结构中自始就过于强大而居于支配性地位。由于政治体制改革的滞后，三十多年的改革并未改变这一状况。与行政权的现状相对应，现有的行政权规范机制由于存在以下结构性缺陷，并未能对行政权形成有效的规范与制约。

第一，来自外部的公民程序权利制约机制和司法审查监督机制过于弱化，造成制约与监督不力。中国并非不重视对行政权的规范，也并非不重视对官员腐败的惩治，只是将重点放在内部监督机制的完善上。在监督的力度与效果方面，与外部制约机制相比较，内部监督具有很大局限性。

第二，人大立法重视行政实体权限设定，将程序控制机制主要交由政府立法设定，而政府立法更易偏向管理型立法，强调行政权的支配性，行政过程的公开度、参与度不足，造成行政公信力缺失，行政结果认同度较低，事后救济成本、维稳成本较高，有时甚至造成已作出的重大决策流产。如近年来在厦门、大连、宁波，近日在彭州、昆明围绕PX项目所发生的民众"集体散步"、上街游行等公共事件，由于事前没有公开、事中缺乏参与和对话，项目一公布，立即遭到民意阻击，政府只好匆匆被动应对，在维稳的巨大压力之下，往往以项目停建为结局。

第三，由于不重视对行政权的过程规范，行政的理性与民主性欠缺制度保障，造成实践中存在以下突出问题。（1）政府决策不科学、不民主。政府决策较为普遍地存在"拍脑袋决策、拍胸脯保证、拍屁股走人"的现象，决策失误既给国家和人民带来巨大的损失，又因决策不公侵犯普通民众特别是弱势群体利益，同时，决策过程中还产生大量官员腐败问题，容易引发群体性事件，影响社会稳定。（2）行政执法随意性大，"钓鱼式"执法、选择性执法、执法不公、执法不作为等问题一直得不到很好解决。（3）行政裁量权不当行使，相同事务不同处理，不同事务相同处理，产生行政不公，容易引发社会矛盾。缺失程序规范，行政的理性、高效和公平难以保证。

二 中国法治政府建设进路的程序主义转型

（一）行政程序的控权功能

中国在依法行政、法治政府建设完成从无到有的任务之后，当前面临的任务是加快法治政府建设的步伐，力争在 2020 年基本实现法治政府建设目标。这首先需要解决法治政府建设进路存在的问题。那么，中国法治政府建设机制当前存在的诸多问题应当如何解决？是否如西方国家在行政国家时代来临之后普遍选择加强行政程序机制以回应行政权扩张后带来的变化那样，也需要加强对行政权的程序规范机制的建构和完善？

关于行政程序，中国行政法学界目前的基本主张是行政程序具有对行政机关的控权功能、对公民的赋权功能，以公民的程序权利与行政机关的实体权力相抗衡。这一认识在相当程度上受到诉讼法学和法理学关于司法的程序正义理论和程序法治理论研究成果的影响。中国行政法学界关于行政程序的研究直至 20 世纪 90 年代才开始，《中国大百科全书·法学》将"程序法"解释为："凡规定实现实体法有关诉讼手续的法律为程序法，又称诉讼法，如民事诉讼法、刑事诉讼法等。"[1] 作为中国程序法理论源泉的西方正当法律程序理论和正当法律程序实践也是在司法程序基础上发展起来的。[2] 如美国联邦宪法修正案第 5 条、第 14 条规定的正当法律程序条款最初仅适用于司法程序，后适用于联邦和州行政机关；英国普通法上古老的自然正义原则最初也适用于司法程序，后发展成为约束行政机关的一般原则。

诉讼活动的基本程序构造是原告被告两造对抗、法官居中裁决，当事人之间的利益对抗是程序建构的出发点，因此，保证原告被告两造公平对抗是正当司法程序要满足的最起码的要求。以诉讼程序为基础发展起来的正当程序原理及其制度安排，尤其在刑事诉讼中，特别强调对居于弱势地位、权利容易受到侵犯的犯罪嫌疑人、被告人的程序权利保护，赋予其必

---

[1] 《中国大百科全书·法学》，中国大百科全书出版社，1984，第 80 页。
[2] 〔美〕约翰·V. 奥尔特：《正当法律程序简史》，杨明成、陈霜玲译，商务印书馆，2006。

要的程序权利以抗衡国家追诉机关。这一原理及相关制度在作出行政处罚、行政强制等不利行政决定时同样适用，行政机关与当事人作为对立两造存在，需要赋予当事人更多程序权利。然而，在行政立法、行政决策、行政规划、行政合同、行政指导等其他行政活动领域，行政机关与私人之间并不存在天然的利益对立关系。对抗式程序理念及在此基础上构建的程序制度恐怕并不适合这种非对立利益主体的关系结构。如果将目光超越行政处罚等执法活动，超越现有的行政行为概念体系，关注实践中的政府决策活动，尤其是关注影响民众日常生活的重大决策活动，我们就会看到，行政行为纷繁复杂，性质差异较大，而司法活动性质单一，以司法程序为对象发展起来的程序原理与程序规则在行政领域的适用存在相当的局限性，对行政程序功能的认识需要拓展和深化。

（二）行政程序的公共意志形成功能

与行政决策在行政法学研究中被忽略形成强烈对照的是，政府决策法治化需求在法治政府建设实践中占据越来越重要的位置。[①] 迄今，国务院及其组成部门，省、市、县、乡各层级政府，都已制定关于行政决策的部门规章、地方政府规章和大量行政规范性文件。[②] 与行政执法是国家意志的执行不同，行政决策的内容体现为国家意志的表达，在掌握一般性事实的基础上，更重要的是如何在各种利益之间实现平衡。行政决策涉及的多元主体通常存在不同的利益诉求，他（它）们之间并非司法程序中的原告被告之间简单而又清晰的利益对立关系，不同利益诉求之间既有矛盾，也有共同利益存在，利益关系错综复杂。利益多元化是当前转型时期中国社会的重要特点，个人利益诉求正当性在价值层面得到社会普遍认同，并通过物权法等民事立法和《国有土地上房屋征收与补偿条例》等行政立法予以制度保障。某

[①] 论及实现行政决策法治化、科学化、民主化的制度建设的中共中央文件包括：十六大报告、十六届四中全会《中共中央关于加强党的执政能力建设的决定》、十七大报告、十七届二中全会《关于深化行政管理体制改革的意见》、十八大报告。国务院对推进行政决策法治化、科学化、民主化的制度建设提出具体要求的文件包括：2004 年《全面推进依法行政实施纲要》、2008 年《国务院关于加强市县政府依法行政的决定》、2010 年《国务院关于加强法治政府建设的意见》。

[②] 关于行政决策程序立法的分析，可以参见杨寅、狄馨萍《我国重大行政决策程序立法实践分析》，《法学杂志》2011 年第 7 期。

种利益、某种价值观念天然优越于其他利益、其他价值观念的共识已经不再，包括国家利益和集体利益都已经不再具有过去的绝对优势地位。当政府从过去无私的国家利益、公共利益代表者的道德制高点上退下来之后，政府决策正当性的道德预设已不复存在，需要从政府决策形成方式的转型获取新的正当性基础。在利益多元化的社会条件下，政府决策形成方式的转型，关键在于为政府决策注入建立在说服基础上的权威。这就需要抛弃过程封闭、结果单向输出的行政意志支配决策模式，代之以过程透明、利益代表充分参与的以理性、平等对话为基础的公共意志形成模式。哈贝马斯所极力主张的"让立法的过程成为商谈的过程，使立法的承受者本身就是规则的制定者，让实现公民自决的民主程序为立法注入合法性力量，现代法律秩序只能从'自决'这个概念获得合法性"，同样适用于行政决策这一公共意志表达活动。[①] 在此种情境中，行政程序发挥的不再是建立在对抗基础上的控权功能，而是建立在程序主体理性、平等对话基础上的积极的公共意志形成功能。透明、开放的决策程序，起到经过平等商谈形成集体性目标，进而赋予行政决策正当性的作用。程序在此发挥作用的机制与个案执法程序不同，它并不预设假想敌，并不强调行政与私人之间的对立，而是致力于为各方主体理性、平等进行商谈搭建平台，达成共识。行政程序显示出友好的性格，不仅是消除争议，更强调共识的形成。与在执法决定中的控权功能所呈现的消极防止滥用权力相比较，行政程序的公共意志形成功能呈现积极的形态，致力于消除争议，积极促进行政目标的实现。

（三）中国法治政府建设进路的程序主义转型

行政程序的消极控权功能起到防止行政权滥用的作用，行政程序的积极公共意志形成功能起到助推行政权积极行使的作用，对行政程序积极功能认识的拓展具有十分重要的意义。行政是一种积极的国家作用，尤其是在公民从摇篮到坟墓都在和行政机关打交道的今天，消极控权只是保障公

[①] 〔德〕哈贝马斯：《在事实与规范之间》，童世骏译，三联书店，2003，第685页。国内学者应用哈贝马斯商谈理论分析行政决策听证制度的主要有薛冰、郑萍：《以商谈求共识：行政决策听证中公共意愿的形成》，《北京行政学院学报》2011年第2期；薛冰、岳成浩：《论行政决策听证代表的遴选——基于商谈理论的视角》，《中国行政管理》2011年第8期。

民权利的一个方面，人们还需要一个能够积极有所作为、能够提供优质公共产品的政府，"他们对官僚政治和行政机关无所作为的恐惧在今天更甚于对行政机关滥用权力和专制的恐惧"。① 这也是无论传统上重视程序法治的美国，还是传统上重实体轻程序的德国、日本等大陆法系国家，都共同走向寻求行政程序法治化、强化程序规范机制的原因所在。行政程序的双重功能从不同角度实现对行政权的规范，覆盖纷繁复杂的各类行政活动，既回应了行政权支配性带来的防止权力滥用侵犯公民权利的消极正当性需求，也回应了行政作为一种积极的国家作用需要通过行政权的积极行使促成公共目标形成的积极正当性需求。中国未来的法治建设重心应当放在对行政权的程序机制建构方面，重视对行政权行使过程的规范，发挥行政程序的双重功能，实现法治政府建设进路由重内部机制转向重外部机制、重实体法规范机制转向重程序规范机制、重事后救济和问责机制转向重过程规范机制的结构转型。这一转型的意义在于以下几点。

第一，加强行政程序机制，可以完善外部监督机制，防止行政权力滥用。通过完善行政程序立法，加强行政程序机制，一方面通过确立公民的知情权、参与权并加以制度化，提升行政透明度，让行政机关更好接受民众监督，防止行政权力滥用，抑制腐败的发生，另一方面也扩大法院对行政行为的司法审查范围和加大审查力度。程序违法是行政行为合法性审查的内容之一，法官对程序问题的审查较之事实问题的审查更熟悉，更易形成明确性结论，加强程序规范，能够加强法院对行政机关的审查力度。因此，完善程序立法同时强化了公民程序权利约束机制和司法审查监督机制对行政权的规范。

第二，加强行政程序机制，可以扩展公民权利保护机制，更好保障公民权利。实体法仅仅设定了行政权力的边界，实体正义在个案中的实现则要依赖作出实体决定的程序，只有借助正当程序，可能的正义才能成为现实的正义，在个案中实现实体利益的公正分配。② 凭借正当程序提供的权利保护规则，个体进入权力运作体系，得以积极主动为自身利益而斗争。没有正当程序提供的交涉制度安排，个体将被排除在权力运行体系之外，

---

① 〔法〕勒·达维：《法国行政法和英国行政法》，高鸿君译，《环球法律评论》1984年第4期。
② 参见〔美〕迈克尔·D.贝勒斯《程序正义——向个人的分配》，邓海平译，高等教育出版社，2005，第10页。

消极、被动等待最终的结果，实体正义的实现将完全依赖于决定者的业务能力和道德自律，仰仗于人而非制度。强化行政程序机制，可以使公民权利保护实现两方面的扩展：由实体权利保护向程序权利保护扩展，由权利事后救济向事前参与扩展。

第三，加强行政程序机制，实现行政决策的科学化、民主化，有利于实现行政决策的公平公正，增强决策的认同感，推进社会转型的顺利进行，减少社会矛盾和群体性事件，更好维护社会稳定。完善程序立法，充分发挥行政程序的公共意志形成功能，对于处于转型时期的中国而言具有十分重要的意义。在历经三十多年改革所带来的利益格局大调整之后，各种社会矛盾日益尖锐、突出，工业化、城市化快速推进过程中出现的环境破坏、利益分配不公、社会贫富分化严重等问题，如果不能够得到很好的解决，改革无法进一步深入推进，社会的稳定也会受到直接影响。这些问题的解决涉及各个方面的制度完善，其中，如何提升改革过程的公正性，从而让改革的结果获得广泛的社会认同，保障社会转型的顺利进行，需要我们进一步研究和思考。在韩国、我国台湾地区的社会转型过程中，正当程序制度被认为发挥了很大的作用。[①] 程序所能发挥的此种功能的理论基础，是美国著名政治学家罗尔斯在《正义论》一书中提出的纯粹的程序正义。所谓纯粹的程序正义，是指不存在衡量正当结果的独立标准，而存在一种正确的或公平的程序，这种程序如果被人们恰当地遵守，其结果也会被认为是正确的或公平的。罗尔斯极力倡导通过纯粹的程序正义分配基本权利义务，设计社会系统，"以便它无论是什么结果都是正义的（至少在某一范围而言）"。[②] 当人们对结果的公正性缺乏一个独立的认识标准时，结果的公正性来源于产生它的过程的公正性，只要遵循公正的程序，由此产生的结果也是公正、合理的，也就是说结果因为过程的公正获得了正当性。在这种程序正义中，"分配的正确性取决于产生分配的合作体系的正义性和对介入其中的个人要求的回答"。[③]

[①] 参见叶俊荣《面对行政程序法——转型台湾的程序建制》，元照出版有限公司，2002。
[②] 〔美〕约翰·罗尔斯：《正义论》，何怀宏、何包钢、廖申白译，中国社会科学出版社，1988，第80页。
[③] 〔美〕约翰·罗尔斯：《正义论》，何怀宏、何包钢、廖申白译，中国社会科学出版社，1988，第84页。

第四，加强行政程序机制，可以加强对行政过程的规范，防患于未然，提高行政管理的有效性，促进经济发展，提升行政管理的效率。与行政诉讼、行政复议等事后救济相比较，行政程序机制直接规范行政权的运行过程，是一种过程控制机制，在性质上属于防火机制，可以防患于未然。行政程序机制对行政过程的规范体现在三个方面。其一，通过科学、理性的程序设计，保证实体法的正确实施。行政程序法通过符合人们认识规律的程序设计，保证行政机关正确认定事实、适用法律、公正行使自由裁量权、作出行政决定，从而使行政管理更加科学、有效，更好地履行政府职能。其二，通过对行政过程中个人程序权利的保护，保护个人的利益，同时减少事后争议的发生，使行政本身更具执行力。其三，通过优化程序流程，确定合理的期限制度，提高行政效率。

（四）当前的分散式行政程序立法模式存在的问题

当前法治政府建设进程中有关方面对行政程序机制不够重视，在立法层面体现为规范行政权的基本法行政程序法迟迟未能启动立法程序。尽管行政法学界历经二十余年的努力，对行政程序法的研究已经取得丰硕成果，涵盖行政程序法原理、外国行政程序法研究、中国行政程序法立法研究、中国行政程序法典的设想等诸多方面，但在立法层面，行政程序法虽曾于2003年被纳入十届全国人大二类立法规划，但后被撤下，迄今尚未能启动立法程序。目前关于行政程序的立法分散在大量单行行政程序法律规范中，呈现碎片式立法布局。分散式行政程序立法模式下制定的程序规则针对性强，可适应部门管理特点、地区发展程度、某一类型行政行为特点等对程序规则的特殊要求。然而，以满足程序规则特殊性为出发点形成的行政程序立法体系无法满足法治对行政的普遍性要求，造成许多重大问题难以解决。

第一，法治不统一，法治政府建设呈现差异发展的格局。分散立法建构的是特别程序规则，这些程序规则仅仅适用于某个部门、某一地方、某类行政行为，没有确立特别行为规则的领域则处于无法可依的状态。与满足某一领域特别程序需求建构起的碎片式行政程序立法现状相对应，法治政府建设程序主义进路目前呈现地方化、部门化、行为类型化、制度类型化的碎片式差异发展格局，发展极不平衡。依法治国本为国家治理战略，是全局性的，需要国家层面的立法整体推进。分散式行政程序立法模式与法治统一的基本原则和法治国家建设一体化进程的要求不一致，与权利保护的统一要求不相匹配。

第二，难以树立行政人员的程序法治观念。法典化有利于法律观念的树立，分散立法造成行政人员只知道本部门的程序立法，只见树木、不见森林，只知道作为工作手段的程序规则，难以树立正当程序理念，程序观念不强，实践中不遵循法定程序、规避法定程序、操控程序规则、破坏程序规则的现象较为普遍存在。

第三，行政法的基本原则未能在法律层面确立，造成行政法只有规则没有基本价值理念，恍如没有灵魂的心灵。基本原则是行为主体应当遵循的基本行为准则，具有弥补成文法局限的重要功能，集中体现法律的价值取向，是部门法的灵魂所在。分散式行政程序立法模式下基本原则无处规定，合法原则、诚信原则、比例原则、公开原则、参与原则等已为各国现代行政法普遍确立的行政权应当遵循的基本原则，在我国一直未能由理论原则转化为法律原则，造成行政法只有规则没有基本原则。而没有基本原则的行政法，容易迷失方向，随时势而变化，沦为服务于现实的工具，而非公民权利的保护手段。

第四，当前行政程序立法绝大多数由行政机关制定而非人大制定，管理法色彩较为浓厚。政府立法更易偏向行政管理法内容，而非公民权利保障法，公民、法人或其他组织的知情权、参与权等基本程序权利难以充分实现。如由国务院制定的《政府信息公开条例》，没有明文规定知情权和政府信息公开原则，造成实践中政府信息公开范围过窄，对公民申请政府信息公开设置"三需要"限制条件，造成公民知情权实现困难重重。

第五，单行程序立法之间缺乏内在逻辑联系，重复立法、法律规定相互重叠、条文"打架"等现象十分普遍。

三 法治政府建设程序主义进路的地方探索

分散式行政程序立法模式难以满足法治政府建设进路转型的需要，在国家层面行政程序法迟迟未能出台的情形下，地方先于中央开始了行政程序立法的探索。目前，已经出台《湖南程序规定》等四部地方政府规章和

《凉山程序规定》等三份行政规范性文件。其中,《湖南程序规定》的出台作为首次省级统一行政程序立法实践,在中国行政程序立法、法治政府建设进程中将留下深深的历史印迹。在中国政法大学专家起草小组与湖南省人民政府法制办公室工作组第一次见面会上双方即达成共识:《湖南程序规定》的内容要回应依法治国、建设社会主义法治国家的基本方略在现阶段的要求,将推进依法行政、建设法治政府的要求制度化。建设法治政府的基本要求在程序规定中得到全面体现,参与和公开构成《湖南程序规定》的两大核心原则。[①] 尽管立法位阶仅是地方政府规章,《湖南程序规定》却摆脱了仅仅细化上位法如行政处罚法、行政许可法等法律的传统规章立法思路,对法治政府建设的基本要求作出全面、系统的规定,实现了《全面推进依法行政实施纲要》和《国务院关于加强法治政府建设的意见》向法定程序义务的转换。之后的各地行政程序规定基本沿袭了《湖南程序规定》的立法模式和内容。

地方行政程序规定的实施效果一直为人们所关注,人们期待求得程序法治建设在中国能否走得通的真解。为了解程序规定实施效果,笔者于2013年3月赴湖南省调研,调研采用座谈会、发放调研问卷、网上资料收集等方式。[②]《湖南程序规定》及其他地区行政程序规定的实施,为未来中国程序立法及程序法治建设提供了诸多经验,也提出了一些问题。

第一,行政工作人员的程序观念与程序意识在程序规定推进过程中逐步确立、增强。程序规定通过之后,各地通过开展大规模动员、宣传、培训工作,让广大行政工作人员对行政程序话语体系由不熟悉到熟悉,也有更多民众开始了解和熟悉行政程序法。在湖南调研问卷中,培训前熟悉《湖南程序规定》的人只占25%,而在培训后这一比例达到了86%。在汕头市调查问卷中,关于"对《汕头程序规定》的熟悉程度",培训前的平均分值为3.9,培训后的平均分值为7.5。随着程序规定的逐渐推进,行政工作人员过去不重视程序的观念开始得到转变,程序意识逐渐增强,如湖南省有的行政机关对决策听证由过去的反感、规避转变为主动适用。

---

① 对《湖南程序规定》的详细解读请参见王万华《统一行政程序立法的破冰之举——解读〈湖南省行政程序规定〉》,《行政法学研究》2008年第3期。
② 笔者所在的中国行政程序法立法研究课题组的章建生教授、王周户教授于2013年1月对汕头市、凉山州的行政程序规定实施情况作了调研。

第二，程序机制对规范行政权合法、正当行使发挥了重要作用。

（1）有效解决行政规范性文件存在的诸多问题。在湖南省，合法性审查机制、"统一登记、统一编号、统一公布"制度、规范性文件效力期限制度、行政规范性文件效力状态动态提醒工作机制等，有效解决了规范性文件制定主体过多，规范性文件过多、过滥，以及规范性文件超越职权"立法"等问题，在规范性文件的数量减少的同时，规范性文件的质量有了明显提升。

（2）合法性审查、公众参与、专家论证制度的重点贯彻与实施，保证依法决策，提升了决策的科学性、民主性，减少决策失误，提高了决策的认同度，减少了社会矛盾。合法性审查是政府作出重大行政决策的前置程序，未经合法性审查的，不得提交会议讨论和作出决策，保障了依法决策。经过五年的运行，重大行政决策引入公众参与的重要性在湖南形成相当程度的共识，如湖南省调研问卷中关于公众参与意义选择"完善政策和降低执行难度"的占80%，选择"在执行前评估公众对草案的支持度"的占73%。

（3）行政执法规范化程度提高，行政效率提升，申请行政复议和提起行政诉讼案件数量下降。行政证据制度对规范行政执法、保护当事人陈述申辩权发挥了很大作用。《湖南程序规定》对行政执法规定了较国家层面单行立法更为严格的证据制度，行政案卷评查、依法行政考核、法院司法审查等事后机制对证据规则执行情况的严格监督，使证据规则得到较好执行。严格的证据制度对保障相对人的陈述、申辩权，对行政机关准确查明事实问题，都发挥了很好的作用。执法时限制度提高了行政效率。湖南从2008年起对法定行政审批和其他办事期限压缩1/3以上，所有执法单位都要向社会公布自己的行政事项办理流程时限表。调研问卷中填写"所在的单位已经向社会公布行政事项办理流程时限表"的占85%。从各地调查问卷反映的数据来看，这一目标总体得以实现。如在湖南，选择"行政执法办结时限的规定符合执法实际工作，一般能在规定时限内办理完"的占86%；在汕头，这一比例是87.2%；在凉山，这一比例是87.63%。行政执法听证制度得到较好执行，经过听证的执法决定被申请复议和提起行政诉讼的数量降低。行政执法听证的作用得到执法机关的普遍认可。针对调研问卷中"您认为在行政执法的过程中举行听证对最终的处理结果有怎样的影响"问题，湖南调研问卷答"往往会使处理结果对当事人更加有利"的占37%，无人答"往往会使处理结果对当事人更加不利"，答"当事人事后申请复议或者提起行政诉讼的减少"的占58%。汕头调研问卷中这三个选项的选择所占比例依次是35.3%、5.2%、40.5%。凉山州的调研则显示《凉山程序规定》关于听证程序的规定，克服了我国其他地区听证流于形式的缺陷，行政诉讼的有效率达到了95.22%。

（4）体系化的行政裁量权控制机制对公正执法发挥较大作用。行政裁量权得不到公正行使一直是一个难以解决的问题，为此，湖南省制定了《湖南省规范行政裁量权办法》作为配套规定，采取控制源头、建立规则、完善程序、制定基准、发布案例等多种方式，对行政裁量权的行使实行综合控制，取得较好效果。

第三，管辖、行政协助等内部行政程序制度有利于厘清行政机关之间的职责。由于行政组织法不完善，如何处理行政机关内部上下级、同级之间的关系，如何解决府际关系，如何解决不同地区区域合作带来的问题，一直缺乏制度加以规范和解决。从地方行政程序规定实施的情况来看，其在解决这些问题上取得较好效果。如湖南省调研问卷中89%的工作人员认为《湖南程序规定》的实施有助于明确行政机关之间的职责划分，56%的工作人员选择"工作中有其他行政部门依据《湖南程序规定》向自己所在的部门请求行政协助"。在凉山州，有高达92.99%的工作人员能够明显感觉到《凉山程序规定》有助于明确行政机关之间的职责划分。在汕头，选择"《汕头程序规定》的实施对明确行政机关之间的职责划分有很大作用"的比例是36.4%，选择"有一定作用"的是54.1%。

第四，加强了法院对行政决定的司法审查。由于《湖南程序规定》是地方政府规章，法院审理案件只是参照适用，但是在以下两种情形，人民法院适用《湖南程序规定》对行政决定的合法性进行审查。（1）部门规章中没有规定，但《湖南程序规定》有规定的，予以适用。如在刘仕学诉邵阳市人力资源和社会保障局工伤认定案［（2012）邵中行终字第41号］中，《工伤认定办法》没有明确规定相对人的"陈述、申辩权"，但《湖南程序规定》第73条规定"应当告知当事人、利害关系人享有陈述意见、申辩的权利，并听取其陈述和申辩"，法院判决撤销工伤认定，并判令邵阳市人力资源和社会保障局重新作出工伤认定。（2）适用《湖南程序规定》更有利于保护当事人权益的，予以适用，如周福娥诉辰溪县公安局治安行政处罚案［（2011）怀中行终字第 47 号］。①

第五，推动行政合同、行政指导在实践中的规范和发展。经济的发展、城市化进程的加快、服务政府理念的引入、维稳带来减少执法冲突的需要，诸多因素的叠加，使得行政合同与行政指导在实践中的应用得到相当迅速的发展，但行政合同与行政指导迄今尚处于无法可依的状态，《湖南程序规定》回应实践需要对这两种行政活动作出框架性规定，对推动行政合同和行政指导的规范和发展发挥了积极作用。

当然，各地行政程序规定的实施也反映了当前行政管理存在的定量分析不足问题，行政的精细化管理程度不够。合法性审查等定性分析在规范性文件制定和重大行政决策中能够得到较好执行，而在制定《湖南程序规定》时作为鼓励性制度予以推行的成本效益分析、社会稳定风险评估、社会影响分析等定量分析机制难以实施，特别是成本效益分析基本没有做过。

湖南省等地行政程序规定的实施推进了地区法治政府建设，也为国家层面立法提供了经验。然而，在没有国家层面立法的前提下，由地方推行全面规范行政权正当行使的基本法，存在难以克服的障碍。

第一，面临地方立法与中央部门立法的冲突。条与块的关系在程序立法领域同样存在，大量单行部门立法与地方立法并存，由于中央权威、行政惯性等因素的影响，地方立法难以取代部门立法，新规则难以超越部门规则得到更好实施。这一点，在行政执法领域体现最为明显。

第二，法院在行政诉讼中难以适用地方立法审查具体行政行为。地方程序立法基本采用地方政府规章形式，规章仅仅作为法院的参照，而部门规章与地方政府规章二者的效力位阶关系并非部门规章高于地方政府规

---

① 本案中，湖南省辰溪县公安局根据治安管理处罚法、《公安机关办理行政案件程序规定》对定案证据予以了查证，但未按《湖南程序规定》第 71 条规定让当事人对所有证据发表意见。此案诉诸法院后，一审法院认为公安机关的执法符合法定程序，判决维持处罚决定，二审法院则根据《湖南程序规定》第 71 条的规定"作为行政执法决定依据的证据应当查证属实。当事人有权对作为定案依据的证据发表意见，提出异议。未经当事人发表意见的证据不能作为行政执法决定的依据"，认为辰溪县公安局在处罚周福娥的过程中，没有证据证明周福娥对所有证据发表了意见，以程序违法为由，判决撤销辰溪县公安局的行政处罚决定。

章，最高人民法院关于法律适用的相关会议文件中也区分多种情形确定二者的适用，但是由于部门规章的效力及于全国范围，其在法院审查案件时往往更易得到参照适用。

第三，地方推行面临行政自身阻力。在程序规定推进过程中，政府法制部门的同志经常面临的一个问题是：为何本地区要遵循这些程序规则，其他地区的行政机关不需要遵循这些规则？政府法制部门在对重大行政决策和行政规范性文件进行合法性审查时，有时会面临很大压力。来自行政机关内部的质疑，在中国机关文化背景下对程序规则的推行无疑是很不利的。

四 从分散立法走向统一立法

分散式行政程序立法模式存在诸多缺陷，难以满足法治政府建设路径转型的需求，而湖南等地方的统一行政程序规定的实施为程序法治推进法治政府建设提供了经验。地方立法先行的目的是为国家层面立法的可行性开展试验，积累经验，不能以地方立法量的增加来替代国家层面的立法。当前，应当在总结地方经验的基础上，加快国家层面立法的进程。

第一，行政程序法是行政法部门体系中的基本法，制定行政程序法为完善社会主义法律体系所必需。2001年，李鹏委员长在九届全国人大四次会议上的工作报告中，首次阐明了构成中国特色社会主义法律体系的三个基本性标志：一是涵盖各个方面的法律部门应当齐全；二是各个法律部门中基本的、主要的法律应当制定出来；三是以法律为主干，相应的行政法规、地方性法规、自治条例和单行条例与之配套。如果以此为标准来审视行政法，则作为规范行政权基本法的行政程序法的制定无疑具有相当的紧迫性。

第二，制定行政程序法，才能建立行政权应当普遍遵循的基本规则，改变当前法治政府建设的差异发展格局，实现行政法治的国家统一推进。由于行政管理实践的复杂性，实体法在设定行政权范围时不得不赋予行政机关极大的裁量权，法治统一能否实现在很大程度上依赖于是否有统一的程序法治。统一的权力运行程序规则，可以保证实体法的立法目的在千差万别的个案中实现。此外，依法治国本是国家治国方略，法治的推进应当是全国性的,而不应当是地方性的、部门性的。"法治湖南"之类口号的提出并没有错,其反映了某一地区对法治建设的重视,但是它折射出当前法治发展的差异格局。中国应当改变当前法治政府建设差异化发展的现状,实现法治政府建设的国家一体化推进。

第三,由全国人大制定行政程序法,才能改变当前立法整体上管理法色彩浓厚的现状,实现行政程序立法由管理公民法向管理政府法的根本转型。季卫东教授认为"程序是关于交涉过程的制度安排",[①] 该定义从法律程序系统涉及的主体之间的关系来认识程序,强调法律程序的社会属性。行政程序实质是关于行政机关与公民在行政权力运行过程中权利义务的安排,在方式、步骤、时间、顺序等形式后面体现的是国家与公民的关系。尽管目前的行政程序立法对过去行政不公开、不让民众参与的状况有很大突破,但由于绝大多数行政程序立法属于行政立法,内容上带有很强的管理法偏好,有必要在法律层面制定行政程序法,确立和保障公民的基本程序权利。

第四,制定行政程序法是回应当前顺利实现社会转型的需要。社会转型时期的我国对程序改革的需要体现在两个方面:(1)随着市场经济改革的深入和多元利益格局的逐渐形成,传统的命令—服从的管理模式已经不能适应当前的形势,需要将民意更多吸纳至行政的过程,需要建设更加透明的政府,需要在多元利益之间进行有效的协调,由此对程序制度提出新的要求;(2)当前改革已经进入攻坚阶段,各种社会矛盾显现并有激化的危险,如何顺利解决当前面临的各种社会矛盾,保证改革的顺利进行是当前面临的重大问题。解决矛盾最有效的方式是减少矛盾的发生,寻求更多的共识,而程序正义所具有的增强结果可接受性、有助于纠纷解决的功能提供了可行的路径。改革的过程越公正,改革的结果越能为更多的人所接受,社会转型就越顺利。制定行政程序法,发挥行政程序的积极公共意志形成功能,为改革涉及的各方利益主体提供解决矛盾、寻求共赢的制度安排,这将极大有助于改革取得更多的共识,减少社会矛盾的发生。

第五,制定行政程序法,还是解决以下问题的需要:(1)将行政法基本原则由理论层面转换为法律基本原则,将行政法的价值转化为行政机关应当遵循的基本行为准则;(2)规定行政行为的效力制度,行政行为效力

[①] 季卫东:《程序比较论》,《比较法研究》1993年第1期。

制度是行政实体法上的核心制度，涉及行政行为的成立、生效、将产生何种效力等重要内容，而这一重要制度在分散式行政程序立法模式中无法进行规定；（3）在立法技术层面解决分散立法导致的立法重复、立法空白与立法冲突等问题；（4）树立公务员队伍的正当程序意识，引起他们对程序问题的重视。

五　中国未来行政程序法立法的几个基本问题

（一）立法目的：建构最低限度的公正行政程序制度

行政程序法的立法目的，是立法者基于社会发展的需要及对行政程序法固有属性的认识，旨在通过制定行政程序法而获得的某种理想结果。立法目的支配行政程序制度设计，因此是行政程序立法首先需要解决的问题。确定我国行政程序法立法目的需要考虑如下几个问题。

（1）行政权行使现状及立法要解决的问题。行政权无论在国家权力结构，还是在行政权力与公民权利结构中都居于过于强大的地位，欠缺有效制约的行政权存在两个方面问题：一方面，行政权力封闭运行，缺乏监督与制约，容易被滥用，造成决策不公、执法随意；另一方面，行政有效性不足，行政理性缺失、行政效率较低、懒政现象较为突出。制定行政程序法需要解决行政公正性与有效性不足两方面的问题。

（2）如何处理好行政程序法典与众多单行法之间的关系。如何处理好行政程序法典与单行法之间的关系成为中国行政程序立法的"瓶颈"，反对制定行政程序法的主要理由就是中国已经制定行政处罚法、行政许可法、行政强制法等单行法，没有必要制定专门的行政程序法。

（3）如何处理好权利保护与行政效率之间的关系。现代行政程序立法对公民程序权利保护的强调带来了对行政效率降低的担忧和焦虑。我国学者多主张行政程序法应当采取"权利效率并重模式"，在设计各种程序制度时做到两种立法目的的兼顾，既要有利于保障公民程序性权利，又要有利于提高行政效率。[①] 然而，这种目标模式只是确立了立法的基本方向和整

[①] 马怀德主编《行政程序立法研究》，法律出版社，2005，第10页以下。

体立法思路，并没有提供可操作的具体指标体系。在设计某一具体制度时，立法者面对权利保障和效率保障之间存在的价值冲突时，必须作出取舍和选择。行政程序立法过程中还需要明确如何才能做到并重、兼顾、平衡，而不失之偏颇。

问题（1）要求行政程序法建构的行政程序机制应当同时解决行政的民主性与科学性的问题，前者指向行政程序的价值理性问题，后者指向行政程序的技术理性问题。问题（2）涉及行政程序法典与单行法在程序机制构建上的权限配置问题，需要防止单行法架空行政程序法典现象的发生。问题（3）要求行政程序法在机制上实现行政程序立法中权利与效率之间的平衡。三个问题之间存在层次性与关联性，问题（1）是制定行政程序法首先需要解决的问题，即行政程序法首先需要建构体现正当法律程序原理的行政程序机制，通过程序正当性赋予行政结果正当性，体现法治对行政活动的基本要求，这是立法的首要目的。在此基础上，还要解决好问题（2）提出的法典与单行法之间程序规范权限配置问题和问题（3）提出的行政效率问题。对此，可以引入已为我国学界广泛接受的"最低限度程序公正标准"解决行政程序法的立法目的与制度定位问题，即行政程序法仅规定行政权行使应当普遍遵循的基本程序规则，这些规则是对行政权力公正行使的最低限度要求，构成最低限度公正行政程序制度，同时为单行立法与行政自主预留出空间。

第一，解决行政公正性与有效性不足的问题。最低限度公正行政程序制度赋予相对人最基本的程序权利保护，对行政权力形成制约，规范行政权力公正、有效行使。

第二，明确行政程序法典与单行法之间的关系。如果将行政程序法典的立法目的定位为构建最低限度公正行政程序制度，则它与分散单行法之间就并非替代关系，而是主干性立法与分支性立法的关系。单行法的大量存在是行政管理部门出于行政行为类型差异、部门管理差异、地区管理差异、层级管理差异等的考虑，对程序规则有特殊需求。然而，不管行为形态如何、由哪一部门实施、在哪一层级和哪一地区行使，都是行政权力的运行，因而又存在共同遵循的规则。这些共同遵循的程序规则构成程序正义对行政的最低限度要求，也形成对公民权利的基本保障，这正是行政程序法典要规定的内容。统一立法与单行立法由此各自承担不同的使命和功能：统一立法规定行政普遍遵循的程序规则，是规范行政权的主干性立法；单行立法规定行政权在具体行为类型、部门、地区、层级中的特殊程序规则和操作性规则，是规范行政权的分支性立法。二者共同构成规范行政权的程序法体系，相互不能替代。

第三，在实现对公民程序权利最低限度保护的基础上提升行政效能。权利保障与行政效率之间并非绝对对立关系，有的程序制度在保护公民权利的同时也有利于行政效率的提高，但二者的确会存在紧张关系，需要立法进行平衡。最低限度公正行政程序制度为实现二者的平衡提供了可行路径，即行政程序法要优先保障公民的基本程序权利，在此基础上，通过优化程序流程、简化程序、给予行政机关程序规则自主空间等方式提升行政效率。

（二）内容定位与选择

建构最低限度公正行政程序制度的立法目的决定了行政程序法是一部公民程序权利法，在坚持权利法立法前提下，行政程序立法还应考虑以下问题。

第一，回应实践需求，推进行政管理体制改革与创新。行政程序法应当既回应现代社会对行政的普遍要求，也要立足中国国情，力求制度构建更符合中国的实际情况，具有可操作性。在《湖南程序规定》出台之前，学界提出的多种版本的行政程序法专家试拟稿的立法思路主要契合行政行为的理论体系，呈现鲜明的规范主义立法风格，与实践中需要规范的行政活动类型之间不能完全对应。《湖南程序规定》则立足于解决湖南行政管理实践中存在的问题，同时兼顾法典自身的体系，很好地回应了实践的规范需求，呈现较鲜明的功能主义立法风格。制定行政程序法需要摆脱行政行为理论体系的束缚，立足中国当下，回应实践需求，特别是要积极回应当前行政管理体制改革与创新的需求：一方面，立法要能够解决行政管理中实际存在的问题，如重大行政决策的法治化、科学化、民主化制度构建，行政执法裁量权行使不当等问题；另一方面，要将行政管理体制改革过程中行之有效的经验用制度固化下来，巩固改革的成果，并为行政改革注入法治动力。如办事时限制度与政府工作流程再造，通过政府信息公开推进透明政府建设，通过开门立法、开门决策推行公众参与机制等，需要在立法中总结成功的经验，并用立法确保这些体制创新的深入推进。

第二，既立足当下，也要具有一定前瞻性，回应现代行政转型带来的新发展。立足当下是指行政程序法要对当前广泛应用的传统行政方式进行规范，如重大行政决策、行政执法。前瞻性是指要对行政管理的创新方式进行肯定，如行政合同、行政指导等行政行为新方式，应当在行政程序法中对其作出框架性规定，对这些行为的程序立法应当更具灵活性、鼓励性。

第三，通过制定行政程序法部分实现行政法法典化，行政程序法实质上成为规范行政权力的基本法。内容选择也是我国在行政程序法立法必要性之外另一争议较大的问题，焦点在于是制定一部大而全的、相当于行政法法典的大法，还是制定一部仅规定程序性条款，对主要行政活动的程序进行规范的小法。行政程序法应当全面体现法治政府建设的基本要求，如果定位为小法，虽然在立法策略上有利于立法的尽快出台，但是就其内容而言，与法治政府建设基本法的目标有很大差距，因此，还是应当立足于大法典的思路。大法典的思路之下，立法的内容包括以下几点。

（1）程序规范之外还包括实体规范，借助行政程序法的制定，部分实现行政法法典化。德国之所以在行政程序法典中规定实体内容，是因为行政法法典化存在相当大的难度，只好借助行政程序法典化之机，将与程序有关的行政法总则中的部分内容规定在其中，从而部分实现行政法法典化。我们面临的问题与之是相同的，应当借鉴德国的成功做法，借制定行政程序法之机，规定部分实体问题，以更好实现依法行政的目标。实体规范主要包括三个方面内容：行政的基本原则、行政决定的成立与效力、行政合同。

（2）外部程序之外还包括内部行政程序。内部行政程序虽然不直接涉及公民的权利义务，但对公民的权利义务间接产生影响，需要对之加以规范。地方行政程序规定的实施经验也表明，对内部行政程序进行规定，有利于厘清行政机关职责。内部行政程序规定可以考虑对管辖、行政协助、行政委托等制度作出规定。

（3）关于行政行为类型的选择：除行政决定外，还包括其他类型行政行为，特别是要重点对政府决策行为进行规范。行政合同与行政指导的运用领域和范围随着服务型政府建设的深入将日益广泛，有必要在行政程序法典中作出规定。基于湖南等地方行政程序规定的实施情况,应当对行政合同与行政指导作出更具可操作性的规定。

第四,对程序进行类型化处理,制度构建注重可操作性。一般说来,有三个方面的因素会直接影响行政程序的类型划分:(1)行政行为的种类;(2)行政事务的大小;(3)行政事务紧急与否,日常状态下的行政管理与应急状态下的行政管理的程序规则应有所区别。

(三) 立法架构

行政程序法立法架构的焦点是以行为种类为主线还是以程序制度为主线来安排相应规定。二者存在交叉关系:一种程序制度如听证制度可以被多种行政行为所运用,一种行政行为又需要运用许多种程序制度。考虑到不同种类的行政活动对程序规则的要求差异性较大,比如听证制度中的决策听证制度与决定听证制度之间存在很大差异,以行为种类为主线来架构立法,规定更有针对性,适用起来也更为便利。因此,行政程序法可以考虑采用如下立法架构基本思路:(1)以行政行为的种类为主线安排各章的顺序,每一种行政行为构成独立一章,对每一类行为的程序作出完整、系统规定;(2)在每章中又以程序的进程为线,即在每章之下按照程序的开始—进行—结束的发展过程规定相应的程序制度;(3)基本原则放在总则中规定;(4)内部行政程序在"主体"章中规定。

严格依法办事：经由形式正义的实质法治观[*]

江必新[**]

摘　要： 依法办事理念作为法治公信力建设的关键所在，应当受到认真对待，在解释学的阐述下，其将展现出全新的、非简单化的意蕴。在严格依法办事的主体上，应在执法者、司法者之外增加公民与其他社会主体，并坚持一种"交互主体性"的法律实施观。在严格依法办事的过程中，应把握好严格规则主义与法律解释、法律效果与社会效果、形式正义与实质正义的关系，并创新法律实施机制。在严格依法办事的对象上，应处理好"恶法"实施问题及法律体系与体系外规范的关系，并开展依法治法、法典化运动，重点解决有法难依问题。严格依法办事的良性运作需要我们在法治现实主义的引导下，坚持良法之治，走一条"经由形式正义的实质法治"之路。

关键词： 依法办事　形式正义　实质正义　实质法治　法治现实主义

司法公信力建设作为党明确提出的全面建成小康社会和全面深化改革开放的目标之一，已成为司法改革进程中亟须解决的重要课题，亦是法治建设中的重要内容。其不仅应为法律实务界所关注，也应当是法学理论研究倾心之目标。司法公信力建设的关键应归结为司法审判中"法律标准"

---

[*] 本文原载于《法学研究》2013年第6期。
[**] 江必新，全国人大宪法和法律委员会副主任委员。

的秉持，即严格依法办事。依法办事理念首先由董必武同志在党的第八次全国代表大会上提出。董老认为："依法办事有两方面的意义：其一，必须有法可依。这就促使我们要赶快把国家尚不完备的几种重要的法规制定出来……其二，有法必依。凡属已有明文规定，必须确切地执行，按照规定办事；尤其一切司法机关，更应该严格地遵守，不许有任何违反。"① 半个多世纪过去了，董老的"依法办事"思想伴随着时代的发展历久弥新，不断被传承和发扬。在法治发展的新时期，对依法办事理念更要抛弃一种简单化、机械化的理解，应在解释学下开启新的时代篇章。

一 严格依法办事的内涵解析

从理念上看，严格依法办事至少包括以下四项标准：第一，在法权关系上要坚持法尊于权、法大于权；第二，在法律适用上要严格遵守平等原则；第三，在法律实施中要做到程序与实体并重，形式与实质统一；第四，在法律执行中要紧守信赖保护原则，做到赏无戏言、罚不轻贷、予不意收、夺无苟免。具体到严格依法办事的内涵，应从如下三个方面进行解读。

（一）主体——谁严格依法办事

在以往的观念中，严格依法办事的主体主要限于执法机关、司法机关等公权力组织，尤其是司法机关作为正义的最后一道防线，更是严格依法办事的中流砥柱。法律实施被认为是（行政机关）法律执行与（司法机关）法律适用的总和，它被建立在法律单向运作的模式之上，表现为国家立法后由公权力机关针对公民及其他社会主体执行或适用法律的过程。在这一过程当中，公民并不是一种主体性存在，最多只是启动法律实施的主体以及对法律实施进行监督的主体。这样一种法律运行模式，"显然忽略了法治的一个重要方面，且在法律实践中产生了某种偏差和失误。在高扬社会主义法治旗帜的新时期，这种法律概念和运行模式显然无法准确地表述社会主义法治的内涵"。②

---

① 董必武：《董必武法学文集》，法律出版社，2001，第352页。
② 王晨光：《法律的可诉性：现代法治国家中法律的特征之一》，《法学》1998年第8期。

公民在法律实施中的主体性缺失是由我国选择的政府推进型法治发展道路决定的。在这样的法治发展模式中，法治化的主要动力是政府，法治目标是在政府设计下人为构建的，主要借助政府所掌握的本土政治资源通过强制性的方法实现。① 应当说，中国走上政府推进型法治发展道路有其历史必然性，而且也确实取得了巨大的法治建设成果，但是这种法治建设模式有其重大内在缺陷，最为突出的即法治推进所需要的政府动力以及法治所内含的限制政府权力之间的矛盾。正因为这一矛盾，从提出之时至今，严格依法办事的状态屡唤不出。可以说，在既有的矛盾模式中，严格依法办事是很难很好地实现的，公民主体性的缺失使得法律实施在政府权力的矛盾体外缺乏权利与权力的互控机制。因此，公民在法律实施中的主体性存在将在较大程度上矫正政府推进型法治发展道路的偏颇。

公民作为严格依法办事的主体包含着两层含义：第一，公民应积极参与法律执行与法律适用；第二，公民守法应被纳入法律实施当中，公民守法既不是实现法治国家的工具，也不是仅仅出于对国家强制力乃至暴力的畏惧，而是一种主体性自觉行为。由此，守法、执法与司法有机构成了法律实施的整体。

（二）行为——"严格"如何把握

依法办事是一个复杂的过程，其中涉及各种利益、情势、因素的考量与方法的选择。对"严格"的把握，应当从以下三个问题着手，而这三个问题之间又是紧密相关的，可以说是一个问题的三个方面。

1. 严格规则主义与法律解释

依法办事过程中的一种极端倾向是奉规则为圭臬，采取严格规则主义，在法律适用中不允许进行解释，法官司法表现为"吃的是法条，吐的是判决"。② 在德国法学家耶林打破法学的封闭性与形式性之前，法律适用

---

① 郭学德：《试论中国的"政府推进型"法治道路及其实践中存在的问题》，《郑州大学学报》（哲学社会科学版）2001 年第 1 期。

② 在世界法治发展史上，确实出现过这样的极端情形。如拿破仑第一次见到 Toullier 所著的《民法释义》，不禁勃然大怒，认为这样一部完美的法典不用解释。优士丁尼订立《优帝法典》时、约瑟夫二世订立《约瑟夫法典》时、腓特烈二世订立《普鲁士国法》时，均曾明令禁止或者限制私人或法官解释法律。陈金钊：《法治反对解释的原则》，《法律科学》2007 年第 3 期。

主要遵循形式主义的推理方式，法学研究主要呈现为一种形式法学。而在新中国法治建设初期，法律实施中的形式主义问题即已受到关注。"形式主义和形式是两回事。所谓形式主义，就是不问实质，只讲形式，不管条件如何，硬要搬弄一套"，"没有法，做事情很不便。有了法，如果不去了解法律条文的精神实质，在处理案件的时候又不去深入研究案件的具体情况，只是机械地搬用条文，也是不能把事情办好的"。① 可见，严格规则主义倾向极有可能使严格依法办事陷入法律形式主义。

依法办事过程中的另一种极端倾向是过度的、任意的法律解释。有学者在二十多年前就指出我国司法实践中存在任意解释的问题，法官在执行法律问题上采取"各取所需"的实用主义做法对现行法律进行任意解释，有时甚至把一些违法行为错误地当作执法积极性的体现予以辩解。② 我国法学界也开始出现一些无原则地怀疑规则的确定性的苗头。其实，在我国的公权力违法中，有大量的违法情形是公权力组织对法律进行任意解释的结果。由于我国法治处在高速发展轨道上，并未像许多西方国家一样在自然演进过程中经历严格法治主义阶段，在没有规则意识约束的情况下，法律解释很可能异化为过度解释与任意解释。

要在严格规则主义与任意解释之间取得平衡，需要在坚持基本的规则主义的前提下进行适度解释，也即规则的底线是不能突破的，"法外索平，无平矣"。③ "法官绝不可以改变法律织物的编织材料"是规则主义的要求，④ 把"皱折（褶）熨平"则是"根据他对法律的诚挚的理解"来适度解释法律。⑤ 规则主义其实事关法律的定位问题，其在中国的确立更有特殊的现实意义。在法治实践中，法律一旦与发展问题发生碰撞，则发展是第一要务，法律靠后；法律一旦与稳定问题发生冲突，则稳定是第一责任，法律靠后。笔者认为，我们应该确立"法律是第一要求"的规则

---

① 董必武：《董必武政治法律文集》，法律出版社，1986，第 521 页以下。
② 陶希晋：《依法办事是法制协调发展的中心环节》，《法学》1984 年第 8 期。
③ 《杂说》。
④ "一个法官绝不可以改变法律织物的编织材料，但是他可以，也应该把皱折（褶）熨平。"〔英〕丹宁勋爵：《法律的训诫》，杨百揆、刘庸安、丁健译，法律出版社，1999，第 13 页。
⑤ "法官的责任是当法律运用到个别场合时，根据他对法律的诚挚的理解来解释法律。"《马克思恩格斯全集》第 1 卷，人民出版社，1956，第 76 页。

主义。

古人有言："法不能独立，类不能自行。得其人则存，失其人则亡。法者，治之端也；君子者，法之原也。故有君子，则法虽省，足以遍矣；无君子，则法虽具，失先后之施，不能应事之变，足以乱矣。"[1] 足见主体因素对法律实施效果的决定性作用。"君子"当摒弃形式主义与教条主义，对任意解释予以克制，在法内进行适度解释，如此始合严格依法办事的真谛。

2. 法律效果与社会效果

法律效果与社会效果的问题是一个在学术界引起颇多讨论的论题。目前关于该问题的争论主要集中在司法实践中，其实在法律执行与法律适用中都始终存在法律效果与社会效果的辩证关系。1999年全国民事案件审判质量座谈会纪要中，首提司法审判要注重社会效果，"在审理新类型民事案件时，要注重探索，讲求社会效果"。[2] 随后，法律效果与社会效果相统一的理念正式提出："坚持办案的法律效果与社会效果的统一，是有中国特色的社会主义审判工作的基本要求，是人民法院讲政治的集中体现，是衡量办案质量好坏的重要标准。"[3] 笔者对执法和司法中法律效果与社会效果间关系的基本观点是：社会效果是执法和司法必须考量的重要因素；从理性的角度看，社会效果应当主要通过法律或在法律之内实现，只有在特殊情况下，并在严格的规则和程序导向下才可以为实现社会效果而变通适用法律。也就是说，在法律之内即存在满足社会效果实现的巨大空间，不需要也不能够动辄求诸法外。在依法办事过程中，首先应当以法的安定性为基本价值，同时兼顾法的合目的性和正义价值。在法律之内实现社会效果体现着一种规则意识，除能增强法的确定性、稳定性、连续性外，还能实现法律适用上的平等性原则，并避免少数人的专断和权力的滥用。最为关键的是，在法律之内实现社会效果具有充分的可行性。如果不确立在法律之内实现社会效果这一基本原则，而将其实现载体不断扩大，将对法律

---

[1] 《荀子·君道》。

[2] 吕芳：《穿行于理想和现实之间的平衡——从法律文化的视角解读"法律效果和社会效果的统一"》，《法学论坛》2005年第3期。

[3] 李国光：《坚持办案的法律效果与社会效果相统一》，《党建研究》1999年第12期。

实施与法治造成致命的伤害并产生风险。①

3. 形式正义与实质正义

中国几千年的法律传统在形式正义与实质正义、普遍正义与个体正义上始终偏向于后者，这也正是中国古代法被批评为"重实体，轻程序"甚至是根本"无法"的主要原因之一。这种延续已久的法律思维对今天法治建设的影响是，我们总是以实质合理性和目标合理性来评判法律本身的合理性和法律施行过程的正当性。因此，在改革开放和法治建设的初期，在没有对形式正义理论与实质正义理论进行深入甄别的情况下，我们就选择将实质正义奉为圭臬。不可否认，任何一个对人类发展持有良善愿景的人都会对包含着正义、人权、平等的实质正义理想欣然向往，但在中国现阶段过于注重实质正义理论，看似抬高了正义的地位，充实了正义的内容，而实际上却对正义的实现构成了一种严重的威胁。与社会效果不能普遍地在法律之外实现一样，撇开形式正义过多地谈实质正义将使太多的非法律因素进入法律实施的过程，从而可能造成执法者、司法者的专断，并加深权力因素、利益因素对法律实施过程的渗透，最终受到严重伤害的必将是法治。同时，由于实质正义追求的泛化，"在立法、行政及审判中，迅速地扩张使用无固定内容的标准和一般性的条款"，②这将使以控制权力为核心的现代法治对权力的控制效能被弱化，而且公民也将因正义的模糊不清反而离实质正义更远了。

实质正义对形式正义的离弃，其实是以破坏规则主义为代价来实现正义，这种路径是行不通的。规则主义前提下的适度解释，在法律之内寻求社会效果，其实是以不同方式表达了形式正义与实质正义的关系乃至笔者的法治观：只有将形式正义与实质正义统合起来并存于实质法治之中，才能形成中国法治建设的稳固基础。因此，对我国现阶段法治观的完整表述应当是：统一形式正义与实质正义的实质法治或者说是经过形式正义的实质法治。应当特别指出，实质法治与实质正义是两个不同的概念，实质法治以法治为属概念，其本身就包含着形式正义的理性因素以及实质正义的正当性追求，如果连最基本的形式正义都不具备的话，实质法治根本不成

---

① 江必新：《在法律之内寻求社会效果》，《中国法学》2009年第3期。
② 〔美〕R. M. 昂格尔：《现代社会中的法律》，吴玉章、周汉华译，译林出版社，2001，第187页。

其为法治。只有在充分考虑形式正义的前提下考虑实质正义问题,才能使实质正义受到有效的理性制约。在中国的法治发展道路上,形式正义就好比是实质正义行走的"拐杖",实质正义丢开这根"拐杖"不仅不会走得更快,反而可能会跌倒。实质法治对形式正义的吸收意在强调它对实质正义的基础性地位,并对实质正义发挥一种基础作用,以实现法治的实质化。

(三) 客体——所依之法为何

中国尽管是一个成文法国家,但是规范体系错综复杂,这无疑给依法办事带来了困难。因此,对严格依法办事所依之"法"也是需要进行一番探究的,主要可以从两个层面展开。

第一个层面是价值层面,主要涉及法律实施中的"恶法"问题。法治之法到底包不包括"恶法","恶法"到底有没有执行力,是从古希腊开始就困扰着整个法学界的难题,也是自然法学派和实证法学派的争执焦点所在。严格依法办事中的"法"是什么?到底可依什么"法"办事?董老在20世纪50年代就提出:"在法制的执行过程中,如果发现它的规定有不符合或不完全符合当地当时的具体情况,就应该按照法定程序,提出必要的修改、补充或变通执行的办法。"[1] 笔者认为,"恶法"非法,但从法律实施的角度来看,应遵循不同的处理原则。对于守法公民而言,其有权拒绝履行重大且明显违宪或违法的"恶法"所设定的不合理义务,但一般情况下不能以抗拒"恶法"为由拒不遵守法律规范,更不能仅以个人的判断不服从法律。[2] 对于行政执法机关而言,在执法中发现"恶法"应当及时逐级上报至该法的制定机关,但出于行政效率原则和下级服从上级的原则,在有权机关作出撤销决定或修正之前,必须作出行政行为。此时若存在与行使该职权有关的上位法、普通法的,适用上位法、普通法;没有上位法、普通法的,先依该法执行。对于司法机关而言,其对法律规范享有一定的合法性判断权和选择适用权。对于规章以下的规范性文件,应先进行

---

[1] 董必武:《董必武法学文集》,法律出版社,2001,第352页。
[2] 在公民守法问题上,西方社会已经发展出了"公民不服从权"。公民不服从理论首先由亨利·戴维·梭罗在《论公民的不服从》一书中提出,后经罗尔斯、德沃金等人发展而不断完善。

是否合法有效的判断，然后根据法律适用规则选择适用。对于"恶法"，法院目前因无司法审查权，尚不能终止或让其自始失去效力，只可不予适用，但只要其合法有效，人民法院就无权或不应当拒绝适用。对于法律、法规，如认为其有问题，原则上只能送请有权机关作出确认和裁决。

第二个层面是规范层面，主要涉及法律体系与法律体系外之规范——政策、习惯及司法解释的关系。关于法律与政策的关系，最早也是由董老提出的："我们党和国家过去提出的许多代表最大多数人民利益和要求的政策、纲领，有些虽然因客观情况还不能立即定型化为具体的完备的法律条文，但是，实质上都起了法律的作用。"[①] 因此，"各级司法机关办案，有纲领、条例、命令、决议等规定的从规定；没有规定的照新民主主义的政策办理"。[②] 同时，现行法也明确规定了政策对法律的补足作用，如民法通则第6条规定，"民事活动必须遵守法律，法律没有规定的，应当遵守国家政策"。可见，在法律缺位时，政策是公民的行为准则、行政机关的执法依据、司法机关的裁判依据。习惯在特定情况下也能成为补充法律体系的规范，如物权法第85条规定，"法律、法规对处理相邻关系有规定的，依照其规定；法律、法规没有规定的，可以按照当地习惯"。司法解释的效力源于全国人大常委会的授权。1981年6月10日通过的《全国人民代表大会常务委员会关于加强法律解释工作的决议》第2条规定："凡属于法院审判工作中具体应用法律、法令的问题，由最高人民法院进行解释。"在审判实践中，司法解释的效力已经得到有效贯彻。关于法律体系与法律体系外规范的关系，可以通过两个原则来把握：第一，法律体系的主导性与体系外规范的补充性，即仅当法律体系缺位时才可适用体系外规范，[③] 且后者在内容上不得违反法律精神；第二，法律体系外之规范的运用要严格遵循国家法定原则，其适用范围不能任意扩大。[④]

---

① 董必武：《进一步加强人民民主法制，保障社会主义建设事业》，1956年9月19日董必武同志在中国共产党第八次全国代表大会上的发言。
② 《为废除国民党的六法全书及一切反动法律令各级政府》，http://www.law-culture.com/shownews.asp? id=6807，最后访问日期：2013年2月20日。
③ 司法解释除外，司法解释在很多情况下是一种操作性规范，它在司法实践中能与法律一同适用。
④ 刘作翔：《规范体系：一个可以弥补法律体系局限性的新结构体系》，《人民法院报》2012年7月20日。

二 实施路径：如何才能严格依法办事

2011年3月，十一届全国人大四次会议宣告，中国特色社会主义法律体系已经形成。在基本解决有法可依的问题之后，需要把战略重心转移到"有法必依"的法律实施问题上，"法立而不行，与无法等，世未有无法之国而能长安久治者也"。[1] 国患无法，更患无必行之法。

（一）"交互主体性"的法律实施观

前已述及，因政府推进型法治发展道路的内在矛盾，公民守法应当被纳入法律实施当中，可以说，公民守法的问题解决了，依法办事也就实现一半了。制定良好的法律并不必然就会受到遵从，公民守法需要有法律意识作为支撑，而"近代法意识最根本的基础因素是主体性的意识"。[2] 根据日本著名学者川岛武宜的研究，主体性意识主要由对自己权利的主张和对他人权利的尊重形成，两者构成了近代守法精神的重要组成部分。在主体性意识的基础上，受价值合理性动机支配将形成主观自发性的守法精神。也就是说，公民守法只是因为某种事是由法律规范所命令的，作为规范来命令是人们尊重和遵守规范的唯一理由，在守法的过程中不受规范以外的其他任何目的和强制所支配，表现为一种"无规范外强制"的状态。[3] 只有在守法精神基础上的守法行为才是有效能的，否则，如果遵循公民守法仅仅是拘于国家强制力的单向控制思维，那么公民的守法精神将发展为"逃法精神"，守法动机也将发展为规避法律的动机，这在我国已经是一个普遍事实了。无论是普通公民还是法律职业者，规避法律的意识和能力甚至大大超过了西方法治发达国家。问题的症结在于守法精神的缺失，归根结底是守法主体"主体性"的缺失。而要形成公民的主体性意识，则要强调对权利的尊重。因此，在守法观上不应仅注重义务，而应权利义务并重。从根本上说，公民在守法中主体性的确立是和社会主义法治以及人民

---

[1] 沈家本：《历代刑法考·刑制总考三》，中华书局，1985，第34页。
[2] 〔日〕川岛武宜：《现代化与法》，王志安等译，中国政法大学出版社，1994，第53页。
[3] 〔日〕川岛武宜：《现代化与法》，王志安等译，中国政法大学出版社，1994，第53页。

民主的国家性质相契合的。

守法公民主体性的确立将使其与执法和司法的公权力组织间形成"交互主体性"。"交互主体性"首先是由胡塞尔将其作为一个哲学概念提出的,[①] 川岛武宜论证的主体性意识即建立在交互主体性的基础之上,近代法中主体性意识的第二个侧面——与其他主体的相互尊重体现的就是一种交互主体性。此处提出的"交互主体性"概念,是借鉴市民社会中的概念模型,将公权力组织拟制为与公民处于平等地位的主体,在公权力组织和公民之间形成的交互主体性。其意图在于在原有法律实施中的单一主体——公权力组织之外加入公民这一主体元素,在以公民守法带动法律实施的同时,在公民与公权力组织之间实现权利与权力的互控,以制约公权力组织的法律执行与法律适用行为,最终促进法律的有效实施。公民主体性的加入将有效破解法律执行与法律适用中的形式主义倾向,形式主义倾向说到底就是欠缺对所谓"治理对象"的主体性关怀。

(二) 创新法律实施机制

1. 权利义务守法观对义务守法观的扬弃

过去,谈到依法办事,我们的理解往往是"依法律规定的义务办事"。笔者认为,依法办的"事"不仅是义务,还应当包括权利,应当在守法中树立一种权利义务守法观。当然,守法观的改变主要是针对公民而言的,公权力组织虽然也是广义上的守法主体,但是其权力属性以及主体性在当今中国已经相当显著,没有必要再凸显公权力组织在守法中的地位,且公权力组织的职权即职责,它本身不是目的,只是手段。如将守法的内容只限定为义务,则公民在守法中将产生消极、畏难的心理,守法状态将受影响。权利和义务共同构成了法律规范的内容,只履行法律规定的义务并没有完整地实施法律,甚至在有的情况下行使权利本身也是履行义务,特别是一些具有公共职能的权利,如公民的批评权和监督权,公民正是通过对国家机关及其工作人员行使批评与监督权的方式来履行守法义务的。

正因为权利尚未被纳入守法的内容中,目前对权利的行使表现出一种

---

① 参见〔德〕埃德蒙德·胡塞尔《笛卡尔式的沉思》,张廷国译,中国城市出版社,2002,164页以下。

消极的规范状态：权利是否行使全凭权利主体的自由选择，法律只对其行使的限制性条件作出规定，即不得损害他人权利和公共利益。当然，法律不能对权利的行使作出任何强制性规定，但现有的法律机制却很少为激活权利、促进权利行使创造条件。这样的权利行使机制是与公民的主体性培育要求不相容的，因为主体性意识只能通过对自己权利的追求及在追求自己权利过程中对他人权利的尊重来实现。其实，在权利行使的同等自由度之下，还暗藏着社会合理需要及对权利行使的更具体和确定的方向性要求：对于有些权利，社会可能需要或希求主体普遍地、积极地行使；对于有些权利，社会可能需要或希求一定比例的主体积极地行使；对于有些权利，社会对主体积极行使或消极行使可能不予过多关注，甚至倾向于主体的消极行使。[①] 因此，需要将权利纳入守法内容中，并根据对权利的不同要求进行不同程度、不同方式的引导，如此才能改变权利的散漫、沉睡状态，激活权利的行使。

2. 行为导向对动机导向的置换

中国传统文化向来注重内外一致、表里如一、知行合一，对人的规范遵循由内而外、由动机到行为的路线。因此，新中国精神文明建设的重心在于动机文明的培养，而忽视了对行为文明的塑造，对人的评价基点不仅是人的行为，更重要的是人的动机，在善行之外还要求善德，并强调善德对善行的决定作用。[②] 在这样的思路下，"执法者的楷模形象是廉洁奉公、为民请命、执法如山，而守法者的楷模形象则是知法、懂法、守法"。[③] 但是实践证明，这种过于或仅仅注重依法办事中主体的内在道德因素及自我道德约束的做法是难以成功的。虽然我们一直大力弘扬、宣传依法办事的精神和原则，但是严格依法办事却并没有实现，尤其是改革开放后我国发展以行为文明为导向的市场经济后，动机文明的建设路线遭遇了重挫。其实，即使是在守法精神再浓厚的国家，也还是会出现违法行为。因此，在注重塑造内在守法精神的同时，仍然不能放弃以行为为导向的外在约束机制。更何况我国目前守法意识尚不强烈，尤其需要在培育守法精神之外辅之以行为导向的外在约束。也就是说，法律的国家强制性虽不是其唯一或

---

① 钱福臣：《论依法办事过程中主体的能动因素》，《求是学刊》2001年第4期。
② 霍中文、肖红：《依法办事：精神文明建设的战略起点》，《政法论坛》1998年第5期。
③ 钱福臣：《论依法办事过程中主体的能动因素》，《求是学刊》2001年第4期。

最主要的特征，但也应该是一个不可缺少的特征。

因此，我们要改变以动机文明塑造行为文明的路线，改走一条以行为文明塑造动机文明的道路，强调行为导向，承认并重视人的自利心理和趋利本性——因为"自私固然应该受到谴责，但所谴责的不是自爱的本性而是那超过限度的私意"，① 并以对自利欲求的调控而不是虚无缥缈的善德宣扬来控制人的行为。而这正是与权利义务守法观相一致的，权利在守法内容中的加入为以实现权利的行为为导向的调控机制的建立创造了条件。且这一改变与前文所论的通过塑造主体性意识培育法律意识并最终养成守法精神并不矛盾，因为守法精神也是在行使自己权利的行为以及尊重他人权利的行为中形成的，在本质上这正是一个以行为塑造动机的过程。

当然，动机文明作为一种高级文明形态，是值得提倡与追求的，但它不是一个基本的正当性要求。这也是由法律的局限性决定的，法律调整的只能是人的行为，对人的内心与思想鞭长莫及。如果采取动机导向将违背法律的基本属性，并使得法律对社会生活难以规范。只有强调行为导向，法律的规范效能才能充分发挥。只有在他律的行为导向基础上，而不是在自律的动机导向基础上，务实的责任约束与激励机制才能够发达起来。

3. 责任约束与激励机制的健全

在他律的行为导向基础上，应当完善、健全责任约束与激励机制。目前，对公权力组织依法办事的责任约束与激励机制是存在问题的。以行政执法为例，其问题主要出在行政机关执法的积极性上。应当说，不按法律规定履行职责和根本不履行法定职责，都违反依法办事原则。由于行政执法中普遍存在"多头执法"的情形，所以往往会在有利可图时多部门争着管，无利可图时不仅基于利益的考量，还要考虑"管不好反而要承担责任"的风险，在"多头执法"中"法不责众"心理的驱使下大家都不管。这种"不管反而没事，管了还可能承担责任"的逻辑结果不能不说是执法责任机制的问题。这样的机制显然不是一种"正"机制，它不仅不能激励行政机关积极执法，反而促使其安然地逃避职责。这种行政执法怪象在食品安全执法中尤为突出，对上档次、上规模的食品企业，职能部门的监管非常积极，但对一些小企业、小作坊，职能部门避之唯恐不及。一方面当

---

① 〔古希腊〕亚里士多德：《政治学》，吴寿彭译，商务印书馆，1965，第55页。

然是出于执法收益的考量,另一方面则是担心小企业、小作坊问题百出,会给执法带来诸多麻烦。而按照食品安全监管中"谁发证,谁监管"的原则,只要行政机关不主动介入小食品企业的生产经营活动,不对其颁发证照,就不存在监管责任的问题。因此,对于这些小企业、小作坊而言,无证照反而成了其"护身符",安全监管在这些领域出现了真空。上述执法怪象说明我们在执法管辖以及执法责任的分配上出现了问题。

健全执法及司法中的责任约束与激励机制,是一个系统工程,需要组织法、机关内问责制乃至诉讼制度等的协调、完善,非几言可蔽之。此前有学者为了改善行政机关和司法机关被动应付法治要求的状态,提出要在领导干部绩效考核体系中引入"法治GDP"的内容,以解决法治建设动力不足的问题,即"把推行法治、加强法治建设、严格依法行政的情况,作为各级政府机构和领导干部重要的政绩指标加以考核。法治搞得好不好,不仅仅是看制定了多少规章,还要看法律实施得好不好、司法公不公正、公务人员的法律意识是不是很强、整个社会的法治氛围如何等等;用一些具体量化、可操作、可测量的指标……用人民是否满意等社会公众的评价方式来评价政府的工作,从而形成对各级政府和领导干部的一种监督约束和激励"。[①] 笔者对此表示认同,在政府推进型的法治建设中,这样的责任约束与激励机制无疑会有成效,中国 GDP 的高速增长已经证明了这一点。把是否依法办事作为行政官员和司法官员进退升降的重要标准将极大地刺激依法办事的积极性并确保依法办事的审慎性。

(三) 完善法律体系

虽然中国特色社会主义法律体系已经形成,有法可依的问题已经基本解决,但在依法办事的过程中却面临有法难依的问题。

一方面,我国的法律体系庞杂,各层级、各领域、各主体颁布的法律林立,因此难免出现重复、冲突、矛盾的情形,这就给法律的运用带来了难题,有时甚至连专司法律的司法机关面对这些冲突都不易决断,更别说不以法律为业的普通守法者了。法律不相互矛盾被富勒认为是法律的内在

[①] 马怀德:《法律实施有赖于"法治GDP"的建立》,《人民论坛》2011年第29期。

道德之一,[①] 如果不具备这一品质,法律甚至根本不能称为法律。在实践中,法律可能因违反上位法、超越立法权限、违反正当程序、欠缺形式合理性等原因而无效,但由于我国尚未建立起违宪审查制度以及抽象行政行为的司法审查制度,这些法律的效力不能得到有效、及时的规制。而有些法律则因远远落后于经济和社会的发展而不宜继续生效。因此,应当对现有法律体系积极开展全面的梳理、清理工作,以规范标准、价值标准、程序标准和社会标准大力进行"依法治法",肃清现有法律体系内的混乱,扫清"恶法"。[②] 在全国人大常委会的部署下,法律体系的清理工作从2008年起已经开始,并取得了较好成果。今后,立法的协调与清理工作应当实现常态化,如此,依法办事才不会在眼花缭乱甚至"善恶交织"的法律面前无所适从。

另一方面,在法制的三大领域中,民事法领域已制定有统领性的民法通则,刑事法领域已制定有刑法,只有行政法领域一直在遵循单行立法的思路,既没有统一的行政程序法,也没有一个作为总纲的行政基本法。笔者认为,在中国制定一部在行政法体系中起纲要性、通则性、基础性作用的行政基本法非常必要并且可行。其实,二十多年前行政法学界就已意识到行政法体系内相当混乱,没有统一的原则和结构,特别是没有一个总纲,缺少一个作为基本法的行政法,[③] 并试图将它付诸实践,但最终由于各种历史原因而夭折。如今,制定行政基本法的时机已成熟。笔者所理解的行政基本法是与所有的行政活动有关的法律,但又不是网罗无遗的行政法典,也不是一个关于行政法律关系的法典,它是对行政活动中共性问题的规范。制定这样的行政基本法除能最大限度地节省立法成本、克服因单行立法造成的法律规范的内在冲突外,最重要的是它能促进执法人员和司法人员全面准确地把握行政法的基本精神,从而更好地依法行政、依法司法;并且,包含着行政法的原则和精髓的行政基本法也能促进相对人了解公法基本规则及其自身的公法权利,从而更好地守法。[④] 法律过于庞杂是

---

① 〔美〕富勒:《法律的道德性》,郑戈译,商务印书馆,2005,第47页。
② 王学辉:《"依法治法"的整体性图式构建——基于"法"的多重含义的统合与超越》,《当代法学》2011年第1期。
③ 参见陶希晋《在改革中尽快完善行政立法》,《现代法学》1987年第1期。
④ 参见江必新《迈向统一的行政基本法》,《清华法学》2012年第5期。

理解和运用法律的一大障碍，行政法体系又是法律体系中最为庞杂的，因此，行政基本法的制定将能有效解决依法办事中有法难依的问题。

三　法治的可持续发展：确保严格依法办事的良性运行

（一）信守一种法治现实主义

在对待法治的态度上，存在两种趋向：法治理想主义与法治现实主义。对经历了几千年人治传统的中国而言，我们对代表着美好与正义的法治是欣然向往的，法治在治国方略中被赋予了神圣而崇高的地位。不可否认，"法治理想国的法观念……对于中国来说具有振聋发聩的作用，它能够在一定程度上消解人治文化"，[1] 并启蒙中国的法治思想。但是，如果法治理想演变为一种法治理想主义，那么对于已经走过法治启蒙时代的中国来说，则是有弊无利了。笔者认为，我们要理性对待法治，避免理想主义，信守一种法治现实主义。法治现实主义应包含以下两个层面的要求。

一方面，要打破对法治功能的迷信，法治不是"包治百病"的万能药方。从法治的鼻祖亚里士多德开始，人们就意识到并在不断深化对法律、法治局限性的认识，[2] 甚至可以说，"法治在西方也并未被始终看作解决人类社会问题的良策"，[3] 它只是在没有更好选择的情况下，不得不采取的一种统治方式。法治并不能实现自由、平等、民主等所有的政治理想，它本身只是我们追求的政治理想之一。正因如此，才要在"高、大、全"的实质正义过热的时候回眸形式正义，否则，法治将被扭曲。总之，要对法治的局限性保有清醒的认识，并对法治的功能作出理性的预期。

另一方面，法治现实主义要求抛弃过去在法治建设中的那种简单线性思维，以一种现实的立场、务实的态度对待法治建设。毫不夸张地说，法治理想主义将是严格依法办事的坟墓。严格依法办事从字面意思上来理解

---

[1] 陈兴良：《法的解释与解释的法》，《法律科学》1997 年第 4 期。
[2] 亚里士多德尽管颂扬善法之治和法律至上思想，但他也认为"法律确实不能完备无遗，不能写定一切细节"。〔古希腊〕亚里士多德：《政治学》，吴寿彭译，商务印书馆，1965，第 55 页。
[3] 高道蕴：《中国早期的法治思想》，载高道蕴、高鸿钧、贺卫方编《美国学者论中国法律传统》，清华大学出版社，2004，第 275 页。

呈现的就是一条理想主义的路径：它是以过度的立法中心主义为前提的，①只要立法完善，在此基础上各主体严格守法、执法、司法就能实现依法办事了。这也正是此前严格依法办事广为诟病之处。要实现法治的可持续发展，保证严格依法办事的良性运行，首先要为立法机关"减负"，不使立法机关承受其不能也不该承受之重。当然，我们绝不是要否定立法的重要性，作为严格依法办事的源头，立法质量在很大程度上影响着依法办事的实现状态。在中国特色社会主义法律体系建成以后，不断提高立法质量，实现立法由"速度型"向"质量型"的转变是今后立法工作的重点，但过度的立法中心主义却是不可取的，因为严格依法办事除了事关法是不是"善法"、"良法"之外，还涉及当法有漏洞、有矛盾甚至可操作性不强时怎么办事的问题，且后者的空间甚至更大。正因如此，明代张居正才有了"天下之事，不难于立法，而难于法之必行"的感慨。那么法治现实主义的具体形态究竟如何呢？有学者总结为："当代中国的法治现实主义更关注法治现实进程及其制约因素……更强调分步推进战略，谨慎寻求近期行动的可行性及其与远期行动之间的协调与衔接。"② 笔者认为，法治现实主义的要求是：把脉现实、承认复杂性与多元性、分类施策。以行政法治领域为例，应当清醒地认识并承认依法行政的阶段性，准确把握我国目前正处的依法行政阶段，总结、归纳其特点然后"对症下药"，而不是拿行政法治的终极目标和标准乱套一气；在立法、行政执法和法学研究中，应当确立一些基本类型，形成一种类型化思维，如对授益性法律与损益性法律、授益性行为与损益性行为进行区分，而不是笼统地一概而论，因为不

---

① 有一种立法中心主义的表述是"在法律创制问题上强调法的目标，或曰实质合理性——体现自然法观念；在法律执行问题上强调法的自身品质，或曰形式合理性——反映实证法观念"（孙笑侠：《法治、合理性及其代价》，《法制与社会发展》1997年第1期）。它隐含的逻辑是：法律创制是可以产生完全体现实质合理性的法的，在法律执行时则能保证法的确定性品质。其实我们只能无限希望在法律创制时能充分体现实质合理性，却不能完全倚重它，无论如何，在法律执行中都不能回避实质合理性问题的考量。与过度的立法中心主义相对立，还有一种过度的司法中心主义，笔者对此也不认同。司法虽然是解决纠纷、维持秩序、实现公平正义的重要手段，但它绝不是唯一手段，而且再能动的司法也要信守司法克制原则。此外，我国的立法机关同时是国家的最高权力机关，司法权和行政权来源于最高权力机关，过度的司法中心主义也与我国的政体特性不相符。

② 蒋立山：《法治理想主义与法治现实主义——读〈法治进程中的"民间治理"〉有感》，《法制与社会发展》2007年第6期。

同类型间的效力要件、事实要件等均有差异；在行政审判中，应当本着有限审查的原则，依据案件的具体类型选择恰当的、不同强度的审查方式，而不是止步于"对具体行政行为的合法性进行审查"。①

（二）法学研究与法律实务应当有所转向

既然要求法治的诸多环节在立法时就一步到位的理想主义行不通，那么法学研究和法律实务就应当在法治现实主义的影响下有所转向。

当今中国法学研究还弥漫着一种理想主义气息，对此已有学者开始关注和反思。如有学者认为，"法学家们过度关注价值、理想、信仰与启蒙，为此倾注了巨大热情，唯独缺少了某种实证根基"。② 有学者认为，在中国自上而下的法律移植中没有开通真正表达民众和社会需求的渠道；在法学研究和立法中仅仅以一些现代理念或概念（例如人权、隐私权、知情权、自由权等）作为立法的出发点和价值取向，而不问这些概念背后的利益和条件究竟是什么，不关心社会环境和基本事实，更不关心法律的道德基础；在立法及法学研究中的文化自觉非常低。③ 有学者认为，中国法律人"更专注的是推进自己的理念以及由此而来的所谓的'制度建设'，而不是首先关心这个制度在中国社会中的正当性和可能性"。④ 这些倾向在一定程度上为中国法治的继续推进制造了瓶颈。我们要做的不仅仅是喊口号、谈理想，和不断重复"正确的话"，在启蒙完成之后要开启一种规范化、精细化的研究。以具体的事实和问题为出发点，以解决具体问题为目的的实证研究应该是以后努力的方向。一个国家的法治建设总要经历从宏大到细微的细化过程和从高端到低端的着陆过程。

从法律实务来看，最重要的是一种法律思维方法的培养。目前在法律的运用问题上有一种倾向，即对法律可操作性的强烈追求：不仅执法者、司法者理直气壮地要求立法要具有相当的可操作性，法律规定要尽可能细化，立法者和法律方法论的研究者也常因为解决不了"法律的可操作性"

---

① 关于司法审查强度适用的具体内容，参见江必新《司法审查强度问题研究》，《法治研究》2012年第10期，此处不再展开。
② 蒋立山：《法理学研究什么——从当前中国实践看法理学的使命》，《法律科学》2003年第4期。
③ 范愉：《新法律现实主义的勃兴与当代中国法学反思》，《中国法学》2006年第4期。
④ 苏力：《面对中国的法学》，《法制与社会发展》2004年第3期。

问题而羞愧难当。这样一种把"宝"完全押在法律文本上的立法中心主义可能会把法律思维引向偏离法治的规制，这样的执法者和司法者也只是法律的工匠和复读机。因此，在理解"法律的可操作性"的时候，不能仅仅在法律文本上做文章，还应当在理解者和适用者上做文章。① 也就是说，法律的可操作性问题不仅是个立法问题，还是行政执法问题和司法问题，而且法律的可操作性也不等同于立法规定的细密度。如果把法律的可操作性仅仅理解为立法规定的细密度，那么法律的可操作性越强，执法、司法中实现实质正义的空间将越小，实现个案正义的难度也将越大。为了实现整合形式正义与实质正义的实质法治，法律的可操作性应被理解为执法者、司法者如何在依法办事过程中尽可能地使实质正义通过形式正义表现出来。这就需要执法者、司法者在充分的自由裁量空间内合法、合理地操作法律。正是在这个意义上，法律思维方法将在增强法律的可操作性上大有作为。只有建立起成熟的法律思维方法，执法机关和司法机关才能在各种复杂情势中准确地、科学地适用法律，真正做到依法办事，实现实质法治。

还有一项需要法学界和法律界共同努力的事业，即法律解释的发展与完善。法律解释的空间非常之大，而要解决依法办事在疑难情况和新生事物面前的茫然，必须借助法律解释。施瓦茨说，"美国法的历史就是过去的伟大法学者和法官的历史"，② 但我国目前这方面的系统化工程比较落后。笔者认为，学术研究不仅要提供法律解释的方法，更要研究法律解释的规则，即在什么情况下只能运用什么样的解释方法、作出何种解释，也就是说要建立起约束所有法律人和法律共同体的解释规则和程序，因为无章法的过度解释和无解释一样将对法治造成伤害。而法律实务则要在具体的法律运用中不断充实解释规则，并为其完善提供素材与成果。

可以说，只有走实证分析的道路，中国法治才能"接地气"；只有形成一套法律思维方法、法律解释制度，才能为法治发展提供源源不断的"活"的力量。

---

① 参见陈金钊《警惕"可操作性"在法律思维中的标签化蔓延——从司法角度反思法律的可操作性》，《国家检察官学院学报》2012年第1期。
② 〔美〕伯纳德·施瓦茨：《美国法律史》，王军等译，中国政法大学出版社，1989，"引言"第2页。

（三）持良法而治

良法的概念是由亚里士多德首先提出的，亚氏本人及其后的学者对良法的含义及标准进行了诸多论述。笔者认为，良法应当具备以下三项具体要求。

第一，具备法律应有的"德性"。具体包括：（1）在内容上不得与上位法等相冲突；（2）同一法律内部不能出现矛盾及不合理的情形；（3）在法律中不能出现保护某部门、某地方或某群体利益的明显不正义情形；（4）切合实际，与社会发展情况与社会需求相适应；（5）法律体系内应包含一种衡平机制，以在社会转型期发挥衡平救济功能；（6）法律在结构上、表达上要具有科学性等。

第二，注重法律的民主化程度。现代社会是民主社会，法治本身也是一种民主的法制模式。提高立法的民主化程度，尽可能地保证公民意志在法律中的准确表达，使法律在创制时就普遍吸收大众认可的"情"与"理"，对法律的顺利实施具有巨大的促进作用。但同时，又不能盲目地、不讲方式地扩大公民在立法中的参与。亨廷顿认为，政治现代化中的不稳定，主要来源于社会和经济变革引起的政治参与速度快于政治的组织化和制度化。[1] 如果法律参与快于法律的制度化，也将影响法律的稳定性。因此，对于立法中的公民参与也要持一种现实主义态度，循序渐进地扩大，不能简单地、盲目地一哄而上。

第三，守法成本要低。守法成本关乎法律的可实施性。过去在讨论法律实施成本时，关注更多的是违法成本，对守法成本较少涉及。但是，"下面这一点是不言自明的：人的行动出于他们的意志，而他们的意志出于他们的希望和恐惧。因此，当遵守法律比不遵守法律似乎给他们自己带来更大好处或更小坏处时，他们才会愿意去遵守"。[2] 所以，如果要考察守法人的动机，应当从守法成本和违法成本两方面着手，甚至守法成本比违法成本更为重要。有一种形象的说法：如果说违法成本低为枉法开了一扇窗，那么守法成本高就为守法竖了一堵墙。可见，过高的守法成本将大大

---

[1] 〔美〕塞缪尔·P. 亨廷顿：《变化社会中的政治秩序》，王冠华等译，三联书店，1989，第4页以下。

[2] 〔英〕霍布斯：《论公民》，应星、冯克利译，贵州人民出版社，2003，第53页。

降低法律的可实施性,这样的法律很难被称为良法。目前,我国很多法律都存在守法成本高的问题,尤其集中在环境保护、食品安全、劳务用工等方面。有的是因为国家发展机制的问题,有的是因为法律质量的问题(如劳务用工中守法成本高缘于法律规定的标准太高和立法思路错误)。对于不同情况,我们应当各个击破,普遍降低守法成本,打破守法的"铜墙"。

确保严格依法办事的良性运行,实现法治的可持续发展,是一项复杂而永恒的事业,以上只是择其要而论之。此外,在依法办事的过程中,还要注意宽严相济,注重和谐价值在法律中的倡导,教育先行,避免不教而诛,等等。

严格依法办事几乎涉及法治的所有论题,笔者在此只是以一己之思略谈一二。应该说,严格依法办事的必要性不存在太大问题,主要问题在于谁来严格依法办事、什么是法、法有问题时怎么办。而后两个疑问充分体现了形式正义与实质正义的交织。在法治建设取得重大成果的今天,重提"严格依法办事"是以对"实质法治就是实质正义"这个命题的反思与矫正来完善中国的法治发展道路。实质法治在实质正义之外还应当容纳形式正义的理性因子,但我们绝不是要否定和抛弃实质正义,而是要走一条"经由形式正义的实质法治"之路,形式正义的加入只会让实质法治发展得更好更快而不是更糟。"经由形式正义的实质法治"的提法既表明了法治发展的阶段性,也表明了一种手段和目的的辩证关系。由形式正义到实质正义再到整合形式正义与实质正义的实质法治,体现的是一个"正反合"的法治发展过程。同时,形式正义以实质法治为终极目标,实质法治则以形式正义为基本指标。如果把实质法治比作一辆车的话,那么形式正义就是它的底盘,过不了底盘这道坎,车辆无法运行;而实质正义则是它的方向盘,它主导着车辆运行的方向。我们要强调的是,在追求实质正义的同时保有一种规则意识、理性思维与现实态度。

我国行政审批制度的改革及其法律规制[*]

王克稳[**]

摘　要：我国现行的行政审批制度发端于计划经济体制。随着经济体制的转型，这种原本作为资源配置手段，以消灭市场、竞争和经济自由为目的的审批制度，与新经济体制发生了激烈的冲突与碰撞。自21世纪初，我国在全国范围内展开了行政审批制度的改革，历经十多年，改革虽然取得了一定的成效，但以审批为中心建立起来的管理体制并没有从根本上被撼动。面对巨大的困难和阻力，行政审批制度改革需要多方面制度的合力推动，需要有效的法律规制。规制行政审批制度改革，需要保障行政许可法的实施与执行，与规范性文件的修订与废止相结合，实现行政管理立法的创新，从法律上切断审批权力与利益的联结，以立法推动国有企业逐步退出竞争性的行业和领域。

关键词：行政审批　行政许可　法律规制

2012年9月23日，国务院发布《国务院关于第六批取消和调整行政审批项目的决定》，决定再取消行政审批项目171项，调整行政审批项目143项；同年11月14日，处在改革开放前沿的广东省被国务院确定为行政审批制度改革试点省。2013年3月14日，国务院通过《国务院机构改

---

[*]　本文原载于《法学研究》2014年第2期。
[**]　王克稳，苏州大学法学院教授。

革和职能转变方案》，要求加快行政审批制度改革；同年6月19日，国务院常务会议决定再取消和下放32项行政审批事项。2014年1月8日，国务院常务会议进一步推出深化行政审批制度改革三项措施；同年3月5日，国务院政府工作报告提出在已分批取消和下放了416项行政审批等事项的基础上，年内要再取消和下放行政审批事项200项以上。可以说，推动行政审批制度改革和政府职能转变、简政放权，已成为本届政府"开门第一件大事"。在行政审批制度改革走过了十多个年头后，国务院密集的改革举措再次引起人们对行政审批制度改革的关注。

一　我国行政审批制度改革的缘起

我国现行的行政审批制度发端于计划经济体制。新中国成立后，我们在基本经济制度上选择了公有制，并将全民所有制作为公有制的基础和核心，将国有经济作为全民所有的实现方式，逐步实现生产资料的全部国有化。全民所有在运行中演变成国家所有并由各级政府代表，国家垄断和控制了几乎所有关系国民经济命脉的生产资源和生产经营领域。为了使用这些生产资源从事经营活动，国家投资设立了各式各样的全民所有制工业企业，并以计划经济体制解决政府与全民所有制企业之间的资源配置问题。从资源配置的角度理解，计划经济就是"以计划机制为资源配置基本机制的经济"，[1] 计划经济管理的主要方法，"是通过自上而下颁发计划控制数字，自下而上编制和呈报计划草案，自上而下批准和下达计划任务，实现管理"。[2] 计划经济体制下投资主体和生产经营主体是单一的，投资主体是国家，生产经营主体为全民所有制企业。政府配置资源的基本手段是计划与审批，企业生产什么、生产多少、为谁生产、如何生产等都必须服从政府的计划，生产原料的采购，包括向谁采购、采购价格、采购数量、银行贷款乃至于什么人从事什么工作、工资标准等，都由政府审批决定。具有

---

[1] 蒋学模主编《高级政治经济学——社会主义本体论》，复旦大学出版社，2001，第93页。
[2] 苏东斌主编《"制度人"假设——从计划经济到市场经济》，社会科学文献出版社，2007，第188页以下。

上下游关系的企业之间以及生产者与消费者之间所有的经济联系，都是通过政府审批发生的，企业之间以及企业与消费者之间可能发生的横向经济联系被审批切断。因此，计划经济的本质是彻底消灭市场、竞争和经济自由，审批则是消灭自由经济活动的主要手段。

计划经济管理与国有资源配置模式见图1。

```
                  ┌─► 全民所有制 ─► 国家所有权 ─► 政府代表（国有资源的代表者）
    公有制 ─►    │                                      │
                  │                                      ▼ 资源配置方式：
                  │                                        计划与审批
                  └─► 集体所有制（资源配置模式略）       │
                                                          ▼
                                             （全民所有制）工业企业
```

图1　计划经济管理与国有资源配置模式

运行数十年的计划经济逐步退出历史舞台，但是以该体制为基础建立起来的审批管理体制并未因此而终结。当经济体制从计划走向市场后，这种审批管理体制也随之进入市场。在审批事项方面，现行的审批主要有三大类型：（1）资源配置类审批，凡由政府所有、垄断或控制的自然资源、公共资源以及经营资源，基本上都以审批的方式配置；（2）投资与市场准入类审批，迄今为止，项目投资仍实行审批管理，很多经济活动领域都存在市场准入方面的审批；（3）一般经济管理类审批，如工商管理、标准化管理、金融与外汇管理等方面的审批。

由于大量审批集中在市场有效活动的空间和领域，随着市场经济体制建设的不断推进，过去那种以消灭市场、竞争和经济自由为目的的审批管理制度与新的经济体制不可避免地发生激烈碰撞，并日渐成为新体制建设的制度障碍。市场经济是一种自主交换的经济，这就要求市场之外的力量应减少对要素资源的垄断，让要素资源回归市场。我国的土地、能源、交通、金融等大量要素资源仍为国家垄断或控制，市场在这些领域无法发挥资源的配置作用。市场经济是一种自由经济。投资自由、经营决策自由、营业自由、财产转让自由、合同自由、竞争自由、经济结社自由、消费自由等经济自由是市场的灵魂，市场正是通过经济自由使整个经济活动充满竞争与活力。我国广泛存在的投资与项目审批、准入审批、经营活动审批、经济结社审批等，多是对市场自由的限制。市场经济是一种竞争经济。市场经济中的竞争，表现为"卖者以提供最为价廉物美的产品或者服务而取胜，而买者则以支付更高价格来获得胜利"。① 市场的竞争只有在充分开放的市场环境下才能实现，没有开放的市场，"市场或者任何种类的交易竞争都不存在"。② 市场经济是一种客观经济。我国市场活动中广泛存在的政府定价、政府限价、政府指导价等价格干预手段，容易导致对价值规律的破坏。市场经济是一种高效率经济。复杂的审批程序、冗长的审批期限，直接导致资源配置的低效甚至无效。市场经济是法治经济。稳定、公开、透明的规则使整个市场活动运行有序、预期明确，而作为计划经济产物的绝大部分审批没有标准、没有程序，即使符合条件也不一定能获得批准，这样的审批使整个经济活动充满了不可预测的政策风险。

为了消除旧有审批制度对新体制的干扰，自20世纪90年代后期起，处在改革开放前沿的深圳、厦门等地率先开始了行政审批制度的改革。2001年9月国务院成立行政审批制度改革工作领导小组，标志着行政审批制度的改革在全国拉开序幕。

二 对我国行政审批制度改革现状的分析与评估

基于我国行政审批制度产生的背景与制度特征，改革一开始，国务院就明确"行政审批制度改革的主要目标是建立与社会主义市场经济体制相适应的行政审批制度。行政审批制度改革的效果如何，不仅要看减少了多少审批项目，更重要的是看是否通过改革实现了制度创新"。③ 与改革目标相呼应，行政审批制度改革围绕下列几方面展开。（1）取消审批。对于市场竞争机制能够有效调节的事项、中介组织或行业组织可以自律解决的事项，以及通过事后监管等其他监管手段可以解决的事项，废止事前的审批。（2）放松审批。对于应当放松管制的事项，通过放宽审批条件、合并审批事项、改革审批方式、下放审批权限等放松管制，如将审批改为核

---

① 〔奥〕路德维希·冯·米塞斯：《人的行动——关于经济学的论文》（上册），余晖译，上海世纪出版集团，2005，第301页。
② 〔奥〕路德维希·冯·米塞斯：《人的行动——关于经济学的论文》（上册），余晖译，上海世纪出版集团，2005，第303页。
③ 《国务院召开行政审批制改革工作会》，《法制日报》2001年10月25日。

准，将核准改为备案，① 将中央审批的事项下放给地方，将政府审批的事项下放给事业组织、行业组织等。（3）规范审批。对于确需保留的审批事项，通过健全和完善行政审批程序以提高审批效率。（4）创新审批。对于国家所有或者由国家控制的有限自然资源、公共资源的配置，通过移植市场化的配置机制改革传统的审批配置方式，实现审批方式的创新。

行政审批制度经过十多年的改革，取得的成效是显而易见的。（1）行政审批项目的不断削减促进了市场开放，特别是大量项目投资、市场准入及经营活动方面审批项目的取消，使民营企业、民营资本得以进入众多生产经营领域，由此推动了市场经济快速发展。② （2）行政审批方式的改革、行政审批权力的下放使市场交易环节的管制逐步放松，市场在资源配置中的作用逐渐显现。（3）国有资源配置正逐步市场化。在自然资源、公共资源使用权的出让领域，传统的审批出让正逐步被招标、拍卖等市场化出让手段所替代，这种市场化的资源配置方式不仅实现了资源配置的公平，而且提高了资源的使用效率。近年来，为进一步规范政府所有或控制的有限资源的配置，不少地方试点建立公共资源统一交易平台或者交易中心，将

---

① 在改革之初，国务院行政审批制度改革工作领导小组办公室（以下简称"国务院审改办"）根据审批管制的严厉程度及审批机关自由裁量权的大小，将行政审批分为审批、审核、核准、备案四类。按照国务院审改办对四类审批行为的定义，"审批"最为严格，审批机关的自由裁量权最大，"申请人即使符合条件，也不一定获得批准"。而"核准"和"备案"则相对宽松，审批机关的自由裁量权也较小：对于核准的事项，"只要符合标准，就批准申请人的申请"；对于备案的事项，"行政审批机关在规定的时间内未有异议，申请人即获批准"。参见国务院审改办《关于清理行政审批项目的通知》（国审改发〔2001〕2号）附件3的说明。

② 自2001年国务院启动行政审批制度改革至今，国务院先后发布的与取消和下放行政审批项目有关的文件包括：2001年10月18日发布的《国务院批转关于行政审批制度改革工作实施意见的通知》、2002年11月1日发布的《国务院关于取消第一批行政审批项目的决定》、2003年2月27日发布的《国务院关于取消第二批行政审批项目和改变一批行政审批项目管理方式的决定》、2004年5月19日发布的《国务院关于第三批取消和调整行政审批项目的决定》、2007年10月9日发布的《国务院关于第四批取消和调整行政审批项目的决定》、2010年7月4日发布的《国务院关于第五批取消和下放管理层级行政审批项目的决定》、2012年9月23日发布的《国务院关于第六批取消和调整行政审批项目的决定》、2013年5月15日发布的《国务院关于取消和下放一批行政审批项目等事项的决定》等。除通过发布决定的方式取消和下放行政审批项目外，本届政府还在国务院常务会议上直接决定取消和下放相关的审批事项，包括：2013年6月19日国务院常务会议决定再取消和下放32项行政审批等事项，2013年9月25日国务院常务会议决定再取消和下放75项行政审批事项，2014年1月8日国务院常务会议决定进一步推出深化行政审批制度改革的三项措施，等等。

公共资源的出让集中到交易中心，广东珠海市、福建厦门市、四川成都市、江苏无锡市等一些地方，则尝试以立法形式规范公共资源的统一交易。① （4）行政审批制度的运行逐步规范，审批效率得到提升。为规范行政审批的运行，自21世纪初，浙江绍兴等地尝试建立行政审批中心或便民服务中心，将行政审批事项集中到审批中心，在中心实现"一站式"审批和全过程服务，让需要办理审批的企业和个人能够"进一家门办成，盖一个章办好，收规定费办完，按承诺日办结"。② 现在，行政审批权的相对集中已成为各地方政府普遍的做法。近年来，广州市、宁波市通过并联审批、行政审批的标准化管理等形式，进一步探索提高审批效率的路径。

但是，改革取得的成绩只是初步的，行政审批与市场经济体制的冲突还远没有解决，管理制度的创新还远未实现。

首先，市场的开放极为有限，投资与经营自由远未实现。

传统体制下由国家垄断经营的领域，如基础产业与基础设施、资源与能源的开发利用、教育、医疗与社会福利、社会保障事业、金融服务、商贸流通、国防科技产业等，民间资本与民营企业的进入极为困难。虽然国务院及相关部门一再发文要求各地方政府、各部委应鼓励、支持和引导非公有制经济发展，开放市场，③"鼓励和引导民间资本进入法律法规未明确禁止准入的行业和领域。规范设置投资准入门槛，创造公平竞争、平等准入的市场环境。市场准入标准和优惠扶持政策要公开透明，对各类投资主体同等对待，不得单对民间资本设置附加条件"，④ 但这些政策文件的实施效果极为有限，过高的准入门槛与林立的审批犹如一道道藩篱，将民间资

---

① 参见《厦门经济特区公共资源市场配置监管条例》、《珠海市公共资源市场化配置管理暂行办法》、《成都市公共资源交易管理办法》、《无锡市公共资源交易管理办法（试行）》。

② 参见绍兴市人民政府发布的《关于明确绍兴市便民服务中心管理权限的通知》、《绍兴市便民服务中心各类事项审批暂行办法》、《绍兴市便民服务中心办理事项管理暂行办法》、《绍兴市便民服务中心重大事项联审暂行办法》、《绍兴市便民服务中心投诉督查管理办法》等文件，以及苏州市行政审批制度改革领导小组办公室赴绍兴市便民服务中心学习考察的报告《提高政府行政效率的有效途径》。

③ 参见《国务院关于投资体制改革的决定》、《国务院关于鼓励支持和引导个体私营等非公有制经济发展的若干意见》、《国务院关于鼓励和引导民间投资健康发展的若干意见》、《国家计委关于印发促进和引导民间投资的若干意见的通知》、《建设部关于加快市政公用行业市场化进程的意见》、《交通部关于鼓励和引导民间资本投资公路水路交通运输领域的实施意见》等。

④ 参见《国务院关于鼓励和引导民间投资健康发展的若干意见》（国发〔2010〕13号）。

本死死地堵在了门外。

其次,传统的管理体制与管制手段并没有从根本上被撼动,现行管理体制仍是一种以审批为中心的管理体制。

在中央,自行政审批制度改革起,虽然国务院的决心与改革力度很大,但部委对改革的响应多是表面的。据报道,部委层面对付审批项目改革的办法有:(1)核心的项目不报,报些废弃的;(2)把废弃的项目做成"膨化饼干",一项做成好几项,把要保留下来的项目做成"压缩饼干",把好几项压成一项。① 改革中被取消的审批事项大多是一些含金量很小、基本没有或者没有太多寻租价值,甚至是一些废弃不用的审批事项。自行政审批制度改革以来,经过前六次审批制度的改革,中央部门取消的审批事项据统计已达到69.3%,但公众的感受与这一比例之间存在巨大的落差,社会普遍感觉改革的效果和管制放松的程度非常有限。本届政府履职之初各部门的行政审批事项还有1700多项,这些审批项目大多是关涉各部门核心利益的事项,每一项改革都会面临极大的阻力。这说明,即使在中央层面,行政审批制度也仍存有巨大的改革空间。

在地方,改革的推进更是困难重重。地方响应中央的改革,更多是落实在层层开会与文件的层层转发上,具体到执行上则是层层"跑冒滴漏",中央改革的政策与文件难以真正落实到基层,基层的行政审批大多仍在原有的体制内运转。以工程建设为例,整个建设工程的审批分为立项审批、用地审批、规划报建、竣工验收四大阶段,涉及发改、国土、规划、建设、城管、园林绿化、人防、消防、环保、交通、公安等几十个审批部门。每一阶段的审批都包含了若干个审批事项,如规划报建阶段的审批就有建设项目选址意见书、规划条件许可及变更审批、建设用地规划审批、建设工程规划设计方案审批、建设工程规划审批和建设工程施工审批。每一审批事项又根据内容不同被细分为若干子项目,如建设工程规划审批,在实践中被细分为建筑工程规划审批、建筑工程配套市政设施等规划审批、临时建设工程规划审批、建筑外立面装修规划审批、直接利用道路开

---

① 刘俊等:《"人家都没改,就你们认真改"——审批改革十年博弈路》,《南方周末》2012年9月13日。

口审批、管线安装审批和广告规划审批,① 而每一审批又都捆绑了多项前置性审批。以建筑工程规划审批的办理为例,需要提交的完整的前置性审批资料包括：国土局办理项目使用土地的证明文件,发改委办理项目批准、核准、备案文件,施工图审图机构办理项目设计审查项目合格证书,城管（园林）部门办理行政许可决定书,公安交通管理部门办理项目的交通审查意见,环保部门办理项目的审查批复意见和环境影响评价文件,气象部门办理项目的防雷审批意见,建设部门办理项目建筑节能审查意见。②

在这些审批中,有些审批事项（如建设工程规划审批事项的七个子项）完全可以合并为一个审批事项,有些审批本是管理机关在内部程序中就应当予以解决的问题（如城管园林部门办理的行政许可决定书、公安交通管理部门办理项目的交通审查意见）。将本可以合并的审批分拆成多项审批,将毫无意义的审批作为办理审批的前置性条件,将内部审批外部化,将本应由行政部门自己协调解决的事项统统推给外部相对人,直接导致审批项目不断膨胀。据报道,目前地方政府层面保留的行政审批事项还有1.7万个。③ 广东省被国务院批准为行政审批制度改革的试行省份后,对以往保留、近年新增的1120项审批项目进行清理,其中取消197项,下放和委托130项,向社会组织转移56项,④ 对于保留的行政审批事项,通过联合审批或者并联审批、优化审批流程等方式压缩审批期限。⑤ 但从广东省的改革看,可谓上有压力、下有阻力、旁有掣肘因素。涉及中央部门的审批事项,需要中央部门对广东网开一面,难以得到中央部门真正的支持。往下遇到的阻力,首先表现在审批项目申报上,各部门想方设法瞒

---

① 参见宁波市规划局《建设工程规划许可证（适用于建筑工程项目）办理指南》、《建设工程规划许可证（适用于道路、市政管线、建筑工程配套市政工程等建设项目）办理指南》、《建设工程规划许可证（适用于临时建筑工程项目）办理指南》、《建设工程规划许可证（适用于对建筑外立面进行装修的建设项目）办理指南》、《建设工程规划许可证（适用于设置大中型户外广告固定设施的建设项目）办理指南》、《建设工程规划许可证（适用于道路、长度大于30米管线开口项目）办理指南》。
② 参见宁波市规划局《建设工程规划许可证（适用于建筑工程项目）办理指南》。
③ 史哲：《搞掉行政审批"鸭绒垫"》,《南方周末》2013年10月24日。
④ 《行政审批制度改革先行先试》,http://www.guangzhou.gov.cn,最后访问日期：2014年1月26日。
⑤ 《广州行政审批制度改革投资项目审批799天变39天》,http://news.gz.soufun.com,最后访问日期：2014年1月26日。

报、少报甚至故意漏报,有的部门只报一个母项,子项不报,有一个部门只报了一个审批事项,最后发现这个母项下藏了44个子项。在审批项目的存废上,各部门没完没了地扯皮,说得最多的一条拒绝理由就是"国家安全和社会稳定"的需要。[①] 从被清理掉的项目看,仍多是那些无关紧要甚至已基本不用的审批事项,而真正涉及市场开放、要素资源配置等方面的审批多不在其中。广东的审批制度改革还遭遇未改革地方的掣肘,如广东在不少领域取消了企业资质的评定,但没有资质证书的企业在其他地方则遭遇了市场准入的限制。

为什么历经十多年,行政审批制度的改革仍难有实质性的突破?个中原因十分复杂,主要原因大致有下列方面。

首先,政府对资源及生产经营领域的垄断并没有被真正打破。

作为计划经济长期运行的结果,国家不仅垄断了土地、能源、矿产、金融、交通等几乎所有关键领域的要素资源,而且垄断了从资源开发利用、道路交通基础设施建设到金融、电信、教育、医疗、卫生、社会保障等几乎所有重要领域的生产经营活动。虽历经三十多年的市场化改革,但在这些领域国家垄断的格局并没有被真正打破,一些完全可以放开、根本不具有自然垄断性质的产业也都由国家垄断。如我国的石油行业,从原油开采、炼油、油品输送到成品油的批发与零售,全部被三大石油巨头中石化、中石油、中海油垄断,其中只有油品输送属于自然垄断行业,其他都是应当放开经营的领域。甚至,一些本已向民间资本开放的领域重新被国有化。2009年4月15日,山西省人民政府发布《山西省人民政府关于进一步加快推进煤矿企业兼并重组整合有关问题的通知》,决定对山西省内的煤矿实施兼并重组,计划由七家大型国有煤矿全面吞并小煤矿。这一被外界称为山西省煤矿国有化运动的兼并重组的结果是,山西省所有登记在册的私营中小煤矿被兼并,而这些煤矿都是2004年为响应山西省"资源有偿、明晰产权"的矿权改革有偿取得的。[②] 即使在民营化程度比较高的市政公用事业领域,地方政府引入民间资本的初衷也并非开放市场,其真正的目的有二:一是甩包袱,二是解决资金短缺问题。

[①] 刘俊等:《行政审批改革先行先试——广东放权:忍痛"割自己的肉"》,《南方周末》2012年9月13日。

[②] 肖华等:《世间再无煤老板?》,《南方周末》2009年9月17日。

实际上，目前立法上明确由国家专营、民间资本与民营企业禁止进入的领域并不多，主要集中在邮政服务业的信件寄递（邮政法第 5 条）、烟草业的烟草专卖（烟草专卖法第 3 条）、盐业中的食盐专营（《食盐专营办法》）等方面，大部分经营领域在立法上并未禁止民间资本与民营企业进入，阻挡民间资本或民营企业进入的主要就是准入审批。

其次，政府的管理职能并没有实现根本性的转变。

传统体制下政府的经济职能主要是分配资源，批项目、批物资、批资金是政府的主要职能。从计划走向市场，传统体制下政府资源配置的职能应让位于市场。市场经济体制下也会有审批与许可，但这些审批与许可仅作用于市场失灵的领域，适用于通过包括事后监管在内的其他监管手段不足以解决的事项，主要是稀缺自然资源的开发利用与有限公共资源的配置，自然垄断行业的市场准入，烟酒、枪支、食品、药品等特定行业的经营，污染物排放以及那些需要具备特定专业技能行业的执业等。以美国为例，涉及行政许可的事项主要有两类：一是经济事务方面的许可事项，主要是针对市场机制无法解决的自然垄断（如基础公用事业）、过度竞争（如交通行业）、供给不足的产品与服务设立的许可；二是社会管理方面的许可，主要有为了防止市场机制的消极影响而对有不良外部性影响的产品和行为（如不安全的产品、环境污染）、信息不对称的行业（如金融、食品）、稀缺资源以及公共物品的配置进行管制等实施的许可。[1] 在制度层面，包括审批在内的"由政府实行的管制必须解释为对财产法、民法、契约法等普通法的一种补充"。[2]

但是我国目前大量的行政审批仍集中在企业的日常投资与经营活动，存在于市场可以有效调节的领域。以项目投资为例，虽然 2004 年国务院发布的《国务院关于投资体制改革的决定》要求"改革项目审批制度，落实企业投资自主权。……对于企业不使用政府投资建设的项目，一律不再实行审批制，区别不同情况实行核准制和备案制"，但该决定中所称的"改革项目审批制度"的具体做法也仅是将原来的审批制改为核准与备案制，

---

[1] 汪永清主编《中华人民共和国行政许可法教程》，中国法制出版社，2003，第 305 页以下。

[2] 〔美〕丹尼尔·F. 史普博：《管制与市场》，余晖等译，上海三联书店、上海人民出版社，1999，"原版序言"第 2 页。

而非取消项目审批,这种审批方式的改革只是放松管制而非取消管制。在实际执行中,对投资领域的管制不仅管得宽,而且管得深。投资主管部门制定了范围广泛的产业政策目录,对几十个行业和数以千计的产品投资,分别采用鼓励、限制、禁止三种政策并以此为依据设定相应的审批措施予以管制,而审批监管的对象多为企业或个人特定的投资经营行为,企业或者个人自主投资项目甚至连自主招投标的自由都没有,不招标以及招标范围与招标方式都要报批。在制度层面,调整经济活动的基本制度仍是以审批为中心的管制制度,而非以物权法、合同法等为中心的私法制度。而公共产品的供给严重短缺,市场竞争无序,假冒伪劣产品泛滥成灾,重、特大安全事故频发,自然生态持续恶化,环境污染不断加剧,大量下岗失业人员缺少救济与帮助,这些现象也从另一侧面反映了政府的经济职能并未有实质性的转变。

最后,行政审批权力与审批利益的结合日趋紧密。

在计划经济体制下,虽然政府手握庞大的审批权力,但在高度集权的体制下,这些审批权力很少与经济利益挂钩。实行市场经济后,审批权力所蕴含的巨大经济利益凸显,再加上部门利益、地区利益事实上被承认,利用审批收费成为行政审批中的普遍现象。利益的驱动刺激了审批权的膨胀,没有审批权的机关削尖脑袋往审批行列中挤,有审批权的机关则千方百计扩大审批范围、增加审批事项,导致重复审批、捆绑审批、搭桥审批以及人为肢解审批事项的现象愈演愈烈。虽然在改革中原有的审批项目不断被裁减,但新的审批项目又会不断滋长。笔者曾就房地产开发从立项审批、拿地到完成开发应当缴纳的各种费用问题,对江苏省昆山市的一家房地产开发企业做过调查:除8项税金外,① 各种收费达130多项,占整个房地产销售成本的15%以上,这还不包括企业为了取得这些审批而支付的各种隐性费用。其中,绝大多数收费都是与审批捆绑的,不缴费就无法获得审批。以建筑工程施工许可证的办理为例,捆绑在这一许可证上的收费就有12项。② 审批权力

---

① 8项税金分别是营业税、城市维护建设税、教育费附加、印花税、土地使用税、企业所得税、土地增值税和契税。
② 这些收费项目包括项目报建费、施工许可证费、拆迁管理费、审图费、价格评估费、渣土费、施工噪声管理费、散装水泥费、工程质量监督费、工程造价管理费、安全监督费、劳动定额测定费等。

与利益的高度结合，是审批制度难以被撼动的又一重要原因。

三 法律在规制行政审批制度改革方面出现的问题

行政审批制度的改革需要法律的有效规制，但从改革实践看，法律在规制行政审批制度改革方面的作用远没有发挥出来。

（一）行政许可法在规制行政审批制度改革中出现的问题

2003年出台的行政许可法是一部规范行政许可的基本法，立法所体现的遵循客观规律原则、政府有限干预原则、行政许可法定原则、行政许可设定与实施的公开公平公正原则、便民与效率原则、诚信与信赖保护原则、权力与责任相一致原则，无不体现了市场经济体制对政府干预的基本要求，这些原则正是行政审批制度改革应当遵循的基本准则。如果能够将所有的行政审批都纳入行政许可法的调整范围，那么对行政审批设定、实施和清理的规制作用将毋庸置疑。但事实上，行政许可法不仅规制作用有限，甚至面临被不断架空的危险。

行政许可法在规制行政审批方面的作用难以发挥的原因很复杂，有立法本身的原因，有实施与执行中的问题，本文仅就立法层面的问题进行分析。

由于行政许可法规制的对象是行政许可，而行政审批制度改革的对象是行政审批，行政许可法要有效规制行政审批，不仅要对行政许可的含义与范围有清晰的界定，而且需从立法上明确行政审批与行政许可的关系。在此方面，行政许可法存在下列两个方面的问题。

第一，未能对行政许可的含义、范围与类型进行清晰的界定。在我国，有关行政许可的含义理论上众说纷纭，实践中难以把握。行政许可法对行政许可行为的定义（第2条）过于简单，仅勾勒出了该行为的基本轮廓，"这一定性只是最基本的层面，只是一个维度"，[①] 从中难以看清行政许可的真实面容，实践中很多行政行为依据这一定义难以识别和判断是不是行政许可。从行政许可法第12条规定的行政许可事项范围看，行政许可

[①] 周汉华：《行政许可法：观念创新与实践挑战》，《法学研究》2005年第2期。

的范围标准同样模糊。该条第 1 项规定的直接涉及"国家安全"、"公共安全"、"经济宏观调控"的事项如何判断？在大街上摆摊卖点小商品、在路边叫卖自种的西瓜，是否属于直接涉及公共安全的事项？是否都要管理部门同意？这种同意是否都是行政许可？第 2 项中的"有限自然资源开发利用"、"公共资源配置"、"直接关系公共利益的特定行业"，第 3 项中的"提供公共服务并且直接关系公共利益的职业、行业"，其含义与范围也都较为模糊。行政许可事项范围的边界不清，给执行部门留下了巨大的解释空间。当行政机关需要实施管制时，几乎所有的管制事项都可以通过对行政许可法第 12 条的扩大解释找到依据；当需要接受行政许可法的规制时，又可以通过缩小解释将大量的审批事项从行政许可中分离出去。再从行政许可的形式上看，行政许可法第 39 条归纳了"许可证、执照或者其他许可证书"、"资格证、资质证或者其他合格证书"、行政机关的批准文件或者证明文件以及标签或者印章等主要形式，但立法上归纳的许可证形式远未囊括我国复杂的行政许可。实践中具有行政许可性质的行为可谓五花八门，有许可、特许、审核、认可、认证、证明、确认、批准、批示、同意、答复、意见、评价、评定、认定、鉴定、鉴证、注册、登记、年检、登录、决定、指定、指引、指导、申（呈）报、提交、检查、查验、审验、验证、监制、报告、通告、考试、签证、备案、减免、解除、拍卖、招标、抽签、摇号、指标、配额、号牌、标识、标记、通行证、保荐函、无异议函、准销证、准运证等。立法上对许可证形式过于粗略的规定，使那些不在行政许可法归纳范围的行政许可逃脱了行政许可法的规范。

第二，未能从立法上完全厘清行政审批与行政许可之间的关系。我国虽是一个行政审批大国，但立法上从未定义过行政审批，有关行政审批与行政许可的关系也是众说纷纭，莫衷一是。[1] 在行政审批制度改革之初，有关规范性文件对行政审批的定义有二。一是作为行政审批制度改革对象的行政审批的定义。2001 年国务院审改办在剔除不在改革范围之列的内部审批行为后，将列入改革范围的行政审批的基本含义界定为"行政审批机关（包括有行政审批权的其他组织）根据自然人、法人或者其他组织提出

---

[1] 关于行政审批与行政许可关系的理论争议，参见王克稳《我国行政审批与行政许可关系的重新梳理与规范》，《中国法学》2007 年第 4 期。

的申请，经依法审查，准予其从事特定活动、认可其资格资质、确认特定民事关系或者特定民事权利能力和行为能力的行为"。只要自然人、法人或者其他组织等相对人实施某一行为、确认特定民事关系或者取得某种资格资质及特定民事权利能力和行为能力，必须经过行政机关同意的，都属于行政审批项目范围。把"必须经过行政审批机关同意"作为判断行政审批行为的实质要件，其形式包括了审批、核准、批准、审核、同意、注册、许可、认证、登记、鉴证等，① 这是广义上对行政审批的定义，目的是为行政机关识别行政审批行为提供基本标准。二是为区分审批与审核、核准和备案等不同审批行为而对行政审批的定义。这种情形下的审批，"系指行政审批机关对申请人报批的事项进行审查，决定批准或者不予批准的行为，申请人即使符合规定的条件，也不一定获得批准"。② 这是狭义上对行政审批的定义，目的是识别和区分不同形式的审批行为即审批与审核、核准与备案之间的差异。这一层面的审批只是行政审批中的一种情形，不能作为行政审批的完整定义使用。在行政许可法的立法中，对行政审批与行政许可的关系，立法机关也作了简单化的处理，将行政审批与行政许可视为同一行政行为。③ 但是，行政许可法对行政许可的定义与国务院审改办对作为改革对象的行政审批的定义在形式上又不完全一致，两者之间到底是重叠关系、交叉关系还是包含关系，仍是一个需要通过立法解释进一步明确的问题。

立法对行政许可的模糊界定及对行政许可与行政审批关系的简单化处理，使行政许可法在规制行政审批行为时出现了如下问题。

第一，大量的行政审批被作为非许可类审批而从行政许可中分离，④

---

① 参见国务院审改办《关于贯彻行政审批制度改革的五项原则需要把握的几个问题》（国审改发〔2001〕1号）。

② 参见国务院审改办《关于清理行政审批项目的通知》（国审改办发〔2001〕2号）附件3的说明。

③ 参见杨景宇2002年8月23日在第九届全国人民代表大会常务委员会第29次会议上所作的"关于《中华人民共和国行政许可法（草案）》的说明"。

④ 据考察，"非行政许可审批"一词是国务院办公厅在2004年8月2日发布的《国务院办公厅关于保留部分非行政许可审批项目的通知》中首次使用的。按该通知的说法，这些所谓的非行政许可审批项目"主要是政府的内部管理事项，不属于行政许可"，但从目录所列的211项审批项目看，其中不少审批事项都不属于内部审批事项。这在客观上将行政审批作为行政许可的上位概念，将行政审批划分为许可类审批与非许可类审批。

这直接导致行政许可法所规制的行政许可被限缩到一个非常狭窄的范围。行政许可法能够规制的主要是那些法律、法规及国务院行政决定和地方性法规设定的行政许可，凡不符合行政许可法规定的设定事项和设定权限但又没有被取消的行政审批项目，都被纳入非许可类审批的范围，有的甚至成了行政服务事项。以项目投资审批为例，国家鼓励发展的内、外资项目确认审批，借用各类国外贷款总规模、资金来源及使用方向、国外贷款项目及项目资金申请报告的审批，企业投资项目备案等审批事项，全部被归入非许可类审批的范围，[①] 不再受行政许可法的约束。还有一些审批事项，如公路与水路客运运价及延伸服务收费项目核准、公共停车场收费项目备案、景点门票价格核准、有线电视收费核准、建设项目配套设施价格和收费核准、出租车运价项目核准、城市供水价格和污水处理费收取标准项目核准等，竟成了行政服务事项。[②] 大量的行政审批在实际运行中与行政许可法渐行渐远，这说明行政许可法没有能够起到规制行政审批清理的作用。

第二，在行政许可法实施之后，不符合行政许可法规定的审批事项仍在不断涌出。行政审批制度改革后，虽然原有的行政审批项目不断被清理，但新的审批项目又不断增加，行政审批制度改革就像是割韭菜，割了一茬又长一茬。这种现象在行政许可法实施后，也没有得到有效遏制。广东省在新一轮行政审批项目的清理中发现，上一轮审批改革保留下来的只有590多项，但这次却清理出1120项。[③] 在这些新增加的审批事项中，有些是法律、法规对某一事项设定了审批，但规章或规定扩大了审批范围、增加了审批事项；有些是法律、法规对某一事项作了原则性的管理规定，如要求各级行政机关加强管理、监督、检查、指导等，规章或规定根据这些原则性的管理规定设定了行政审批；还有些根本没有法律、法规依据，

---

① 参见宁波市发展和改革委员会《国家鼓励发展的内、外资项目确认审批办理指南》、《借用各类国外贷款总规模、资金来源及使用方向、国外贷款项目及项目资金申请报告审批办理指南》、《企业投资项目备案办理指南》。
② 参见宁波市发展和改革委员会《公路、水路客运运价及延伸服务收费项目核准办理指南》、《公共停车场收费备案办理指南》、《景点门票价格核准办理指南》、《有线电视收费核准办理指南》、《建设项目配套设施价格和收费核准办理指南》、《出租车运价核准办理指南》、《城市供水价格和污水处理费收取标准项目核准指南》。
③ 刘俊等：《行政审批改革先行先试——广东放权：忍痛"割自己的肉"》，《南方周末》2012年9月13日。

仅仅是根据政府的会议纪要甚至是领导的讲话、批示、指示等设定的行政审批。2012年9月23日《国务院关于第六批取消和调整行政审批项目的决定》第1条中就明确要求，"以部门规章、文件等形式违反行政许可法规定设定的行政许可，要限期改正"，而且要求"探索建立审批项目动态清理工作机制"。从这一规定可以看出，违反行政许可法的规定设定行政审批的现象非常普遍，由于这些审批事项不符合行政许可法的规定，故大多被纳入非许可类审批的范围。这说明，行政许可法并没有起到规制行政审批设定的应有作用。

（二）单行管理立法在规制行政审批中存在的问题

由于行政审批事项多是由单行管理立法设定的，行政审批制度改革同样离不开单行管理立法的规制，但在改革实践中，单行管理立法的规制作用同样未能发挥出来。

首先，单行管理立法未能为行政审批制度改革提供明确的法律标准。

行政审批制度改革的目标有二：一是理顺政府与市场之间的关系，让政府从有效的市场中退出去，让市场在资源配置中发挥决定性作用；二是在需要政府监管的领域理顺事前审批与事中、事后监管之间的关系，监管模式从事前审批为主转向事中、事后监管为主。而在市场经验缺乏、审批过多的中国，要厘清政府干预市场的边界，必须从法律上明确哪些是市场主体能够自主决定的事项，哪些是市场竞争机制能够有效调节的事项，哪些是行业组织或者中介机构能够自律管理的事项。实现从事前审批向事中、事后监管的转变，同样需要从法律上明确哪些是事中、事后监管可以解决的事项。但恰恰在哪些是市场经济体制下仍然需要通过审批监管的事项、哪些是必须取消的审批事项方面，单行管理立法缺少明确的规定，致使行政审批制度改革至今仍处在"摸着石头过河"的状态，行政审批依据什么标准进行清理、调整、废止成为改革中人们深感困惑的问题。在统一的改革标准缺失的情形下，各地方、各部门自说自话、自定标准的改革，使整个行政审批制度的改革呈现分散混乱的状态。

其次，规范性文件的修订与配套法律制度的建设未能与行政审批制度的改革同步推进。

由于绝大多数行政审批事项都有规范性文件依据，行政审批事项的清理、调整、废止必须以规范性文件的清理、修订与废止为前提,但在改革中,规范性文件的清理与行政审批制度的改革未能同步推进,规范性文件修订的滞后不仅制约了行政审批制度的改革,而且使改革直接面临合法性危机。不仅如此,与行政审批制度改革相配套的制度建设亦未能同步展开。行政执法中的行政检查、行政处理、行政处罚、行政强制等监管措施大多以审批为基础进行设定,当审批取消后,其他管理措施因失去了依据和基础而无法继续执行。对于需要政府监管的领域,在审批调整或取消后立法上应当及时建立配套的监管制度,防止因审批的调整或取消出现管理的真空,但在不少需要政府监管的领域,行政审批制度改革后新型的监管制度未能同步建立起来,导致不少已被取消的审批事项又起死回生。

四 规制我国行政审批制度改革的思考

自改革开始,我国行政审批制度改革就陷入了一个误区,认为行政审批制度改革是政府的"自我革命",[①] 没有认识到法律对行政审批制度改革的规制作用。如果没有法律的有效规制,行政审批制度改革不可能取得成功,十多年改革反复证明了这一点。规制行政审批制度的改革,需要不同法律制度的合力作用。

(一) 规制行政审批制度改革需要保障行政许可法的实施与执行

行政许可法从立法理念、法律原则到制度设计都体现了市场经济体制的本质要求,保障行政许可法的实施与执行,以行政许可法规制行政审批制度的改革,对于改革的顺利推进极为关键。

保障行政许可法的实施,首先需要全国人大常委会担负起法律解释的职责。与其他法律不同的是,行政许可法的很多规定原则性强,存在大量不确定的法律概念,其含义都需要进一步解释。在行政审批制度改革过程中,行政许可法之所以难以有效规制行政审批行为,大量行政审批之所以

[①] 杨绍华、易赛键:《行政审批制度改革:政府的一场"自我革命"——访国务院审改办主任、监察部副部长李玉赋》,《求是》2007年第16期。

会从行政许可中分离出来，没有行政许可设定权的机关之所以仍在不断设定新的行政审批项目，行政审批制度的改革之所以与行政许可法渐行渐远，其重要原因之一就在于，行政许可法的很多原则性规定都缺少统一的、权威性的法律解释。如果能够通过法律解释明确行政许可的含义与适用范围，将行政审批行为统一到行政许可法的调整范围，那么，行政审批项目清理中行政机关自说自话以及规范性文件乱设行政审批的问题，在很大程度上能够得到解决。我国立法法第42条第2款规定，"法律有以下情况之一的，由全国人民代表大会常务委员会解释：（一）法律的规定需要进一步明确具体含义的；（二）法律制定后出现新的情况，需要明确适用法律依据的"。立法法规定的这两种需要进行法律解释的情形，在行政许可法的实施中都存在。遗憾的是，全国人大常委会至今没有开展过对行政许可法的法律解释工作，行政许可法实施后出现的大量法律问题多是由国务院法制办予以回复的。但是，国务院法制办非立法法规定的有法律解释权的主体，其解释或者答复不仅合法性、权威性存在问题，甚至有越权之嫌。合法的法律路径应是，国务院法制办就行政许可法规定中需要进一步明确含义的，代表国务院向全国人大常委会提出法律解释要求，由全国人大常委会进行法律解释。经过十多年的改革，行政审批制度的改革进入了深水区，改革的阻力与难度在不断加大，这种情形下，迫切需要强有力的法律规制。因此，全国人大常委会应当实际担负起法律解释职责，对行政审批制度改革中与行政许可法的适用有关的问题，作出明确的、权威的法律解释，特别是在立法已将行政审批与行政许可统一起来的情形下，全国人大常委会应当通过法律解释解决实践中出现的所谓非许可类审批的法律适用问题，从而保证行政许可法对所有行政审批的规制。[1]

保障行政许可法的实施，还需要建立超越于行政审批机关的权威的法律监督机构。行政审批制度的改革涉及每一个行政审批机关权力与利益的

---

[1] 《国务院关于第六批取消和调整行政审批项目的决定》称，要"研究制定非行政许可审批项目设定和管理办法"，这说明国务院也认同了非行政许可审批事项的存在。2014年1月8日国务院常务会议决定进一步推出深化行政审批制度改革三项措施中又指出，"清理并逐步取消各部门非行政许可审批事项。对面向公民、法人或其他组织的非行政许可审批事项原则上予以取消，确需保留的要通过法定程序调整为行政许可，其余一律废止。堵住'偏门'，消除审批管理中的'灰色地带'"，这表明国务院认识到非许可类审批已成为审批部门逃避行政许可法规制的"灰色地带"。

调整，因而需要建立一个超越于行政审批机关的权威的法律监督机构。这一机构应当有能力对设定行政审批项目的规范性文件的合法性进行审查、判断，对于不符合行政许可法规定设定的行政审批项目，有能力督促设定机关纠正，对于设定机关拒绝纠正的，有权提请国务院改变或者撤销，并有权对拒不纠正违法行为的机关与主管人员实施法律制裁。2001年9月24日，国务院决定成立行政审批制度改革工作领导小组，并在监察部设立了承担日常工作的机构——国务院行政审批制度改革工作领导小组办公室。[①]该领导小组的主要职责是指导和协调全国行政审批制度改革工作，研究提出国务院各部门需要取消和保留的行政审批项目并拟定有关规定，督促国务院各部门做好行政审批项目的清理和处理工作，研究处理与行政审批制度改革有关的其他重要问题。但领导小组仅仅是一个综合性的协调机构，而非日常性的法律监督机构，而且其成员中有不少是具有审批职能的部委的负责人，与行政审批制度改革存在重大的利益关系。国务院审改办作为一个临时性的办事机构，其主要职责是清理已有的审批项目，无权直接废止行政审批项目，对于规章及其他规范性文件设定的新审批项目，也无权进行审查和监督，更没有能力进行处理。为有效规制行政审批制度的改革，保障行政许可法的实施，需要建立一个独立的、能够履行跨部门职权的综合性法律监督机构。我们的建议是，以国务院法制办、监察部和中央编办为基础，联合组建规制行政审批制度改革的专门机构——行政审批改革规制委员会。这一机构应能够行使国务院法制办、监察部与中央编办的全部职能，同时可以行使国务院授权行使的其他职权，如对已设行政许可存在必要性的动态评估，新设行政许可项目的审查与论证，定期公布对行政许可的审查处理意见，处理与行政审批制度改革有关的其他重要问题，等等。

（二）规制行政审批制度改革必须依法清理、修订或废止相关的规范性文件

从一开始，我国行政审批制度改革就主要依靠行政手段以政策、文件

[①] 2013年6月，国务院决定行政审批制度改革工作牵头单位由监察部调整为中央编办，国务院审改办设在中央编办。

的形式推动,① 没有将行政审批制度的改革与规范性文件的清理、修改或废止结合起来。由于绝大多数行政审批项目都有规范性文件依据,单纯以行政规定的方式清理和废止行政审批事项,特别是废止法律设定的审批事项,不仅有越权违法之嫌,也难以真正巩固改革的成果。以《国务院关于第六批取消和调整行政审批事项的决定》附件1"国务院决定取消的行政审批项目目录（171项）"为例,在取消的行政审批事项中,有些是国务院的行政法规、行政决定或国务院部门规章、决定设定的审批事项,但还有很多审批事项（如通信建设项目自行招标机构资质认定,通信电子计量校准规范审批,重要地块城市修建性详细规划审批,报关员注册登记,进出境运输工具改、兼营境内运输审批,中资银行业金融机构分支机构变更营运资金审批,中资银行业金融机构分支机构变更营业场所审批,非银行金融机构分支机构变更营运资金审批,非银行金融机构分支机构变更营业场所审批,中资商业银行、农村中小金融机构、城市信用社、外国银行分行、外资独资银行、中外合资银行等设立自助银行审批,外国人来我国从事非国家重点保护陆生野生动物狩猎、采集标本等活动审批,要约收购义务豁免核准四种情形,基金管理公司副总经理选任或者改任审核等）是由招标投标法、计量法、城乡规划法、海关法、银行业监督管理法、商业银行法、野生动物保护法、证券法、证券投资基金法等法律设定的。本届政府履职后,清理、废止审批事项的力度进一步加大。《国务院机构改革和职能转变方案》中提出,要减少和下放投资审批事项,减少和下放生产经营活动审批事项,减少资质资格许可和认定,改革工商登记制度,将注册资本实缴登记制改为认缴登记制,其中不少需要调整或取消的审批事项都涉及法律的修订或废止。不应以显然违法的方式推进行政审批制度改革,遵循法律程序虽然会牺牲部分改革的效率,但是增强了改革的合法性与权威性,并从根本上解决了审批事项的法律依据问题,从长远看也才是真正有效的改革。

因此,行政审批项目的调整与取消,在中央层面,除国务院及其所属

---

① 自2001年改革时起,国务院行政审批制度改革工作领导小组及其办公室先后制定了《关于贯彻行政审批制度改革的五项原则需要把握的几个问题》、《关于搞好行政审批项目审核和处理工作的意见》、《关于搞好已调整行政审批项目后续工作的意见》、《关于进一步推进省级政府行政审批制度改革的意见》等三十多个有关行政审批制度改革的指导文件。

部门设定的行政审批事项，国务院可以行政规定的方式调整或废止外，涉及法律设定的行政审批事项，国务院应当根据宪法与立法法规定的法律修改和废止程序，提请立法机关予以修订或废止。① 在地方，凡涉及地方性法规、上级政府规章设定的行政审批事项的调整或取消，也必须遵循地方性法规、地方政府规章修订、废止程序的规定，通过修订、废止相应地方性立法的方式实现。

（三）规制行政审批制度改革需要行政管理立法的创新

关于行政许可的事项，行政许可法只是为可以设定行政许可的事项提供了一个范围与标准，具体的行政许可是由各行政管理立法设定的，因此，行政管理立法的创新对于革新行政审批、推动政府传统管理职能与管理方式的转变也很重要。从我国现行的行政管理立法看，绝大多数仍沿袭传统的审批管理立法理念。例如：有关管理的立法仍以审批为基础设定管理制度；一个事项由多部门审批，审批的交叉与重叠现象严重；一个事项由多环节审批，完全可以在一个环节审批完成的事项却将其分散到各个环节之中，而每一环节的审批又都以上一环节的审批为前提；将一个审批事项分拆成若干个审批事项分别审批。

从规制行政审批、推动政府职能转变的角度看，行政管理立法的创新主要体现在下列方面。第一，审慎设定审批。审批是一种成本很高的管制手段，应当慎用。立法设定审批时，应当对审批能否解决问题进行充分的评估，以"确定政府管制能否减少不合理的资源配置，或面对相似的制度、技术或者信息约束时能否矫正市场失灵的根源"，② 如果答案是否定的，那就不应该设定审批。在行政管理中，我国至今仍普遍存在迷恋审批、滥设审批的现象，特别是一碰到经济危机，需要宏观调控时，更是将审批作为救命稻草。以房地产调控为例，为有效抑制房价的过快上扬，国务院有关部门采取了包括购房资格审查、借款人资格审查、房屋销售价格

---

① 2013年12月，国务院常务会议围绕落实审批制度改革会议，讨论通过了公司法、海关法、药品管理法等7部法律的修正案草案，决定经进一步修改后提交全国人大常委会审议。这是依法进行行政审批制度改革的体现。

② 〔美〕丹尼尔·F. 史普博：《管制与市场》，余晖等译，上海三联书店、上海人民出版社，1999，第4页。

定价限制在内的多种被视为"史上最严厉"的控制手段。但实践表明，如此调控并未出现有关部门期望的结果，房价上扬的趋势并未得到有效控制，甚至呈现边调边涨、越调越涨的态势。这是典型的"审批失灵"。第二，节约设定审批。对于需要审批管理的事项，立法上应当遵循节约设定审批的原则：能够合并或者集中的审批事项就不应分拆，一个部门可以解决的审批事项就不应多部门分散审批，一个环节可以完成的事项就不应再设定多环节审批。第三，创新审批方式。在必须使用审批管制的领域，应当创新审批方式，改革传统的审批模式。传统观念认为，行政审批与合同交易是两种完全不同的资源配置模式，无法相互替代，但实际上，"在处理市场参与者遇到的问题时，管制不必拘泥于命令和控制的传统形式。行政管制能够借助普通法的形式和程序。管制也可建立允许市场式配置机制运行的规则"。[1] 行政许可法第53条规定，对涉及资源配置的行政许可，行政机关应当以招标、拍卖等公平竞争的方式作出许可决定。这就在行政许可的实施中引入了市场竞争机制，是许可方式的创新。第四，探索建立与新体制相适应的政府监管制度。大量的行政审批事项取消后，政府的监管相应转向事中与事后的监管，建立与新体制相适应的新型监管制度。这是管理立法创新的重要方面。通过统一不动产登记，健全备案、公示、公告等方式建立统一规范的信息管理与信息共享制度，通过行政指导、信息公开、告知与风险提示等方式推进行政服务与行政督促制度，通过行政委托、公共服务外包等方式建立公私合作的监管制度，通过认缴、承诺、申报、保证等方式建立市场主体的自我约束机制，通过统一市场主体社会信用代码、个人征信系统、黑名单等方式系统构建社会信用体系，通过完善的执法监督检查及其相应的处理处罚措施健全对违法行为的矫正与惩戒制度等，都是新体制下所必需的制度建设。

要实现行政管理立法的创新，必须解决我国立法中普遍存在的部门立法问题，各级立法机关特别是全国人大应当收回行政管理立法的起草权。

（四）规制行政审批制度改革需要以立法推动国有企业的转制与退出

行政审批制度改革表面上是政府管理制度的改革，但它与国有企业的

---

[1] 〔美〕丹尼尔·F. 史普博：《管制与市场》，余晖等译，上海三联书店、上海人民出版社，1999，第31页以下。

改革密不可分，特别是有关市场准入的行政审批制度改革方面，没有国有企业的改制与退出，有关市场准入的行政审批制度改革难有突破。中国的市场化改革与国有企业的退出是呈正相关的。凡是市场竞争最充分、市场化程度最高的领域都是国有企业退出比较彻底的领域。凡是国有企业集中的领域，民营资本进入极为困难，民营企业几无立锥之地，而阻碍民间资本、民营企业进入这些领域的制度中，作用力最大的就是准入审批制度。之所以如此，是因为我国的国有企业看似是独立的经营主体，但从国有企业的投资制度（政府作为出资人）到经营管理体制（国有企业的负责人由政府任命、管理、考核并与政府部门的管理人员双向流动），都决定了国有企业实际上是政府在经营。在这样的经营模式下，重要的经营领域全部为国有企业垄断，优质的生产资源被优先、廉价甚至无偿配置给国有企业。国有企业的盈利模式虽然很多，但主要是靠垄断而非市场开放、技术创新、公平竞争实现的，要在国有企业垄断经营的领域开放市场、实现公平竞争，无异于虎口夺食。投资与经营市场开放表面上的阻力在政府、在行政审批，实质性的障碍在国有企业。没有垄断经营的国企的改制与退出，投资与市场准入的行政审批制度改革与市场的全面开放难以真正实现。

为此，建议制定国有企业投资经营法，以立法形式严格界定政府投资的范围，限制国有企业的经营领域与经营范围，让国有企业逐步从竞争性行业中退出去。[①]

（五）规制行政审批制度改革需要以立法切断审批权力与审批利益之间的不当联结

行政审批与行政收费在我国是一对孪生兄弟。行政机关之所以热衷于

[①] 《中共中央关于全面深化改革若干重大问题的决定》就国有企业改革指出，要"准确界定不同国有企业功能。国有资本加大对公益性企业的投入，在提供公共服务方面作出更大贡献。国有资本继续控股经营的自然垄断行业，实行以政企分开、政资分开、特许经营、政府监管为主要内容的改革，根据不同行业特点实行网运分开、放开竞争性业务，推进公共资源配置市场化。进一步破除各种形式的行政垄断"。可以看出，国有企业未来改革的方向，一是逐步向着公益性行业收缩，退出一般的竞争性行业；二是有关公益性行业中国有企业的经营应当以政企分开、政资分开为中心进行改革。这些改革举措的实现都需要以立法形式加以规定。

审批、不肯下放审批权力、一些与市场经济相悖的审批难以废止,一个重要原因就是我国绝大多数审批项目都有收费。行政许可法立法时注意到了这一问题,其第58条中明确规定除法律、行政法规另有规定的外,行政机关实施行政许可和对行政许可事项进行监督检查,不得收取任何费用;第75条规定,行政机关实施行政许可,擅自收费或者不按照法定项目和标准收费的,由其上级行政机关或者监察机关责令退还非法收取的费用,对直接负责的主管人员和其他直接责任人员依法给予行政处分。然而,行政审批中行政收费现象普遍存在,也未见有行政机关或者工作人员因为收取相关审批费用而受到处分。实际上,行政许可法这种一刀切的做法不具可行性,也不一定合理。在必须实施审批管理的领域,向被许可人收取一定的费用具有正当性。"收取规费的正当性在于,国家资源之使用仅有利于特定个人或群体时,基于平等原则之要求,此规费不应由全民负担,而应由该特定人或者群体以等价或者相当分担的原则支付之……因此,可以将规费认为是规费义务人受领国家特定给付的或者利用公共设施所必须给付之对价。"[1] 其实,核心的问题不在于行政审批是否应当收费,而在于收费不能与审批权力和部门利益挂钩,不能让收费成为审批权力追求的目的,要从法律上切断审批权力与审批利益之间的联结,使行政审批中的收费真正服务于公共目的而非部门利益或个人利益。为此,我们希望能够尽快出台行政收费法,借用制度力量将收费与包括审批在内的权力彻底分隔开来。

　　行政审批制度改革是一项复杂的系统工程,除了法律的规制外,还需要政府官员观念的转变,需要政府机构改革、政府职能转变以及政府管理方式的创新等配套制度的革新,需要市场经济体制的不断推动,需要中介组织、行业组织等社会自治、自律组织的发育与成熟,而这些都不是一蹴而就的。我国行政审批制度的改革还有很长的路要走。

---

[1] 萧文生:《自法律观点论规费概念、规费分类及费用填补原则》,台湾中正大学《法学集刊》2006年第21期。

基本权利的功能体系与行政法治的进路[*]

郑春燕[**]

摘　要：以宪法基本权利观之，行政法肩负着授予、运作、规制行政权力，以实现基本权利功能保障的重要使命。两者之间的内在呼应，谱写了德国行政法学的历史脉络，却在梳理我国行政法学的宪法基础时遭遇了解释困境：作为我国行政法学通说的控权理论，理应生发于宪法基本权利的防御权功能，却立基于青睐客观价值秩序功能的宪法规范之上。我国宪法基本权利功能体系的特别安排，根源于社会主义的根本制度，并在权力传统与现实因素的双重作用下形成了以行政为中心的权力格局。因此，行政法学回答问题的场域，应从司法中心拓展到行政过程，在关注个人请求权的传统行政行为概念之外，以行政决策为基本概念，借助行政决策的非正式程序建构，实现基本权利客观价值秩序功能保障。进而，有关以司法中心主义为启动器的中国法治建设模式，也应得到反思。

关键词：基本权利　行政法治　行政决策　非正式程序

---

[*]　本文原载于《法学研究》2015 年第 5 期。本文是陈国权教授主持的国家社会科学基金重大项目"反腐败法治化与科学的权力结构与运行机制研究"（批准号 14ZDA016，笔者为子课题负责人）和耶鲁大学中国中心合作项目"参与式治理的机制与实践：以重大行政决策公开程序为例"的共同成果。《法学研究》编辑部组织的第三届"青年公法论坛"上的同仁，对拙作提出了许多宝贵意见，特此致谢。

[**]　郑春燕，浙江大学光华法学院教授。

一 引言

"宪法消逝,行政法长存。"① 德国行政法学鼻祖奥托·迈耶（Otter Mayer）的这一著名论断,虽已失魏玛共和国特定的时代背景,却勾勒出堪称经典的宪法与行政法相依相生关系。

以宪法基本权利观之,行政法肩负着授予、运作、规制行政权力,以实现基本权利功能保障的重要使命。因此,宪法基本权利的功能变迁,左右着行政任务的定位,并最终决定了行政法治的基本进路:强调基本权利的防御权功能,自然主张行政法扮演驯服行政权的角色;偏好基本权利的受益权功能,不免期待行政法拓展私人请求权的范围,推动政府的给付行政;发展基本权利的客观价值秩序功能,则力主行政法观照个别机制与制度框架,转型为以整体制度的设计促进公共福祉的调控之学。

基于宪法基本权利功能体系与行政法治的内在呼应,虽然可以谱写德国行政法学的历史脉络,却在解释我国当下行政法学的宪法基础时遭遇了困境:作为我国行政法学通说的控权理论,理应生发于宪法基本权利的防御权功能,却根植于更青睐客观价值秩序功能的宪法规范之中。后者对制度保障、组织程序保障、基本权利第三人效力和狭义保护义务的倚重,涉及资源的再分配与利益衡量,具有显著的政治特征,行政由此被宪法赋予更宽泛的裁量权。这样的宪法基本权利功能定位,可否借由以个人请求权和价值为中心的控权理论,在行政法上得以落实?擅长合法性审查的法院,能否妥适地解决具有政治特征的客观价值秩序功能保障争议?若答案为否,行政法学又该如何应对突出客观价值秩序功能的基本权利保障要求?

在这一系列的追问之下,本文大胆地推断,我国宪法的基本权利功能体系决定了以行政为中心的权力格局。因此,行政法学回答问题的场域,应从司法中心拓展到行政过程,在关注个人请求权的传统行政行为概念（对应于宪法基本权利的防御权功能和受益权功能）之外,以行政决策为

---

① 〔德〕奥托·迈耶:《德国行政法》,刘飞译,商务印书馆,2002,1923 年第三版前言,第 17 页。

基本概念，借助行政决策的非正式程序建构，实现基本权利客观价值秩序功能保障。这一推断将会促使我们进一步反思：从法治的角度来看，可否将社会矛盾的暗潮涌动主要归咎于司法不独立？或者，许多行政纠纷背后的基本权利客观价值秩序功能实质，早就预言了法院解决制度性问题的能力不足。面对我国宪法的基本权利功能体系，中国的法治建设是否必须走所谓的"司法中心"路径？或者，以行政为中心的权力格局，已经暗含了发展参与式治理的程序主义法治之契机。

二 作为通说的控权理论及其基本权利功能隐喻

在所有拘束行政法的宪法内容——政治体制、权力机制、法拘束原则等之中，基本权利保障原则对行政法学的发展具有最强的影响力。作为规范私人和政府关系的法律学科，行政法学致力于通过规范行政权力保障私人自主性。因此，基本权利功能的扩张和重心的转移，牵动着行政任务的界定与更新，进而调整着行政与法律的关系。

宪法基本权利功能对行政法的渗透，清晰地刻画在德国行政法学的变迁历史之中。

在当代德国基本法的理论和实践中，基本权利的"主观权利"和"客观法"双重属性得到了普遍的认同。"'在个人得向国家主张'的意义上，基本权利是一种'主观权利'。同时，基本权利又被认为是德国基本法所确立的'客观价值秩序'，公权力必须自觉遵守这一价值秩序，尽一切可能去创造和维持有利于基本权利实现的条件，在这种意义上，基本权利又是直接约束公权力的'客观规范'或者'客观价值秩序'。"[①] 其中，"主观权利"包含防范国家恣意干涉、在请求停止侵害不能时获得司法救济的防御权功能，以及请求国家直接实施特定行为以使公民享有特定利益的受益权功能。"客观法"则产生了客观价值秩序功能，其涵盖了制度保障、组织程序保障、基本权利第三人效力和狭义保护义务四个基本面向。

与古典自由主义的国家学说相匹配，德国基本法中的基本权利在产生

---

① 〔德〕Robert Alexy:《作为主观权利与客观规范之基本权》，程明修译，《宪政时代》1999年第4期。

之初就被赋予了对抗公权力,防止公民的自由、财产和权利受到国家侵犯的神圣使命。因此,基本权利的防御权功能被视为宪法基本权利功能体系的本源与核心。作为对这一意涵的贯彻,早期德国行政法学毫不犹豫地将限制性地驯服干预行政视为基本任务,并据此发展出只有在法律明确授权的情况下方可实施特定干预行为的法律保留原则。① 在这一基本原则的指导之下,德国行政法学致力于以明晰的构成要件,定型化各类干预行政行为,以使私人的防御请求权通过法院的合法性审查获得救济。然而,市场失灵引发的经济危机,使人们不再满足于国家消极不作为的状态。人们对最低生活保障的要求和对经济复兴的热盼,提升了自由权背景下虽已存在却被漠视的基本权利受益权功能。国家由此背负起各种物质、程序和其他相关服务的给付义务。② 这一转型,对行政提出了不同的要求,极大地刺激了给付行政的发展。但受制于受益权功能的主观权利性质,行政法学虽意识到给付行政的受益特征,从而对法律保留的范围作出了不同于干预行政的调整,③ 但整体的讨论框架仍围绕着私人的特定给付请求权展开。由此,整个行政法学在此一时期的进步,仍然局限在行政行为类型的增加,以及与给付请求权相匹配的给付之诉的制度设计中。

实际上,给付行政的发展,除了囊括特定私人的给付请求权,更需要相应的制度、组织、程序等保障,如社会养老保障体系的建立、居民最低生活保障制度的设计等。遗憾的是,给付行政所隐含的客观价值秩序功能一直未受到应有的重视,直到德国联邦宪法法院在1975年终止妊娠案中首次承认国家保护义务,这一状态才得到了彻底的改变。④ 依据该案判决,国家对基本权利不仅不能侵犯,更须承担帮助与促进的义务。具体至行政

---

① 另一项基本原则为法律优先原则,它是德国基本法上法拘束原则在行政法上的具体体现。关于德国依法行政原则的相关论述,参见〔德〕哈特穆特·毛雷尔《行政法学总论》,高家伟译,法律出版社,2000,第103页。
② 张翔:《基本权利的受益权功能与国家的给付义务——从基本权利分析框架的革新开始》,《中国法学》2006年第1期。
③ 对于给付行政的法律保留范围,在德国行政法上经历了无须保留说、全部保留说和重要事项保留说的不同阶段。目前,有关"在影响基本权利时,特别是在敏感的基本权利领域,即使提供给付也需要专门的法律根据"的重要事项保留说为主流观点。参见〔德〕汉斯·J.沃尔夫等《行政法》,高家伟译,商务印书馆,2002,第345页。
④ 陈征:《基本权利的国家保护义务功能》,《法学研究》2008年第1期。1958年的吕特案虽已承认基本权利的客观价值秩序性质,但未清晰地提出国家保护义务。

机关,则意味着承担以整体制度的设计促进公共福祉的形塑社会任务。于是,行政权与基本权利的关系,自然就从防御权功能下的对立,迈向了客观价值秩序功能下的合作甚至依赖。行政任务的重大转型,为德国行政法学的发展提出了严峻的课题:行政形塑社会的过程,需要充分考虑各种利益并协调行政制度内外的关系,对于这样一种复杂的行政过程,广泛裁量授权趋势不可避免,从而极大地限制了以明晰构成要件为前提的法律保留原则的作用空间。与此同时,行政行为作为行政活动特定时点的产物,难以照顾到动态的行政过程和多元法律关系,不宜继续扮演所有行政活动的基本分析工具角色。失却了这两项重要前提,德国行政法学以个人请求权和价值为视角并辅之以法院审查的模式不断受到挑战。"传统以来的规范原则虽然不会被放弃,但是规范原则必须被加以补充,而且丧失其在体系中一切之支配地位。未来规范原则通常仅能作为其基本模式之功能,然后与其他建构形式及模式共同组合成多面单元的规范体系",[1] 行政法学的调控学研究正在德国兴起。

德国行政法学与基本权利功能体系的呼应与转换,为审视我国行政法学总论的宪法基础提供了对比分析视角。

我国当代行政法学自 20 世纪 80 年代肇始便奉依法行政为圭臬。从行政诉讼法的率先问世,到国家赔偿法、行政处罚法、行政复议法等的陆续出台,尽管立法者在保护公民权利的立法目标之外,总不忘附加保障行政权的期待,[2] 行政法学的相关研究却主要聚焦于管控行政授权的源头,明确行政机关的权限,通过完善不同类型的行政行为构成要件与程序,以行政诉讼为中心控制行政权力。从 20 世纪 90 年代中期开始,以罗豪才为代表的部分行政法学者,尝试以平衡理论反思行政权力与行政相对权利的关系:"概而言之,在与行政管理有关的任何一种具体法律关系的权利义务结构都具有某种不对等性。但是,这些不对等性并非指向同一方向,而是错综复杂,彼此相抵。……它们在既密切联系又相对独立的条件下形成彼

---

[1] 〔德〕施密特·阿斯曼:《秩序理念下的行政法体系建构》,林明锵等译,北京大学出版社,2012,第 20 页。
[2] 2014 年修订的行政诉讼法已将原第 1 条中有关"维护和监督行政机关依法行使行政职权"的表述,修改为"监督行政机关依法行使职权"。

此抗衡。"① 然而，平衡理论并未实质影响控权理论在行政法学界的统治状态。行政许可法、《政府信息公开条例》以及行政强制法颁布之后，学界讨论的范围仍然集中在对相关行政行为的要件分析，以及相应的诉讼受案范围或裁判方式的调整方面。近年来，行政法学研究虽呈现了"从单纯的国家行政扩展到公共行政，从管制行政扩展到服务行政，从命令行政扩展到合作行政"的趋势，但"要求行政权力的行使遵循合法的准绳，并研究确保法治行政得以实现的各种机制，以及规范行政权运作的一系列普遍性原理和原则"的宗旨，未有根本的改变。②

我国行政法学控权的思路，与德国早期行政法学的构思具有惊人的相似之处：视行政权力为公民权利的对立面，以职权法定、越权违法的合法性原则为基调，通过规范各种类型的行政行为构成要件，最终借助法院之手防范行政机关滥用权力。形式对比之下，一个推论应运而生：和德国早期行政法学一样，我国行政法学的控权理论通说理应根植于宪法基本权利的防御权功能之上，追奉古典自由主义国家学说。但是，作为我国行政法学发生、发展根基的1982年宪法，果真是如此言说的吗？

三 基本权利的客观价值秩序功能基调及以行政为中心的权力格局

我国1982年宪法自实施之日起共经历了四次修正。除2004年修正案将"国家尊重和保障人权"新增为原第33条第3款内容外，第二章其余17个具体涉及公民基本权利的条文（第34条至第50条），均未有过调整。

对该18个条文的梳理显示，宪法制定者在规定公民基本权利时，分别采取了"有自由"、"不受侵犯"、"有权利"、"国家发展"或"国家保护"等不同的措辞，用以表明公民基本权利的不同功能面向，进而指向国家的不同法律地位。某些条文的相关条款，结合使用了多种表述，更是塑造了复合的国家法律地位。以基本权利的三大基本功能面向为标准，我们可以

---

① 罗豪才、沈岿：《平衡论：对现代行政法的一种本质思考——再谈现代行政法的理论基础》，《中外法学》1996年第4期。
② 应松年：《中国行政法学60年》，《行政法学研究》2009年第4期。

将国家的法律地位大致划分为以下三类（见表1）。①

表1 宪法基本权利条款的功能分类

宪法表述	宪法条文	基本权利功能	国家的法律地位
"不得强制……"、"不得歧视……"、"公民的……不受侵犯"或"禁止……"	第36、37、38、39、40条	防御权功能	不得恣意干涉和侵害
"有关国家机关必须……"或"有获得……的权利"	第41、45条	受益权功能	确定的积极作为义务
"国家保障"、"国家发展"、"国家帮助"、"国家培养"或"国家保护"	第33、36、40、42、43、44、45、46、47、48、49、50条	客观价值秩序功能	不确定的提供制度保障、组织程序保障、设计基本权利第三人效力或狭义保护义务

（1）基本权利表现出防御权功能，国家处在不得恣意干涉和侵害的法律地位。宪法第36、37、38、39、40条，采用了"不得强制……"、"不得歧视……"、"公民的……不受侵犯"或"禁止……"的表述，表达了公民基本权利的防御权面向。其中，第36条将国家机关直接列明为"不得强制"和"不得歧视"的主体。第37条和第40条虽无明确的主体表述，但从第37条第2款有关"非经人民检察院批准或者决定或者人民法院决定，并由公安机关执行"的规定和第40条有关"除因国家安全或者追查刑事犯罪的需要，由公安机关或者检察机关依照法律规定的程序对通信进行检查外"的内容来看，国家机关是此处防御权主要指向的可能侵权主体。第38条的人格尊严与第39条的住宅权利，虽未明确指向国家，但国家和其他组织、个人一样，都不得侵犯人格尊严或非法搜查、侵入公民住宅。

（2）基本权利表现出受益权功能，国家处在积极作为的法律地位。宪法第二章中，只有两个宪法条款涉及公民直接向国家请求特定的利益：第41条，明确规定了对于公民的申诉、控告或者检举，有关国家机关负有查

---

① 对此分类，有三点需要说明：其一，由于1982年宪法制定时国家社会高度统一的时代背景，宪法部分条款包含着国家以外的私人对公民基本权利的保护义务，但这里不再展开；其二，对相关条文基本权利功能定位的分析，以规范上明确追求的功能为标准，对于一些隐含的功能，不予考虑，如宪法第45条获得物质帮助的权利，直接显示的是受益权功能，至于其隐含的抵御国家侵害的意义，不作分类考虑；其三，宪法第33—50条中提到的自由，是作为权利的自由权。

清事实和处理的义务；第 45 条，明确了公民在年老、患病或者丧失劳动能力的情况下，有直接从国家和社会获得物质帮助的权利。国家对于基本权利的实现直接负有积极的给予物质、程序和其他服务的义务，符合基本权利的受益权功能特性。

（3）基本权利表现出客观价值秩序功能，国家处在提供制度保障、组织程序保障、设计基本权利第三人效力或狭义保护义务的法律地位。在 18 项基本权利规定中，共有 12 个条款（第 33、36、40、42、43、44、45、46、47、48、49、50 条）以"国家保障"、"国家发展"、"国家帮助"、"国家培养"或"国家保护"的措辞，宣告国家有必要创造和维持有利于基本权利实现的条件。其中，第 36、40 条是在明确国家不得干预和侵害的法律地位后，进一步要求国家以提供客观价值秩序的形式，促进基本权利保障。在这里，基本权利构成一切国家机关行为的准则，所有国家机关的活动都受到基本权利的约束；同时，国家机关对何时及如何促进基本权利实现，拥有广泛的形成裁量，公民无直接请求国家为特定行为的权利。

另外，在宪法"公民的基本权利和义务"一章中，有两个条文（第 34、35 条）在表达"公民有……的权利或自由"之后，未有其他任何追加性的说明，故无法仅从规范表述清晰地判断基本权利的功能定位。

规范分析的结果，向我们展现了不同于西方国家以防御权为核心的基本权利功能体系。如果我们认同"公民"以外的其他"私人"也可以作为基本权利的宪法主体，① 那么宪法总纲部分对国有经济、城乡集体经济组织、非公有制经济、外国的企业和其他经济组织或者个人的保障性规定，将进一步调浓我国宪法青睐基本权利客观价值秩序功能的色彩。这是我国"一般公众、学者、立法者在很大程度上将宪法基本权利视为通过立法程序制度的规范，注重国家立法机关与行政机关的保障"的原因所在。有学者对此提出了批判，强调不能忽略"古典基本权利基于先国家性和前宪法性的防御权特点，及个人权利的请求权特征"。② 固然，对基本权利防御权功能的忽视需要得到纠正，以使个人基本权利可以对抗公权力，并在受侵

---

① 关于"公民"以外的其他"私人"，如法人或其他组织是否具有基本权利的宪法讨论，可参见杜强强《论法人的基本权利主体地位》，《法学家》2009 年第 2 期。
② 郑贤君：《作为客观价值秩序的基本权——从德国法看基本权保障义务》，《法律科学》2006 年第 2 期。

害时获得司法救济。但近来出现的"强调基本权利概念的对抗性价值,而忽略了宪法文化的差异性,也就是'对抗性'背后的'协调性'元素,没有客观地分析西方国家基本权利文化与传统,把'防御性'功能绝对化"的研究趋势,[①] 同样需要警惕。

我国宪法基本权利功能体系以客观价值秩序功能为核心的制度安排,有其特殊的政治经济体制意义,并延伸出了以行政为中心的权力格局。1982年宪法制定之初,我国虽已开始探索实行市场经济的可能性,但仍强调计划经济的主导性:"国家在社会主义公有制基础上实行计划经济。国家通过经济计划的综合平衡和市场调节的辅助作用,保证国民经济按比例地协调发展。"(1982年,第15条第1款)在当时的制宪者看来,计划经济是直接体现社会主义制度优越性的、具有意识形态色彩的经济制度,其根本地位不容置疑。而国家不仅能够通过计划发展经济,也能够通过计划管理社会、保障权利。因此,尽管当时宪法已经包含了前述体现防御权功能的几个条文,制宪者更期待的,却是通过国家承担积极作为责任,创造和维持有利于基本权利实现的条件。随着对市场经济认识的深化,在1992年邓小平同志"南方谈话"后,1993年的宪法修正案将第15条第1款修改为"国家实行社会主义市场经济",不再强调计划的社会主义特色,但仍然明确重申了国家的宏观调控权限:"国家加强经济立法,完善宏观调控。"(1993年,第15条第2款)之后,1998年、2004年两次宪法修改,均未动摇国家对社会发展的宏观调控地位。2013年11月12日通过的《中共中央关于全面深化改革若干重大问题的决定》,更是将"健全宏观调控体系"作为"加快转变政府职能"的首要任务。

我国政治经济体制对国家积极作为责任的期待,注定了与宪法基本权利客观价值秩序功能的紧密联结。相较于赋予公民个人请求权以排除侵害的防御权功能,前者更注重通过制度的配套、组织的设置、程序的安排以及对私人关系的介入,在客观上促成基本权利的保护。而无论哪一层面的展开与实现,都远远超出了单向度的个体价值保护思维,涉及多元利益的充分衡量、有限资源的合理分配与制度之间的复杂协调。这一具有显著政治色彩的角色,本应主要由立法者扮演,"国家的保护义务主要是立法机

---

① 韩大元:《基本权利概念在中国的起源与演变》,《中国法学》2009年第6期。

关的义务,也就是说,基本权利实现的各种前提性条件,主要是由立法机关通过制定法律而使之完备"。① 但是,受传统文化和政治体制安排的影响,我国政府从一开始便扮演统领者的角色,并被赋予广泛的裁量权限。"由于历史和现实的原因,中国法治化进程主要是政府主导,政府与社会互动的模式。它强调在市场经济羽翼未丰,民主化进程有待推进,社会自治能力较为欠缺的情况下,在不排斥社会对法治推动力的前提下,政府在某些领域运用一定的强制力规制经济和社会的法治建设。"② 近年来,市场经济的发展虽促使国务院一再放权,但在全球化浪潮和风险社会的双重作用力下,政府在形塑社会的整体任务上,丝毫未敢懈怠。"政府的经济调节、市场监管、社会管理和公共服务职能基本到位"(《全面推进依法行政实施纲要》,国发〔2004〕10号),已经被清晰地列为全面推进依法行政的十年目标。在此定位引导之下,我国的行政机关更加积极、全面地投入以制度设计促进公共福祉的客观价值秩序建设之中,形成了具有我国特色的以行政为中心的权力格局。

以此观之,着眼于个人请求权和价值的传统行政法学控权理论,虽可转换宪法基本权利的防御权功能,补强我国行政机关的权利意识,却难以承载行政肩负的以整体制度之安排促进基本权利保障的核心职责。行政调控所要求的实效性及其隐含的协调多方利益的政治要素,超出了法院传统合法性审查的范围,"规范化必须认识到,除了遵守法标准外,行政行为还要遵守其他'规范性取得',例如效率性、弹性以及可接受性等标准"。③ 作为规范国家与国民关系之法,"无论是基于社会环境事实条件的变迁,或是因为宪法中国家观的改变,只要国家与其国民之间的关系有重大的改变,行政法体系就不能不随之变异"。④ 既然我国宪法主要基于客观价值秩序功能调整国家与公民之间的关系,行政法学的研究就应该针对行政形塑社会的特别任务,发展相应的行政法制度与方法。

---

① 张翔:《基本权利的双重性质》,《法学研究》2005年第3期。
② 孙笑侠、郭春镇:《法律父爱主义在中国的适用》,《中国社会科学》2006年第1期。
③ 〔德〕施密特·阿斯曼:《秩序理念下的行政法体系建构》,林明锵等译,北京大学出版社,2012,第57页。
④ 陈爱娥:《行政行为形式—行政任务—行政调控:德国行政法总论改革的轨迹》,台湾《月旦法学》2005年第5期。

四 客观价值秩序功能保障：行政决策的
非正式程序建构

以行政为中心的权力格局，迫使我们将目光从行政与私人点状接触的行政行为扩散到更为动态的行政决策过程。与行政行为聚焦于对私人特定时点的法律效果不同，行政决策意指行政机关为了实现特定行政任务，就组织机构、财政资源、信息技术、利益衡量等所作的整体制度安排。决策的过程，需要考虑到行政体系的自身运作、行政制度与其他制度的互动关系、决策之间的内在关联，以及决策对特定私人的影响（就此而言，行政决策可以包含行政行为）。正是行政决策所具有的调控特性，使其成为承载宪法基本权利客观价值秩序功能的主要行政活动。遗憾的是，行政控权理论对基本权利防御权的推崇，使我国行政活动的"重头戏"长期游离于行政法学研究的视野。

与行政法学界淡漠的研究态度相反，出于对行政决策引发的大量群体性事件的警惕，中央对规范行政决策早有强调。《全面推进依法行政实施纲要》（第 11—13 条）、《国务院加强法治政府建设的意见》（第 11—13 条）、《关于深化政务公开加强政务服务的意见》（第 4 条）、《中共中央关于全面推进依法治国若干重大问题的决定》（第三部分第二项）等重要文件中，均作了专门规定。细致梳理相关条款，可以发现中央将健全行政决策机制的重心落足于行政决策的程序设计，公众参与、专家论证、风险评估、合法性审查和集体讨论决定被视为重大决策的必经程序。在中央文件的指导下，一些地方政府纷纷草拟或出台"重大行政决策程序规定"的政府规章，致力于将上述要求固定为法定程序。

以程序规范行政决策的进路，能否实现宪法基本权利客观价值秩序功能保障的目标？进而，行政决策的程序设计，是简单地复制立法程序，还是需要另辟蹊径？

对于这两个问题的回答，需要回溯到行政决策的特性。一如前述，作为转换宪法基本权利客观价值秩序功能的载体，行政决策因涉及整体制度安排，不可避免地被打上了衡量多元利益、分配有限资源与协调复杂制度的烙印。对各种因素的综合考量和适时审查，需要广泛的裁量空间；而价值分化、共识难谋的社会现实,又使何种基本权利应被优先保护、如何保护等决策事项难获一致认同。两者合力之下,由立法者事先拟定实体要件,操控行政决策的具体内容,几成不可能之任务。于是,一种新的以目的为导向的法律范式被提出:"在'目的模式'中个案之决定应否被作成,乃取决于其是否能达成法律所要求之目的,亦即其乃取决于该行为之效果。换言之,决定者的工作不再是对过去事实的调查,而是对其行为之未来效果加以预测,以决定是否作成该决定。因此,其乃'输出取向'、'未来取向'。"① 也就是说,"目的模式"下行政决策者所面对的利益衡量空间与立法者无甚差异。问题在于,行政机关并不具备立法者所拥有的代议制民主基础,行政决策概括性的组织规范依据亦不足以为决策过程中宽泛的形成裁量证成。于是,以参与辅助决策裁量运作,以慎议提升决策可接受性的程序主义法治,成为整合多元利益的正当化之路。②

需要警惕的是,虽然立法和行政决策都是转换宪法基本权利客观价值秩序功能的活动形式,但区别于立法结果的普适性和更强的行为引导性,行政决策显然更青睐于追求特定行政任务的完成与行政效能的提升。因此,尽管同样囊括公开、参与、论证等基本要素,但行政决策程序的整体设计不能完全复制以正式程序为主的立法程序,而应该更多地考虑具有灵活性的非正式程序。

美国行政法学就利益代表模式积累的失败教训,可以作为前车之鉴。美国"新政"之后,行政裁量不断膨胀,行政机关拥有堪同立法机关的形成权限。当行政机关的职责被界定为协调具有竞争性的私人利益时,"规制决定在本质上是政治性的"。③ 对此,不论是传统模式下的"传送带"模式,还是"新政"初期的专家模式,都不能给予足够的正当性。为了解决广泛裁量授权带来的民主不足和可能产生的权力滥用威胁,美国著名行政法学家理查德·B. 斯图尔特(Richard B. Stewart)在 1975 年发表的重磅文

---

① 张铜锐:《合作国家》,载翁岳生教授祝寿论文编辑委员会编《当代公法新论》中册,元照出版有限公司,2002,第 570 页。

② 对于"普遍主义的共识不可得,又期待存在某种可预期性的道德,那么承认共识的可修正性就自然成为妥协之后的选择"的程序主义行政法治的论述,参见郑春燕《程序主义行政法治》,《法学研究》2012 年第 6 期。

③ Sidney A. Shapiro, "Administrative Law after the Counter-Reformation: Restoring Faith in Pragmatic Government," *Kan. L. Rev.* 48 (2000), p. 696.

章《美国行政法的重构》中，开出了复制立法程序的利益代表模式之药方，以期使所有受影响的利益都能在具有立法特征的行政裁量运作过程中得到公平的代表。其中，正式听证程序是各利益团体表达意见的主要途径。相关的配套制度，包括影响报告、诉讼资格的扩张和严格审查标准的适用。[1] 然而，利益代表模式并没有根治行政裁量滥用及其带来的民主不足问题。相反，听证程序的复杂过程、应对影响报告的烦琐工作，加剧了规制疲软："法律人推动的利益代表模式导致了规制过程的明显迟缓。主要的规章至少需要5年才能被通过。司法审查更会带来额外的迟延，若一项规制被法院撤销，还需要重新启动规则制定程序。其结果就是规则制定程序的'僵化'。"[2] 时隔28年之后，当斯图尔特重新审视利益代表模式时，该模式对正式程序过分倚重从而造成的程序僵化弊端清晰可见。

反观我国各地正在草拟或已经出台的"重大行政决策程序规定"，在未有学理清晰指引的情形下，其显然未能充分关注程序的形式选择与行政决策所负的行政任务及其宪法基本权利功能体系之间的内在联系。大多数草案或政府规章，均将听证程序作为重大行政决策过程中公众参与的主要途径，重点规范听证代表人的遴选、听证记录的作出等，而视非正式的座谈会、协商会为附属形式。[3] 如此一来，本就备受质疑的听证参加人的代表性问题，势必在将来成为攻击行政决策程序"走过场"的火力点。而听证程序烦琐的准备环节、对听证记录本身的过度强调，以及试图赋予所有程序参加者公益诉讼资格的努力，更会损毁行政决策自身的灵活特性，降低规制的实效。既然行政决策主要是作为宪法基本权利客观价值秩序功能的承担者，那么在程序的设计上就不应青睐参与个体主观权利的厘定和司法救济资格的扩张，而应将重心转移到那些有利于信息汇集、意见交流、分歧消除和共识形成的，更加个性化、多样化的非正式程序之上，以推动

---

[1] 参见 Richard B. Stewart, "The Reformation of American Administrative Law," *Harvard Law Review* 88 (1975), pp. 1717–1759。
[2] Richard B. Stewart, "Administrative Law in the Twenty-First Century," *New York University Law Review* 78 (2003), p. 447.
[3] 如《上海市重大行政决策程序规定（草案）》（2012年8月20日"中美行政决策程序与机制研究会"，内部交流稿），总共31个条文，就有5个条文专门就行政听证如何实施进行规定。广州市政府于2011年1月1日实施《广州市重大行政决策程序规定》（广州市人民政府令第39号）之后，专门颁布《广州市重大行政决策听证试行办法》（穗府办〔2011〕32号），作为配套制度。

相关制度的出台并提高制度的可接受程度。如美国环境保护局（EPA）在作出行政决策的过程中，仅公众参与的形式就有告知（inform）、咨询（consult）、参与（involve）、合作（collaborate）、授权（empower）五种，参与力度依次递增，公众对决策的影响也随之渐强。其中，合作形式会在最大可能的范围内，吸收公众的意见和建议；授权形式则直接将作出决定的权力赋予私人，行政机关遵守私人作出的决定。[1] 实践中，EPA 会根据所涉决策的重要性、影响面、异议程度以及 EPA 通过决策程序预期实现的目标等，灵活地选择一种或多种方式与公众沟通或合作。这种机动多元的非正式程序选择机制，增强了行政机关协调利益、分配资源的能力，增进了公众对决策的理解，也提高了可接受度，最终提升了创造和维持有利于基本权利实现条件的可能性。

与此同时，行政决策程序的非正式性和可选择性，决定了行政决策内容的开放性与可变性。在宪法基本权利客观价值秩序功能的目标指引下，行政机关与私人之间的相互关系呈现变动不居的特征。为了规范行政决策过程中的公私关系，必须借助行政法律关系作为基本的分析工具，在每一个特定的决策中，根据实体法律法规的规定和最终确定的非正式程序，剖析行政机关与私人的法律地位以及由此引发的法律责任。特别需要注意的是，行政内部的组织关系会对外部关系产生影响，行政决策之间也会相互掣肘；当行政决策的参与者是组织时，还可能发生组织损害个体基本权利的情形。这些都应作为分析行政决策的法律关系的大背景。

结语　司法中心之外的法治可能性

对宪法基本权利功能体系与行政法学总论内在关系的梳理，揭示了我国宪法基本权利的客观价值秩序功能的核心地位，以及行政法学控权理论暗含的根基偏颇，并指出了以行政决策为基本概念的非正式程序行政法治路径。这一系列论证，促使我们反思行政法学基础理论的转型和行政法学

---

[1] 2013 年 3 月 18 日上午 11：00—11：45，在美国环境保护局办公室，对美国环境保护局冲突预防和纠纷解决中心（Conflict Prevention and Resolution Center）资深替代纠纷解决专家、顾问（Senior ADR Specialist/ADR Counsel）David Batson 的访谈。

研究方法的更新,同时为正在进行的行政程序立法和行政诉讼制度改革指明了不一样的方向。

面对由我国政治经济体制决定的宪法基本权利功能体系,需要检讨的也许不仅仅是我国的行政法学基础理论。自 20 世纪 80 年代初恢复法制以来,法学同仁一直致力于探索我国法治的基本模式。移植或借鉴西方国家的法治模式自然成为最强声音。一如前面对德国宪法基本权利功能体系发展历史的介绍,西方主要国家在法治建设初期,在古典自由主义国家学说和古典自由主义市场经济体制的前提下,无一例外地推崇基本权利的防御权功能,发展出以法院为中心的强调主观权利保障的法治模式。这一图景,被诸多的中国法学者描述为法治的理想模式,并以此为范本,将中国法治建设能否成功押注在司法改革之上:"司法改革不仅仅涉及法院或司法机构;它涉及社会调整和国家治理模式的改变,涉及社会意识的改变,甚至是人们思想方式的改变。"[①] 司法改革甚至司法独立由此被视为中国法治改革的启动器。然而,宪法基本权利客观价值秩序功能延伸出的许多公私关系(尽管不排除客观秩序主观化的可能),绝非是否承认私人有无特定主观权利的简单法律问题,它涉及公权力对整体资源的配置与多元利益的协调,超出了法院合法性审查所能解决的范畴。正因如此,一些地方法院才会试图通过赢得党委的支持,获得更多规制行政行为的空间。"依靠党的支持和多种改革措施的设计,T 法院在行政机关面前提升了自己的地位,营造了更多规制行政行为的空间。所有这一切的发生不是因为司法已经独立。恰恰相反,关键在于法院积极地寻求和确保党政系统的支持。"[②]

援引法社会学的观察结果,并非否定司法改革的重要性,而是意在指出,我国宪法基本权利客观价值秩序功能为核心的定位,决定了法院有限的作为空间。强加法院过重的法治建设责任,容易造成民众期望与法院解决制度性问题能力之间的巨大落差,从而毁损法院的司法权威,挫伤人们对法治的信心。事实上,即便是西方法治国家,随着行政任务的转型和旨在实现行政任务的公私合作关系的建立,以司法为中心的传统法治模式也

[①] 贺卫方:《中国的法院改革与司法独立——一个参与者的观察与反思》,《浙江社会科学》2003 年第 2 期。

[②] Xin He, "Judicial Innovation and Local Politics: Judicialization of Administrative Governance in East China," *The China Journal* 69 (2013), p.41.

正在受到质疑,"合作的视角要求我们重新思考规制过程中的公私关系和责任。对这些角色的重新界定,必然会将法院从行政法理论的中心推向边缘"。① 纠结于西方传统的法治模式而不能,不如回溯到我国宪法的根基,直面以行政为中心的权力格局,发展以规范行政过程为核心的、参与式治理的程序主义法治。

---

① Jody Freeman, "Collaborative Governance in the Administrative State," *UCLA L. Rev.* 95 (1997), p. 45.

滥用知情权命题的逻辑及展开[*]

王锡锌[**]

摘 要：在我国信息公开实践中，出现了申请人大量申请、反复申请政府信息公开的情形。司法实践将此类申请行为界定为"滥用政府信息申请权"或"滥用知情权"，并认为此类行为构成权利滥用。权利滥用概念发源于民法领域，但禁止权利滥用这一对民事权利行使的限制性原则，对公法上权利的行使也应具有可适用性。无论在理论上还是实践中，作为知情权之重要内容的信息公开申请权，均存在被滥用的可能性。不过，由于公法上权利关系的特殊性和知情权的复合性功能，在将发源于私法领域的禁止权利滥用原则适用于公法上的知情权问题时，必须对该原则的适用进行严格的范围界定和规则限制，通过对知情权行使的原则设定、滥用权利行为的类型化以及建构滥用权利的测试标准等途径，抑制行政机构和司法机关适用权利滥用原则的自由裁量空间，从而实现对知情权的权利保障和抑制权利滥用之间的平衡。

关键词：信息公开　知情权　权利滥用　纠缠性申请

---

[*] 本文原载于《法学研究》2017年第6期。
[**] 王锡锌，北京大学法学院教授，博士生导师，教育部人文社会科学研究基地北京大学宪法与行政法研究中心副主任。

一 "信息公开申请权滥用"命题的提出

自 2008 年 5 月 1 日《中华人民共和国政府信息公开条例》（以下简称《条例》）实施以来，对公民、法人或者其他组织可能滥用政府信息公开申请权的问题，实务界时有担忧。但是，何为"滥用知情权"，对滥用知情权该如何抑制，《条例》本身对这些问题并没有规定。关于申请信息公开，《条例》第 13 条规定，除行政机关主动公开信息外，公民、法人或者其他组织还可以根据自身生产、生活、科研等特殊需要，向国务院部门、地方各级人民政府及县级以上地方人民政府部门申请获取相关政府信息。在实践层面，公民、法人或者其他组织申请信息公开，数量日益增多，其中也不乏"信息公开申请专业户"和将提出信息公开申请作为与行政机关进行利益博弈的"象征性行动"。[1] 对此，赞赏和担忧的态度同时存在。赞赏者认为，这些积极公民以信息申请为杠杆，通过行使权利的策略性行动推进了制度的落实。[2] 而且，个人和组织的信息公开申请，是政府透明度建设中的自下而上的"社会动员"，与"自上而下"的国家动员相呼应，构成推动我国政府透明度建设的重要引擎。[3] 担忧者认为，一些信息公开申请存在数量大、重复申请、内容琐碎、申请草率甚至"恶意"申请的情形，这导致了信息公开法律程序的变异，背离了《条例》的立法目的，也影响了有限行政资源的公共效用，因此，应当从立法层面考虑对信息公开申请权的行使设定限制性规则。[4]

不过，即便是主张对信息公开申请权设限的论者，也并未将实践中存在的一些大量申请、反复申请行为界定为信息公开申请权的滥用，而是将

---

[1] 参见韩志明《行动者的策略及其影响要素——基于公民申请政府信息公开事件的分析》，《公共管理学报》2010 年第 4 期；韩志明《象征性行动与制度实施——以公民申请财政信息公开事件为例》，《南京师大学报》（社会科学版）2013 年第 1 期。
[2] 张墨宁：《申请政府信息公开的"90 后"们》，《南风窗》2012 年第 26 期。
[3] 王锡锌：《靠什么持续推动信息公开？》，《新京报》2009 年 5 月 23 日。
[4] 后向东：《信息公开申请权滥用：成因、研判与规制——基于国际经验与中国实际的视角》，《人民司法》2015 年第 15 期。

此类行为界定为"非正常申请"行为,[1] 并将其主要表现归纳为:申请人向一个行政机关提出数量众多的申请,或者向多个行政机关提出大量类似甚至相同的申请;申请人把申请信息公开当做信访的手段,或者作为提起行政诉讼的跳板;或申请人把申请信息公开当做制造话题和社会压力、设定政策议程的策略。论者指出,这些非正常申请挤占了有限的行政资源、浪费行政机关的人力财力、对行政机关的正常工作造成了干扰、偏离了信息公开申请权的目的,因此有必要加以限制。[2]

首次将"信息公开申请权滥用"之命题引入我国司法实践之中,始于"陆红霞诉南通市发改委信息公开案"(以下简称"陆案")。据法院裁定书所载,该案基本事实是:陆红霞及其家人在两年内向包括南通市发改委在内的几十个部门提出了共94个信息公开申请,内容涉及各个方面,且申请内容多有重复。陆红霞对南通市发改委向其公开的信息内容不满意,遂向南通市港闸区人民法院提起行政诉讼。南通市发改委在答辩书中认为:申请人陆红霞及其家人具有明显的"滥用信息公开申请权"的行为,违背了《条例》的立法目的,不具有正当性。在陆案一审行政裁定书中,江苏省南通市港闸区人民法院首先对原告陆红霞申请信息公开行为的特征进行了描述,在此基础上认定:

"原告陆红霞不间断地向政府及其相关部门申请获取所谓政府信息,真实目的并非获取和了解所申请的信息,而是借此表达不满情绪,并向政府及其相关部门施加答复、行政复议和诉讼的压力,以实现拆迁补偿安置利益的最大化。对于拆迁利益和政府信息之间没有法律上关联性的问题,行政机关已经反复进行了释明和引导,但原告陆红霞这种背离《条例》立法目的,任凭个人主观意愿执意不断提出申请的做法,显然已经构成了获取政府信息权利的滥用。"[3]

南通市中级人民法院在本案二审行政裁定书中,对一审法院的认定予以确认。法院在裁定书的说理部分认为:

---

[1] 李广宇、耿宝建、周觅:《政府信息公开非正常申请案件的现状与对策》,《人民司法》2015年第15期。

[2] 李广宇、耿宝建、周觅:《政府信息公开非正常申请案件的现状与对策》,《人民司法》2015年第15期。

[3] 陆红霞诉南通市发改委信息公开案一审行政裁定书,(2015)港行初字第00021号。

"陆红霞持续申请公开众多政府信息,借此表达自己不满情绪,通过重复、大量提起信息公开的方式给有关部门施压,从而达到实现拆迁补偿安置利益最大化目的。这种行为已经明显偏离了公民依法、理性、正当行使知情权和监督权的正常轨道,超过了正当行使知情权的合理限度,背离了政府信息公开制度的初衷与立法目的,故一审法院认定陆红霞滥用获取政府信息权是适当的。"[①]

《最高人民法院公报》2015年第11期选登了该案例,并作出裁判摘要,指出知情权必须在法律框架内行使,并对知情权滥用的构成要素和表现形式进行了概括。裁判摘要认为:

"知情权是公民的一项法定权利。公民必须在现行法律框架内申请获取政府信息,并符合法律规定的条件、程序和方式,符合立法宗旨,能够实现立法目的。如果公民提起政府信息公开申请违背了《政府信息公开条例》的立法本意且不具有善意,就会构成知情权的滥用。当事人反复多次提起琐碎的、轻率的、相同的或者类似的诉讼请求;或者明知无正当理由而反复提起诉讼,人民法院应对其起诉严格依法审查,对于缺乏诉的利益、目的不当、有悖诚信的起诉行为,因违背了诉权行使的必要性,丧失了权利行使的正当性,应认定构成滥用诉权行为。"[②]

至此,陆案在行政机关答辩、一审、二审到最高人民法院在其公报中对此案所作的"裁判摘要"等环节,都凸显了同一个关键概念,即"滥用信息公开申请权"(有时也被表述为"滥用知情权"),并强调这种权利滥用行为背离了立法的基本原则和目的,因而不具有正当性。

陆案裁定书公布之后,特别是《最高人民法院公报》选登该案例之后,"信息公开申请权滥用"遂成为一个学界广泛讨论的命题。[③] 就笔者阅读范围所及,对该案所作的学理研究中,有论者认为法院以司法能动主义

[①] 陆红霞诉南通市发改委信息公开案二审行政裁定书,(2015)通中行终字第00131号。
[②] 《最高人民法院公报》2015年第11期。
[③] 主要的文献包括肖卫兵:《论政府信息公开申请权滥用行为规制》,《当代法学》2015年第5期;沈岿:《信息公开申请和诉讼滥用的司法应对——评"陆红霞诉南通市发改委案"》,《法制与社会发展》2016年第5期;吕艳滨:《日本对滥用政府信息公开申请权的认定》,《人民司法》2015年第15期;后向东:《信息公开申请权滥用:成因、研判与规制——基于国际经验与中国实际的视角》,《人民司法》2015年第15期。

的态度积极应对信息公开申请权滥用问题，有可取之处；[1] 有论者认为信息公开申请权滥用已成为实践中一个突出问题，急需"法律规制"。[2] 简言之，信息公开中"申请权滥用"已成为一个实践和学理上高度关注的热点问题。

不过，对这一可能对我国政府信息公开制度产生重大影响的概念，在制定法层面并无明确、具体的规则表达。在陆案的裁判文书中，法院对滥用申请权的判定，只是试图借助立法目的、法律价值等法理以及民法、民事诉讼法所确立的诚实信用原则等进行说理。学界对陆案的研究分析，也主要集中于对裁判文书的逻辑、诉讼程序进行分析。对于该案涉及的最为核心的问题，即滥用信息公开申请权之概念，到目前为止，尚无系统讨论和分析。

本文尝试对司法实践已经提出但远未释明的"信息公开申请权滥用"这一命题进行研究。文章试图回应下述问题：信息公开申请权滥用之命题是否成立？如果这一命题可以证成，实践中应如何判定信息公开申请权的滥用？进一步，考虑到信息公开申请权滥用之命题具有很大的自由裁量属性，如何在引入这一命题的同时，对其实践应用进行必要的规则化和限制，从而防止这一命题的误用或滥用？

二 权利滥用的法理：一个简要回顾

从逻辑上看，公民和组织"获取政府信息的权利"或"信息公开申请权"，是由"知情权"衍生出来的权利。在我国的制定法意义上，知情权，即获取政府信息的权利，来源于《条例》第1条的规定；信息公开申请权则属于知情权的一项内容，其直接法律规定是《条例》第13条，后者从属于知情权概念的范畴。知情权首先是一项法律权利；更进一步，知情权是一项公法上的权利。讨论知情权的滥用，须简要回顾权利滥用之命题的基本法理和源流。

---

[1] 沈岿：《信息公开申请和诉讼滥用的司法应对——评"陆红霞诉南通市发改委案"》，《法制与社会发展》2016年第5期。

[2] 肖卫兵：《论政府信息公开申请权滥用行为规制》，《当代法学》2015年第5期。

(一) 禁止权利滥用原则的源流

权利滥用之概念发源于大陆法传统，主要从私法领域兴起并不断演进。大陆法中通常以"禁止权利滥用"原则表述之。从字面看，这一原则采用了否定的逻辑形式，实际上是对权利行使的限制性要求。作为对私人权利行使的限制，禁止权利滥用原则是法权观念变迁的结果。在罗马法时期，个人权利绝对的观念盛行，注重个人利益的私法构成了法律的中心，而权利，特别是所有权，构成了法律概念的中心，因此出现了"行使自己的权利，无论对于何人，皆非不法"的法谚。[1] 但在权利行使的实践中，这并不意味着所有权可以不受任何限制地行使。有关罗马法的研究文献表明，自《十二表法》颁布到罗马帝制时期，对所有权的限制一直是存在的，比如基于相邻关系而对权利进行限制、基于公共利益的需要而对权利进行限制等。[2]

对禁止权利滥用原则的明确阐释，源于法国 1855 年的一个被称为"恶意建筑"的判例。[3] 在该案中，被告在自己房屋上建造了一个假烟囱，其目的是恶意遮挡邻居的光照。法院在该案判决中认定，所有权人对其权利恶意的且没有正当利益的行使，构成滥用权利行为，据此，法院判令拆除被告所建的烟囱。[4] 在制定法层面，1896 年的《德国民法典》第 226 条规定的"权利之行使不得专以损害他人为目的"条款，已蕴含了禁止权利滥用的精神。禁止权利滥用原则正式进入制定法规范体系，始于 1907 年的《瑞士民法典》。该法典第 2 条规定："行使自己的权利，履行自己的义务，应依诚实信用为之；权利滥用者不受法律保护。"此后，在大陆法系国家中，除少数国家（如意大利）不承认权利滥用法理外，绝大多数国家都效仿德国或瑞士的立法例，在民法典中确立了禁止权利滥用的法律原则。如

---

[1] 这句法谚的拉丁语表述是 Qui iure suo utitur, nemini facit iniuriam, 或者 Neminem laedit qui suo iure utitur, 此外也有其他表述。这句话没有特别明确的出处，有可能不是直接来自于罗马法文本，而是后人总结提炼的。

[2] 周枏：《罗马法原论》，商务印书馆，2014，第 344 页以下。

[3] Joseph M. Perillo, "Abuse of Rights: A Pervasive Legal Concept," 27 *Pac. L. J.* (1995-1996), p. 43.

[4] Joseph M. Perillo, "Abuse of Rights: A Pervasive Legal Concept," 27 *Pac. L. J.* (1995-1996), p. 43.

奥地利、巴西、日本、韩国、匈牙利、波兰、荷兰等国家均有类似规定。

大陆法系国家关于禁止权利滥用原则的范围及具体表述不尽相同，不过，1992年1月1日生效的《荷兰民法典》对这一原则做了有代表性的重述：①

（1）任何权利人不得以滥用之方式行使其权利。

（2）滥用权利的表现形式包括：行使权利之意图纯为损害他人；或违背设定该项权利的目的；或者权利人行使权利之行为所带来的收益，与其行为所造成的损害不成比例，因而依照一般常理不会实施之行为。

（3）依权利的属性不得被滥用。

在英美法传统中，对于是否存在禁止权利滥用之原则，颇有争议。布莱克斯通在其《英国法评论》一书中，认为"财产权是每一个英国人的绝对权利，包括使用、收益、处分的权利，只受法律的限制"。② 也就是说，只有议会才能通过立法对权利加以限制，法官并不能这么做，因为法官并不制定法律，而只是发现法律。③ 一位英国学者在1933年发表的论文中，指出英美法中并没有"权利滥用"这一法国式的发明。④ 不过，自启蒙时期以来，"绝对权利"的观念不断衰落，在法律实践中出现了大量的关于财产权行使的约束性要求。⑤ 比如，一些以美国法为考察对象的相关研究显示，禁止权利滥用原则其实普遍存在于美国法之中，只不过以其他一些法律概念出现罢了，比如妨害（nuisance）、敲诈（extortion）、威逼行为（duress）、禁止反言（estoppel）、经济浪费（economic waste）、诚信原则（good faith）、公共政策（public policy）、著作权和专利的滥用、税法上的缺乏商业目的等。⑥ 相关研究还阐明，在美国，禁止权利滥用的原则在雇

---

① New Netherlands Civil Code Patrimonial Law: Property Obligations and Special Contracts (P. P. C. Haanappel & Ejan Mackaay trans. 1990).
② William Blackstone, *Commentaries on the Laws of England*, p. 134.
③ William Blackstone, *Commentaries on the Laws of England*, p. 63ff.
④ H. C. Gutteridge, "Abuse of Rights," 5 *Cambridge L. J.* 22 (1933).
⑤ Morris R. Cohen, "On Absolutisms in Legal Thought," 84 *U. PA. L. Rev.* 681 (1936) (addressing the question from a philosophical perspective).
⑥ 参见 Joseph M. Perillo, "Abuse of Rights: A Pervasive Legal Concept," 27 *Pac. L. J.* (1995 - 1996), p. 37ff.。

佣关系、合同法、侵权法、专利法等领域有着广泛的适用。①

禁止权利滥用原则的兴起与法权观念的变迁存在密切关联性。近现代以来权利滥用原则的凸显，在很大程度上是对传统的以个人权利为中心的自由主义法权观念的修正，人们开始意识到，所有权的社会观念，在某种程度上体现了社群主义观念对权利的影响。② 但是，即便撇开社群主义的法权观念，大陆法系民法上的"诚实信用"原则，以及英美法所强调的"good faith"，也完全可以导引出对绝对权利观念的修正，进而发展出"权利相对主义"观念。一些论者指出，诚实信用原则实际上建立了一种期待关系模式，当事人基于这种关系模式而产生某种对他人行动的期待，这种期待同时也就为权利人设定了特定的义务。③ 这种权利的关系视角也得到社会学研究的重视。比如，社会学家杜克海姆从社会分工和社会相互关系的角度，指出"合同是对合作关系的一种法律表达"。在合同中，人们订立合同是要在自愿基础上进行合作，这种自愿的合作关系同时也为当事人之间创设了相互的强制性义务，④ 禁止权利滥用本质上就是权利人所负有的一项强制性义务。权利滥用之概念，本身就暗含了对权利绝对性的限制，指向一种权利相对性理论。法律禁止权利滥用并不是为了对权利施加限制，其深层次的目标是保护和实现权利。

（二）对私法上禁止权利滥用的解读

那么，禁止权利滥用概念到底指向什么？从语义学逻辑看，禁止权利滥用似乎是自相矛盾的。因为，如果一个行为是行使权利之行为，就意味着该行为是法律允许的；而如果一个行为是为法律所禁止的，那么从逻辑上讲，这样的行为就不是行使权利的行为（比如越权或无权）。不过，撇开纯粹的语词纠葛，禁止权利滥用仍是一个有内容的概念，也是在逻辑上可理解的概念。比如，如果一项权利在一般意义上是绝对的，法律只规定

---

① 参见 Joseph M. Perillo, "Abuse of Rights: A Pervasive Legal Concept," 27 *Pac. L. J.* (1995 – 1996), p. 62ff.。
② 刘作翔：《权利相对性理论及其争论——以法国若斯兰的"权利滥用"理论为引据》，《清华法学》2013 年第 6 期。
③ Charles J. Goetz, Robert E. Scott, "Principles of Relational Contracts," 67 *VA. L. REV.* 1089, 1111 – 26 (1981).
④ Emile Durkheim, *The Division of Labor in Society* (Free Press, 1964), pp. 123 – 124.

了对该项权利的一些限制，那么即便权利人在法律限制的范围内行使权利（因而是行使权利的行为），但如果权利人行使权利的方式是"不公正的"，则这种行使权利的行为是错误的，因而应当被禁止。根据研究者的归纳，这种"不公正的"行使权利的行为可能包括：（1）行使权利的主要目的是造成损害，无论是对自己还是对他人；（2）行使权利没有任何正当的利益并且损害他人利益；（3）行使权利的行为违背设定该权利的目的。[1]《国际比较法百科全书》从行为类型化的角度看，将滥用权利的行为分为六种类型化模式，即：（1）故意损害；（2）缺乏正当的利益；（3）选择有害的方式行使权利；（4）权利行使造成的损害大于所取得的利益；（5）违背权利的目的；（6）违反侵权法的一般原则。[2] 可见，禁止权利滥用原则对权利行使提出了一些否定性的要求，即"不得为一定之行为"，在这个意义上，该原则与诚实信用原则存在密切联系，但后者主要侧重从肯定性的角度对权利之行使提出要求。

在中国民法学界，关于禁止权利滥用是否应该成为一项独立的法律原则，似存在争论。比如，虽然梁慧星教授认为，禁止权利滥用与诚实信用原则一样，是独立的法律原则，[3] 但多数学者倾向以诚实信用原则吸收禁止权利滥用原则。比如，王泽鉴认为，"诚信原则系对权利内容的限制，行使权利违反诚实信用者，乃逾越其权利的内容，构成滥用，法所不许。"[4] 徐国栋认为，普通的法律规范往往体现了"毋害他人"的要求，而诚实信用原则体现了"爱你的邻人"的要求。两者的区别在于，在法律就当事人的义务保持沉默的情况下，前者意味的是消极义务，后者课加的是积极义务。[5] 他进一步指出：诚实信用原则是"客观诚信"和"主观诚信"的统一。客观诚信主要是行使权利的道德标准，与"客观诚信"相对应的是"客观恶信"，也就是滥用权利的行为。[6]

---

[1] Joseph M. Perillo, "Abuse of Rights: A Pervasive Legal Concept", 27 *Pac. L. J.* (1995 – 1996), p. 47.
[2] Viktor Knapp (eds.), *International Encyclopedia of Comparative Law*, Volume 6 (Tübingen Mohr The Hague London Nijhoff cop, 1980), pp. 107 – 117.
[3] 梁慧星：《诚实信用原则与漏洞补充》，《法学研究》1994 年第 2 期。
[4] 王泽鉴：《诚实信用与权利滥用——我国台湾地区"最高法院"九一年台上字第七五四号判决评析》，《北方法学》2013 年第 6 期。
[5] 徐国栋：《诚实信用原则二题》，《法学研究》2002 年第 4 期。
[6] 徐国栋：《诚实信用原则二题》，《法学研究》2002 年第 4 期。

我国立法和学术界以诚实信用原则吸收禁止权利滥用原则的做法，同样也反映在民事诉讼法领域。2012年修订的民事诉讼法第13条规定"民事诉讼应当遵循诚实信用原则"。① 虽然在理论上，该原则也适用于对法院审判权行使的限制，但是从立法的逻辑结构和立法背景来看，在民事诉讼中规定诚实信用原则的一个主要目的，乃是对民事诉讼当事人的行为予以规范，遏制滥用诉讼权利、恶意诉讼、虚假诉讼等实践中存在的"非诚信诉讼行为"。② 可见，滥用诉讼权利行为，在民事诉讼立法和学理上也都被吸收到诚实信用原则的范畴之中。

应该承认，禁止权利滥用原则和诚实信用原则在内容上存在很大的交叉重叠，但并不能因此而认为这两个原则是完全重合的。笔者认为，二者在法哲学观念、行为模式和判定标准三个方面存在不同。（1）在法哲学观念上，禁止权利滥用原则主要强调了权利的相对性而非绝对性，而诚实信用原则重点在于强调法律权利的道德义务；（2）在行为模式上，禁止权利滥用原则是消极模式，是对权利行使之道德底线的模式要求，类似于"己所不欲，勿施于人"；而诚实信用原则是积极模式，是对权利行使之社会道德的法律要求；（3）在判定标准上，禁止权利滥用原则主要是客观的标准，类似于"客观恶意"，而诚实信用原则则涉及对行为人主观心理态度的判定，存在比较大的自由裁量空间。基于以上的不同，禁止权利滥用作为一个独立的法概念，无疑具有重要的立法和学理价值，也有助于发展出一种更为均衡的权利文化，如美国法学家埃尔曼教授所言，"今天，大多数法律制度都在试图对不受约束的个人主义表现加以控制，控制的方式是通过法院判决或立法发展出一种广泛而略失雅致的称作'滥用权利'的概念"。③

三 禁止权利滥用之命题在公法中的适用

以上关于禁止权利滥用概念的讨论基本上是在私法领域展开的。如开

---

① 民事诉讼法第13条第1款。该条第2款规定了当事人行使诉讼权利的其他要求，所以在逻辑上可以说，我国民事诉讼法对诚实信用原则的规定，主要是针对当事人行使诉讼权利的要求。
② 张卫平：《民事诉讼中的诚实信用原则》，《法律科学》2012年第6期。
③ 〔美〕埃尔曼：《比较法律文化》，贺卫方、高鸿钧译，三联书店，1990，第76页。

篇所言，本文的目的，是要分析知情权滥用的命题及其界定，而知情权处于公法的坐标体系之中。那么，一个自然的问题就是：发源于私法语境中的权利滥用概念，是否可适用于公法空间？如果可以，其适用规则与私法领域中该原则的适用是否存在不同？以下分述之。

（一）权利滥用在公法中适用的描述

法权观念的变迁不仅影响到私法上的权利观念，对公法的权利观念同样也会产生影响。因此，在传统的公法领域，包括宪法、行政法、诉讼法等，以及新兴的行政规制、互联网规制、社会法等领域，都涉及禁止权利滥用的问题。

1. 宪法领域

在宪法领域，一个最好的例证就是表达自由权的行使及其边界问题。通常，表达自由被认为是一项基本的天赋权利。美国宪法第一修正案对表达自由的规定，强调的是国会不得立法来禁止或限制表达自由权的行使，这种"否定式"的权利表述，也体现了对表达自由作为一项"绝对的权利"的某种承诺。[①] 米克尔·约翰在其《表达自由的法律限度》一书中，对言论进行了著名的区分，即公共言论和私人言论，并指出前者是一种绝对的自由。根据两种言论的区分，他进一步对联邦最高法院霍姆斯大法官在 1919 年提出的"明显而即刻的危险"标准提出了批评，认为这一标准在理论上没有区分公共言论和私人言论的性质及功能，在实践中容易成为政府抑制公共言论的依据。[②] 但是，在笔者看来，米克尔·约翰的观点最主要的价值，在于其对言论自由的限制提出了一种批判性和反思性的理论框架，但并不能据此而建构出"公共言论就是绝对自由"这一规范性命题。从言论自由权利行使的实践观察，可以发现即便在公共言论的语境中，煽动叛乱、恐怖主义、鼓动种族仇恨的言论甚至"要求禁止某些言论的言论"（比如禁止共产主义言论）显然是应当受到抑制的。[③] 而在私人领

[①] 〔美〕亚历山大·米克尔·约翰：《表达自由的法律限度》，侯健译，贵州人民出版社，2003，第 13 页。

[②] 〔美〕亚历山大·米克尔·约翰：《表达自由的法律限度》，侯健译，贵州人民出版社，2003，第 21 页以下。

[③] Jeremy Waldron, "Rights in Conflict," *Ethics* 99 (1989), pp. 503–519.

域，言论自由不得侵犯他人的人格、隐私、名誉，这些实际上从侵权法的角度，对言论自由权的行使划出了边界。

2. 行政法和规制领域

由于相对人的权利主要是"法定权利"（statutory rights）或者"特权"（entitlements），相比于民法和宪法领域而言，行政法上权利的相对性更为明显。理论上，宪法基本权利通常被认为是公民身份的基本要素，而民事基本权利，特别是财产权、合同意思自治等权利，是"私民"身份的构成要素。无论是公民权利还是"私民"权利，这些权利的"基础性"意味着法律对权利进行限制的论证，需要更高的正当性门槛。但在行政法和规制领域，法定权利往往伴随着对权利行使的各种限制。比如，获得社会保障的权利（如低保、经济适用房购房资格等）必须严格依照法定的标准认定，也必须依法定条件和要求行使，否则即构成违法或滥用，导致权利失效。在20世纪90年代美国正当法律程序革命的时代，伦奎斯特大法官就提出了著名的"甜加苦理论"（bitter with sweet）来分析制定法赋予的权利与义务的统一性。① 另一个比较典型的例子是许可（permit）和特许（franchise）。如果相对人获得了一项许可，但束之高阁，不实施该许可，虽然并不违法，但违背许可的目的，可能造成公共资源的浪费，因此许可将可能失效，或行政机关可以强制实施该许可。比如，在建设用地管理领域，土地使用权人在竞得土地后两年内不进行开发而被认定为"闲置土地"的，政府可无偿收回土地；② 专利法所规定的专利强制实施许可也是一个例证。③

3. 民事诉讼领域

禁止诉讼权利滥用是一个广泛讨论的问题，但在很多情况下，论者多以诚实信用原则而展开分析。比如，有论者指出，将诚实信用原则植入民

---

① 王锡锌：《正当法律程序与"最低限度的公正"——基于行政程序角度之考察》，《法学评论》2002年第2期。

② 《闲置土地处置办法》（中华人民共和国国土资源部2013年第53号令发布）第14条规定："未动工开发满两年的，由市、县国土资源主管部门按照《中华人民共和国土地管理法》第三十七条和《中华人民共和国城市房地产管理法》第二十六条的规定，报经有批准权的人民政府批准后，向国有建设用地使用权人下达《收回国有建设用地使用权决定书》，无偿收回国有建设用地使用权。"

③ 关于禁止权利滥用在知识产权领域的适用，可参见易继明《禁止权利滥用原则在知识产权领域中的适用》，《中国法学》2013年第4期。

事诉讼，改造和修正当事人主义、辩论主义、处分权主义等个体本位的法权观念和诉讼模式，体现的是对民事诉讼实质平等和公平正义的价值向往以及实现民事诉讼真实、有效解决纠纷的功能追求，体现了一种社群主义的观念。①

从大陆法系民事诉讼的实践看，诚实信用原则包含了禁止诉权滥用的要求。② 例如，如无正当理由反复要求审理法官回避、期日指定申请权的滥用等，都属于有悖诚实信用原则。张卫平认为，在诉讼权能的滥用问题上，需要特别注意但同时也难以把握的是起诉权滥用问题。③ 起诉权是一种受宪法保障的基本诉讼权利，因此，在外国民事诉讼实践中，以诚实信用原则对诉权滥用进行处置是相当谨慎的。在承认诚实信用原则的国家，关于诚实信用与诉讼上权能或对诉讼权利滥用的规制之间的关系，理论上至今仍存有争议，而争议的实质问题是诚实信用原则是否包含对起诉权滥用的规制。④

正因为仅仅根据诚实信用原则或权利滥用原则很难对诉权进行限制，国外的实践出现了通过制定法对诉权滥用进行限制的做法。比如，英美法系国家，如英国、澳大利亚、美国，都有关于"无理纠缠的诉讼"（vexatious action）的立法和相关实践。英国 1896 年的《纠缠诉讼法》（Vexatious Proceedings Act）是为了解决 Alexander Chaffers 提起的 48 件讼案，诉讼对象包括威尔士亲王、坎特伯雷大主教、下议院议长、下议院职员、不列颠图书馆受托人、上议院大法官和不胜枚举的法官等。⑤ 由于英美法系对禁止权利滥用原则和诚实信用原则的强调远不及大陆法系，通过立法对诉权滥用进行限制自然容易理解。不过，或许这背后还有一个非常重要的观念问题，那就是，诉权是一项基本的权利，是救济权的基础，而对这一基本权利的限制，不能过分依赖主观化的诚实信用原则、禁止权利滥用原则以及法官自由裁量进行。在这个意义上，通过立法对诉权滥用进行规则

---

① 参见姜世明《举证责任与真实义务》，新学林出版股份有限公司，2006，第 490 页以下。
② 张卫平：《民事诉讼中的诚实信用原则》，《法律科学》2012 年第 6 期。
③ 张卫平：《民事诉讼中的诚实信用原则》，《法律科学》2012 年第 6 期。
④ 关于这一问题的相关学说争议，可参见〔日〕铃本正裕《新民事诉讼法中的法院与当事人》，载竹下守夫、今井功编《新民事诉讼法》(1)，弘文堂，1998，第 40 页以下。
⑤ 参见 Nikolas Kirby, "When Rights Cause Injustice: A Critique of the Vexatious Proceedings Act 2008 (NSW)", *Sydney Law Review* 31 (2009), pp. 174 - 175。

化的表达和行为的类型化,相比于抽象的法律原则而言,可以为基本权利提供更高程度的保障。

(二) 权利滥用在公法领域适用的不同情境

如前所述,无论在私法还是公法领域,权利的相对性都意味着权利的行使存在一些约束性条件,而这正是禁止权利滥用的逻辑和法理基础。但是,笔者想要特别指出的是,由于私法上的法律关系和公法上的法律关系存在着明显的差别,在不同的法律关系中,个体权利的功能存在着很大的不同,相应地,禁止权利滥用原则在公法领域的适用与其在私法领域中的适用也存在不同。笔者认为,这些不同可以从以下四个方面简要展开。

1. 法律关系的差异

公法中基本的关系结构是"权利—权力"关系。相比于民法领域私人相互之间平等的"横向关系"而言,公法中的关系结构呈现出不对等的"纵向关系"特征。[①] 无论在宪法还是行政法层面,个人所拥有的权利,可能就对应着国家或政府所应担负的义务。因此,不应以个体权利行使影响到了公共权力主体为由,而判定前者行为构成权利滥用。实际上,个人权利行使的一个重要功能,就是对公共权力进行约束和监督。比如,知情权不仅是一种"知道"的权利,同时也是一种"监督"的权利。[②] 公共权力的支配性能力和权力滥用的人性假设,要求我们在将禁止权利滥用原则适用到公法领域时,应坚持利益权衡原则,在禁止权利滥用和有效保障权利对权力的监督制约这两者之间进行利益权衡,防止禁止权利滥用原则变异为对个体权利进行限制的借口。

2. 权利的目的和功能差异

禁止权利滥用原则的一个正当化考虑就是权利的行使违背了设定该项权利的目的,但是不难发现,民法上的权利与公法上的权利在权利设定的目的上具有差异性,这种内在目的性的差异,也反映在权利实际行使的外

[①] 徐国栋:《论诚信原则向公法部门的扩张》,《东方法学》2012年第1期。
[②] 《政府信息公开条例》第1条:"为了保障公民、法人和其他组织依法获取政府信息,提高政府工作的透明度,促进依法行政,充分发挥政府信息对人民群众生产、生活和经济社会活动的服务作用,制定本条例。"这实际上以立法形式确认了知情权具有"复合性功能",即权利功能、透明度建设功能、监督促进功能、信息服务功能。

在功能上。比如，所有权的基本目的就是要保障权利人对物的占有、使用、处分和收益，这种权利设定的目的是以个人为本位的。因此，在大陆法系关于所有权滥用的经典案例中，判定所有权滥用的一个核心要素就是，权利的行使是否"于己有利"。如果于己有利，即便影响到相邻权人的利益或者公共利益，也不属于滥用权利，而只是作相邻关系的处理；但如果权利人行使权利损害他人或公共利益而对自己毫无利益，也就是"损人不利己"，则很可能构成权利滥用。与此不同的是，公法中的权利设定既有个体本位的目的，同时也有公共目的。比如知情权作为一项权利，其设定依据就是从民主政治的品质要求和抑制权力腐败而衍生出来的，这一权利衍生的背景，相应地也决定了该项权利的目的：知情权首先是个体了解公共机构权力运行信息的权利，是一种"知"的权利（right to know）；但同时，它也是一项公民用以参与公共生活、监督公共权力行使的权利，也就是说，它也是一种"行"的权利（right to act）。权利行使的公共功能表明，我们不能仅仅从知情权行使是否"与自己利益有关"来判断申请人是否滥用了权利，因为这种权利并不只具有个人的自利性目的，而是具有复合性目的和功能。

3. 资源、信息、权力的不对称分布

与平等民事主体之间的关系有所不同，在个人与政府的关系结构中，政府在资源、信息、权力、话语等方面往往处于更加强势的地位，权利的本质是一种主体间关系。若从这个意义理解，在公法领域中的个体权利，始终面临着来自公共权力的不对称挤压。比如，在信息公开领域，国家安全、经济安全、公共安全、社会稳定等都构成对公民知情权的限制，[①] 但如何界定这些宽泛的概念？从权力关系的结构看，负有信息公开义务的行政机关，往往被赋予很大的裁量权，而这很可能构成对公民知情权空间的挤压。因此，在这种不对称关系结构中，对权利滥用的判定必须极为谨慎，须由立法机关提出指引性规则，而不应将宽泛的自由裁量权赋予公共机构，否则极易导致裁量权的滥用，加剧这种不对称关系结构的失衡。

[①] 《政府信息公开条例》第8条。相关分析可参见王锡锌《信息公开的制度实践及其外部环境——以政府信息公开的制度环境为视角的观察》，《南开学报》（哲学社会科学版）2011年第2期。

4. 自然正义原则

禁止权利滥用原则在公法中的适用，还需要特别考虑程序正义问题。在民法中，权利滥用问题通常涉及权利主体相互之间的争议，这种争议通过中立的公共机构（如法院）进行处理。法院在利益上的超脱以及司法程序的相对中立性，令争端解决获得了程序正当化资源。然而，在公法关系中，个体权利的行使，往往就意味着公共机构的相应义务；而如果由后者来判断前者行使权利的行为是否构成滥用，则违背了"不做自己案件的法官"这一基本的自然正义的要求。在政府信息公开领域，这一情形十分明显。如果一个公民向行政机关提出信息公开申请，而后者根据一些因素（比如申请人动机不纯、申请数量大、申请信息无关紧要、申请信息与自己利益不相干等）来判断申请行为是否构成申请权滥用，不论这些判断标准在实体上是否合理，仅就程序而言，行政机关其实是类似于"既当运动员又当裁判员"，从而违背了程序正义的要求。当然，我们可以设想，让法院成为滥用权利的判定机构。不过具有讽刺意味的是，在陆案中，法院认为由于原告在信息公开申请中存在滥用申请权的行为，所以，认定原告基于前述滥用申请权行为而提起的行政诉讼，亦构成"滥用诉权"，故法院对案件实体部分拒绝审理。这就构成了一个死结。[①]

从比较法角度看，一些国家注意到这一程序正义问题，因而设计了相应程序机制予以化解。在英国，公共机构如果认为一个申请构成"无理纠缠"，则申请人可以向信息公开专员办公室提出异议；对异议处理决定不服，可以向相对独立的裁判所提出申诉，后者对争议进行裁决；如果任何一方当事人对裁判所的裁决不服，可以向上诉法院提出诉讼，法院有最终裁决权。但法院裁决必须要对诉讼的实体争议进行审理，而不能以"滥用诉权"为由拒绝审理案件。[②]

---

① 在陆案中，存在两个性质不同但相互联系的法律问题。一是滥用申请权问题，二是滥用诉权问题。在逻辑上，申请人在行政程序中是否滥用申请权，是判定其在诉讼程序中是否滥用诉权的前提。但是在该案中，法院并没有对原告申请信息公开行为的实体问题进行审理，就得出滥用申请的判断，进而判定滥用诉权，这种做法在逻辑上令人费解。

② 《英国信息公开专员办公室指南》，https://ico.org.uk/media/for-organisations/documents/1198/dealing-with-vexatious-requests.pdf，最后访问日期：2017年4月17日。

四 滥用知情权：一个初步的分析框架

（一）比较法观察："纠缠式申请"与知情权滥用

查阅国外有关公共机构信息公开的立法规定和司法裁判，都没有发现"滥用知情权"（abuse of right to know）之概念。国外一些立法和裁判中与此问题关联性较大、国内学界和实务界讨论最多的一个概念，可能是"纠缠式申请"（vexatious request）或"轻率申请"（frivolous request）。这些概念应该是对滥用知情权这一宽泛的概念进行限缩和行为类型化的结果。

美国《信息自由法》在法律文本中没有关于"轻率申请"或"骚扰性申请"（request harassment）这样的立法概念。美国联邦法院在一些判例中申明，由于知情权是公民了解和监督政府"干什么"的手段，因此，申请人主观上的动机和目的，并不是判定申请行为是否适当的考虑因素。[①] 此外，《信息自由法》规定的免于公开的信息，主要是依据目标信息的内容属性，而不是申请行为的属性。在2014年的一个案件中，华盛顿特区巡回法院指出，如果申请人提出的申请中对目标信息描述不够清晰，行政机关有义务进行分析和阐明。[②] 在判例法层面，虽然也涉及类似"纠缠式申请"的问题，但迄今为止，美国联邦法院并未在裁判中对什么是"轻率申请"或"骚扰性申请"进行界定。

在州这一层面，州法院似乎对信息申请的"骚扰性使用"现象给予比较多的关注。比如，在2008年，密歇根州Kalamazoo县的一位申请人向县政府提出了3500封电子邮件申请函，要求县信息公开委员在180天内提供超过300份文件。密歇根州Kalamazoo县巡回法院裁定，行政机构无须回复这些申请。在2010年的一个案件中，一名政府雇员被其所在机构解聘后，反复向原工作机构申请相关的调查记录。该案的初审法院认为申请人构成"轻率申请"并对代理该案向法院提起诉讼的律师处以罚款。该案上

---

① *US Department of Justice v. Reports of Comm. for Freedom of Press*, 489 U.S. 749, 762.
② *People of the Ethical Treatment of Animals v. National Institute of Health*, 745 F.3d 535 (D.C. Cir. 2014).

诉之后，华盛顿州上诉法院维持了初审法院的裁决。①

有些州甚至考虑在立法层面对"骚扰性申请"进行规制。比如，2011年伊利诺伊州的《信息自由法修订案》提出了"反复申请人"（recurrent requester）这一概念——"（1）如果某申请人在连续12个月内向同一个公共机构提出了最少50个申请；（2）或者在30天内提出了至少15个申请；或者（3）在7天内提出了最少7个申请"，这样的人就是"反复申请人"。② "反复申请人"提出的申请并不一定是"纠缠式申请"，但应重点审查其申请行为。

关于"纠缠式申请"，最为典型的是英国《信息自由法》（2000年）第14条（1）的规定。根据该条文，公共机构无须履行向申请人提供被申请信息之义务，如果该申请被认定为"无理纠缠"（vexatious request）。③

不过，到底什么是"无理纠缠"，《信息自由法》并没有进行明确界定。英国信息专员办公室向公共机构提供的指南中认为：公共机构在判定一个申请是否构成"无理纠缠"时，重点应该考虑申请是否可能对行政机构造成"过度的"（disproportionate）和"不必要的"（unjustified）干扰或使其苦恼。在进行判断时，公共机构应当结合申请的背景和提出申请的来龙去脉等相关因素进行综合考虑。④

在 Information Commissioner v. Devon County Council & Dransfield 一案中，高等裁判所指出："无理纠缠"不能简单地从词典中去找解释。认定一个申请是否构成"无理纠缠"，最终需要综合考虑申请行为的各方面因素。高等裁判所进一步指出，"无理纠缠"可以被界定为"对信息公开的法律程序明显不正当的（unjustified）、不合理的（inappropriate）、不恰当的（improper）利用"。⑤ 很明显，高等裁判所提出的判定标准是一个高度主观的标准。为了对判定标准的主观性进行限缩，高等裁判所认为，在研判一个申请行为是否构成"无理纠缠"时，需要综合考虑四个因素：（1）满足

---

① *Philips v. Valley Communications*, Inc., 159 Wash. App. 1008（2010）.
② 5 I'll. Comp. Stat. Ann. 140/2.2（g）.
③ 英国《信息自由法》（2000年）第14条（1）。
④ 《英国信息公开专员办公室指南》，https://ico.org.uk/media/for-organisations/documents/1198/dealing-with-vexatious-requests.pdf，最后访问日期：2017年4月17日。
⑤ *Information Commissioner v. Devon County Council & Dransfield*, 2012 UKUT 440 AAC（28 January 2013）.

申请所要承受的行政负担；（2）申请人的动机；（3）申请的价值或目标的严肃性；（4）申请可能对行政机构或工作人员造成的骚扰或苦恼。①

在同一案件后续的法院审查程序中，法院的态度似乎更为谨慎："判定无理纠缠的重点应当放在客观的标准之上。判定无理纠缠，应考虑申请行为有无任何合理的基础让人相信该申请对申请者本人或者对公众或者对任何一个公共机构具有价值。"② 可以看出，与高等裁判所提出的主观标准有所区别，上诉法院似乎提出了一个更高的标准，强调了判定标准的客观性。不过，法院同时也认为："公共机构在判断一个申请是否为纠缠性申请时，需要对所有的相关因素进行平衡考虑。"③ 这意味着，对是否构成"无理纠缠"的判断，仍然有相当大的主观裁量空间。

苏格兰 2002 年制定的《信息自由法》（FOIAS）在免于公开的事项第 14 类中，也规定了公共机构对"纠缠式申请"可拒绝公开，但该法律也没有对"纠缠式申请"进行界定。苏格兰信息公开专员于 2012 年对公共机构提供了一份指导性大纲，以便他们在判断"纠缠式申请"时参考。根据这份大纲，"纠缠式申请"是指"申请会给公共机构带来重大的负担（significant burden），但同时（1）申请并没有严肃的目的或价值；或（2）其目的就是骚扰或麻烦公共机构；或（3）在效果上会造成骚扰公共机构的正常工作；或（4）申请行为在一个具有基本理性的人看来是不合理的或者不成比例的"。④

（二）对滥用申请权现象的评估

今日，"纠缠式申请"似乎已成为一个在信息公开领域广受关注的概念。然而，一些有关信息公开法实施情况的实证研究表明，这个概念虽然反映了现实的一些情形，但也构建了一个具有误导性的大众想象，好像许

---

① *Information Commissioner v. Devon County Council & Dransfield*, 2012 UKUT 440 AAC (28 January 2013).
② *Dransfield v. Information Commissioner and Devon County Council*, 2015 EWCA Civ 454 (14 May 2015).
③ *Dransfield v. Information Commissioner and Devon County Council*, 2015 EWCA Civ 454 (14 May 2015).
④ Scottish Information Commissioner, 2012a. Cherry, M., McMenemy, D., "Freedom of Information and 'vexatious' Requests—The Case of Scottish Local Government," in *Government Information Quarterly*, 2013, pp. 257–266.

多信息公开申请人都是无所事事、整天拿政府部门开涮的无聊之徒。英国学者 Cheery 通过对苏格兰《信息自由法》实施 8 年以来情况的实证研究，指出"纠缠式申请"虽然存在，但很多时候也被官僚机构和媒体进行了选择性的过度放大。① 研究者还指出，人们之所以对"纠缠式申请"记忆深刻，是因为人们在印象形成上的帕累托效应，即数量较小的"纠缠式申请"对人们主观印象的塑造产生了较大的影响。② 事实上，这类申请在所有的信息公开申请中所占的比例非常低。

而且，"纠缠"（vexatious）或"轻率"（frivolous）概念之判断，往往具有很大的主观性，如果欠缺基本原则的约束和行为类型化，将会赋予公共机构和官员过度的自由裁量权，而这将是对知情权的巨大威胁。

不过，同样需要意识到，知情权并不是一项绝对的权利，对知情权行使的法律限制是显而易见的。比如，各个国家的信息公开立法中，都有关于"免于公开之信息"的规定，包括国家秘密、个人隐私、商业秘密等，这些都是从信息内容的角度对知情权的限制。从行使知情权的行为方式看，许多国家普遍的实践是，需要考虑对获得信息权的保障与公共资源公平配置之间的平衡，考虑公共支出的成本—效用之间的合比例性，这显然是一种现实主义的态度。从现实主义角度而言，提出滥用知情权的概念，并非无的放矢。但正如笔者在前文中所强调的那样，对作为一项公法上基本权利的知情权滥用的界定，需要秉持非常谨慎的态度，并将滥用知情权的判定置放于一个得到良好指引的分析框架之中，方能在对权利行使进行指引和规制的同时，也防止"滥用知情权"之概念的滥用。

（三）滥用知情权的分析框架

我国《条例》并没有提出滥用知情权的概念。在司法实践中，法院虽然提出了"滥用获取政府信息权"（"陆案"一审裁定书、二审裁定书）或"滥用知情权"概念（《最高人民法院公报》的"裁判摘要"），但是都没有对这一概念的法理和运用逻辑进行足够的推理和解释，因而也引起了

---

① Cherry, M., McMenemy, D., "Freedom of Information and 'vexatious' Requests—The Case of Scottish Local government," in *Government Information Quarterly*, 2013, pp. 257 – 266.
② Hazell, R. and Worthy, B., "Assessing the Performance of Freedom of Information," in *Government Information Quarterly*, 2011, pp. 352 – 359.

很大的质疑和担忧。从实际操作层面看，如果在信息公开实践中的确有可能出现滥用申请权的情形，就有必要在立法和司法层面对这些权利滥用情形进行回应。在某种意义上，陆案就是对信息公开申请权行使过程中所出现问题的司法回应。不过，在立法层面尚没有提供必要判定原则和标准之情况下，这样的司法回应不可避免会带有很强的司法能动主义色彩，也很容易遭遇合法性质疑。

因此，在现行法律对滥用知情权尚未规定的情况下，有必要以宪法和其他相关法律的规定为基础，以禁止权利滥用的法理为依据，以知情权目的和功能为逻辑，建构一个分析滥用知情权的框架。这个框架的使命有两个方面：一是为滥用知情权的判定和分析提供说理依据；二是防止行政机构和司法机关在判定滥用知情权问题上的主观化和非理性化。从该分析框架的基本内容看，需要解决三个层面的基本问题。第一，滥用知情权命题的基本依据和法理；第二，如何判定滥用知情权行为的构成？第三，对滥用知情权的认定，举证责任如何分配？以下对这一框架的三要素进行简要展开。

1. 滥用知情权命题的基本依据和法理

对禁止权利滥用原则的法理分析表明，禁止权利滥用这一发源于民法语境中的原则，与诚信原则一样，旨在为权利的行使提供某些客观和主观的诚实信用标准。由于权利的相对性不仅存在于私法领域，也同样存在于公法领域，故而，禁止权利滥用和诚实信用原则，在公法领域也同样具有适用空间。尽管公法的法律关系主要是"个体—政府"之间的关系，而且在这一语境中法治主义强调的重点是以法律控制权力，但不可否认的是，"如果人都是天使，也就不需要政府"，麦迪逊的这句名言其实也表明，政府的根本问题，其实是人的问题，这里的人是指普遍的人性。法律权利的行使，既需要法律保障，也需要辅之以公民品格的指引。[①] 诚实信用原则主要从正面提出了权利行使的良好道德追求（good faith），而禁止权利滥

---

① 这其实是共和主义理论特别关注的一个问题。人从关注自己利益的"私民"转变为具有公共德行的"公民"，是共和体制得以运行的基本保障。在这个意义上，依宪行政的体制结构固然是重要的，但主要是以悲观的人性论为基础而建构的，而公民的品性，则是以理想的人性论为指引的。对于一个好的共同体来说，这两者缺一不可。参见〔澳大利亚〕菲利普·佩迪特《共和主义：一种关于自由与政府的理论》，刘训练译，江苏人民出版社，2006，第273页以下。

用原则则对违背目的、价值的行为（bad faith）进行抑制。

在规范层面，虽然并无法律明确规定禁止权利滥用原则，但是关于权利相对性的理论，以及现有法律的一些规定，都可以为该原则的导出提供依据。比如，宪法第51条规定：中华人民共和国公民在行使自由和权利的时候，不得损害国家的、社会的、集体的利益和其他公民的合法的自由和权利。这一关于权利与义务相统一的宪法规定，可以作为禁止权利滥用最基本的规范基础。当然，民法总则、合同法、民事诉讼法等关于诚实信用原则的规范，也为禁止权利滥用原则提供了基础。

实践中，滥用信息公开权利也日益受到关注。比如，英国信息公开专员办公室在其向公共机构提供的指南中，使用了"滥用FOIA权利"概念，主要指"纠缠式申请"。该指南强调，虽然信息公开的立法旨在保护公民的知情权，但是，"少数申请人有可能滥用立法所规定的权利，这些权利滥用行为可能威胁甚至颠覆整个信息公开制度的权威性，浪费本该配置到更值得的申请事项上的资源，并影响公共机构的正常运作"。[①] 如果从公民意识培育和公共文化角度看，尽管也有人将这些以信息公开为策略性手段而进行维权抗争或监督政府的人视为"积极公民"，但不应该过分夸大这些策略性行动的公共效用，因为这些象征性的、策略性的行动其实是把双刃剑，把握不好则会损害信息公开制度本身应有的严肃性，恶化政府与民众之间的信任关系，并对公共理性的发育造成挤压。

2. 如何判定滥用知情权

基于以上分析，本文认为，应当将禁止权利滥用作为信息公开制度中的一项基本原则。不过，知情权作为一项公法上的基本权利，在权利的性质和功能上具有权利主体的自用功效和对政府权力进行监督的他用功效的统一性。因此，将禁止权利滥用原则适用于知情权领域时，必须对这一原则进行限缩和提炼。因此，禁止权利滥用原则在知情权语境中的适用，必须根据知情权本身的性质和功能而进行具体化，否则这一原则本身将很容易被滥用。

对禁止权利滥用原则的适用进行限缩的第一条路径，是对滥用知情权

---

① 《英国信息公开专员办公室指南》，https://ico.org.uk/media/for-organisations/documents/1198/dealing-with-vexatious-requests.pdf，最后访问日期：2017年4月17日。

的行为进行类型化，在立法中引入细化的、具体的"行为类型化"规定。例如，比较法的观察表明，滥用信息公开权利的行为，最主要的类型化行为就是滥用申请权而导致的"纠缠式申请"和"无关紧要的申请"等行为。这实际上是将宽泛的"滥用"概念通过类型化而提炼出更加具体的规定。以行为的类型化为基础，通过相应的立法规则，可以对禁止权利滥用这一宽泛的原则进行限缩，从而压缩自由裁量空间。

在我国，实践中时而发生的大量申请、反复申请的行为，也就是学理上讨论的滥用知情权行为，其实主要是比较法视野中观察到的"纠缠式申请"、无聊申请等行为。因此，首先可以考虑在信息公开立法的修改中，引入类似的法律概念，对"纠缠式申请"、无聊申请等进行类型化，并通过立法规则尽可能将其具体化。这一方面有助于遏制滥用申请权的情形，另一方面也不至于因为原则的过分宽泛化而导致对知情权行使空间的挤压。

对禁止权利滥用原则的适用进行限缩的第二条路径，是提炼一些操作性标准。尽管任何一个法律原则都很难有完全客观化、公式化的标准，但如果完全没有标准指引，则在实践操作中会导致裁量的高度主观化，引发比较的非正义（comparative injustice），加大权力滥用的风险。即便在立法层面对一些类型化行为已经完成概念化之后，操作性标准仍然是重要的，因为法律概念本身就具有高度不确定性，比如"无理纠缠"的构成，在判定上仍然具有很大的主观裁量空间，所以操作性标准对于限缩裁量的任意性不可或缺。

结合信息公开法律制度的目标、成本以及行为的构成要素，笔者认为，可以从申请行为的主观、客观、后果三个方面考虑判定滥用知情权的操作性标准。

第一，主观测试标准。申请人的申请行为是否构成滥用，首先应当分析其主观心理态度，分析行为人是否属于恶意利用信息公开程序，是否符合主观诚信的要求。主观诚信的探知，其一是"目的测试"（purpose test），即申请行为是否符合信息公开程序的目的。比如，目标信息已经是公开的，或者有证据表明申请人已经获得了目标信息，但仍要通过申请程序要求行政机构提供该信息，经行政机构告知仍执意申请，该种情况下，申请行为虽然在形式上符合法律程序，但其目的却偏离了程序的目的。其二是通过一般的常识和理智来判断行为人是否符合主观诚信要求。比如，基于"好奇心"或者"想象"、"猜测"等心理需求提出信息公开申请，但有理由证明这些申请缺乏正常理智的人能够理解的目的，则申请人的主观态度就可能是不正常、不合理的，有可能构成主观恶意（bad faith）。比如，一个申请人向中央情报局（CIA）申请公开信息，因为他相信"政府在他的大脑和身体里安装了电子设备，以控制他的思维"。CIA认为这种申请是"纠缠式申请"。类似的申请，包括有关外星人对地球进行攻击的信息等，具有同样的特点。不难发现，这种申请基于不成立的理论甚至主观上的幻觉而启动，因此在主观上欠缺一般人难以理解的目的。[1]

对于这种欠缺主观诚信，被判定为恶意申请的行为，虽然也可以用"信息不存在"为理由加以拒绝，但对这种申请进行拒绝回复的行为本身，就构成一种回复，因此，在判定某申请具有主观恶意时，应将其界定为恶意申请予以拒绝。[2]

需要指出的是，主观目的标准强调的是申请人有无主观恶意，而不是申请人获取信息的用途。申请行为的主观目的与获得信息后的用途，是两个不同概念。主观测试要检测的是申请行为的目的，而获得信息之后申请人如何使用该信息并不是申请行为的一部分。担心申请人获得信息用于上访、诉讼取证等，考虑的是信息用途，而不是申请行为的主观态度。由于知情权具有复合的价值和功能，因此在绝大多数国家的信息公开立法和实践中，并不对申请信息的用途加以限制。即使很多国家对用途进行分类，主要也是从申请程序和收费等方面考虑。我国《条例》第13条规定了为了生产、生活、科研的需要（三需要），但根据《条例》第1条关于立法目的的规定，"三需要"不应当被理解为申请政府信息所必须符合的法定目的要求，而只是对公民提出信息公开申请的程序性要求（说明义务），不应据此来判断申请行为的目的是否正当或行为人是否具备申请资格。[3]

---

[1] *Marino v. CIA*, No. 11-813, 2012 WL 4482986 (D. D. C. Sept. 28, 2012).
[2] 在联邦民事诉讼程序规则中，法院对于恶意诉讼的当事人之律师可予以罚款。比如，诉讼基于明显不能成立的假设，其目的主要在于拖延义务履行，或增加律师的知名度和影响力等。
[3] 在这个意义上，《国务院办公厅关于施行〈中华人民共和国政府信息公开条例〉若干问题的意见》中所规定的对不能说明生产、生活、科研需要的申请，行政机关可不予提供，应该是对条例的错误解读。

第二，手段测试标准。前述申请行为人的主观测试标准，除非在明显可判定主观不诚信的情况下，否则大多数情况下都必须同时考虑申请的手段、方式等客观要素而进行综合判断。手段测试标准是行为外在的、客观的判定因素。法律的原则和规则、同理心或诚实信用原则，对行为人的行为提出了符合法律和一般常理的期待性要求。尽管法律规范不一定将这些要求规则化，但这并不意味着那些期待是没有任何约束力的。权利所蕴含的内在基本目标和价值理想，以及诚实信用的公民义务，在某种程度上构成了权利行使的边际约束。

民法上的"客观诚信"，是一些基本的道德和法律价值对行为人所提出的要求。法律规则设定了行为的底线，但即便如此，仍然有理由期待个人在体面、正直、有尊严等要求下做出行为。因此，客观诚信的意义，在于使我们有可能通过行为的手段、方式等外在形式来判断和评价一个人的行为是否符合某种基于同理心而被广泛认可的价值，即便法律规则并没有明确规定。毫无疑问，在一个良好的社会中，主体的行为诚信是一个重要的公共价值期待。具体而言，这种公共价值要求每个人在行使权利的同时，也尊重共同体之维系所依赖的公共理性、合作和最低限度的信任。

比如，有的申请行为伴随着口头或者书面的对公共机构及其人员威胁性的、侮辱性的言辞，这损毁了对法律和公共机构的基本尊重。英国《信息自由法》将此类申请直接定性为"骚扰性"的。另外，向一个机构重复提出内容相同的申请或数量众多的申请，或在内容上实为信访、咨询或举报的申请，经行政机构告知其改进但拒绝改进的，或要求行政机构提供需要进行大量统计、分析、处理工作才能获得的信息的申请，在行为方式上都需要进行是否必要、是否符合常理的检测，也就是申请行为是否符合客观诚信的测试要求。

第三，后果测试标准。即便申请行为在主观上和行为方式上都基于可以理解的理由，但如果从政府公共资源的配置看，申请行为可能导致无意义的资源浪费，或资源投入和效用完全不成比例，或行政机构满足申请将会影响其他法定职责的履行，这样的申请也可能构成纠缠或者骚扰性的申请，尽管行为人在主观上并没有恶意。或许，在理想主义者看来，考虑资源的问题实际上是将权利庸俗化，但从现实角度看，资源的有限性是一个无法逃避的现实问题。在有限的期间、人员、经费、设备等给定条件下，理想主义和道德高调并不能解决法律程序操作所面临的资源约束问题。

这种后果分析的核心，其实指向了信息公开申请权行使的公共成本问题，这是一种法律现实主义的态度。权利的行使都意味着一定的成本，这些成本有的由个人承担，但也有很多成本将由共同体来承担。在后一种情况下，有可能出现权利行使过程中的"公地悲剧"。因此，从经济意义上来看，权利行使成本—收益的合比例性（proportionality）是一个可正当化的要求，是对权利行使进行分析的一个重要视角。从比较法实践来看，英国信息公开专员办公室在一份向公共机构提供的信息公开指南中指出：判断"纠缠式申请"的核心，就是比例性标准，即如果处理申请行为所要导致的成本与该申请的利益"不成比例"（disproportionate），那么这些申请就很难正当化。[①]

设想一个情形：如果申请人提出申请，要求行政机关提供其全年行政处罚的数量、案件类别、处理情况、原因分析等信息，这就相当于要该行政机关为其制作一份专题研究报告。这些需要加工、处理、分析、整合方可获得的信息，很明显会对行政机关人力、财力、时间等构成实质性的消耗，从而影响该行政机关法定公共职责的正常履行。在这种情况下，申请很难通过后果的"合比例性"测试。

不过，对成本—收益分析的适用，也存在很多难点。很明显，我们很难对一个申请的成本与收益进行精确的量化和计算。因此，成本—收益分析必然夹杂大量的"估算"，而由于信息和资源的不对称，估算很可能强化行政机构的不对称优势，进而可能会压制正当合理的申请。

或许我们也可以考虑通过信息公开申请的收费机制来解决滥用问题。应该说，收费制度是一个比较重要的制度，信息公开申请的收费机制也的确会对申请的数量构成明显的影响。比如，在爱尔兰，《信息自由法》实施三年后，申请信息公开的收费标准提高之后，信息公开申请的数量下降了一半。[②] 但是，提高收费标准必须全盘考虑各种因素。如果提高信息公开申请的收费标准仅仅是为了限制"纠缠式申请"，那么必须特别注意，

---

① https://ico.org.uk/media/for-organisations/documents/1198/dealing-with-vexatious-requests.pdf，最后访问日期：2017年4月17日。
② Worthy, B., "The Future of Freedom of Information in the United Kingdom," in *The Political Quarterly* 79 (2008), pp. 100 – 108.

收费标准的提高也将大大增加合理的、正常的申请行为的费用，这就会导致"一人生病，全家吃药"的情形。所以，一般性地提高信息公开申请的收费标准，"副作用"很大，并非抑制申请权滥用的灵丹妙药。

在申请信息公开收费制度方面，英国的立法和实践可作为参考。如同英国信息公开专员办公室所指出的，尽管信息公开是一项非常重要的制度，但对于政府资源的使用来说，信息公开并非唯一目的。处理信息公开问题，不应过度消耗公共机构的时间、精力和财力，以至于影响其履行其他方面的公共职责。基于这一认知，英国《信息自由法》规定了处理申请的"成本天花板"（cost ceiling）机制。[1] 目前，处理同一申请人单个申请或一组相互关联的申请的成本上限，对于中央机构是 600 英镑，对于其他机构是 450 英镑。如果公共机构通过估算，发现处理申请所需的成本超过上述标准，则可以拒绝处理。在估算成本时，检索、查阅、分析所需的人工成本，以每人每小时 25 英镑计算。如果一个申请人（或者一起工作的其他人）在 60 个工作日之内提出一系列申请，这些申请的成本可以合并按照一个申请来估算成本。如果申请的目标信息需要在不同地点查阅大量文件，耗费很多工时，以至于要想搞清楚目标文件是否存在所花费的成本就会超过成本上限，则行政机构可直接拒绝处理该申请。行使知情权成本，也是处理"无理纠缠"申请时考虑的一个基本因素。对权利的保障不可能"不惜一切代价"，而是需要考虑成本和资源分配。英国高等裁判所在前述最重要的案例中明确指出："《信息自由法》第 14 条关于无理纠缠之规定的目的，在于保证公共机构宝贵的资源免于浪费或不成比例地配置。"[2]

3. 行政裁量及证明责任的分配

如果行政机构适用这些测试标准而判定申请行为属于滥用申请权，必须提供理由和证据加以证明。换言之，对于滥用信息公开申请权的认定，行政机关应负有证明责任。在程序上，这表现为应当由行政机构承担说明理由的义务和证明义务。如果申请人对行政机构的认定不服，可以申请复议或向法院起诉。复议机关或者法院进行审理的核心问题，就是对行政机构提供的理由和证据进行审查。

---

[1] Freedom of Information Act (2000), article 12.
[2] *Information Commissioner v. Devon County Council & Dransfield*, 2012 UKUT 440 (AAC) (28 January 2013).

毫无疑问，行政机构在认定申请权滥用问题上的证明责任，是对其行政裁量权行使的理性化约束，也在整体上有助于申请权与行政机构裁断权的平衡。这种权责安排符合行政法治的权责统一原则，也有了比较成熟的实践。例如，在对"无理纠缠"申请的认定上，英国信息公开专员办公室强调，说明理由和提供证据加以证明，是行政机构应负有的程序义务。在一个案件中，一个申请人提出了一个信息公开申请后，又提出一个后续申请，要求行政机构提供对前一申请处理情况之信息。行政机构认为，提供这种"处于不断变动中的信息"（meta-data）将会令机构花费相当大的成本，而被申请信息的价值与提供这些信息所需支付的成本不成比例。英国信息公开专员办公室在复审此案时，认为行政机构没有提供"实质性证据"（substantive evidence）对其理由和认定予以证明，故而撤销了行政机构的决定。①

五　初步结论及讨论

从权利相对性的法理以及权利行使的外部性效用看，权利的行使需要受到规则和法律原则的约束。在这个意义上，禁止权利滥用原则无论在法理、道义还是社会意义上，都有存在的必要性和基础，该原则在私法和公法的领域都具有可适用空间。

但是，在公法领域，禁止权利滥用原则的适用必须考虑公法关系的基本特点，这些特点决定了该原则在公法领域中的适用不应简单照搬私法领域的相应规则和技术。具体到政府信息公开领域中的知情权，特别是信息公开申请权的行使而言，虽然知情权是一项基本的法定权利，但从权利行使的外部性、行政资源的有限性以及对公民行动的理性精神的提倡等多角度看，知情权滥用行为也需要在法律原则、规则和实践层面受到约束。

或许，面对公共权力—个体权利中的不对称关系，特别是行政机构公开文化的脆弱、秘密行政的路径依赖、知情权保障在现实中遭遇的无力感等因素，提出禁止对知情权进行滥用可能会被认为不合时宜，也不符合大众心理意义上的"政治正确"。但从理性和逻辑维度看，上述问题的存在，指向的是如何改进信息公开的法律机制以保障知情权的有效落实，但并不

---

① Information Commissioner's Office，Reference FS50573503.

意味着可以无视或否认知情权滥用的问题。今日，知情权保障和落实的不足与知情权在某些情况下被滥用同时存在，却是两个不同维度的问题。对知情权法律制度的改进，虽然重点仍在于强化对知情权行使的有效保障，但也需要对违背公共理性和诚实信用原则之申请行为进行必要的限制，从有限的公共资源分配这一意义上讲，对滥用知情权行为的限制，也是保障知情权正当、有效行使的一种必要手段。只有同时考虑这两个维度，才能促成知情权法律制度的不断发展，而这也是增进官民信任、培养公民理性和提升公共生活质量的一个重要方面。

不过仍需注意的是，无论是从比较法的视野还是中国的现实情境看，滥用知情权之命题在实践操作中的展开，都会涉及行政和司法的裁量权行使。因而，如何在判定申请权滥用的程序作业中，对行政和司法的裁量权进行有效约束，无疑是信息公开实践中的一个重大而又极具挑战性的问题。本文主张，将禁止权利滥用原则引入信息公开法律制度之同时，必须建构一个限制性的分析框架，以防止判定权利滥用的权力被滥用。这个限制性分析框架包括两个方面：其一是对滥用行为进行类型化，比如引入类似英国《信息自由法》中的"纠缠式申请"等概念；其二是对滥用、恶意申请等不确定法律概念提供基本的分析测试标准。这样就建构起了判定知情权滥用的法律原则—行为类型化的法律概念—基本的分析判定标准等逐步具体化的分析路径，从而有助于抑制行政或司法裁量权的滥用。

这种从原则到类型化概念，再到具体测试标准的分析框架，也可以为知情权滥用行为的判定提供更好的分析和说理逻辑。回到本文开篇所讨论的陆案，对此案一个比较有代表性的批评，就是认为该案存在逻辑混乱和说理证明不充分的问题，因而存在滥用裁量权之嫌疑。[①] 如果存在本文所主张的法律原则、类型化法律概念和测试标准，则法院应对此种情形时的司法作业，将免于顾此失彼的尴尬。

在法律依据上，由于目前并无滥用知情权或滥用信息公开申请权之概念或相关原则，所以法院只能依据一些关联条文，结合法律目的、精神等过于宽泛的概念而寻求法律依据。比如，裁定书在法律依据部分主要引用宪

---

① 参见《滥诉还是滥裁？——关于陆红霞案的一点意见》，https://wenku.baidu.com/view/0b42121acaaedd3382c4d338.html，最后访问日期：2017年4月17日。

法及《条例》第1条关于"依法"获取政府信息的修辞，法院认为"依法获取政府信息的规定，表明申请获取政府信息也必须在现行法律框架内行使，应当按照法律规定的条件、程序和方式进行，必须符合立法宗旨，能够实现立法目的"。① 但是，法院对"依法"这一修辞性语句的解释是否过于具有扩张性？而且，如果认为申请行为违反了"依法"这一要件，则逻辑上应认为申请行为违法，而不是滥用申请权，所以法院裁定书也存在逻辑上的问题。总之，由于法律规则的缺位，不难发现法院面临左右为难的尴尬。

在对行为的类型化方面，由于目前法律上并没有"纠缠式申请"或"无聊申请"等行为类型化概念，法院在处理陆案时试图将申请人行为的目的、动机、行为的来龙去脉等因素加以阐明，但由于立法并无行为类型化的概念，所以法院对申请行为的归纳也显得逻辑不够一致。如裁定书对申请行为的特征进行了概括，指出陆红霞的申请行为具有四个特征：一是数量众多；二是家庭成员分别提出申请，且多有重复；三是申请公开的内容包罗万象；四是部分申请的目的明显不符合《条例》的规定。在列举这些行为特征后，裁定书分析道：

"上述特征表明，原告陆红霞不间断地向政府及其相关部门申请获取所谓政府信息，真实目的并非获取和了解所申请的信息，而是借此表达不满情绪，并向政府及其相关部门施加答复、行政复议和诉讼的压力，以实现拆迁补偿安置利益的最大化。对于拆迁利益和政府信息之间没有法律上关联性的问题，行政机关已经反复进行了释明和引导，但原告陆红霞这种背离《条例》立法目的，任凭个人主观意愿执意不断提出申请的做法，显然已经构成了获取政府信息权利的滥用。"②

我们不难发现，法院对申请行为的特征归纳，目的在于将申请人数量众多的申请行为进行类型化，但其归纳的四个特征缺乏清晰的和一致的逻辑，似有东拼西凑的痕迹。更重要的是，其归纳的四个行为特征，与后续的分析和结论之间的逻辑关系并不对应。比如，为什么申请数量多就说明了申请人的真实目的在于借此表达不满情绪，或向政府施加压力呢？为什么向政府施加压力就"显然已经构成了获取政府信息权利的滥用"？裁定

---

① 陆红霞诉南通市发改委信息公开案一审行政裁定书，(2015) 港行初字第00021号。
② 陆红霞诉南通市发改委信息公开案一审行政裁定书，(2015) 港行初字第00021号。

书对这些关键问题并没有提供有说服力的论证。这并不令人感到意外，因为说理的"无力感"和逻辑上的混乱，主要缘于目前立法在规则和原则上都没有类型化的法律概念，更没有基于类型化而发展出的测试标准。法院颇有"巧妇难为无米之炊"之尴尬。

所以，在陆案的裁判中表现出来的司法论证和说理的不足甚至草率，也并不全是法院的问题。未来，应该在《条例》的修订中，在法律原则、行为类型化和判定标准方面，对知情权滥用行为予以规则化的指明，并通过信息公开申请收费制度的改进来抑制非正常申请行为。① 但在规则层面的改进尚未实现之际，对陆案的进一步讨论和反思仍具重要意义。由于最高人民法院将陆案作为典型案例在《最高人民法院公报》予以登载并在"裁判摘要"中加以肯定性指引，该案的裁判思路和逻辑，已在司法实践中成为解决类似案件的一个范本。比如，在陆案之后，已有大量的类似案件直接参照陆案思路进行处理，有很多在分析说理部分是对陆案裁判的"抄袭"。② 但从陆案的一审裁定到《最高人民法院公报》的"裁判摘要"，法院对判定申请权滥用的法律依据、行为类型化标准、论证说理的逻辑其实远未阐明，而法院对与信息公开申请权相关的"滥用诉权"问题的裁定，③ 以及将当事人列入类似"黑名单"的做法，④ 则存在更大的商榷余地。

---

① 关于信息公开申请的收费制度，现行的《条例》第 27 条规定："行政机关依申请提供政府信息，除可以收取检索、复制、邮寄等成本费用外，不得收取其他费用。行政机关不得通过其他组织、个人以有偿服务方式提供政府信息。行政机关收取检索、复制、邮寄等成本费用的标准由国务院价格主管部门会同国务院财政部门制定。"但是在实践中，收费标准一直没有制定，收费制度并未真正运转起来，这也从一个方面表明《条例》实施的配套制度存在严重滞后。

② 从中国裁判文书网查询关于滥用信息公开申请权的裁判文书，发现大量裁判文书直接采用陆红霞案件中法院的说理逻辑。典型案例如郭兴梅与重庆市人民政府行政复议一案行政裁定书，（2016）最高法行申 2731 号；余恩如、纪爱美行政其他二审行政裁定书，（2015）通中行诉终字第 00043 号；陈昌浩与杭州市西湖区人民政府一审行政判决书，（2015）浙杭行初字第 74 号等。

③ 陆案的另一个重大问题是关于起诉权滥用问题，这个问题同样非常重大和复杂，而在陆案中法院的说理和分析显得苍白无力。本文只是就信息公开申请权滥用问题进行研究，关于行政诉讼滥用诉权问题，将另文分析。

④ 陆案一审裁定书："对于原告陆红霞今后再次向行政机关申请类似的政府信息公开、向人民法院提起类似的行政诉讼，均应依据《条例》的现有规定进行严格审查，原告陆红霞须举证说明其申请和诉讼是为了满足自身生产、生活、科研等特殊需要，否则将承担不利后果。"这实际上是将陆红霞列入信息公开申请"黑名单"。笔者认为，这种"对人"而不是"对事"的禁止，于法无据，也超出法院的职权。

图书在版编目(CIP)数据

转型政府与行政法治/郑春燕主编. -- 北京：社会科学文献出版社，2023.1
(《法学研究》专题选辑)
ISBN 978-7-5228-0898-7

Ⅰ.①转… Ⅱ.①郑… Ⅲ.①行政法-中国-文集 Ⅳ.①D922.104-53

中国版本图书馆 CIP 数据核字（2022）第 197187 号

《法学研究》专题选辑
转型政府与行政法治

主　　编 / 郑春燕

出 版 人 / 王利民
责任编辑 / 芮素平　单远举
责任印制 / 王京美

出　　版 / 社会科学文献出版社·联合出版中心（010）59367281
　　　　　 地址：北京市北三环中路甲29号院华龙大厦　邮编：100029
　　　　　 网址：www.ssap.com.cn
发　　行 / 社会科学文献出版社（010）59367028
印　　装 / 三河市龙林印务有限公司
规　　格 / 开　本：787mm×1092mm　1/16
　　　　　 印　张：26　字　数：423千字
版　　次 / 2023年1月第1版　2023年1月第1次印刷
书　　号 / ISBN 978-7-5228-0898-7
定　　价 / 158.00元

读者服务电话：4008918866

版权所有 翻印必究